ROBERT 1986

GUIDE

DES

VOYAGEURS EN EUROPE.

On trouve chez le même Libraire :

ITINÉRAIRE DE L'ITALIE, seconde édit. française, faite sur la *neuvième* édit. italienne de Florence, soigneusement revue, corrigée et considérablement augmentée ; ornée de 3 cartes enluminées. — Prix, 7 fr.

ITINÉRAIRE DU ROYAUME DE FRANCE, seconde édition, revue, corrigée et considérablement augmentée ; orné d'une grande carte routière. 1 vol. in-12 de 700 p. — Prix, 8 fr.

ITINÉRAIRE COMPLET DE LA FRANCE, de l'*Italie* et des *Provinces Illyriennes*, comprenant les *Pays-Bas* et une partie de l'Allemagne. 3 v. in-12, avec 2 cart. — Prix, 12 fr.

MANUEL DU VOYAGEUR EN SUISSE, par M. J.-G. Ebel ; trad. de l'allem. sur la quatrième édition. *Troisième édition française*, ornée de 7 vues et cartes. 1 vol. in-12 de 700 pages. — Prix, 10 fr.

GUIDE DES VOYAGEURS EN ANGLETERRE, ÉCOSSE et IRLANDE, par Cruttwell ; trad. de l'angl. sur la huitième édition. 2 vol. pet. in-12, orné de 4 pl. — Prix, 8 fr.

TABLEAU DE LONDRES ET DE SES ENVIRONS, par Philipps ; trad. de l'angl sur la dix-septième édition, orné de 3 belles cartes. 2 vol. pet. in-12. — Prix, 7 fr.

ITINÉRAIRE DE LA GRANDE-BRETAGNE, orné d'une carte routière. 1 vol. pet. in-12. — Prix, 4 fr.

GUIDE

DES

VOYAGEURS EN EUROPE,

CONTENANT

1°. UN APERÇU STATISTIQUE de l'Europe et de ses principaux États ;
2°. DES INSTRUCTIONS sur la *manière de voyager* dans les différens pays, sur leurs poids, mesures et monnaies comparés à ceux de France, la liste des Diligences, Voitures publiques, les jours et heures de leur départ et arrivée, et le temps que l'on est en route, l'indication des bonnes auberges, des frais de voyage, des plans, cartes, guides les meilleurs à consulter dans chaque pays ;
3° L'ITINÉRAIRE, donnant l'état général des *Postes et Relais* sur toutes les routes fréquentées par la poste, les courriers, les diligences, la TOPOGRAPHIE DES ROUTES, ou la description des vues, sites et lieux pittoresques, des villes, bourgs, villages où l'on passe, remarquables par leurs productions, industrie, commerce, établissemens, sociétés littéraires, et les *Curiosités* naturelles et artificielles.

Par M. REICHARD,

CONSEILLER DE GUERRE DE S. A. LE DUC DE SAXE-GOTHA.

HUITIÈME ÉDITION,

Soigneusement revue, corrigée et considérablement augmentée, quant à la *France*, l'*Angleterre*, les *Pays-Bas*, la *Suisse*, l'*Italie*, etc.

Ouvrage divisé en 3 parties, savoir : EUROPE SEPTENTRIONALE, EUROPE CENTRALE, EUROPE MÉRIDIONALE :

Par l'auteur de l'Abrégé de la Géographie de Guthrie.

TOME PREMIER.

PREMIÈRE PARTIE : ÎLES BRITANNIQUES, DANEMARCK, SUÈDE et RUSSIE. DEUXIÈME PARTIE : PAYS-BAS, ALLEMAGNE.

A PARIS,

CHEZ HYACINTHE LANGLOIS, LIBRAIRE-GÉOGRAPHE,
Rue de Seine Saint-Germain, n°. 12.

M. DCCC. XVII.

IMPRIMERIE DE FAIN, PLACE DE L'ODÉON.

GUIDE

DES

VOYAGEURS EN EUROPE.

INTRODUCTION.

Météorologie ; signes avant-coureurs du beau temps, de la pluie, etc.

Il est de la plus grande importance pour le voyageur de pouvoir juger à peu près d'avance sur quel temps il peut compter en se mettant en route, afin de s'arranger en conséquence, et de différer son voyage ou de l'accélérer. L'expérience a fait connaître à ceux qui s'occupent d'observations météorologiques, un grand nombre d'indices et de pronostics du temps, que l'on tire par conjectures de l'état du ciel, ou de certains animaux. M. Fick les a tous indiqués dans son Manuel pour les Voyageurs.

Indices du temps tirés de la lune. — On sait, dit-il, que la lune influe différemment sur la température de notre atmosphère, suivant la différence de sa position relativement à la terre et au soleil. Il y a toujours à parier six contre un que, quelques jours avant la nouvelle ou la pleine lune, comme aussi quelques jours après, il surviendra un changement de temps ; que la pleine lune amènera plutôt un temps serein qu'un temps sombre ;

a

qu'il pleuvra davantage à la nouvelle lune que dans les autres quartiers; qu'à l'époque de la nouvelle ou de la pleine lune, vers l'époque des équinoxes, le temps sera sujet à des variations très-sensibles, et que la pluie et le vent commenceront et finiront pour l'ordinaire au lever ou au coucher de la lune. Ce n'est pas tout encore. Les plus anciens physiciens ont déjà regardé le troisième et le quatrième jour de la nouvelle lune comme très-critiques; ils ont remarqué que si, ces jours-là, le croissant de la lune est clair et net, le temps se met au beau, et reste tel pour l'ordinaire jusqu'à la pleine lune (1). On a le contraire à craindre, si le croissant est pâle et terne. Si l'on joint à ces indices les lois générales établies sur la hauteur du baromètre et les observations suivantes, on peut, avec quelque vraisemblance, pronostiquer quelques jours d'avance quel temps il fera. Plus ces indices sont multipliés, et plus il est probable qu'on ne se trompera pas dans ses conjectures.

Indices de pluie. — Les indices d'une pluie prochaine sont : 1°. lorsque, le matin, le ciel est d'une couleur très-rouge; 2°. lorsque le disque du soleil, à son lever, n'est pas exactement circulaire, mais allongé, échancré et entouré de rayons qui se croisent d'une manière inégale et irrégulière; 3°. lorsque le soleil levant est pâle, ou qu'il est ceint d'une couronne ridée ou de couleur blanchâtre; lorsque l'air, dans la région orientale, paraît épais et chargé d'humidité, ou même lorsque des nuages bruns ou d'un rouge foncé s'y amoncèlent lentement; 4°. lorsque les nuages, qui, le matin, se montrent à l'ouest, au lieu de se dissiper au lever du soleil, s'accumulent toujours davantage; 5°. lorsque le soleil couchant est pâle, ou

---

(1) Voici un vers, ouvrage de quelque moine, qui fait connaître les divers pronostics qu'on peut tirer des différens quartiers de la lune :

Prima luna nihil, secunda aliquid,
Tertia, quarta qualis, tota luna talius.

qu'il se cache derrière des nuées sombres ou d'un aspect sinistre : dans tous ces cas, il est aussi à présumer que l'on aura du vent.

Orage. — Lorsqu'en été, après le coucher du soleil, les nuages présentent toutes sortes de figures, comme des rochers entassés, des montagnes, des remparts, des ruines, on peut les regarder comme les avant-coureurs de l'orage, surtout s'il a fait pendant le jour une chaleur à étouffer. On a le même changement à craindre, si, dans les soirées d'été, il fait des éclairs par un temps serein; ou si le ciel, jusqu'alors très-clair, présente tout-à-coup une petite nue d'un gris foncé. On doit en outre s'attendre à avoir de la pluie ou du vent lorsque le soleil, long-temps après son lever, se cache derrière des nuages pommelés, lorsqu'il est entouré d'un halo, et qu'en même temps le vent souffle du sud ou du sud-ouest, ou lorsque le soleil se *baigne*, c'est-à-dire qu'il luit à travers un nuage sombre et nébuleux.

Tempête. — Si les montagnes, au lieu de se dessiner nettement dans l'éloignement, paraissent sombres et chargées de brouillards; si, au retour de la nuit, les étoiles sont d'une couleur pâle; si le croissant de la lune est obscur, émoussé, si la lune a un halo : ce sont autant d'indices qui annoncent que l'air est chargé de vapeurs qui ne tarderont pas à se résoudre en pluie, surtout si le vent est au sud ou à l'ouest; mais, si le vent tourne à l'est, ces indices ne sont plus sûrs. Si la lune est entourée de plusieurs anneaux interrompus et différemment colorés, ou si le ciel se couvre d'une quantité de petites nues noires, on a une tempête à craindre.

Indices de pluie, que fournissent les bêtes. — On doit s'attendre à avoir de la pluie lorsque les corneilles, perchées sur la cime des arbres, font entendre des cris rauques et redoublés, lorsqu'elles voltigent çà et là ayant le bec ouvert, d'un air inquiet et sans rester long-temps à la même place, ou qu'elles vont se poser dans le voisinage des fossés, des ruisseaux et des étangs; lorsque les paons, les oies, les canards fardent leurs plumes et paraissent agités; lorsque les hirondelles volent très-bas et rasent la surface des eaux; lorsque les grenouilles coassent le matin, contre leur ordinaire, à moins que ce ne soit au commencement du printemps; lorsque, par un temps clair, les poissons se tiennent de préférence près de la surface de l'eau, ou qu'ils sautillent fréquemment; lorsque les vers sortent en foule de leurs trous; lorsque le coq chante à diverses reprises après le coucher du soleil; lorsque les mouches, les puces et d'autres insectes, piquent et inquiètent les hommes et les animaux plus qu'à l'ordinaire; lorsque les brebis sont plus gaies que de coutume; que les bœufs lèvent la tête en haut et se lèchent la gueule; lorsque les abeilles sortent de très-grand matin pour faire leur récolte de miel, restent dans le voisinage de la ruche et y retournent bientôt; lorsque les fourmis interrompent leurs travaux accoutumés, et se retirent dans leurs trous; lorsque les oiseaux qui habitent sur les arbres, se réfugient dans leurs nids; lorsque les cochons sont inquiets et broutent l'herbe; lorsque les chats se lèchent et se fardent, ou qu'en dormant ils reposent sur le derrière de la tête.

Signes avant-coureurs de la pluie. — Les signes avant-coureurs de la pluie, que nous fournit le corps humain, sont, lorsque de vieilles blessures, des cicatrices, des durillons, etc., commencent à démanger ou à faire mal. Quant aux plantes, voici quelques-uns des pronostics qu'elles nous fournissent. On doit s'attendre à la pluie, lorsque les fleurs de la pimprenelle se ferment, ce qui arrive souvent un jour entier d'avance, et lorsque le trèfle est plus droit et plus roide qu'à l'ordinaire. Enfin, il faut ajouter à ces indices de pluie les suivans, lorsque la fumée ne monte qu'avec peine dans la cheminée, et que les fosses d'aisances exhalent une odeur plus forte et plus méphitique que de coutume.

Indices du beau temps. — On peut se promettre au contraire un temps sec et constamment beau, lorsque le soleil, à son lever, est très-clair et très-brillant, ou qu'on voit à l'orient une légère nue s'enfuir et se perdre vers l'occident au moment où le soleil se lève ; lorsque le soleil couchant se montre sous un ciel pur, d'une couleur dorée ou rougeâtre, ou que les nuages, s'il y en a, se colorent d'un beau rouge clair ou de quelque autre teinte vive, surtout si le vent est à l'est, et l'orient parfaitement serein ; lorsque les brouillards tombent le matin sur la terre, au lieu de s'élever dans l'air ; lorsque les nuages qui se trouvent au ciel pendant le jour ressemblent à des flocons de laine d'une blancheur éclatante, ou du moins que leurs bords sont d'un blanc éblouissant, et que le ciel, dans les intervalles des nuages, est d'un beau bleu très-vif ; lorsque le ciel commence à s'éclaircir d'un autre côté que celui d'où vient le vent ; lorsque le croissant de la nouvelle lune a ses contours bien nets et bien dessinés ; lorsque les sommets des montagnes éloignées se montrent bien distinctement ; lorsqu'on voit flotter, le matin sur les eaux de légers brouillards, qui se dissipent au lever du soleil ; lorsque les chauve-souris volent en foule de côté et d'autre aux approches de la nuit ; que les hannetons, les cousins et les autres insectes voltigent par petits essaims ; lorsque le ramier roucoule plus qu'à l'ordinaire dans la forêt ; que l'autour, l'hirondelle, la buse, le vautour, le milan, etc. volent de préférence à une grande hauteur ; lorsque les abeilles retournent tard à la ruche, et que les oiseaux de mer s'éloignent du rivage.

Voilà ce que nous apprend M. Fick : mais à ce pronostic nous ajouterons celui qui est le plus sûr de tous, et dont nous sommes redevables aux observations de M. Quatremère Disjonval, savant connu ; observations dont nous avons eu plus d'une fois occasion de reconnaître la justesse. C'est avec raison que M. Quatremère nomme l'*araignée fileuse des jardins* un pronostiqueur de temps beaucoup plus sûr que le meilleur de tous les baromètres. Cette araignée a, en effet, deux manières très-différentes d'ourdir sa toile, qui nous fournissent le moyen de savoir d'avance quel temps il fera. Si le temps doit se mettre à la pluie ou au vent, elle ne fait que des fils très-courts pour y suspendre sa toile. Au contraire, lorsqu'il se prépare un temps chaud et constamment beau, rien n'égale le soin avec lequel elle travaille. Non-seulement elle ourdit sa toile en rayons très-réguliers, mais encore elle l'assujétit au moyen de fils très-longs. Il est donc clair que l'araignée a un grand avantage sur le baromètre, qui n'est influencé que par les changemens les plus prochains de l'atmosphère, puisque, grâce à la délicatesse de son organisation, elle pressent ces changemens long-temps d'avance. Le baromètre ne nous garantit la durée du beau temps que pour quelques jours; au lieu que, si l'araignée tend des fils bien longs et en grand nombre, on peut avec certitude compter sur une quinzaine de jours de beau soutenu. L'araignée, qui est peut-être le plus économe de tous les animaux, craint de dépenser inutilement la matière précieuse qu'elle tire de ses entrailles; elle ne file qu'à bonnes enseignes, et lorsqu'elle est assurée que l'équilibre de toutes les parties de l'air nécessaires pour le beau temps ne sera pas troublé de sitôt. Lorsque même la saison est déjà avancée, et que l'araignée ne travaille plus qu'en faisant retraite, si on la voit, par un temps pluvieux, occupée à réparer sa toile gâtée par la pluie, on peut être assuré que le mauvais temps ne sera pas de durée, et qu'il sera bientôt remplacé par une suite de beaux jours.

Quant à *l'araignée des coins des murs*, on peut regarder comme un indice de beau temps lorsqu'elle met la la tête et les jambes hors du trou où elle a tendu sa toile, et d'où elle guette sa proie. Plus son corps est en avant, et plus on peut compter sur la durée du beau temps. Au contraire, si elle a la tête tournée en dedans, et qu'elle se tapisse dans son trou, on doit s'attendre à des jours pluvieux.

MESURES DE DISTANCES, ODOMÈTRE, PÉDOMÈTRE.

Degré de latitude. — On l'admet sur les globes et les cartes géographiques d'une même grandeur, mais c'est bien autrement d'après les observations; on n'a pas encore trouvé un degré de latitude égal à l'autre. Au reste, la latitude n'est autre chose que la distance d'un pays à l'équateur terrestre, ou la distance de son zénith à l'équateur céleste.

Degré de longitude. — Après avoir mesuré les distances du midi au nord, sous le nom de latitude, il a été nécessaire de mesurer les distances dans l'autre sens, c'est-à-dire, d'occident en orient; et on les a appelées *longitudes*. Le premier méridien, celui d'où l'on part pour compter les longitudes, est une chose arbitraire et de pure convention, et on a varié sur le choix d'un premier méridien. Encore actuellement la chose n'est pas bien fixe parmi les géographes. Cependant dans la plupart des cartes on établit le premier méridien universel à l'île de *Fer*, à 20° du méridien de Paris, du côté de l'occident, et l'on continue de compter vers l'orient jusqu'à 360°, en faisant tout le tour de la terre. Plusieurs nations comptent le premier méridien, de leur capitale.

Le *pied du Rhin* est, en proportion de l'ancien pied de Paris, comme 1,392 à 1,440, ou 3,13.9 millimètres de la mesure métrique. La *toise du Rhin* contient douze pieds du Rhin. Le *degré géographique* contient en Allemagne, 29,580 toises du Rhin, ou

15 milles d'Allemagne.
60 — marins
69 1/8 — communs } d'Angleterre.
20 lingues
25 anciennes lieues de France, la lieue à 2,283 1/2 toises, ou 0,4444 myriamètres (1).

---

(1) La lieue de poste parisienne est de 2,000 t., ou 0,3897 myr.

INTRODUCTION.

$11\frac{1}{8}$ myriamètres ou nouvelles lieues.
$13\frac{3}{10}$ milles de Hongrie.
19 — de Hollande.
$17\frac{1}{5}$ — de Silésie.
$14\frac{4}{5}$ — de Danemarck.
$12\frac{3}{10}$ — de Saxe, dits de police.
$49\frac{17}{20}$ — d'Ecosse.
$54\frac{3}{10}$ — d'Irlande.
$10\frac{2}{5}$ — de Suède.
$26\frac{2}{3}$ — d'Espagne ou de Castille.
$16\frac{1}{8}$ — de Bohême.
60 — d'Italie.
18 — de Portugal.
$13\frac{3}{10}$ — de Suisse, ou 24,6171 heures suisses.
20 — de Pologne.
66 — ou *Berris* turcs.
$104\frac{3}{10}$ — werstes russes.

L'odomètre est un instrument pour mesurer les distances par le chemin qu'on a fait. Sa construction est telle, qu'on peut l'attacher à une roue de carrosse. Dans cet état il fait son office, et mesure le chemin sans aucun embarras. Tous les mécaniciens à Londres, M. *Droz* à la *Chaud-de-Fond* en Suisse, M. *Klindworth* à Gœttingue, etc., fabriquent ces instrumens. On nomme *Pédomètre* ou *Compte-pas* un instrument pour mesurer par les pas une distance quelconque. Cet instrument s'ajuste dans le gousset, où il tient à un cadran qu'on fait passer au-dessous du genou, et qui, à chaque pas, fait avancer l'aiguille.

APERÇU STATISTIQUE DE L'EUROPE.

Étendue, population, sol; supériorité européenne, états, montagnes, largeur des chemins, mers, religions, forces de terre, établissemens scientifiques, distance vraie de quelques villes.

L'EUROPE est la plus petite, mais aussi la plus peuplée et la partie la plus cultivée de notre globe. C'est une presqu'île qui confine du côté de l'est avec l'Asie. Elle est située entre le 35° et 72° de latitude nord. Sa longueur s'étend depuis le 12ᵉ degré de longitude O. jusqu'au 62ᵉ de longitude E. Vers l'ouest elle a pour limites l'Océan Atlantique ; vers le sud, la mer Méditerranée ; vers l'est, l'Archipel, l'Hellespont, le détroit de Constantinople, la mer Noire, le Don, et les monts Ouraliens ; vers le nord, la mer Glaciale. On peut porter sa plus grande longueur à 1,200 lieues, et sa plus grande largeur à environ 900. Sa surface est, suivant M. Crome, de 179,059 milles carrés d'Allemagne ; et, suivant M. Busching, de 170,000. Elle contient, suivant le calcul de ce dernier, 140 millions d'habitans ; et, suivant M. Fabri, 20 millions de plus. M. Randel ne porte l'étendue de sa surface qu'à 163,041 milles carrés d'Allemagne, et sa population à 147,750,000 âmes ; ce qui revient à 906 habitans par mille carré. M. Meusel compte 150 à 160 millions. M. Black, auteur anglais, fait monter la totalité des habitans des quatre parties du monde, à 800 millions. Il n'en donne en partage à l'Europe que 130 millions, 400 à 500 millions à l'Asie, et un tiers ou un quart de ce nombre à l'Afrique. Les déserts de l'Amérique, d'une si vaste étendue, ne sont guère peuplés que de 20 millions. Mais M. Black avoue lui-même qu'il peut exister, dans l'estimation de cette totalité, une erreur de calcul de 200, et même de 300 millions.

L'Europe a subjugué presque toutes les autres parties du monde. Elle domine sur l'Amérique entière ; elle possede plus de la moitié de l'Asie, et en Afrique la majeure partie des côtes, et plusieurs pays d'une étendue considérable ; de sorte qu'à peu près la moitié du monde habité, ploie sous l'ascendant de la supériorité, sous les talens, la valeur et l'industrie européennes. On évalue assez communément à 207 millions de livres de France le produit que tire par an l'Europe, seulement de ses colonies dans l'Amérique.

États de l'Europe. — L'Europe comprend : 1°. trois états, dont les souverains portent le titre d'empereur ; l'empire de Russie, qui comprend le nouveau royaume de Pologne ; l'empire d'Autriche, qui comprend les royaumes de Bohême, de Hongrie, d'Illyrie, et celui Lombard-Vénitien ; la Porte Ottomane ou la Turquie. 2°. Treize royaumes ; savoir, les royaumes des Pays-Bas, de la Grande-Bretagne et Irlande, de Danemarck, de Suède, de Prusse, de Saxe, de Hanovre, de Bavière, de Wurtemberg, d'Espagne, de Portugal, de Sardaigne, de Naples et Sicile. 3°. Trois républiques : les républiques Helvétique, de Saint-Marin et des Sept-Iles. 4°. Un état ecclésiastique : celui du pape.

Montagnes. — Cinq systèmes de montagnes appartiennent entièrement à l'Europe. 1°. Les *Alpes*, avec leurs quatre grandes branches ; savoir, le *Jura* et les *Vosges*, les *Alpes Noriques et Styriennes*, les *Apennines*, les *Cévennes* et les *monts d'Auvergne*. 2°. Les *Pyrénées* avec leurs branches. 3°. Les *Carpathes*, avec leurs deux prolongemens ; savoir, les montagnes de la Transylvanie, les *Sudètes*, les montagnes de Bohême, de Saxe, de Thuringe et du *Harz*. 4°. L'*Hémus*, avec ses demi-

APERÇU DE L'EUROPE. xj

branches en Servie, Bosnie, Dalmatie et en Grèce. 5°. Les *Alpes Scandinaves*, traversant la Norvège, la Suède, la Laponie, et se réunissant aux montagnes de la Russie.

Élévation des plus hautes montagnes du Globe et de quelques endroits de l'Europe, d'après les observations les plus récentes.

Au-dessus de la mer.
Anciens pieds de Paris.

Le Chimboraço en Amérique, dans les Cordillères, 3,220 toises, suivant M. de la *Condamine*.

Mont-Blanc		14,532
Dép. des H.-Al de France.	Louzira	13,548
	Loupilon	13,260
	Jocelme	13,002
	Ozon	12,624
	Laurang	11,880
Grand Glockner (entre le Tyrol et Salzbourg)		12,630
Pic de Ténériffe, dans l'île du même nom		11,334
Pyrénées.	Mont-Péion	10,578
	Marboré	10,260
	Port de la Pez	10,152
	Pic long	10,008
	Port d'Oo	9,872
	Canigou	8,562
Hochhorn, pays de Salzbourg		9,858
Etna		9,660
Monte rotondo, dans l'île de Corse		8,693
Pic de Lomnitz, dans les Krapacks		8,315
Gran Sasso en Italie		8,255
Monte Velino		7,818
Budislav, en Transylvanie		6,888
Syltoppen, en Suède		6,078
Mont-d'Or		5,820
Cantal		5,802
Dans le Jura.	Reculet	5,316
	La Dole	5,082
Monte Generoso		5,268
Schneekuppe, monts des Géans		4,920
Askut, en Suède		4,850
Snoefials Jokul (Hécla), île d'Islande		4,800
Puy-de-Dôme		4,518

Au-dessus de la mer.
Anciens pieds de Paris.

Ben Newis, en Écosse	4,487
Feldberg, montagne de la Souabe.	4,386
Mont Ballon, montagne des Vosges.	4,320
Hempelsbaude, dans la montagne des Géans	4,142
Griet, en Bavière	3,778
Fichtelberg, dans la Franconie	3,621
Fichtelberg, dans le Erzgebirge saxon	3,521
En Thuringe. { Schneekopf	3,313
{ Inselsberg	3,127
Haydelberg, en Bohême.	3,517
Vésuve	3,283
Mont Broken	3,275
Peissenberg, en Bavière	3,020
Monte Raticoso.	2,901
Cader Idris, pays de Galles.	2,703
Zakenfall, montagne des Géans.	2,142
Soracte, ou Saint-Oreste, en Italie	2,129

Alpes et endroits de la Suisse.

	Suiv. M. Tralles, au-dessus de la mer.	Suiv. M. Muller d'Engelberg, au-dessus du lac de Thun.
Pic de Finsteraar	13,234 p. de Paris.	11,447
Jungfrauhorn	12,872	11,088
Le Moine.	12,666	10,879
Schreckhorn	12,560	10,775
L'Eiger	12,268	10,481
Wetterhorn	11,453	9,666
Alt-Els	11,432	
Mont-Frau	11,393	
Mont-Dolhendorn	11,287	9,500
Foulhorn	8,020	
Niesen.	7,340	
Morgenberghorn	6,990	
Hochgant	6,843	
Stockhorn	6,767	4,980
Passage du Saint-Gothard	6,390	
— du col de Seigne	7,548	
— du Grimsel	6,570	
— de la Gemmi	6,985	
— du petit St.-Bernard	6,740	

*Suiv. M. Tralles,
au-dessus de la
mer.*

Passage du grand St.-Bernard	7,530 p de Paris.
— l'Hospice	7,446
— du Simplon	6,174
— du Mont-Cenis	6,360
— du Scheideck de Grindelwald	6,045
Vallée de Grindelwald	3,150
— de Lauterbrunn	2,450
— de Chamouny	3,144
Le Montanvert	5,724
Lac de Thun	1,787
— de Genève	1,224
— de Bienne	1,306
— de Neuchâtel	1,314
— de Morat	1,344

*Suiv. M. Muller, au-
dessus du lac des 4
cantons.*

Mont-Tittlis	8,725 p. de Paris.
Passage d'Engelberg à Hassli	5,560
— par Surenegg à Altorf	5,815
Lac sur le Grimsel	5,280
Pic du Hange-Gletscher	8,720
Vogelberg, chez les Grisons	8 880
Tombenhorn, sur le Splugen	8,445
Le Sentis	6,350
Mont-Klariden	8,680
Gallenstock	9,930
Passage sur la Fourche	6,395
Mont-Tœdi	9,760
Hoher-Kasten	8,978

*Élevation de quelques villes
au-dessus de la mer.*

Quito, ville de l'Amérique	8,772 p. de Paris
Saint-Véran, village français, départem. des Hautes-Alpes	6,228
Briançon	4,020
Johann-Georgenstadt, en Saxe	2,365
Clausthal, sur le Harz	1,955
Madrid	1,830
Gotha	1,425

Élévation de quelques villes au-dessus de la mer.

Salzbourg	1,380 p. de Paris
La Chapelle, sur le petit Albans	1,131
Couvent des Capucins sur le lac de Castello	1,516
Grenoble	948
Nurenberg	945
Villa Conti, à Frascati	879
Vienne	726
Lac de Lugano	874
— de Côme	653
— Majeur	546
Tivoli	595
Villa Mellini, hors des portes de Rome	440
Madonna del monte Mario	390
Paris, à l'Observatoire	336
Le Capitole, à Rome	141
Berlin	123

Élévation de quelques villes et édifices au-dessus du pavé.

Croix de l'église de St.-Pierre à Rome	487 p. de Paris.
La plus haute des pyramides	448
Tour de la cathédrale à Strasbourg	445
Tour de St.-Étienne, à Vienne	425
A Hambourg { Tour de St.-Michel	402
{ Tour de St.-Pierre	367
Église de St.-Paul à Londres	338
Clocher de St.-Marc à Venise, avec la statue de l'ange	334

Au-dessus de la Seine.

Sommet du Panthéon, à Paris	335
Niveau de la Seine, au-dessus de la mer	101 ½

Largeur des chemins et des ornières en différens pays.

	Mesure rhinlandique.	
	Pieds.	Pouces.
Augsbourg	3	6 ½
Bavière	4	4 ½
Hollande	3	6
Berlin et le Brandebourg	4	1
Bohême	3	6

APERÇU DE L'EUROPE.   XV

Mesure rhinlandique.
Pieds. Pouces.

Brunswick	4	4 ½
Breslau et la Silésie	3	2
Le Danemarck	4	4
Dantzick	3	2
Dresde	3	6
L'Angleterre,		
Ornières des carrosses	4	4 ½
— des rouliers	5	1 ⅕
— des rouliers à larges jantes	5	10
Francfort-sur-le-Mein	3	11 ¼
La France	4	4 ½
Hambourg	4	4 ½
Hanovre	5	1 ½
— dans les bruyères	5	5 ½
Leipsick	3	8 ¼
Lubeck	4	2 ½
La Moravie } Le Mecklenbourg }	3	6
Nurenberg et la Franconie	3	11 ¼
L'Autriche } La Pologne } La Poméranie }	3	6
Le Palatinat	5	
Royaume de Prusse	3	2
Provinces du Rhin	4	4 ¼
Riga et la Livonie	4	9
La Russie } La Suède }	4	4
La Suisse	3	11 ¼
La Souabe	4	4 ½
La Thuringe	3	5
La Hongrie } Le Würtemberg }	3	6
En quelques endroits	4	4 ½
Zittau, la Lusace	3	2

La largeur de la jante, de 2 ¾ pouces, ou environ, n'y est pas comprise.

Mers. — Les mers de l'Europe sont : le grand Océan Atlantique, la mer Baltique, la mer du Nord, la mer Glaciale, la mer Blanche, la mer Méditerranée, la mer Adriatique, la mer Noire, la mer de Marmara.

Religions. — Les religions dominantes de l'Europe sont la chrétienne et la mahométane. On divise la première en cinq églises principales : 1°. l'église grecque, 2°. l'église catholique-romaine, 3°. l'église luthérienne, 4°. l'église réformée, 5°. l'église anglicane. On comprend ces trois dernières sous le nom d'évangéliques ou protestantes. Si la terre sur le globe est divisée en 30 parties, on a calculé que les différentes religions en occupent :

les païens, etc.	19
les mahométans, les juifs, etc.	6
l'église grecque.	2
les catholiques romains, protestans, etc.	3
	30

Ainsi les chrétiens de toutes dénominations occupent seulement une sixième partie de toute la terre sur le Globe.

Forces de terre. — On fait monter le nombre des troupes réglées des divers états de l'Europe, non compris les milices, à 1,700,000 hommes.

Établissemens scientifiques. — M. Goez, dans sa Géographie académique, évalue le nombre des établissemens publics pour professer les arts et les sciences, à 1,227.

APERÇU DE L'EUROPE.

Distance vraie de quelques villes d'Europe en ligne directe, et en milles d'Allemagne.

	Berlin	Constantinople	La Haye	Copenhague	Lisbonne	Londres	Madrid	Naples	Paris	Rome	S.-Pétersbourg	Stockholm	Turin	Varsovie	Vienne
Berlin.		229	88	50	313	127	252	172	131	158	176	110	128	70	69
Constantinople.			298	270	433	333	369	163	300	188	282	291	233	181	167
La Haye.				92	324	39	185	43	108	177	163	245	116	159	133
Copenhague.					336	127	258	222	140	208	154	73	168	95	118
Lisbonne.						210	64	261	189	245	488	390	260	373	362
Londres.							169	214	47	193	281	194	127	196	167
Madrid.								202	137	181	428	333	139	309	242
Naples.									169	21	320	282	87	181	112
Paris.										147	293	200	81	187	142
Rome.											315	268	66	176	103
S.-Pétersbourg.												88	2	139	212
Stockholm.													240	111	165
Turin.														172	103
Varsovie.															73

Nota. Le mille d'Allemagne vaut 2 l. de poste de France.

Cartes générales et itinéraires, livres instructifs, manuels du voyageur de fraîche date.

Cartes.—*Atlas minimus universalis;* Atlas de poche, composé de 43 cartes et d'autant de tables statistiques, et enrichi des découvertes les plus récentes, *à l'usage des voyageurs*, et en général de toutes les personnes qui ne veulent ou ne peuvent se charger d'un grand atlas. A Weimar, au bureau d'industrie, 1814. (Ce petit atlas de poche, d'une exécution soignée et d'un format commode et portatif, manquait encore à la littérature, et surtout aux voyageurs, et n'a pas besoin de recommandation.)

Carte itinéraire de l'Europe, par un officier d'artillerie autrichien, 4 feuilles. A Strasbourg, chez les frères Levrault.

Carte des postes d'Allemagne, d'Italie, de France, des Pays-Bas, de Hongrie, de la Prusse et de la ci-devant Pologne, 1815. A Vienne, chez Artaria. (Un voyageur moderne et de haute réputation, M. Kuttner, recommande cette carte itinéraire comme l'une des plus exactes.)

Carte politique, routière et statistique de l'Europe, dressée d'après les derniers traités par H. Brué, etc. Paris, Hyacinthe Langlois, 1816, 4 feuilles colombier.

Nouvelle carte politique et itinéraire de l'Europe, par Champion; une feuille grand aigle, chez le même.

Livres français. — Itinéraire des routes les plus fréquentées, septième édit ; par M. Dutens. A Paris, 1790; avec une carte itinéraire.

Le voyageur, par madame de Genlis. Ouvrage utile à la jeunesse et aux étrangers. Berlin, 1800, 12. (Il en a paru des traductions italienne, anglaise et allemande.)

Anglais. — An essay to direct and extend the inquiries of patriotic travellers, etc. By count Berchtold. London, 1789, 2 vol. (Ce livre est traduit en allemand.)

Tucker, Instructions for travellers. London, 4 ; nouvelle édition.

Allemands. — Bohn, wohlerfahrner Kaufmann, herausgegeben von Ebeling und Brodhagen. Hambourg, 1789, cinquième édit. (Utile aux négocians qui voyagent.)

Heinzmann, Rathgeber für junge Reisende. Leipzig und Bern, 1793, 8.

Apodemik, oder die Kunst zu reisen. Ein systematischer Versuch zum Gebrauch junger Reisenden aus den gebildeten Standen überhaupt, und angehender Gelehrten und Kunstler insbefondere ; B. 1, 2. Leipzig, 1795, 8. (L'auteur est M. Posselt; c'est vraiment une encyclopédie théorique de l'art de voyager.)

Die vornehmsten Europaischen Reisen von Krebel. Hamburg, 1795; nouvelle édition, 4 volumes, avec des cartes itinéraires.

Krebel Europaische Reisen ; sechzehnte verbesserte Auflage. Lunebourg, 1801, 8.

Allgmeines Potsbuch und Postcharte von Teutschland und einigen angrandzenden Landern : von F. M. Diez. Frankf. am Mayn, 1795, 12. (M. Diez a publié depuis une nouvelle édition, ornée d'une carte itinéraire de toute l'Europe, en 4 feuilles. Cette nouvelle édition, par les changemens, les augmentations considérables et les notes utiles en tout genre, doit être regardée comme un ouvrage neuf, et comme le *nécessaire* de tous les voyageurs, dont le rédacteur s'est concilié, en le publiant, l'estime et la reconnaissance éternelle.)

Der Passagier auf der Reise Teutschland und einigen angranzenden Landern, nebst einer Postcharte. Weimar, 1801, 8. (Par l'auteur du Guide des Voyageurs.) Nouvelle édition, totalement refondue et augmentée. A Weimar, 1814, 8.

Post-und Reisehandbuch durch Teutschland und die angranzenden Lander. Leipzig, 1804, 8.

Italiens. — Descrizione itineraria di vari paesi d'Europa.. Napoli.

Bibliothéque de voyage. — Les séjours dans les villes et auberges laissent bien des momens où l'on aime à se désennuyer par un bon livre ; mais comme, en voyageant, on ne peut pas se charger d'une bibliothéque nombreuse, nous recommandons à cet objet, le *Recueil amusant de Voyage, en vers et en prose;* à Paris, 1783-87; 9 volumes, petit format. Il en a paru une traduction ou imitation en allemand, sous le titre, *Kleine Reisen;* Berlin, 1785-1792, 8 volumes.

EUROPE
SEPTENTRIONALE.

APERÇU STATISTIQUE
DES ILES BRITANNIQUES.

Étendue, population, sol, productions, religion, langue, gouvernement, forces de terre et de mer, revenus et dettes.

Suivant M. Randel, la surface du royaume-uni des Iles Britanniques est de 6,036 milles carrés d'Allemagne, et la population de 9,000,000. Mais, d'après le dénombrement récent de l'an 1802, on peut évaluer la dernière, en Angleterre, à 8,872,680; en Ecosse, à 1,700,000; et en Irlande, à 4,000,000 d'âmes : c'est-à-dire, à un total de 14,500,000 habitans. Le climat de l'Angleterre est, à la vérité, plus tempéré en hiver et en été que dans les autres pays qui sont situés sous les mêmes degrés; mais il est humide et très-inconstant. L'hiver consiste communément en neige, qui ne tient que quelques jours, en pluie et en brouillards : la terre est si peu endurcie par les gelées, qu'on peut labourer tout l'hiver, et que presque chaque mois on y ensemence.

Sol, rivières, canaux. — Les montagnes du nord et de l'ouest donnent naissance, en Angleterre, à plusieurs rivières considérables, telles que la *Tamise*, la *Severne*, le *Medway*, la *Trent* et l'*Humber*. (En Ecosse, le *Tay*, le *Forth*, la *Nesse*. En Irlande, le *Shannon*, etc.

Le *Lough-Neagh*, dans ce pays, est un des plus grands lacs de l'Europe.) Ces rivières sont réunies par différens canaux navigables ; en sorte qu'on peut non - seulement passer de la mer du Nord dans celle d'Irlande, en traversant l'Angleterre, mais encore arriver en bateau aux endroits principaux du commerce du royaume. Ce qui suit mérite particulièrement d'être remarqué. Le canal de Bridgewater commence au milieu de la montagne de charbon de terre à Worsley-Mill, près de Manchester, dans le comté de Lancastre ; il est en grande partie sous terre, et est conduit par des digues à travers quelques rivières et vallées. Il porte des bateaux de 6 à 8 tonneaux, et sert à transporter le charbon de terre à Liverpool, à Manchester, et en nombre d'autres endroits, qui en font une grande consommation.

Le canal qui réunit la rivière de Trent à la Mersey, est encore plus grand. On peut de ce canal, au moyen d'un troisième en Staffordshire, gagner la rivière de Severne, qui se jette dans le golfe de Bristol. Enfin il y a encore à remarquer le grand canal entre Liverpool et Leeds, qui réunit l'Humber à la mer d'Irlande. A l'occasion de l'impôt sur les fenêtres, on a compté en Angleterre 690,000 maisons, sans les huttes appelées *cottages*, qui ne payaient point cet impôt. Il y a, selon Brakenridge, environ 200,000 de ces cabanes ; et ainsi, en tout, 890,000 maisons.

Productions, commerce. — Le blé est, depuis la fin du siècle dernier, une des premières et des plus nécessaires productions de la Grande-Bretagne, et consiste en froment, orge, seigle et avoine. Il n'y a point de terre dans ce royaume qui porte plus de blé et de meilleur que l'Angleterre. On compte qu'il y a

En Angleterre et dans le pays de Galles...	*En culture,* acres.	non-cultivés. acres.	Total. acres.
	7,888,777	39,027,156	46,915,933
En Ecosse...	14,218,224	12,151,471	26,369,695
	22,107,001	51,178,627	73,285,628

M. Arthur Young suppose que les terres en labour rendent en argent 48,237,691 liv. sterl. ; et les bestiaux de toutes espèces et leurs différens produits, 35,000,000 : ce qui lui donne, sans compter la valeur des pommes-de-terre, choux, bois, etc., un produit total annuel pour l'agriculture, de 83,237,691 liv. sterl. Le pain ordinaire en Angleterre, même chez les gens du commun, est fait de farine de froment, et rarement de seigle. L'orge ne s'emploie que pour le malt, avec lequel les Anglais brassent, ainsi qu'avec le froment, leur excellente bière, qu'on transporte ailleurs en grande quantité. M. Pennant donne, dans son livre *of London*, la liste des principaux brasseurs de *Porter*, à Londres. Ils ont brassé dans le courant d'une année, savoir :

Whithbread.	150,280 barrels.
Felix Calvert.	031,043
Thrale.	105,559
G. Read.	95,302
J. Calvert.	91,150
Hammond	90,852

Le barrel est de 32 gallons $\frac{1}{2}$, le gallon de 4 quartes. Remarquez que sur cette liste ne sont pas notées les brasseries de 60, 50, 40, 30, 20, 10,000 barrels par an : qu'on juge par là de l'énorme consommation de cette bière. Aussi M. Campe, dans la description de son voyage, évalue en 1802 le total des produits des brasseries de Londres, à 1,200,000 barrels. On distingue deux sortes de bière, la bière forte et la bière douce ou *l'ale*, qui diffèrent par le houblon employé, par la quantité de malt et par la durée de la fermentation. Selon Anderson, l'usage de la bière, et l'établissement des cabarets de bière en Angleterre, sont de la plus grande antiquité. Les lois promulguées par Ina, roi de l'Essex, qui mourut en 728, en font mention. Les herbes nourrissantes que l'Angleterre produit soit naturellement, soit par une industrieuse culture, favorisent infiniment le profit sur les bestiaux. On connaît l'excellente viande de bœuf de l'Angleterre, et les résultats de la société d'agriculture formée, sous les auspices du feu duc de Bedford, pour l'amélioration des bestiaux, et l'engrais des bœufs et moutons. La ville de *Chester* exporte par an 30,000 tonnes de fromage, dont 19,000 passent à Londres : le débit du comté de Glocester n'est pas moins fort. Le fromage de *Banberry*, dans le comté d'Oxford, est recherché ; celui qu'on fait à *Chadder* en Sommerset, tient beaucoup du Parmesan. Mais on estime surtout, en Angleterre, le fromage de *Stilton*, près de Cambridge, et qui n'est guère connu chez l'étranger, parce qu'il est difficile à transporter. Au commencement du dernier siècle, on faisait monter le nombre des moutons en Angleterre, à 12,000; M. Young le porte à présent à une tête par acre, c'est-à-dire, à 32,000,000. La laine est sans contredit la première et la plus importante production de ce royaume, et fait, dès les temps les plus reculés, une partie de sa richesse. Déjà, dans le onzième siècle, sous les rois normands, les impôts furent assis d'après la quantité de laine que les habitans possédaient. Ce fut Édouard IV qui, vers le milieu du quinzième siècle, fit venir 3,000 moutons d'Espagne, et qui les fit distribuer dans toutes les paroisses, avec ordre de faire accoupler les brebis ordinaires avec les moutons d'Espagne, et de ne tuer de sept ans aucun agneau. On peut assurer, avec bien de la vraisemblance, que 1,500,000 âmes s'occupent continuellement en Angleterre à travailler la laine. On emploie en Angleterre trop de chevaux de luxe au détriment de l'agriculture. La passion des chevaux, dans ce pays, est très-ancienne. Dès le septième siècle on connut en Angleterre les selles commodes, et au dixième le roi Athelstan défendit l'exportation des chevaux. Les premiers étalons espagnols ne sont venus en Angleterre que dans le onzième siècle. Henri VII ordonna qu'il n'y eût point de jumens de menées à l'étalon au-dessous de 14 palmes, ce qui améliora considérablement toute la race. Sous le règne d'Élisabeth vint la mode des voitures et des courses de chevaux. En 1767, un auteur fit monter le nombre de chevaux à 500,000, en comptant 100,000 seulement pour Londres : on peut l'évaluer à présent au double. Il sort beaucoup de jumens et de chevaux hongres moyennant 5 schellings de péage ; mais ce n'est qu'en secret qu'on peut avoir des chevaux entiers. L'Angleterre a aussi des fruits, mais le vin y vient rarement à maturité. Le cidre d'Herefordshire est le plus estimé d'Angleterre. Les comtés de Kent et de Glamorgan sont renommés pour l'excellence de leurs fruits. On prétend qu'il s'importe dans ce royaume, toutes les années, en vins de France et de Portugal seulement, pour plus de 25 à 30,000,000 de livres tournois, sans compter ce qu'elle reçoit d'eau-de-vie en fraude. Le safran passe pour être le meilleur de l'Europe. Le houblon est sans contredit aussi bon que celui de la Bohême. L'Angleterre a du sel marin, sel de mine et sel de source. Le sel anglais, connu sous le nom de *sel purgatif*, ne se tirait autrefois que des eaux minérales d'Essex, dans le comté de Surrey ; à présent il ne se fait que par art. La poterie de terre est aujourd'hui très-perfectionnée en Angleterre ; et le débit qui s'en fait chez l'étranger est fort grand. Il n'y a point de pays en Europe qui ait en si grande quantité et d'aussi bel étain que l'Angleterre : c'est une branche de commerce si ancienne, que les Phéniciens s'en servaient déjà. Les mines d'étain de Cornouailles en rendent annuellement pour 200,000 liv. sterl. On trouve aussi en Angleterre du cuivre ; on en emploie beaucoup à la fabrication d'autres métaux, et surtout à celui du tombac, qu'on appelle en Angleterre *Pinschbeck*, du nom de son inventeur. Une immense quantité de fer s'y prépare en acier. Le montant du fer et d'acier employé par an, fait un objet de 250,000 tonneaux, dont 55,000 sont importés en Angleterre. La ville de Sheffield, dans le Yorshire, est la plus considérable de celles qui renferment les fabriques de fer et d'acier : c'est là que se font la plupart des limes, des couteaux, des ciseaux, des lames, etc. Le nombre des fabricans monte à 40,000 qui travaillent sous 600 maîtres : leur communauté s'appelle *the cutlers of Hallamshire*, et elle a de grands priviléges. M. Hassel vante le poli et la beauté des ouvrages en acier qui se fabriquent à Salisbury, surtout les ciseaux : mais ils sont extrêmement chers. La célèbre Nelle Gwynne paya 50 liv. sterl. une paire de ciseaux de Salisbury. Le plomb est une des productions considérables de l'Angleterre. Les crayons anglais, dont la matière consiste en une terre fortement mêlée de plomb, appelée *wad*, forment une branche particulière de commerce. Les mines, surtout à Borrowdale, en sont si riches qu'on ne les ouvre que tous les sept ans, pour n'en pas trop remplir les marchés. La quantité du charbon de terre est immense. Le charbon appelé *Bendal-coals*, charbon de Kendal, est celui qu'on tourne, qu'on polit, et dont on fait des marques pour le jeu, des tasses à thé, des tabatières, etc. Il ne manque pas d'eaux minérales en Angleterre ; les plus renommées sont celles de *Bath*. Les poissons doivent être mis au nombre des productions les plus utiles et les plus profitables de la Grande-Bretagne. Yarmouth et Lestoff seules salent 4,000 lasts ou 40,000 barrels de harengs par an. Il faut ajouter à cette pêche celle des pélamides ou sardines, en anglais *pilchard*, qui est une branche de commerce considérable. La morue se pêche en cinq endroits. La pêche des huîtres se fait principalement à Colchester, dans l'île de Wight, etc. ; celles qu'on fait parquer, et qu'on connaît plus sous le nom d'*huîtres de Colchester*, font l'objet d'un commerce fort considérable. On trouve aussi en Angleterre de la *garance*. Les principales denrées de l'Irlande sont les bestiaux, la pêche, les peaux, le suif, le beurre, le fromage, le miel, la cire, le sel, le chanvre, les toiles de lin, les planches pour les futailles, la laine, les étoffes de coton, de soie, etc. Le principal commerce de l'Ilande consiste en bestiaux et leurs produits, comme bœuf salé, beurre, etc. On exporte en été, par semaine, au moins 8,000 tonneaux de beurre. On fait aussi un grand débit, au dehors, de belles toiles qu'on appelle *frises*. D'après une liste faite dernièrement en Angleterre, on exporta en 1803 pour la valeur de 40,100,870 liv. ster. de marchandises fabriquées dans le pays : il était sorti des ports anglais 11,398 vaisseaux anglais, et entré 11,072 montés par 185,944 marins anglais, sans compter les vaisseaux étrangers. La compagnie des Indes Orientales armait en 1801, 111 vaisseaux. On croit que ce fut là flotte de *Drake* qui introduisit, pour la première fois, l'usage du tabac en Angleterre, en 1586. Les lords Arlingthon et Ossory introduisirent en Angleterre, en 1666, l'usage du thé ; ils en apportèrent d'Hollande, et leurs femmes le trouvèrent exquis : c'était une nouveauté, toutes les femmes les imitèrent. On sait qu'à présent sa consommation est prodigieuse ; un auteur la porte, suivant les registres de l'excise, à 2,600,000 liv, pesant par an : il faut encore y ajouter l'énorme quantité de thé introduit par fraude.

Religion. — La religion dominante est l'église anglicane, *the hihgchurch ;* et en Écosse, l'église réformée presbytérienne : mais toutes les autres religions et sectes y sont tolérées.

Langue, Dictionnaires. — Le fond de la langue anglaise est le saxon, qui dans la suite a été mêlé de danois, de français et de quelques mots italiens. Il n'y a que très-peu de mots d'ancien breton. On parle en Angleterre la langue anglaise ; dans le pays de Galles, l'ancien breton ou le gallois ; et au nord de l'Écosse et en Irlande, le gaélic, improprement dit le gallois, parce que par le dernier nous entendons la langue du pays de Galles. La langue anglaise ayant été, depuis une dixaine d'années, presque généralement adoptée en Europe, on a des dictionnaires anglais dans toutes les langues. Nous ferons mention ici du *nouveau Dictionnaire portatif fran-*

çais-anglais et anglais-français, par *Th. Nugent*; *nouvelle édition*. Paris, 1806. Cette édition, augmentée de quelques milliers de mots, est plus complète que celles de Londres et de Lyon. *Pocket Dictionary of the english, french and german languages*. Leipsick, chez Rabenhorst; et *Grammaire anglaise-française*, par Levisac, deuxième édition, à Paris, 1804. On vient de publier, à Paris, une nouvelle édition du grand dictionnaire anglais-français, en 2 vol. in-4°.

Les Iles Britanniques sont composées de deux grandes îles, situées dans l'Océan septentrional : la première contient l'Angleterre et l'Écosse ; la seconde, l'Irlande. Il faut y ajouter, en Europe, les îles de Jersey, Guernesey, Alderney et Sark, et la ville forte de Gibraltar. Le nouveau royaume d'Hanovre en Allemagne ne peut être regardé que comme le patrimoine de la maison présentement régnante.

Gouvernement. — Le gouvernement est monarchique et héréditaire, tant en faveur des mâles que des femelles : mais le pouvoir du roi est borné, à certains égards, par les lois fondamentales, et par le parlement de l'empire, qui représente le corps de la nation. Le parlement de l'empire est divisé en deux chambres : 1°. la *chambre haute* ou la *chambre des pairs*, qui est composée de seigneurs ecclésiastiques et séculiers, nommés en général pairs de l'empire ou lords : ils sont à présent au nombre de 300 passés, dont 16 pour l'Écosse, et 32 pour l'Irlande. 2°. La *chambre basse*, qu'on appelle aussi la *chambre des communes*, est l'assemblée des députés des comtés, des villes et des bourgs : elle est composée de 658 membres ; 513 pour l'Angleterre, 100 pour l'Irlande et 45 pour l'Écosse. Ces deux chambres délibèrent séparément sur les mêmes affaires, et se communiquent leurs conclusions. La pluralité des voix décide, et la sanction du roi est nécessaire pour la validité d'un *act of parliament*. Le grand chancelier préside à la chambre des pairs, et l'orateur à la chambre des communes.

Forces de terre et de mer. — Les forces de terre, en 1804, montaient à 96,000 hommes de troupes réglées, 84,000 de milices, et 1,000,000 de volontaires. En temps de paix, elles sont réduites à 40,000 hommes. Les forces de mer s'élèvent à 15,000 marins, et à 100,000 en temps de guerre. Le nombre des vaisseaux de guerre est de 600, dont 100 de ligne, 400 frégates et 200 cutters et sloops.

Revenus et dettes. — Les revenus de l'état n'étaient que de 650,000 liv. sterl. à la mort de la reine Élisabeth; ils montaient, en 1804, à 77,846,179 liv. sterl. La dette nationale, en 1815, était de 900,000,000 liv. sterl., dont l'intérêt est de 900,000,000 francs.

APERÇU STATISTIQUE
DU DANEMARCK.

Étendue, productions, religion, langue, population, douanes du Sund, gouvernement, forces de terre et de mer, revenus.

On estime l'étendue du Danemarck à 1,900 lieues carrées, à raison de 900 habitans par lieue carrée. Il a 80 lieues de long sur 60 de large. Ce royaume a cédé en 1814 la Norwége à la Suède.

Rivières. — Les rivières qui arrosent ces provinces, sont : la *Gude*, la *Schley*, l'*Eyder*, la *Glommen*, la *Drammen*, la *Nida*, la *Torridale*, la *Paes*, etc. Il y a des lacs considérables dans les provinces de Danemarck, surtout dans le Holstein, etc. Le canal de *Holstein* qui joint les deux mers, la mer Baltique et celle du Nord, est remarquable en ce que les navires de quatre-vingt-dix lasts peuvent y naviguer.

Productions. — On peut considérer le Danemarck comme étant en possession des clefs de deux mers, parce que tous les navires qui voyagent dans ces mers sont obligés de passer par le détroit du *Sund*, ou par les grand et petit *Belts*, ou par le canal de Holstein.

Le Danemarck produit beaucoup de grains, de navette, de houblon, de pommes-de-terre, de la moutarde et d'autres plantes économiques ; on y brasse de très-bonne bière et en grande quantité : mais la fabrication de l'hydromel, de cette boisson nationale, le nectar des anciens *Skaldes*, et qu'on fait surtout en Fionie d'une excellente qualité, diminue d'un jour à l'autre. Il y a beaucoup de fruits ; les pommes de l'île de Fionie et de Gravenstein en Schleswig, sont très-renommées. On y élève beaucoup de bétail. Une vache du Jutland et de la province de Schleswig donne journellement depuis 15 jusqu'à 20 pintes de lait ; l'ordinaire, en Danemarck, est de six pintes. On assure qu'il sort annuellement du Danemarck au-delà de 100,000 bœufs, dont le Jutland fournit 80,000. On y a amené de la Chine une espèce de cochons qui y ont très-bien prospéré, et beaucoup multiplié. Les chevaux sont encore une des principales branches du commerce du Danemarck. Ils sont très-recherchés pour servir aux carrosses et être employés au trait. Il est défendu par les lois du royaume, de se servir d'étalons au-dessous de vingt palmes. Les haras de Friedrichsbourg, de Jaegerpreiss et autres, fournissent les meilleurs et les plus beaux chevaux. Dans quelques petites îles du Danemarck il y a une espèce de chevaux sauvages, qu'on nomme *Wildschmacken*, qui cherchent eux-mêmes leur nourriture, et à qui on mène des jumens pour en avoir des poulains. Ce sont les îles de Séeland, Fionie et Laland qui fournissent les meilleurs chevaux de monture. Les chevaux des duchés sont très-beaux. Ceux du district d'Angeln sont réputés les meilleurs. On distingue les chevaux que fournissent les terres hautes de ceux des terres basses. Les grands chiens danois sont renommés pour leur force et leur fidélité. Le Danemarck produit aussi de la tourbe. Le Jutland, les rochers de Moen, la Séeland, Bornholm, produisent l'ocre ; et le Jutland, une terre rouge, appelée *rouge danois*. La mer y abonde en poissons. Pontoppidan en compte de cent trois différentes espèces, tant grandes que petites, que l'on y pêche annuellement, entre autres une grande quantité de harengs qu'on y prend le long des côtes au nord et à l'est du Jutland. On pêche aussi dans les grand et petit *Belts*, une sorte de petits harengs fort gras, que l'on saupoudre de sel et saure à la fumée, dont on exporte une très-grande quantité en Allemagne. La pêche qui se fait dans le golfe de *Lymfiord*, rapporte annuellement une tonne d'or, ou cent mille florins de Hollande. Beaucoup de lacs, de petites rivières, et des étangs artificiels, abondent en anguilles excellentes, truites, brochets, lamprillons, etc.; dans le Holstein, les seigneurs retirent quelquefois 2 à 3,000 fr. par an de leurs viviers. Il y a des bancs d'huîtres près Skagen, et sur les côtes occidentales de Schleswig.

On cultive en Danemarck du lin, du chanvre, du tabac : on y recueille beaucoup de miel. Il y a peu de minéraux, excepté les mines de fer; peu de sel, peu de bêtes fauves. On dit qu'il y a dans les îles de Faroe une mine de charbon de terre qu'on estime à vingt-six millions, mais dont jusqu'à présent on ne s'est pas encore décidé à tenter l'exploitation. Il se fabrique annuellement cent mille paires de bas de laine dans ce royaume. Quelques provinces du Danemarck possèdent depuis longtemps des fabriques de gants glacés en jaune, blanc, noir et gris; l'espèce de ces gants la plus recherchée de l'étranger, est celle dite *gants gros*, de laquelle il s'exporte une partie considérable.

Religion. — La religion luthérienne est la dominante; néanmoins les autres religions y jouissent du libre exercice de leur culte.

Langue, Dictionnaires. — Les deux langues qui y sont en usage, sont la danoise et la finlandaise. Au reste, la langue allemande et la langue française, surtout la première, sont très en usage dans les sociétés, et on trouve toujours aux bureaux des postes, et dans les auberges, des personnes qui possèdent l'une de ces deux langues. (*Voyez* le *Dictionnaire danois-français*, et *français-danois*, par *Apheln*. Copenhague, 1780, 4.

— *Tilemann, danisches Lesebuch fur Deutsche, nebst einer kurzen danischen Sprachlehre.* Koppenhagen. 8.)

Population. — Suivant Randel, elle peut se monter

à environ 1,600,000 habitans. La plus forte population du Danemarck se trouva, en 1769, dans l'île Amager, où, sur une étendue qui n'a pas tout-à-fait un mille carré, on compta 5,029 habitans, tandis qu'en Islande les contrées les plus peuplées n'ont qu'environ 58 habitans, et les plus désertes, 4 au plus, sur une surface de même étendue.

Douanes du Sund. — Les bureaux de douane établis dans les ports d'Elseneur (Helsingoer), Nyborg et Fridericia, sont d'un rapport considérable. Les vaisseaux qui passent le Sund sont ordinairement comptés deux fois, à leur entrée et à leur retour ; mais on ne perçoit le droit de douane qu'une fois. Les vaisseaux anglais, suédois, hollandais et français, ne sont point assujettis à la visite et ne paient qu'un pour cent. Mais outre que les navires des autres nations doivent s'y soumettre, ils paient un et un quart pour cent. On peut compter qu'il passe annuellement par le *Sund* 4,000 navires ; ce qui fait 8,000, suivant l'usage où l'on est de compter chaque navire deux fois. En 1763, le nombre des navires passés, suivant les registres, était de 5,025 ; en 1798, de 9,479 ; et en 1801, de 8,988. Les droits de douane montèrent, en 1790, à 600,000 thalers. La largeur du Sund est évaluée à 1,331 toises, c'est-à-dire 100 toises de moins que celle de l'Hellespont. Le célèbre Algarotti s'extasia à la vue des bords du Sund, et crut y revoir sa patrie. Les vaisseaux de la flotte de Harald Hildetond, héros fameux du Nord, couvraient si bien ce détroit, qu'on pouvait y passer comme sur un pont. De nos jours, le passage de la flotte de lord *Nelson* a illustré de nouveau et ce détroit et le pavillon d'Albion.

Gouvernement. — Le trône de Danemarck est héréditaire depuis 1660. Les femmes succèdent au défaut d'héritiers mâles. Le pouvoir monarchique y est illimité. Le Danemarck est partagé en diocèses et préfectures, et possède encore, l'Islande, les îles Faroë, le duché de Holstein, et la partie du duché de Lauenbourg, sur la rive droite de l'Elbe.

Forces de terre et de mer. — Le Danemarck a sur pied, en tout, 40,000 hommes et 9,231 chevaux. La force navale est détruite, et ne consiste qu'en chaloupes canonnières.

Revenus. — Randel fait monter les revenus de la couronne à 7 millions de thalers, et les dettes à 18 ou 20 millions de thalers, non compris 19 millions de billets de banque. Le numéraire est d'une rareté extrême en Islande; c'est par cette raison que tous les comptes s'y soldent avec du poisson sec, ou avec une sorte d'étoffe de laine très-grossière qui se fabrique dans cette île, et que les habitans nomment *Wadmal*, qu'on mesure à l'aune. Vingt-huit poissons, chacun de deux livres de poids, ou trente aunes de ce wadmal, égalent un thaler en espèces.

Islande. — En *Islande* le bétail est petit, sans cornes, mais très-vif, fort et bon pour le travail; les chevaux y sont excellens. Il y a des moutons à deux et trois cornes, de la tourbe, du soufre, du tras, des basaltes, du marbre, du plâtre, de la terre de porcelaine, etc. On y pêche plusieurs espèces de poissons, parmi lesquels on compte la baleine : celle qu'on nomme dans ces contrées *steipe-reydus*, est de la plus grande espèce; sa longueur est de cent vingt aunes. Il y a des sources chaudes et minérales en abondance. La plus remarquable est celle de *Geyser*, à un mille de Skalhot; son diamètre est de 19 pieds, et elle s'élance par intervalles jusqu'à 88 ou 92 pieds de hauteur. On nomme en Islande les sources minérales, sources de *bière*. Il y a des bêtes sauvages qui fournissent de bonnes fourrures; des faucons très-renommés, surtout les blancs, qui valent 90 à 100 francs la pièce : c'est la patrie de l'*aigledon*, ou canard à duvet : dans ses nids, on recueille le précieux *édredon*, le plumage le plus doux et le plus élastique qu'il y ait au monde. Une des productions les plus singulières est cette masse, propre à brûler, nommée en islandais *suturbrand*, et en latin, *bitumen lignum fossile*. En général l'Islande n'est qu'un produit volcanique, et son existence future n'est rien moins que certaine. L'île renferme une dixaine de volcans, dont les éruptions sont connues : le plus fameux est l'*Hécla*, élevé de 4,800 pieds au-dessus de la mer.

APERÇU STATISTIQUE

DE LA SUÈDE.

Étendue, sol, productions, religions, langue, population, gouvernement, forces de terre et de mer.

M. Randel donne à la Suède une surface de 13,057 milles carrés d'Allemagne. MM Busching et Fabri lui en donnent 13,500. Suivant le calcul de M. Faggot, chef du bureau d'arpentage à Stockholm, toute la Suède contient une superficie de 9.000 milles carrés suédois; chaque mille carré pris à 23,142 $\frac{6}{7}$ tonnes du pays, et chaque tonne à 11,200 pas géométriques. De cette superficie, 7,290 milles carrés sont en friche. La Suède a en hiver un air froid et piquant, par conséquent pur et sain, qui, en été, s'échauffe à un degré assez fort, surtout dans les contrées du midi. On y connaît peu les tempêtes, les orages et les grandes pluies. Le vent frais et serein du nord purifie et rafraîchit continuellement l'air.

Le terrain de ce grand pays est en général montagneux; et, dans la partie du nord, il y a beaucoup de montagnes, toujours couvertes de neige et de glace. La quantité de lacs et de marais est considérable. Il y a un grand nombre de rivières; les plus considérables sont appelées, en suédois : *Elfves* ou *Alfes*, *Stang*, *Dal-Elfve* et *Goeta-Elfve*, *Gullspang*, *Kumo-Alf*, *Motala*, *Ulea-Alf*, *Karpostrom*. Les principaux lacs sont : les lacs de *Maelar*, de *Hielmar*, de *Wenner*, de

Wetter, etc. Le lac de *Maelar* communique, par le canal de *Stroemsholm*, avec le lac *Sodra-Barle*, aux confins de la Dalécarlie. Les lacs de Suède ont des beautés particulières, par les ondulations de leurs bords, qui s'échappent fréquemment en presque îles, en pointes de terre, etc. On compte plus de 360 bains et eaux minérales; les bains de *Medewi* et de *Loka* sont les plus célèbres.

Le blé qu'on récolte dans ce royaume ne suffit pas aux besoins des habitans, et l'on y en importe beaucoup. Cependant le pays voit tous les ans s'améliorer son agriculture et son économie rurale. Le tabac ne s'y cultive que de nos jours; sa culture est déjà portée très-loin; celle du lin réussit aussi très-bien. Les forêts fournissent à la Suède une grande partie de ses exportations. On fait monter le rapport annuel des envois dans l'étranger, en planches, poutres, poix, goudron, etc., à 2,666,666 florins d'empire. Il se fabrique tous les ans 500 bâtimens, dont il n'y en a que peu au-dessous de 50 tonneaux. Les bestiaux sont une branche considérable du commerce de Suède. Il y a dans ce pays une assez grande quantité de chevaux; ils sont même forts et bons, mais on ne fait pas assez d'attention à ce qui pourrait les perfectionner. Il n'y a pas non plus assez de moutons pour la consommation du pays. Pour le bétail, l'*Helsingie* l'emporte sur toutes les autres : la province de *Smaland* se distingue par ses bons fromages et ses houblonnières. On a commencé à cultiver la soie. Les immenses forêts et les montagnes de la Suède fournissent une grande quantité de pelleteries. On y trouve des rennes, dont l'utilité est connue. On ne trouve de l'or que dans le *Smaland*; et encore la mine demande-t-elle tous les ans 8,000 écus de frais. Les mines de cuivre et de fer y sont considérables et riches. Depuis 1772, la Suède a bien augmenté son commerce en fer ; et, en général, la richesse principale de ce pays consiste dans le gain de cette production. La mine de *Danemora* est la plus importante: elle produit

40,000 skipponds, années commune : en 1795, on comptait 566 grandes forges et 107 petites, et environ 25,600 individus occupés de l'exploitation des mines de fer. La Suède fournit une bonne partie de l'Europe et de l'Afrique, de canons de fer, qui sont beaucoup plus durs et plus légers qu'aucuns autres de cette espèce. Parmi les mines de cuivre, celle de *Fahlun* mérite le premier rang. A *Andrarum*, en Scanie, il y a une mine d'alun. Les mines d'argent sont de peu d'importance ; le produit de celle de *Sala* monta, en 1790, à 3,000 marcs : les travaux et les ouvrages de cette mine excitent l'admiration des voyageurs instruits. Il a paru un ouvrage fort instructif, et que l'on ne saurait trop recommander aux étrangers, c'est le *Guide du Voyageur dans les Carrières et les Mines de Suède*, par M. Engerstrom, conseiller des mines, Stockholm, 1796, avec une belle carte des routes principales. Le marbre s'y trouve en assez grande quantité. Il faut voir à *Elfvedale*, à 40 milles de Stockholm et à 15 milles de Fahlun, l'atelier où l'on travaille le porphyre ; on y fait des vases et toutes sortes d'ouvrage d'un fini précieux : cette manufacture mérite, à tous les égards, l'attention du voyageur.

Religion. — Le luthéranisme est la religion dominante et épiscopale, comme en Danemarck, en Angleterre et dans l'Islande : mais on tolère les membres des autres églises et sectes chrétiennes, et même les juifs.

Langage. — Les langues qui se parlent en Suède sont le suédois (qui descend du danois, du norwégien, de l'islandais), le finlandais et le laponais. A l'aide de l'allemand et du français on peut bien parcourir le royaume de Suède, car ces deux langues y sont assez répandues ; cependant on rencontre souvent des aubergistes et des maîtres de poste qui ne comprennent que le suédois, et où l'on ne peut pas se passer d'interprète. (Voy. *Lexicon abrégé de la langue suédoise. Upsal*, 1766, 4. — *Tysk och Svensk Ordbock; Schwedisch-*

deutsches und Deutsch-schwedisches Worterbuch, rédigé par J. G. P. Moller, A Upsal, 1801, 4; seconde édition. — *Schwedische Sprachlehre fur Deutsche*, rédigé par Gustave Sjobor. Stralsund et Leipsick, 1796, 8.

Population. — On évalue le nombre des habitans à 3,000,000 d'âmes; d'autres la portent à 2,770,000.

Gouvernement. — Le gouvernement de la Suède est une monarchie héréditaire dont les femmes ne sont pas exclues. Le roi assemble et dissout les états du royaume quand il veut; il dispose de l'armée, de la marine, des finances, et de tous les emplois civils et militaires; et, quoiqu'il n'ait pas le droit d'imposer des taxes en toutes occasions, il peut néanmoins, dans un cas de nécessité pressante, en imposer quelques-unes jusqu'à ce que les états soient assemblés.

Forces de terre et de mer. — L'armée du roi de Suède ne monte guère à plus de 40,000 hommes, tant cavalerie qu'infanterie.

Ce prince peut équiper 20 vaisseaux de ligne.

Revenus. — Les revenus du roi de Suède sont évalués à environ 36,000,000 de francs; les dépenses sont égales à cette somme. La dette nationale est au-dessus de 240,000,000.

NORWÉGE. — Une grande chaîne de montagnes sépare la Suède de la Norwége, entre lesquelles on remarque particulièrement celle de *Koelen*. Toute la côte immense de la Norwége et de la Suède, depuis ces *Koelen* jusqu'à la mer de glace, est couverte de fragmens de granit et de rochers brisés. « Ce sont, dit un voyageur moderne en parlant de l'aspect des Koelen près de *Moellen*, ce sont les ruines d'un monde jetées dans les flots de la mer; là, tout atteste le combat de la vieille nature avec une puissance inconnue; on se voit au milieu d'un champ de bataille, dont les événemens datent de bien plus loin que notre histoire. » — On croit cependant que les montagnes les plus hautes de la Norwége ne surpassent pas de 6,000 à 7,000 pieds la surface de la mer. La Norwége est riche en beautés mélancoliques et sublimes de la nature sauvage ; et ses Alpes seraient visitées par les hommes amis de la nature, si ces sortes de voyages étaient devenus à la mode, comme les voyages en Italie et en Suisse. On estime son étendue à 15,500 lieues carrées, et sa population à 850,000 habitans. La Norwége peut fournir à la Suède 30,000 hommes et 14,000 matelots. Son revenu monte à 4,800,000 francs.

On élève beaucoup de bétail en Norwége ; on y fait beaucoup de fromages composés de lait caillé dont on a ôté la crême. Ils sont d'une couleur tirant sur le brun, d'un goût piquant et assez agréable. Il s'y prépare encore une autre sorte de fromage qui a beaucoup d'affinité avec ceux qu'on nomme *seret* en Suisse. Il s'y fait aussi un grand commerce de bois de construction pour les navires, et il y a des chantiers où l'on construit des vaisseaux. On remarque parmi les bois que produit le pays, l'ébène et le beuved, d'une belle couleur jaunâtre et d'une dureté extrême. Des lichens, propres à la nourriture ou à la teinture, et un grand nombre de plantes médicinales appartiennent aux richesses végétales de la Norwége. Les chevaux y sont petits, vifs et d'une allure très-sûre. La variété d'oiseaux de toute espèce est prodigieuse. On compte, par exemple, trente sortes de grives. Il y a des bêtes sauvages, des ours, des loups, des lynx, des hermines, etc., qui fournissent de la pelleterie au commerce ; entre autres l'animal qu'on nomme *jerfvran* dans le pays, qui ressemble assez à un chien dont le corps est allongé, et qui est le glouton ou vielfrass des Allemands. L'élan devient de jour en jour plus rare. On y trouve peu d'or ; il y a des mines d'argent, et plusieurs de cuivre. Il y a une mine d'argent pur dans la montagne nommée *Konsberg*. On montre au musée royal un morceau qui pèse 560 livres. Cette mine fut découverte en 1623 par un jeune paysan. Son rapport actuel ne rend pas les frais de l'exploitation. La mine de cuivre de Roraas, découverte en 1644 par un chasseur de rennes, est la plus abondante qu'il y ait en Europe, et le cuivre de la Norwége surpasse en bonté tous les cuivres connus. On en retire par an 1,000,000 à 1,200,000 livres de brut. Il y a des mines de fer, de plomb, de cobalt, d'arsénic, de plombagine ; des carrières de marbres, d'albâtre, et d'une espèce d'amiante incombustible comme le véritable : on trouve des cristaux, des grenats, des améthystes, des calcédoines, etc. ; mais on n'a découvert jusqu'ici qu'une seule source d'eau minérale. Les mers qui baignent les côtes de la Norwége, et les rivières, abondent en poissons. La Norwége exporte pour plus de 6 millions de poissons. En beaucoup d'endroits, c'est la seule nourriture des habitans, et on donne même au bétail des entrailles de poissons à manger. On pêche aussi quelques perles.

Les richesses de la Laponie ci-devant danoise, maintenant à la Suède par la réunion de la Norwége à sa couronne, consistent principalement en troupeaux de rennes, et dans le produit de la pêche dont rien n'égale l'abondance. Les côtes fourmillent de baleines, de chiens marins, de cabillaus, de morues, de turbots, etc. : le saumon d'*Alten* et de *Tana* est le meilleur du Nord.

APERÇU STATISTIQUE
DE LA RUSSIE.

Étendue, population, climat, séjour d'hiver en Russie, sol, productions, religions, langage, gouvernement, forces de terre et de mer, revenus.

On peut évaluer l'étendue superficielle de la Russie européenne à 225,000 lieues carrées, et le nombre des habitans à 38,000,000, y compris le nouveau royaume de Pologne que l'empereur Alexandre a réuni à son empire en 1815. Il n'est ici question que de la Russie européenne : car tout cet empire immense a une surface de plus de 337,000 milles carrés, et 42,000,000 d'habitans, suivant M. Hunter, sans y comprendre les sommités des montagnes et la nouvelle acquisition de la Géorgie. Ni la monarchie d'Alexandre, ni l'empire romain sous les Césars ne parvinrent à cette étendue prodigieuse, qui comprend la vingt-huitième partie de tout le globe. La masse des habitans de cet empire devrait être de 960,000,000, et de 3,000 âmes par lieue carrée, si la population égalait celle des autres états de l'Europe, tandis qu'on n'en compte que 150. On fait, tous les 20 ans, le dénombrement des habitans de la Russie ; mais on ne peut pas fonder raisonnablement un calcul fixe là-dessus. Outre cela, on ne peut pas assujettir à cette révision les peuples nomades et montagnards qui mènent une vie errante dans les déserts de cet empire immense. On a fait divers essais pour classer les peuples divers, et les innombrables tribus qui vivent sous le sceptre de la Russie. Nous donnerons les résultats de la classification d'un géographe moderne : 1°. peuples de race esclavonne (15 à 16,000,000 Russes proprement dits, et 3,000,000 de Cosaques); 2°. peuples de race finoise; 3°. peuples de race tartare ; 4°. peuples du Caucace, 5°. peuples de race mongole; 6°. peuples aborigènes de l'Asie orientale ; 7°. peuples de race samoïède ; 8°. colons de plusieurs peuples : Allemands , plus de 150,000 ; Suédois , Danois , Turcs , Arméniens , Juifs , etc.

Climat. — L'air est partout salubre , mais aussi partout plus froid qu'on ne devrait l'attendre en comparaison avec les pays du nord de l'Europe, qui sont sous la même hauteur du pôle. En hiver, le froid est très-rude dans les contrées septentrionales, et les jours sont courts. L'été, au contraire, en est d'autant plus agréable et plus chaud; et, dans les nuits courtes , le crépuscule est très-grand. En général, il est aisé d'imaginer combien le climat doit différer dans les provinces de cet empire, puisque , dans les parties méridionales, par exemple, il croît du vin et des melons en quantité ; dans celles du nord, à peine les choux et les navets poussent. On trouve des rennes à Arkhangel, et des chameaux dans le pays d'Astrakhan.

Au jour le plus court le soleil

	se lève		se couche	
à Astrakhan , à	7 h.	48 m.	à 4 h.	12 m.
Kiew ,	8	7	3	53
Moscou ,	8	37	3	23
Riga ,	8	47	3	13
Tobolsk ,	8	56	3	4
Pétersbourg,	9	15	2	45
Arkhangel,	10	24	2	36

Mais, au plus long jour, c'est précisément le contraire de ce calcul ; car le soleil se lève à Astrakhan à 4 heures 12 minutes , et se couche à 7 heures 48 minutes , etc.

Séjour d'hiver en Russie. — L'illustre Euler a calculé, d'après des observations nombreuses, qu'il n'y a que 60 jours de l'année, en général, où l'on soit tout-à-fait exempt de la neige à Saint-Pétersbourg. Les étrangers doivent donc user de grandes précautions contre le froid; et même, avant d'entrer en Russie, ils devront porter des vêtemens chauds, des doublures de flanelle sur le corps, qu'ils ne changeront que devant le feu ; qu'ils renoncent à la petite gloriole de braver les usages reçus, et de se vêtir comme dans le sud de l'Europe : ils en seraient les dupes, et paieraient peut-être la leçon bien cher. Les appartemens sont ordinairement chauffés en Russie à 15 ou 16 degrés de Réaumur, et la chaleur ne varie pas. Les poêles (car on n'y connaît les cheminées que comme ornement) sont faits comme en Suède : le tuyau circule dans la cheminée, de manière que la chaleur parcourt beaucoup de chemin avant de sortir de l'appartement. Si l'on restait enfermé pendant l'hiver, ce serait un printemps continuel ; et, si l'on n'apercevait au travers des fenêtres la neige, les traîneaux, les *mougiks* avec leurs barbes couvertes de glaçons, rien ne rappellerait la saison où l'on se trouve. Cette saison, au reste, n'est pas désagréable ; le soleil ordinairement clair, le ciel pur, l'air calme ; en se couvrant bien on a du plaisir à marcher, et cet exercice est très-favorable à la santé.

Sol. — La Russie européenne est en grande partie un pays plat comme la Pologne, quoiqu'elle ait plusieurs montagnes. Un voyageur remarquera dans la Russie européenne une grande chaîne de montagnes, dite *monts Waldaï*, qui commence sur la route de Moscou, près de la ville de *Jederowa*, s'accroît près de la ville de *Waldaï*, et s'étend plus de 60 werstes vers la Lithuanie. Mais les monts *Ourals* ou *Poyas* forment une barrière naturelle entre l'Europe et l'Asie, et ont plus de 300 milles d'étendue. Les rivières sont la *Duna*, le *Volga*, le *Bog*, la *Néwa*, le *Dnieper*, le *Don*, le *Cuban*, le *Dniester*. Parmi un grand nombre de lacs considérables, celui *Ladoga* est sans contredit le plus grand et le plus poissonneux de l'Europe ; il a une surface de 292 milles carrés ; il produit un grand nombre de veaux marins. Pierre-le-Grand fit creuser, le long de ses bords, le fameux canal de *Ladoga*. Les autres lacs sont ceux d'*Onega*, de *Baïkal* ou *mer Sacrée*, long de 5 à 600 werstes et large de 20 à 70 ; de *Biélo-Ozéro*, de *Peïpous*, etc. Le canal de *Wischney-Wolotschock*, qui joint la *mer Caspienne* avec la *Baltique*, n'a, à la vérité, que trois werstes de long ; mais il ouvre tous les ans une route, entre Pétersbourg et Astrakhan, à plus de 2,000 barques.

Productions. — Un empire qui, dans sa vaste étendue, réunit tous les climats de l'Europe, doit en offrir toutes les productions. On cultive tous les grains, le seigle, l'orge, l'avoine, le millet, le grémil, surtout dans la plupart des provinces de la Russie européenne, et on en exporte en quantité ; on estime le montant de l'exportation seule du seigle et du froment à 764,000 roubles. L'empire russe consomme annuellement 300 millions pintes de brandevin ; ce qui demande 10 millions pouds de blé pour distiller ce brandevin. Le chanvre et le lin sont d'une bonté parfaite en Russie ; le chanvre, particulièrement celui de Riga, de Nowogorod, de Twer, etc., est préféré à tous les autres de l'Europe, même à celui de Bologne. Les articles d'exportation qui proviennent de la culture du lin et du chanvre, comme toiles, câbles, linge, étoupes, huiles, etc., formaient, d'après les registres des douanes, en 1798, la somme de 16,726,235 roubles. — Dans les montagnes d'Altaï, les groseilles rouges ont la grosseur des cerises ; et dans les provinces du sud, surtout le long du Volga et du Don, on cultive en plein air une quantité énorme de melons sucrins, et d'eau ou d'Arbousses, et il n'est pas rare d'en trouver du poids de 30 livres : ce ne sont pas des jardins, ce sont des champs à melons. On ne cultive pas cependant assez de fruits en Russie, et on en importe beaucoup de l'étranger. En 1794, on importa de l'étranger pour 636,000 roubles de fruits. Les villages sur le Volga et l'Oka sont de vraies pommeraies, originaires d'Astrakhan et de Perse : on préfère la pomme Naliwn. Dans ces mêmes provinces du sud, on rencontre des forêts entières de cerisiers, principalement de l'espèce de celles d'Espagne. On fait des cerises sauvages des steppes, du vin de cerise et un excellent vinaigre aromatique. Il ne vient du vin que dans les provinces méridionales. La culture de la vigne, auprès d'Astrakhan, date de l'avant-dernier siècle; c'est un moine autrichien, fait prisonnier, qui y planta des plants de vigne de Perse. On y coupe de grosses et de belles grappes de raisins avant d'être tout-à-fait mûrs, on les empaquete, on les envoie à Pétersbourg, et ils mûrissent pendant cette longue route. Le tabac commence à devenir une production importante du pays, quoique vers la fin du dix-septième siècle le clergé russe ait déclaré formellement que ce fût un péché que de fumer du tabac. Les feuilles de l'Ukraine sont déjà fort estimées des étrangers. On cultive le tabac principalement dans la petite Russie, et dans les pays des Cosaques, sur les bords du Volga et de la Samara. Il y a en Russie beaucoup de houblon ; il croît même dans plusieurs provinces sans culture. La rhubarbe de la Sibérie est connue et ne cède point en vertu à la rhubarbe de la Chine : ce même pays et les montagnes de Kolywan produisent un équivalent du thé chinois ; c'est la *saxifraga crassifolia*, dont les feuilles se débitent en grande quantité sous le nom du *thé tschagirien*. Le rhododendron de la Tauride a une si grande ressemblance avec les feuilles du véritable thé, par la forme, la grandeur et l'odeur, que plusieurs naturalistes l'ont pris pour le vrai thé. Le miel et la cire sont une branche importante de commerce pour la Russie. On estime le miel blanc des tilleuls : on exporta, en 1793, pour 378,000 roubles de cire et de bougies. (Les chandelles sont aussi en réputation, surtout les belles chandelles des habitans de Wologda, et des frères Moraves près de Tzaritzin.)

On fait deux espèces d'*hydromel*, du blanc et du rouge. c'est une des plus anciennes boissons de la Russie ; elle est faite avec du miel blanc, comme le *koas*, autre breuvage commun qui se fait avec le malt, l'orge et le seigle. Le bois est une richesse presque inépuisable pour cet empire. La nourriture des bestiaux est de la dernière importance dans un pays qui a tant de grandes et de fertiles plaines, et où les peuples, encore accoutumés à l'ancienne vie nomade, en font leur principale occupation. Il n'y a aucun pays en Europe où l'on élève autant de bétail et où on en prenne moins soin qu'en Russie. Le bétail du cercle de Kholmogorod, dans le gouvernement d'Arkhangel, est le plus renommé, surtout la chair délicate de ses veaux. L'exportation des produits de bétail, comme bêtes, viande salée, cuirs, suifs, etc., montait, en 1793, à 6,862,000 roubles. La soie de cochon est de même une branche considérable de commerce pour la Russie ; en 1793, on en exporta, seulement par mer, pour la valeur de 742,000 roubles. L'exportation de la laine est défendue en Russie. Les Kirguises, dans le gouvernement d'Orenbourg, ont une quantité de certains moutons à queue large, qui pèse 30 à 40 livres, et l'animal entier pèse au-delà de 200 livres. Il y a des Kirguises qui en ont jusqu'à 3,000 têtes. On compte dans cet empire un grand nombre d'espèces différentes de chevaux. Les vrais chevaux russes sont courts, ont le poitrail large, le cou long et maigre, et généralement la tête moutonnée. Ils courent bien et supportent long-temps la fatigue; mais ils sont rarement grands et beaux, et presque tous ombrageux. On trouve une bonne espèce de bidets dans le district d'Arkhangel, et les petits chevaux de Livonie sont fameux par leur légèreté à la course et leur durée; leur véritable race commence à devenir rare ; les chevaux tartares sont d'une excellence généralement connue ; mais la race que les Cosaques ont introduite dans l'île de Taman et sur les bords du Kouban, est de beaucoup supérieure à la race tartare. Les chevaux du

Caucase sont peu inférieurs aux arabes en beauté, vigueur et docilité, et les chevaux pics de la Bukarie leur disputent encore la palme pour la première de ces qualités. Il y a aussi une quantité de chevaux sauvages dans le gouvernement d'Orenbourg; mais les Tartares et les Cosaques ne les traitent que comme une espèce de gibier, et ne leur donnent la chasse que pour les tuer. Les *Djiguetei* et les *Kholuans*, que l'on croit être une race intermédiare entre le cheval et l'âne, et qui surpassent en vitesse les coursiers les plus légers, se trouvent dans la Tauride et dans les environs du lac Ural. La vitesse du *Djiguetei* est passée en proverbe parmi les Mongols. Les rennes sont élevés dans l'état de domesticité par les Lapons, les Ostiaks, les Tunguses, etc. Les chameaux ne se trouvent que dans les provinces sud-est de la Russie, et les dromadaires dans la Tauride. On y paie un chameau 40 et 50 roubles; on les charge de huit à dix quintaux, avec lesquels ils font encore huit à dix milles de chemin. La Russie ne manque point de fer, de cuivre, de plomb, de sel, etc. Suivant le calcul de M. Storch, on exploite, année commune, dans l'empire de Russie,

40 *pouds* d'or.
1,300 — d'argent.
30,000 — de plomb.
200,000 — de cuivre.
5,000,000 — de fer épuré. (15,000,000 de minerai de fer.)
12,000,000 — de sel.

valeur totale, 13 à 15 millions de roubles. L'époque la plus brillante des mines de la Russie a été celle de Catherine-la-Grande. Des deux mines d'or que possède la Russie, celle de *Bérézof* est la plus importante; les mines d'argent, les plus riches sont celles des monts *Altaïques*; les monts Uraliens renferment les minières les plus abondantes en cuivre; là, on trouve aussi les mines de fer les plus considérables; au reste, une quantité prodigieuse de ce dernier m'tal, et de toutes les espèces, est renfermée dans toutes les montagnes, et même dans quelques plaines de l'empire russe. Le marienglas, ou verre de Russie, est un minéral tranchant, de couleur blanche et verte, et se coupe en morceaux, dont les plus grands n'ont qu'une aune trois quarts en carré La grandeur, la transparence et la couleur blanche en fixent la valeur. On peut les fendre avec un couteau, et s'en servir pour fenêtres et lanternes, mais principalement sur les vaisseaux, parce que ce verre ne casse pas si aisément au bruit du coup de canon que le verre ordinaire : les morceaux de trois quarts d'aune en carré valent déjà deux roubles la livre. La Russie possède une quantité extraordinaire de porphyre, de jaspe, d'agates, de calcédoines, cornalines, onyx, cristaux de roche, béruls, grenats, lapis-lazuli, albâtre : l'ivoire fossile forme un objet d'exportation ; elle a aussi du marbre en abondance ; le marbre des monts Uraliens ne le cède en rien aux marbres de Paros et de Carrare. Les pétrifications curieuses et les eaux minérales ne manquent pas non plus en Russie. La Russie européenne a toute sorte de sel ; on se sert principalement du sel gemme. Les plus riches mines sont aux environs de l'*Ilek* ; le sel cristallisé des riches lacs salans s'appelle en russe *bouzoux*. Les plus importantes salines, ou sources salées, se trouvent dans le gouvernement de Perm. Si les dépôts de sel que la nature a prodigués en Russie étaient exploités comme ils le sont ailleurs, ce pays pourrait fournir l'Europe et l'Asie entière de cet article important. Les animaux sauvages, surtout ceux qui fournissent la fourrure, sont en très-grande quantité ; et l'on peut, avec raison, considérer la Sibérie comme le plus vaste et le plus riche parc de chasse qu'il y ait sur le globe, exception faite de l'Amérique septentrionale. En 1792, il sortit seulement de Pétersbourg 618,248 peaux de lièvres, 3,325 sacs, peaux de petits gris, 2,140 peaux d'hermines et martes, 2,684 peaux d'ours et de loups, 9,439 peaux de renards, 3,712 sacs, peaux de boucs et chèvres, 3,710 sacs, peaux de veaux, 32,676 peaux de chats, furets et marmottes, 473,610 queues de renards, hermines et petits gris. En 1794, on en exporta des ports russes, à l'exception de ceux de la mer Caspienne, pour la valeur de 590,000 roubles; et on peut évaluer l'exportation des fourrures par terre aussi haut et même davantage. La zibeline devient de plus en plus rare depuis long-temps; on prétend que le plus grand usage de cette fourrure est à Constantinople. Le renard noir, le plus estimé dans le commerce, ne se trouve que dans la Sibérie orientale. Parmi la pelleterie, il faut compter encore les belles peaux d'agneaux des Kirguises et des Kalmoucks, particulièrement celles des agneaux embryons. Autrefois elles étaient en assez grande quantité, mais elles sont devenues plus rares depuis l'émigration d'une horde entière de Kalmoucks. Le duvet de l'édredon, dont la plus grande partie vient de la Nouvelle-Zemble et du Spitzberg, et les espèces de plumes qu'on tire des autres oiseaux, forment un article considérable d'exportation; en 1793, il en est passé à l'étranger 10,551 livres, dont la valeur excédait 85,000 roubles. La pêche nourrit des peuples entiers en Russie. Celle de la vache marine fournit de l'huile, les peaux et les dents dont on fabrique toutes sortes d'ouvrages. En 1793, l'exportation par mer monta à 43,504 pouds d'huile de poisson, et 190 pouds d'os de mammouts et dents de vaches marines. Le caviar se fait des œufs de biélouga et d'esturgeon, etc. Un esturgeon donne de vingt à trente livres de caviar, et un biélouga cent vingt livres. Comme il faut cinq œufs de biélouga et sept d'esturgeon pour un grain, on peut juger combien de millions d'œufs un semblable poisson doit avoir dans son corps. En 1793, on exporta du caviar pour la valeur de 188,000 roubles : la plus grande partie va en Italie. L'espèce la plus médiocre est le caviar foulé; l'espèce la plus propre et la meilleure est le caviar pétri, qui, en apparence, n'est composé que d'œufs. Les Cosaques de

e

l'Ural sont particulièrement renommés pour faire d'excellent caviar. On exporte une grande quantité d'esturgeons séchés, la colle de poisson est une production dont la préparation est à peu près particulière à la Russie, et qui se fait dans tous les endroits où se pêchent les grandes espèces d'esturgeons. On roule ordinairement la meilleure en petits cordons. Les *rebs*, espèce de harengs qu'on trouve dans le Peipus ; les lamproies marinées de Narva ; les killo-stromlinges des côtes de la Livonie, qui égalent les sardines, les *koumsis*, ou maquereaux salés et fumés de la Crimée, sont recherchés par les friands. Les poissons de la rivière de Kama, qui se jette dans le Volga, sont réputés les meilleurs de toute la Russie. L'abondance des harengs est prodigieuse : dans la mer du Kamschatka, on en prend d'un seul coup de filet de quoi remplir quatre tonneaux. La Russie reçoit de l'étranger des vins, des étoffes de tout genre, des meubles, des fruits, des drogues, des denrées coloniales ou américaines, etc. Le commerce des diamans avec l'Angleterre et la Hollande est continuel et très-considérable. En général, les bijoux et les diamans sont fort en vogue en Russie. En 1742, l'exportation de Pétersbourg montait à la valeur de 2,479,656 roubles ; et en 1802, à celle de 30,498,663 : quelle progression ! La balance du commerce était de 14 millions de roubles en faveur de la Russie. Le produit des douanes monte, année commune, à neuf millions de roubles. On importe par an pour la valeur de plus de quatre à cinq cent mille roubles de plumes à écrire, toutes préparées.

Religion. — Toutes les religions, comme la religion grecque qui est la dominante, sont libres et publiques, excepté la juive. On a vu à Saint-Pétersbourg des prêtres de quinze confessions différentes dîner paisiblement ensemble, et raisonner, même sans s'échauffer, sur les controverses et sur leurs dogmes.

Langues. — La langue russe descend sans doute de

l'esclavon», mais elle en diffère sensiblement ; et dans les livres de religion elle est mêlée de mots grecs.

Grammaire. — (Voyez *Nowii rosiisko-franzucko-nemuzkii Slowaar*, etc. *Nouveau Dictionnaire russe-français-allemand*, par Jean *Heym*. Moscou, 1801, 4. — *Dictionnaire russe-français*, par le conseiller d'état *Tatischtschew*. Saint-Pétersbourg, chez *Weitbrecht*, 1798. — *Deutsch-russisches Worterbuch.* Saint-Pétersbourg, bey *Weitbrecht*, 1798, 2 vol. 8. — *Russische Sprachlehre fur Deutsche*, von J. *Heym*. Riga, 1794, 8. — *Elémens de la langue russe.* Saint-Pétersbourg, 1791, 8.) — L'étranger qui veut apprendre la langue russe fera mieux de la parler habituellement que de l'apprendre méthodiquement, car il y a un nombre infini d'exceptions non assujéties aux règles grammaticales, ce qui en rend l'étude méthodique extrêmement rebutante. Il y a différens dialectes en Russie, tels que ceux de Moscou, de Novogorod, d'Arkhangel et de l'Ukraine : ce dernier tient beaucoup du polonais; celui de Sibérie approche en grande partie de celui d'Arkhangel. Outre ces langues, on parle encore en Russie autant de langues qu'il y a de nations. A Pétersbourg et à Moscou, l'étranger qui entend l'allemand, ou le français, ou l'anglais, se tirera facilement d'affaire. Même dans les petites villes de Russie on rencontre partout des Allemands ou des Français; outre cela, il est rare que les Russes qui ont reçu une bonne éducation n'entendent pas plusieurs langues étrangères.

Gouvernement. — Le gouvernement est monarchique et absolu; les princes et princesses portent le titre de grand-duc et de grande-duchesse ; la couronne est héréditaire et ne sort pas de la famille régnante ; elle passe aux femmes comme aux mâles.

Forces de terre et de mer. — L'armée de terre est forte de 600,000 combattans, et la marine de 35 vaisseaux de ligne, sans compter les frégates, galères, chaloupes canonnières, etc. Suivant M. Herrmann, le montant du numéraire en circulation dans l'empire était, en 1786, de 130 millions de roubles, sans y comprendre les 100 millions de billets de banque.

Revenus. — On porte les revenus annuels à 150 millions de roubles.

Cet empire, dont la puissance formidable s'est élevée au plus haut degré depuis le règne glorieux de Catherine-là-Grande, est divisé, depuis la réunion de la *Grusinie* ou *Géorgie*, en 53 gouvernemens. Le gouvernement d'*Irkoutz*, en Sibérie, est le moins peuplé, car on n'y compte que quatre habitans par mille carré.

EUROPE CENTRALE.

APERÇU STATISTIQUE
DES PAYS-BAS.

Etendue, sol, climat, productions, religion, langage, population, gouvernement, forces de terre et de mer, revenus et dettes.

Par la réunion de la Belgique à la Hollande, qui portent maintenant le nom de royaume des Pays-Bas, on estime leur étendue à 2,400 lieues carrées, à raison de 2,000 habitans par lieue. Le terrain est en grande partie bas, humide, coupé de plusieurs rivières et de lacs, et d'une infinité de petits canaux. La province de Gueldres est la plus élevée, et a même quelques montagnes et beaucoup d'endroits sablonneux. On trouve aussi des sables à Utrecht et dans l'Over-Yssel ; les autres provinces ne sont que des pays humides et marécageux. La Hollande, la Zélande, Groningue et la Frise, sont en partie plus basses que la mer du Nord : les dunes d'une part, et de l'autre de fortes digues, les garantissent des flots de la mer ; ces digues sont faites et entretenues à grands frais.

Climat. — Le terrain humide, et la grande quantité de canaux, qui ne peuvent pas toujours avoir assez d'écoulement, exposent ce pays à des inondations fréquentes, dont il faut que les habitans se garantissent par des moulins, qui ne sont là que pour se débarrasser des eaux. A proprement parler, il n'y a point de campagne en Hollande; en général, on ne voit que des marais; la plupart sont déguisés en prairies. L'œil, satisfait de la plus riante verdure, se promène avec plaisir sur des plaines immenses, couvertes de troupeaux de vaches les plus belles; mais le fonds est toujours mobile et tremblant. Cette disposition du terrain, et le voisinage de la mer, rendent l'air épais et le climat humide et froid. Des vents différens et fréquens éclaircissent cependant le ciel, mais donnent en automne des tempêtes et de grandes pluies. De là vient que l'hiver, depuis le mois d'octobre jusqu'en mars, est froid, nébuleux, humide et orageux, et occasione des sciatiques, le scorbut, des toux et des rhumes.

Le climat de la Belgique, un peu froid, est néanmoins sain, parce que l'air est purifié par les vents de la mer. On y voit peu de brouillards. Le sol de la Belgique est plus élevé que celui de la Hollande. A une certaine profondeur, le sol ne présente que du sable de la mer et des débris de substances marines; sa surface est couverte d'un terreau qui le rend d'une grande fertilité. L'industrie des habitans est extrême : on ne voit nulle part de terres mieux cultivées. Ils savent vaincre, à force de travail, la résistance de la nature; et il n'y a point de sol si ingrat et si stérile, dont les Flamands ne viennent à bout de tirer parti.

Rivières. — Les rivières sont le *Rhin*, la *Meuse*, l'*Escaut*, le *Vecht*. La *mer de Harlem* communique par l'*H et Y* et le *Pampus*, avec le *Zuy derzée*, dont le *Texel* et le *Vlie* sont les deux débouchés principaux.

Productions. — Les bestiaux sont la seule branche du commerce de la Hollande, qui est devenu riche bien plus par l'industrie des habitans et le négoce extérieur, que par le rapport des productions du pays. Rien n'est plus agréable que la vue de prairies immenses, qui sont entourées ou de fossés ou de haies vives, et couvertes des plus beaux bestiaux. On trait les vaches tous les jours deux ou trois fois; elles donnent 12, et même jusqu'à 20 pintes de lait par jour. Il y a différentes sortes de fromage de Hollande; les uns ont la croûte blanche, d'autres rouge; plusieurs sont verts, et d'autres sont remplis de cumin et de fines herbes. La ville d'Edam avait autrefois un commerce de fromage très-étendu, et il ne s'en fait point dans toute la Nord-Hollande qui ne porte encore aujourd'hui le nom de *fromage d'Edam*. La pêche est la plus ancienne et la plus importante occupation des Hollandais, et a posé les fondemens du commerce de ce royaume. On distingue la pêche en grande et en petite; la première est la pêche de la baleine, et la seconde celle du hareng. Celle des côtes, dont la plus ancienne est celle du cabillaud, est très-considérable : la pêche du hareng est bien tombée; autrefois il en sortait des ports de la Hollande annuellement 1,500 vaisseaux, et à présent à peine 200. Guillaume Beukel-Zoon, de *Bierfliet* en Flandre, enseigna le premier, vers la fin du 14e. siecle, à saler les harengs. L'empepereur Charles-Quint fit ériger un mausolée, en 1556, à l'inventeur d'un art aussi utile. Les harengs des Hollandais sont plus tendres, de meilleur goût, et moins salés que ceux des autres nations. On distingue en Hollande trois sortes de harengs, qui ont des prix différens : 1°. les harengs à fin sel, ou à grand feu, qui sont les plus chers; 2°. les harengs à gros sel, qui sont moins chers d'un quart; et 3°. les harengs vides, qui se vendent un tiers de moins que ces derniers, mais qui sont prohibés en Hollande : on les tolère cependant, parce que cette sorte sert à la nourriture des pauvres. Les harengs saures de Harderwick ont beaucoup de réputation.—La garance, le tabac, les fruits produits plutôt par l'art que par la nature, quelque peu de fer dans l'Over-Yssel, la tourbe, etc., sont les autres productions de ce pays. Quelques Hollandais font de grandes dépenses en jardins fruitiers et potagers, et en serres. Tous les fruits des quatre parties du monde croissent chez eux, et quelquefois en abondance :

aucuns jardiniers n'entendent cette partie comme ceux de la Hollande ; l'ingratitude de leur ciel les a rendus à tous égards les premiers jardiniers de l'Europe. Le nombre des manufactures de Hollande est considérable ; on peut y remarquer que tout ce qui sert au mécanisme des fabriques est de la plus belle invention et de la meilleure qualité : les draps noirs et les ratines sont estimés. On connaît la beauté des toiles de Hollande et du papier. La tourbe de Hollande, et la manière dont on la tire de la terre, sont des choses très-singulières. Si l'on présume, par les plantes qui croissent sur la surface de la terre, qu'il y a de la tourbe, on ôte la terre de la surface, et on retire avec la bêche la racine des plantes pourries. Souvent, lorsqu'elle n'a pas assez de consistance, on la bêche et on la fait sécher à l'air. De cette manière les champs se changent en lacs, et fournissent aux habitans des poissons au lieu de grains. Quand une place a été employée de cette manière pendant 30 années et davantage, on l'entoure de digues aux frais de l'Etat ou des particuliers, puis on la dessèche par le moyen des moulins, et on en fait des prés et des champs. Ces campagnes sont ordinairement très-fertiles, et on est amplement dédommagé des dépenses qu'on y a faites. C'est de cette manière qu'on a desséché, près de *Hazerswoude*, 4,057 champs. Un canton de cette espèce se nomme *Polder*.

La Belgique abonde en blé, fruits, lin, chanvre et bons pâturages. On estime ses bœufs, ses chevaux et la laine de ses brebis.

Religion. — Depuis 1798 il n'y a plus de religion dominante nationale, la religion réformée l'ayant été ; mais depuis long-temps la Hollande offrait déjà un exemple frappant des avantages qui résultent d'une tolérance générale, parce que, dès la fondation de la république, il était libre à chacun d'adorer Dieu à sa manière ; les membres de tout culte peuvent entrer dans le corps législatif. On divise les Juifs en *Juifs portugais* et en *Juifs allemands*; les premiers y sont arrivés en foule du Portugal, en 1530 et 1550, et ont été singulièrement accueillis. Dans la Belgique la religion catholique domine.

Langue, dictionnaire. — La langue hollandaise est un dialecte du bas-allemand, et les mots latins qu'on y rencontre viennent de l'usage du latin dans le service divin. On parle deux dialectes du bas-allemand, le hollandais et le frison. Consultez le dictionnaire français-hollandais, et hollandais-français, par *Marin*, 3e. édition; Amsterdam et Paris, 1782, 2 vol. in-4°. Le français est si usité, que les négociations entre ce royaume et les autres états se font presque toutes dans cette langue. Dans la Belgique le français est généralement suivi; le peuple parle flamand.

Population. — Le nombre des habitans du nouveau royaume monte à 4,800,000 âmes, dont 2,800,000 pour la Belgique.

Gouvernement. — Le roi a, exclusivement et sans restriction, l'entier exercice du gouvernement et de tout le pouvoir pour assurer l'exécution des lois et les faire respecter : il nomme à toutes les places et à tous les emplois militaires. La loi est faite par le concours des états et du roi.

Depuis 1814, la Hollande et la Belgique ne forment qu'un seul état régi par la même constitution, déjà établie en Hollande, et qui sera modifiée d'un commun accord, d'après les nouvelles circonstances. Tous les citoyens, quelle que soit leur religion, sont admis aux emplois publics. L'assemblée des états-généraux se tient alternativement à la Haye et à Bruxelles. Les provinces et les villes de la Belgique sont admises au commerce et à la navigation des Colonies sur le même pied que la Hollande.

Forces de terre et de mer. — On évalue les forces de terre du royaume à 75,000 hommes; et la marine, qui en 1782 comptait 69 vaisseaux de ligne, est bornée à 15, 6 frégates et 100 chaloupes canonnières. On s'occupe de la rétablir.

Revenus et dettes. — Les revenus des Pays-Bas peuvent être évalués à 150 millions de France.

APERÇU STATISTIQUE

DE L'ALLEMAGNE.

(*Voyez* l'Introduction de l'Itinéraire d'Allemagne.)

APERÇU STATISTIQUE

DE LA FRANCE.

Étendue, sol, productions, religion, langue, population, gouvernement, forces de terre et de mer, revenus et dettes.

Ce puissant royaume est rentré dans ses anciennes limites. Il a été réduit, par le dernier traité de Paris, à 86 départemens, y compris la Corse. Son étendue est de 23,000 lieues carrées, à raison de 1,100 habitans par lieue. Il a 220 lieues de longueur sur 215 de largeur.

Le climat, à quelques provinces méridionales près où il fait fort chaud, est très-doux et très-agréable, et l'air tempéré et sain.

Montagnes, rivières. — Les montagnes les plus considérables sont les *Alpes*, le *Jura*, les *Pyrénées*, les

Cévennes, et les montagnes de l'Auvergne, que l'on pourrait nommer la Suisse française. Le *Cantal* est élevé de 5,802 pieds de Paris; et le *Mont-d'Or*, de 5,820 pieds au-dessus de la mer: mais les plus hautes montagnes de la France sont le *Louzira*, 13,548; le *Loupilon*, 13,260; et le *Jocelme*, 13,002. Les principaux fleuves sont la *Seine*, la *Loire*, le *Rhône*, la *Garonne*, dans laquelle se rend, au-dessous de Toulouse, le fameux *canal de Languedoc*, qui commence à Cette, à la mer Méditerranée, et qui réunit les deux mers, il y a toujours sur le canal 250 bâtimens en activité. Les autres grandes rivières sont la *Marne*, l'*Escaut*, le *Rhin*, la *Meuse*, la *Sambre* et la *Moselle*.

Productions. — Beausobre fait monter la quantité de vin qui se récolte dans toute la France ancienne, année commune, à 13,687,500 muids. Maréchal soutient qu'une vigne, en Champagne, rapporte en général depuis 30 jusqu'à 50 louis; et le produit net en est d'environ 4 jusqu'à 7 louis. Le Champagne rouge des environs de Reims est d'une bonté exquise. Le vins de Champagne passent dans le commerce, sous les noms de vins d'*Ay*, de *Taissy*, de *Sillery*, de *Hautvillers*, de *Versenay*, de *Chably*, mousseux et pétillans. Le canton auprès d'*Epernay*, qui produit le vin blanc fin, ne contient que 5 lieues de longueur; et il y a un autre espace, de 3 ou 4 lieues, où l'on fait le vin blanc avec du raisin blanc seulement. Avec le raisin noir on fait du vin rouge ou du vin blanc. Les meilleurs vins de Bourgogne sont ceux de *Beaune*, de *Nuits*, de *Romanée*, de *Premeaux*, de *Vougeot*. Les vins de liqueur les plus estimés en France sont ceux de la *Ciotat*, et de *Saint-Laurent* en Provence. Les vins muscats, d'une qualité exquise, sont ceux de l'*Hermitage*, de *Frontignan*, de *Lunel* et de *Rivesaltes*. Bordeaux est l'entrepôt principal des vins dits français, de Bergerac, de Médoc, de Cahors; du vin de Grave, de Pontac, etc. Du mauvais vin on fait l'eau-de-vie, dont la meilleure est celle de Cognac sur la Charente. Les eaux-de-vie de vin qui se font en France, par exemple, celles de *Nantes* et de l'ancien *Poitou*, sont généralement estimées en Europe. Des vinaigres de vin, celui d'*Orleans* est réputé le meilleur. Les *raisins de caisse* viennent de Provence, et les *passarilles* du Languedoc. Le fruit, en France, est d'une excellente qualité, et se transporte frais, sec et apprêté. La meilleure huile se fait en Languedoc, mais surtout en grande quantité dans le Roussillon et la Provence, d'où elle a pris son nom. On distingue deux sortes d'huiles, savoir, les huiles par expression, et celles par distillation. Depuis quelque temps on cultive dans quelques départemens, et principalement dans celui des Landes, l'*arachide* ou *cacahuete*, originaire du Nouveau-Monde, et introduite en Espagne ; elle donne une graine de laquelle on extrait une huile qui, par sa délicatesse, ne le cède point à celle d'olives : elle est en outre extrêmement abondante. La France abonde en savon blanc et marbré, savons en pâte, verts et noirs, chanvre, coton, lin, bois : revenu territorial des plus importans, mais fort négligé dans les temps de la révolution ; safran, miel : le plus estimé est le miel blanc du petit pays de Corbières, près Narbonne. Paris seul consomme une grande partie de ce qui se recueille dans le royaume. Les meilleures cires jaunes sont celles de Bretagne. Il a paru une quantité d'écrits sur le commerce des blés en France ; on en a compté jusqu'à trente depuis 1763 jusqu'en 1776 ; mais, quelque grande que soit en France la consommation du blé, tous les départemens fournis, il en reste chaque année une grande quantité qu'on peut vendre à l'étranger. Les pommes de terre obtiennent à présent une place parmi les richesses territoriales. C'est à un citoyen inconnu et à présent oublié, nommé François Fraucat, que Nîmes et les départemens méridionaux de la France sont redevables de leurs richesses en soieries ; il planta, en 1564, le premier mûrier en France, et en 1606 il en avait déjà répandu plus de 4 millions de plants dans ces deux provinces méridionales. A la grande foire de *Beaucaire*, où, pendant dix jours seulement, il se fait pour 6,000,000 d'affaires, la soie est un objet si considérable, que l'exportation de cette marchandise est en général d'une grande conséquence pour la France. Le tabac râpé de St.-Omer, et une infinité d'autres sortes, font une branche particulière de commerce ; la ferme du tabac rapportait, sous l'ancien régime, environ 36,000,000 de liv. La consommation en France, pendant l'année 1797, a été de 240,000 quintaux de tabac fabriqué : la plupart passe par Dunkerque Le sel seul rapporta, avant la révolution, 61,500,000 liv. par an. L'assemblée nationale a aboli la gabelle. Le sel de France passe pour le plus salant et le moins corrosif de toute l'Europe. Il n'y avait point d'état en Europe qui fît monnoyer autant d'or et d'argent que la France : M. Necker faisait monter la somme totale du numéraire fabriqué depuis 1726 (date de la plus ancienne pièce de monnaie ayant cours actuellement) jusqu'au 1er. janvier 1784, à 2,500,000,000 de liv. Les troubles de la révolution ayant fait disparaître presque tout le numéraire, l'assemblée nationale y suppléa par un papier-monnaie ou des assignats, dont la somme, vers la fin de l'année 1793, montait à 6,000,000,000, sans compter les papiers contrefaits. Les assignats furent suivis de mandats, etc. *Calculs curieux.* — M. Arnould, dans son excellent ouvrage sur la balance du commerce de France, prouve, contre les assertions de M. Clavière, qu'il y avait en France, du temps de la révolution, plus de 2,000,000,000 de liv. en numéraire. Ce même auteur y ajoute un calcul assez curieux des revenus nationaux de ce royaume, c'est-à-dire du produit annuel de l'agriculture, des fabriques, du commerce et de la pêche : il estime le produit territorial net de l'ancienne France, de 102 millions d'arpens en culture, à 1,926,000,000 ; le produit des fabriques, à 505,000,000 ; le loyer de tout le royaume, à 300,000,000 ; et la somme totale des revenus annuels, à 3,000,500,000 liv., avant la révolution. La France vendait autrefois à l'étranger pour plus de 300,000,000 de marchandises, sans compter les denrées coloniales La France a du poisson en abondance ; et la pêche des huîtres, près Cancale en Bretagne, est immense. On fait beaucoup de cas de celles qu'on apporte du pays de *Médoc*, qui sont petites et d'une couleur qui tire sur le vert. La pêche des sardines est très-considérable. Au moment de la révolution, le produit de la pêche de la morue s'élevait à 15,700,000 fr. Il faut mettre encore au nombre des productions et des autres branches du commerce le sel, le gros bétail, les moutons. Les belles toisons des *Aspres*, du *Tech*, et d'une partie de la *Sologne*, fournissent de fort belles laines à la France. Parmi les fromages on distingue les fromages de *Brie*, le *Sassenage* de Grenoble, le *Vachelin* de la ci-devant Franche-Comté. C'est l'ancienne Normandie qui fournit les plus beaux chevaux ; mais, en général, les chevaux français pèchent par avoir trop de grosses épaules. Les mulets se trouvent dans le Poitou et la Guyenne. La France fournit du marbre, de l'albâtre, du charbon de terre. Le plomb est, après le fer et le zinc, le métal qu'on trouve le plus abondamment.

Eaux minérales. — Les eaux minérales, tant pour boire que pour les bains, ne sont pas rares en France. On estime fort les eaux médicinales de Bagnères, d'Aigues-Chaudes, de Luxeuil, d'Acqs, etc. La fontaine de Saint-Pierre d'Argenson passe pour être une source de vin, parce que l'eau en a tout-à-fait le goût. Dans les départemens du sud, l'arbre dit *micocoulier* pousse des branches droites et flexibles ; on donne, par la taille, à ces branches, la figure d'une fourche à 3 pointes ; cette fourche continue de croître, et acquiert, dans l'espace de 6 à 8 ans, la grandeur désirée : voilà une fabrication de fourches, unique et assez singulière. On trouve sur les bords du *Rhône* des castors semblables à ceux du Canada ; des loutres, des tortues. (*Voyez*, pour plus grands détails, l'Introduction de l'Itinéraire de France.)

Religion. — La religion dominante et celle de l'état c'est la catholique ; la révolution a amené la tolérance de toutes les sectes, et l'exercice libre et public de tous les cultes. On compte à peu près 25,000,000 de catholiques, et 4 à 5 de protestans.

Langues, Dictionnaire. — On parle en France quatre langues différentes : le français proprement dit, qui n'autorise aucun dialecte, et qui est devenu la langue universelle de l'Europe, au moins la principale en usage (il existe un nombre prodigieux de grammaires et de dictionnaires de cette langue, dont il serait ici trop long de donner la liste); l'ancien breton, en Basse-Bretagne ; le biscayen, à Labour, dans la Navarre et à Soulès ; l'allemand, en Alsace et dans la Lorraine.

Population. — M. Necker estima la population de l'ancienne France, à 24,676,000 âmes ; mais, maintenant, d'après les derniers recensemens des préfets elle monte au-delà de 29 millions.

Gouvernement. — Le gouvernement de la France est entre les mains du roi ; la dignité royale est héréditaire dans la famille de mâle en mâle. Les femmes, par la loi salique, sont exclues de la couronne. La justice se rend en son nom, par les officiers qu'il institue. Il nomme les conseillers d'état, les ministres, les généraux, les préfets, les évêques, etc. ; il fait la paix, la guerre; envoie et reçoit des ambassadeurs ; il a le droit de faire grâce aux condamnés. Le pouvoir législatif est exercé par le roi et les deux chambres, savoir : celle des députés des départemens, et celle des pairs. Le gouvernement propose les lois, dont les orateurs exposent les motifs. Elles sont ensuite discutées par les commissions des chambres.

Dans les derniers temps de la monarchie, la France entretenait une armée de 200,000 hommes ; et, quand elle était en guerre, elle portait son armée au double. Dans les premières années de la république, elle a eu sous les armes jusqu'à 1,200,000 hommes ; maintenant elle n'a environ que 150,000 hommes, y compris la garde royale, de 24,000 hommes. Sous le règne de Louis XVI, la France avait une marine florissante ; depuis cette époque, ses forces navales ont essuyé des échecs : mais aujourd'hui l'on s'occupe de les mettre sur un pied imposant.

Revenus. — Les revenus du gouvernement français montent à 800,000,000 de francs, ils servent à payer les dépenses de l'état et l'intérêt de la dette publique.

EUROPE MÉRIDIONALE.

APERÇU STATISTIQUE
DE L'ITALIE.

Étendue, sol, productions, religion, langue, états, population.

L'Italie, qui contient 14,000 lieues carrées, à raison de 1,000 habitans par lieue carrée, est sous un si heureux climat et a partout un si bon terrain, qu'on peut, sans contredit, la mettre au nombre des pays les plus fortunés de l'Europe, sans que les différentes formes de gouvernement qu'on trouve dans les petits et les grands états dont elle est composée nuisent au bien-être du tout. On lui a donné l'épithète de *Jardin de l'Europe;* mais, quelque excellente que soit l'Italie, il y a pourtant une grande différence dans la richesse territoriale, la salubrité et les agrémens de ses provinces. Les îles situées vers l'Afrique ont le climat chaud; mais l'étendue, la figure, la situation et le terroir font encore une grande différence entre elles; quelques-unes ont des volcans, telles que la Sicile et les îles de Lipari; les plus petites ne consistent qu'en amas de rochers, comme Malte, et les plus grandes sont remplies de montagnes : on remarque en particulier, de Malte, que jamais il n'y gèle ni il n'y neige.

Montagnes, Rivières. — Les montagnes les plus considérables sont les *Alpes* et les *Apennins;* les plus grands fleuves de l'Italie sont le *Pô*, qui reçoit dans son cours plus de trente rivières avant de se jeter dans la mer Adriatique; l'*Adige*, la *Piave*, l'*Arno* et le *Tibre;* les plus grands lacs sont le lac *Majeur*, le lac de *Lugano*, dont seulement une partie appartient à l'Italie, et les lacs de *Côme*, d'*Iseo* et de *Garda*.

États. — L'*Italie septentrionale* renferme les états du roi de Sardaigne, le royaume Lombard-Vénitien, les duchés de Parme, de Modène et de Massa. L'*Italie centrale* comprend la Toscane, l'Etat romain, la principauté de Lucques et la république de Saint-Marin. L'*Italie méridionale* comprend le royaume de Naples et de Sicile, ou des Deux-Siciles, et Malte. Suivant M. Crome, la population est de 16,500,000 âmes ; suivant M. Fabri, de 17 à 18; suivant M. Gaspari, de 18. (*Voy.* la population des divers États, page lxx.)

Productions. — On recueille en Italie du blé, des vins, des fruits, des soies; l'on y exploite des mines, et on y élève des chevaux qui sont assez bons. L'industrie s'exerce principalement sur les ouvrages de soie, les passementeries, les confitures, les parfumeries et les pâtes de diverses espèces. Le vin, par sa bonté et sa quantité, est d'un produit considérable pour l'Italie; le meilleur est récolté entre les montagnes de *Somma* et d'*Ottojano*, près du Vésuve; l'espèce qu'on préfère est celui qu'on appelle *Lacryma-Christi*, mais qui ne se trouve que dans les caves des grands. Dans les états de l'Église, le vin de *Montefiascone*, appelé *est est*, est célèbre; le vin de la Romagne à Aricie ne paraît que sur la table du pape. En général, les vins des environs de Rome, si estimés par les anciens, ont beaucoup perdu de leur saveur. M. Lévesque en accuse la négligence et le peu de soin des Romains modernes. Dans la Toscane, le vin rouge qui croît sur les montagnes de *Pulciano* et d'*Alcino* est préférable aux autres; le vin muscat de Gênes est très-estimé, particulièrement celui de *Farnèse*, de la montagne *Fornaccia*. Le *vino Santo*, entre Pari et Volargine, est excellent, de même que le *vino Falerno*, à *Pouzzoli*, près *Naples*. On cultive partout le vin dans les ci-devant états de *Venise* ; les vins de *Corfou* et de *Zante* sont de bons vins de liqueur ; le vin de *Sardaigne* ressemble beaucoup à celui d'Espagne ; les meilleures sortes, dont celui de *Malvagia di Cassa* est le plus fort, se trouvent dans les environs de *Cagliari*. Les fruits de première qualité sont meilleurs et en plus grande abondance en Italie que dans aucun pays de l'Europe. La Sicile seule, d'après la déclaration de Sestini, envoya au-dehors 84,745 quintaux d'amandes douces et amères. Malte donne les plus belles oranges qui existent, d'un jus rouge.

Les Italiens font de leurs excellens fruits toutes sortes d'essences et d'eaux distillées, qui se transportent en quantité dans les autres pays, de même que les fruits frais et confits Les raisins dits de *Corinthe* viennent de la Sicile et des îles de Lipari, entre les volcans du pays et de Céphalonie. L'huile ; la meilleure est l'huile vierge qui est transparente, d'une couleur blanche et sans odeur. Il y a en Sicile différentes fontaines, sur les eaux desquelles le pétrole nage ; il s'emploie dans la phamarcie et pour brûler dans les lampes. La fontaine *Canalotto*, près de *Nicosia*, est particulièrement remarquable à cet égard. On estime les cannes à sucre, surtout de l'île Gozo, la manne, le safran, le miel et la cire. Le miel de Sicile, qui se transporte dans des outres de peau, est le plus odoriférant ; celui de Sardaigne et de Corse est amer, parce que les abeilles le tirent la plupart des buis. Les blanchisseries italiennes fournissent une cire très-fine et très-blanche. Le riz est le meilleur de l'Europe. Il n'y a point de contrée en Italie où l'on ne cultive la soie, qui tient toujours le premier rang parmi les soies connues. C'est en Sicile qu'on a commencé, dans le douzième siècle, à la cultiver ; Roger, après son expédition dans la Palestine, l'an 1130, en avait amené des gens qui en savaient parfaitement la manœuvre. Les soies que l'on tire d'Italie sont moitié soies grèges, et moitié soies apprêtées et ouvrées Il n'est pas extraordinaire de trouver dans le Piémont des paysans qui recueillent chacun jusqu'à 100 livres de soie. On appelle *miliorati* une sorte de soie qui se tire d'Italie ; il y a des milioratis de Bologne, et des milioratis de Milan. Les damas de Gênes, les velours de Gênes et de Venise, conservent encore leur ancienne réputation. Le coton réussit particulièrement en Sicile, à Naples, et principalement à Malte et à Gozo. Le chanvre de Bologne est le meilleur, sans excepter même celui de Riga. Le bois, le fer, le marbre et l'albâtre ; les bestiaux, le buffle, animal apprivoisé, mais qui conserve un aspect féroce, se trouvent en Italie. Le fromage de vache se divise en deux espèces, *fromaggio* et *strachino*. On fait peu de cas du premier, appelé *cacio magro* ; le second, ou *strachino*, est fait avec du lait auquel on laisse la crême, *à tutto buttiro* ; il n'est condensé que par son propre poids ; il est gras, délicat et plus blanc que le *fromaggio* : il se divise en deux espèces, d'une seule crême ou de deux. Ces fromages, qui se font aux environs de Milan, et surtout dans la Valsasina, sont fort estimés. Le *mascarproni* de *Vaprio*, fait avec la crême seule, est envoyé par la poste à Vienne en Autriche, où il est servi dans les plus grands repas. Il y a encore des fromages appelés *caciuole* et *raviggiuoli*, qui se font avec du lait de brebis ou de chèvre. Il y a en Toscane un fromage doux, appelé *cacio marzolino*, parce qu'il se fait principalement au mois de mars. Le fromage *parmesan* se fait dans toute l'étendue du pays qui est entre Parme et Milan ; il tire son nom d'une certaine princesse de Parme qui, la première, le fit connaître en France : en Piémont, on le nomme *lodèse*. Les moutons, les chevaux et les mulets sont recherchés. Il y a trois sortes de chevaux à Naples, à *Corsieri*, à *Genetti del Regno*, et à *Genetti da due Gelle* : c'est aussi de cet endroit que se tirent les plus beaux mulets de l'Europe.

Religions. — La religion dominante en Italie est la catholique. Les Grecs unis sont tolérés à Rome et à Livourne, et ils ont une église à Venise. Les Albigeois ne sont plus persécutés, et les Juifs ont partout l'exercice public de leur religion, quoiqu'avec des restrictions dans quelques contrées. Dans le royaume Lombard-Vénitien, la religion catholique apostolique et romaine vient d'être déclarée religion de l'état.

Langues, Dictionnaires des langues. — On parle cinq langues en Italie : l'italien, le français, que tout le monde parle dans la Savoie et dans une grande partie du Piémont ; l'allemand, dans les districts de Vérone et de Vicence, par une petite peuplade allemande dont l'origine n'est pas encore bien connue ; le grec, dans quelques contrées méridionales du royaume de Naples, et l'arabe, mêlé d'italien, qui se parle parmi le peuple de Malte. De nos jours, c'est à Rome et à Florence que la prononciation est la meilleure, la plus pure et la plus élégante : mais la toscane reste toujours le siége classique de la langue italienne. Plus on s'approche de l'accent romain ou toscan, plus on peut se flatter d'atteindre à la perfection de l'italien. Les différens dialectes de l'Italie donnent souvent beaucoup plus de peine à un étranger à comprendre les autres qu'à se faire comprendre, car les gens du commun comprennent généralement le bon italien : le napolitain est très-difficile à comprendre. A Venise, le vulgaire, et même la noblesse, parlent un langage particulier qui a des tournures très-naïves, et qui ne manque pas d'agrément quand on est parvenu à le comprendre. On se peut faire aisément une idée de l'idiome de tous les états vénitiens d'après la comédie de Goldoni, *i Rusteghi*, qu'on ferait très-bien de lire en société d'un Vénitien même. En général, la fréquente lecture des pièces de Goldoni, qui sont écrites dans le style ordinaire des sociétés, peut beaucoup contribuer à la prompte connaissance de la langue, et, par le grand changement des matières, donner des instructions sur tout ce qui arrive communément dans la vie sociale de ce peuple. Il y a aussi une quantité d'ouvrages français traduits en italien, qui, avec un peu d'application, peuvent éclairer ceux qui savent le français : ils paraissent même avoir plutôt été traduits à cette intention, que pour faire connaître aux Italiens les vraies beautés et la finesse du style des originaux. On ne saurait trop recommander la grammaire italienne, par M. l'abbé *Boldoni*, et le *Dictionnaire portatif français, italien et anglais*, par Bottarelli. Venise, 1791; 3 vol. in-8°., dont le 1ᵉʳ., italien, anglais, français; le 2ᵉ., anglais, français, italien, et le 3ᵉ., français, italien, anglais. De même, le *Dizzionario portatile di pronunzia francese-italiano, ed italiano-francese, per Bartolomeo Cormon*. Lyon et Paris, 1815, 2 vol. in-8°. On peut y ajouter la *Grammaire italienne, réduite à cinq articles*. Paris, an X, in-12.

Population des divers États.

Royaume Lombard-Vénitien	4,100,000 hab.
Etats du roi de Sardaigne, avec Gênes	2,814,000
Duché de Parme	383,000
Duché de Modène	375,000
Duché de Massa	20,000
Toscane	1,264,000
Lucques	131,000
Etat romain	2,426,000
République de Saint-Marin	7,000
Les Deux-Siciles	6,766,000
L'île de Sardaigne, au roi de ce nom	550,000
Ile de Malte	15,000

On compte en Italie 300 villes, 258 évêchés, et 350,000 prêtres et religieux, dont plus d'un tiers réside, à ce qu'on assure, dans les états du pape.

APERÇU STATISTIQUE

DU ROYAUME DE HONGRIE.

Étendue, sol, productions, religion, langage, population, gouvernement de la Hongrie.

M. Busching porte l'étendue de la surface de la Hongrie, en y ajoûtant la Transylvanie, l'Esclavonie, la Croatie, la Gallicie et la Bukowine, à 6,117 milles carrés.

Sol, fleuves, montagnes. — Le *Danube* est, sans contredit, le roi des fleuves de la Hongrie; viennent ensuite la *Theisse*, la *Drave*, la *Save*, etc. La Hongrie a deux grands lacs et beaucoup de petits; elle est riche en sources minérales et thermales. Le sol de ce pays est très-fertile et abondant en blés, en fruits délicieux, en huile, en tabac, en cire et miel, en racine, en réglisse, en lin, en chanvre, etc. Les montagnes contiennent plusieurs mines d'or, d'argent (la Hongrie seule en exploite 260,000 marcs par an), de cuivre, de plomb, d'antimoine, de vif-argent, de sel, etc. Les mines d'or de *Chemnitz* et de *Kremnitz* ont beaucoup perdu de leurs anciennes richesses; et on n'y trouve que peu d'or massif; l'or de *Botza*, dans le comté de *Liptau*, est regardé comme le meilleur de la Hongrie, et en général de toute l'Europe. Le natron, le sel de roche et de fontaine se trouvent dans une quantité étonnante, surtout en Transylvanie, où la production annuelle monte à plus d'un million de quintaux. La véritable hauteur de la plus haute montagne *Carpathienne*, au-dessus de la Méditerranée, est, suivant l'observation de l'anglais Townson, de 1,350 toises. On trouve beaucoup de bois pétrifié en Hongrie, et particulièrement de cette belle espèce qu'on nomme *opalus ligneus;* on trouva, il y a 40 à 50 ans, un arbre entier de cette espèce qui avait 95 pieds de longueur. A *Czerwenitza*, il y a des mines d'opales nobles, les seules dans l'Europe. On trouve de l'aimant, de l'asbeste, du cristal de roche, à double pyramide sexilatère, qu'on donne pour des diamans; des grenats diaphanes qu'on donne pour des rubis, des grenats ordinaires, etc.

Productions. — Les vins sont excellens; ce fut l'empereur *Probus* qui y fit planter les premiers ceps en 280 de l'ère chrétienne; il les fit venir de la Grèce : le vin de *Tokai*, de *Torzal*, et celui qu'on appelle *Essence de Tokai*, est le plus estimé; suivent les vins appelés *Ausbruch* et *Mashklass*. C'est aux *Trockenbeeren*, ou raisins à demi-secs, que l'Ausbruch est redevable de sa délicieuse saveur; mais leur quantité et leur qualité diffèrent infiniment d'une année à l'autre. On extrait des *Trockenbeeren* un jus qui a l'apparence et la consistance du miel; on le coupe avec du vin ordinaire, et, comme la saveur de l'Ausbruch ou Mashklass dépend de la proportion du jus des Trockenbeeren, on la varie, conformément à l'intention du propriétaire. La proportion de Trockenbeeren pour faire le Mashklass, n'est qu'une moitié de celle qu'on emploie pour faire l'Ausbruch. Ce dernier est le plus cher des vins de toute l'Europe : il coûte à peu près un ducat la bouteille. Voyez *Ueber Tokays Weinbau, dessen Fexung und Gahrung*, von *I. Deresnenyi von Derezen*. Wien, in-8., 1796. C'est en Croatie et en Esclavonie qu'il faut chercher les vins les plus spiritueux et les plus séduisans, après celui de Tokai. Le vin rouge de *Syrmie* égale le *Montepulciano*. On distille aussi avec les prunes une liqueur agréable nommée *Schlivavieza* ou *Raki*, dont on se sert pour le punch. Le suc connu sous le nom de *baume de Hongrie*, est tiré du *pinus kumilis*, dont les monts Carpathes sont couverts.

Les bêtes à cornes, surtout les bœufs, les brebis, les porcs, les chevaux de ces pays, sont très-estimés; les Arméniens élèvent surtout de beaux chevaux. On a des buffles et des mulets. Aucune espèce de gibier ne manque, et rien n'égale l'abondance du poisson, soit dans les rivières, soit dans les innombrables lacs et étangs. On remarque dans le Danube le grand esturgeon, dont les œufs servent à faire le caviar. En 1798, la centaine de carpes, de la meilleure espèce, fut vendue onze francs. On trouve dans quelques rivières des moules à perles. Les exportations annuelles produisent au-delà de 16 millions de florins, et les importations coûtent 11 millions; en conséquence la balance est de 5 millions en faveur de la Hongrie. Le *Guba* est un article particulier à la Hongrie; on n'en fait que dans un petit nombre de cantons de ce royaume. Il est fort commode pour ceux que leurs occupations exposent habituellement aux injures de l'air, comme les bergers et les pâtres, dans les saisons rigoureuses : on peut en fabriquer partout où on élève des brebis à longues toisons; il imite parfaitement la peau d'un mouton. On en fabrique de plus beaux avec la laine des agneaux; on teint ces derniers en bleu, et on s'en sert l'hiver au lieu de fourrures : ils coûtent à peu près le triple de l'espèce commune, trois à quatre ducats.

Religion. — La religion dominante est celle de l'église romaine, on y professe aussi les doctrines de Luther et de Calvin. Le nombre des calvinistes et des luthériens réunis est, à ce qu'on assure, égal à celui des catholiques. On trouve outre cela, dans ces pays, plusieurs sectes et des mahométans. Avant 1408 on n'avait point vu de *Zigenner* ou *Ozingares* (*Bohémiens*) en Hongrie, que plusieurs savans allemands ont regardés comme une tribu exilée de l'Inde ; mais à présent ils y abondent, quoiqu'ils ne rôdent plus, comme autrefois, en troupes de plusieurs milles.

Langage. — Les Hongrois ont un langage particulier, qui n'a de rapport qu'avec la langue esclavonne ; aussi parle-t-on cette derniere dans quelques cantons, ainsi que l'allemand dans d'autres : la langue latine est aussi tres-familiere aux habitans.

Population. — Elle monte avec celle des autres provinces, suivant quelques-uns, à 10,300,000 habitans, dont 7,340,000 pour la Hongrie, non compris 70,000 Valaques, etc. Les Juifs sont nombreux en Hongrie, dans les villes, et même dans les villages. « Les Hon-
» grois, dit avec raison un voyageur moderne, sont une
» race d'hommes qui pensent et agissent noblement. De
» toutes les nations que j'ai visitées, c'est celle pour qui
» j'ai conçu la plus haute estime. Je lui dois ce faible
» tribut de louange, et je m'en acquitte avec plaisir. »

Gouvernement. — Ce royaume et les autres pays sont maintenant sous la domination de l'empereur d'Autriche et sous le sceptre d'un prince qui fait le bonheur de ses sujets. L'assemblée des états de la Hongrie est composée du clergé, des barons, des nobles et des citoyens libres : cette assemblée a le pouvoir d'élire un palatin. La couronne qui fut placée sur la tête de saint Étienne, premier roi chrétien de la Hongrie, est considérée comme sacrée, et conservée avec autant de soin que si le salut de la Hongrie en dépendait. Joseph II l'avait fait transporter à Vienne; mais elle fut renvoyée à Bude deux jours avant sa mort, et rapportée avec une pompe extraordinaire.

Les Hongrois aiment beaucoup leur patrie; ils s'écrient : *Extra Ungariam non est vita ; si est vita, non est ita.*

APERÇUS STATISTIQUES de l'Espagne et du Portugal. (*Voy.* les Itinéraires de ces pays.)

ITINÉRAIRE

DES

ILES BRITANNIQUES.

INTRODUCTION.

MANIÈRE DE VOYAGER.

Paquebots, état des postes, notes instructives pour les voyageurs dans leur tournée; monnaies, poids et mesures.

On passe ordinairement en Angleterre sur le paquebot; le trajet sur les vaisseaux marchands est long et accompagné de beaucoup d'incommodités. On s'embarque en France à *Calais*, à *Boulogne*, à *Dieppe*; en Allemagne, à *Ostende*, *Emden* et *Cuxhaven*, en Hollande, à *Helvoetsluys*.

La première route et la plus fréquentée pour passer de France en Angleterre, est celle de *Calais à Douvres*. La largeur du détroit, suivant Cassini, est de 22,100 toises; suivant le général Leroi, de 22 et demi milles d'Angleterre, que l'on fait par un bon vent en 3, 4, ou 5 heures Ordinairement c'est l'affaire de 6 à 8 heures Souvent cependant on est obligé de tenir la mer pendant 12 heures de suite, et J.-J. Rousseau mit 14 jours à faire ce trajet, parce qu'il fut battu par une tempête. On met moins de temps à passer de Douvres à Calais, que de Calais à Douvres, parce que la marée est plus favorable. Le prix ordinaire est de deux ducats ou d'une guinée par passager, y compris les comestibles, le passe-port, le pour-boire, *etc.* : pour 5 ou 6 guinées vous pouvez avoir un paquebot à vous seul. Madame *la Roche* trouva une différence frappante entre les paquebots anglais et les français, au désavantage de ceux-ci A *Douvres*, il faut descendre à *l'hôtel d'Yorck*, ou à l'hôtel du Vaisseau. A *Calais*, on loge au *Lion-Blanc*, à l'hôtel de *Quillacq*, ci-devant *Dessain*, que le voyage de Yorick a rendu si célèbre; il y a beaucoup d'autres auberges excellentes. Ceux qui passent en Angleterre doivent avoir la précaution de ne prendre avec eux aucune marchandise de fabrique française, ni rien qui soit contrebande, car à la visite on ne manque jamais de les confisquer; on n'y regarde pas de si près avec ceux qui repassent sur le continent. A la rigueur, cependant, on ne doit emporter d'Angleterre d'espèces anglaises que ce qui est nécessaire pour le voyage, sous peine de confiscation pour les contrevenans Il est vrai que si la somme n'est pas considérable, et que le porteur ne soit pas suspect, on passe aisément là-dessus. En général, de quelque endroit que l'on parte, d'*Helwoetsluys*, de *Calais*, de *Boulogne*, de *Dieppe*, ou de *Cuxhaven*, on fait fort bien de se pourvoir d'argent d'Angleterre pour aller jusqu'à Londres Les ducats de Hollande, étant censés marchandises en Angleterre, se vendent au poids, ou ne sont pris que sur le pied de 8 shellings, 8 et demi au plus. Les vieux louis de France, et toutes les espèces portugaises sont très-courus en Angleterre. Les bancs de sable de *Goodwin*, qui se trouvent à l'orient de Douvres, et presque au nord de Calais, sont, vu les trésors immenses qu'ils ont engloutis depuis près de 700 ans, peut-être l'endroit le plus riche du globe Le château de Douvres est sans doute une forteresse des plus fortes de l'antiquité: il occupe, avec toutes ses dépendances, un espace de plus de 30 arpens; le puits du château a 360 p de profondeur. On y montre un canon de bronze long de 22 p., et par conséquent peut-être le plus long qui soit au monde Il porte un boulet de 15 livres à 7 milles d'Angleterre, on l'appelle ordinairement le pistolet de la reine Elisabeth Les états d'Utrecht en firent présent à cette reine. Le connétable du château est obligé de prêter serment de fidélité vers les ruines de *Bredenstone* ou *Davidstrop*, vieille tour ainsi nommée à cause de la solidité de son ciment. Du haut de ce rocher, et d'un autre de la même espèce, qui n'est pas éloigné, on jouit d'une vue magnifique. Elle donne sur les côtes de France qui ne sont qu'à quelques milles, et sur le canal, où l'on découvre presque toujours quelques vaisseaux. Il y croît beaucoup de fenouil de mer, que l'on fait saler pour envoyer à Londres.

Les voyageurs peuvent retenir leur place à Paris pour Londres, au grand bureau des messageries royales, rue Notre-Dame-des-Victoires.

Il part tous les jours de Douvres pour Londres, à 6 heures

du soir, une diligence qui coûte 1 liv. sterling 4 s 6 d. par personne, ou 7 liv. 7 s. pour toute la diligence. Elle arrive de grand matin à Londres.

Une autre diligence part tous les matins à 5 heures ; prix pour 6 personnes, 7 liv ster. 1 s. ; par personne, 1 l. 3. s. 6 d., pour être sur l'impériale, 13 s 6 d.

Une diligence pour 3 personnes coûte 4 liv. ster. 2 s. 5 d. par personne 1 liv. 7 s 6 d *Nota*. Tous ces prix varient.

Ces voitures descendent au White-Bear Inn Piccadilly.

Ceux qui, partant de Londres pour Douvres, désirent prendre toute une diligence, n'ont qu'à le faire savoir à White-Bear Inn, et la voiture ira les prendre à leur porte.

Tous les lundis il part de cette auberge un Waggon ou fourgon qui arrive à Douvres les mercredis et samedis dans l'après-midi.

La seconde route de Boulogne à Douvres n'est pas si fréquentée, mais la traversée est moins orageuse que celle de Calais à Douvres, et la distance est à peu près la même.

Une troisième route que les voyageurs qui viennent de France prennent souvent en temps de paix, c'est celle de *Dieppe à Brighton*. La traversée est un peu plus longue que depuis Calais, mais en revanche on abrège considérablement le chemin de Paris jusqu'à la mer, et de la mer jusqu'à Londres. Dans le septième volume de la collection allemande de petits voyages, on trouve une charmante description de cette dernière route, « Qu'on la fasse, dit le voyageur, à la fin d'août, ou dans les premiers jours de septembre, vers le coucher du soleil, l'esprit calme et sans aucune pensée qui le préoccupe ; qu'on remarque cette foule d'hommes, d'enfans qui, assis devant leur porte, et s'y délassant des travaux du jour, offrent aux passans et à leurs connaissances de la bière, du punch et des gâteaux, tandis qu'un cercle bruyant de matelots rit et folâtre avec les voyageurs qui remplissent une demi-douzaine de coches ; qu'on joigne à ce tableau champêtre un fonds décoré de peupliers, d'arbres fruitiers, de maisons de campagne derrière lesquelles s'élèvent les clochers innombrables d'une ville immense ; ajoutez y cette quantité de cabriolets, aussi élégans que légers, de chevaux dont rien n'égale la vitesse, de jeunes gens fort proprement habillés, et d'amazones dont le casquet de gaze ne laisse apercevoir que la blancheur de leur peau et l'air de modestie qui les distingue, et l'on conviendra que dans tout l'univers il n'y a point de route plus variée, plus belle et plus pittoresque que celle qui va de *Brighton* à *Londres*. »

Il part de Dieppe pour Brighton, tous les jeudis et mardis

soir, et les lundis et samedis pour Dieppe, deux paquebots nouvellement établis.

On trouve tous les jours des diligences pour Londres chez M. J. Howel, hôtel du Vaisseau neuf, et chez Barry, au bureau du Coche rouge.

Il part aussi tous les jours, du bureau du Coche bleu, au coin de North-Street, des diligences et fourgons pour Londres. On trouve aussi des fourgons tous les jours chez M. Davis, Middle-Street, n°. 160.

Les voyageurs allemands prennent ordinairement la route de Hollande, et font le trajet d*Helwoetsluys* à *Harwich*. Les paquebots partent et arrivent de nouveau deux fois par semaine. Il y a 9 paquebots à *Harwich* pour les communications régulières avec Helwoetsluys et Cuxhaven, savoir : trois pour *Helwoetsluys*, et six pour *Cuxhaven*, les derniers partent de *Harwich* les mercredis et samedis, l'après-midi. Le plus grand avantage qu'il y a à s'embarquer sur les paquebots du roi, c'est qu'ils sont extrêmement sûrs, et très-bons-voiliers; l'équipage est nombreux, et les matelots ont acquis, par une longue habitude, une si grande connaissance de la mer dans cette traversée, que toute idée de danger serait déraisonnable. L'étranger qui arrive en Angleterre est obligé de se recommander d'un Anglais, habitant de Londres, qui répond de lui, et d'attendre, dans le port où il est débarqué, son passe-port de Londres : en prenant un passe-port de l'ambassadeur anglais à Paris, on évite ces retards. Comme rien ne peut sortir du royaume sans passe-port, il faut s'en pourvoir à Londres, on ne le délivre pas à moins de 3 guinées, c'est la taxe fixée. Comme ce prix est excessif, on fait bien de se mettre plusieurs ensemble, et de ne prendre qu'un seul passe-port, car quatre personnes qui s'y font inscrire ne payent pas plus qu'une seule. Si l'on fait à Londres des achats de certaines fabriques anglaises, on se fait donner un certificat de traite, au moyen de quoi l'on obtient un rabais dit *Drawback*, sur les droits d'exportation. C'est la raison pour laquelle les marchandises anglaises ne sont guère plus chères chez l'étranger qu'à Londres même. Le passe-port est tout ce que l'on paye pour le fret, et l'on n'a rien de plus à débourser, si l'on veut rester sur le tillac ou dans l'entre-pont avec les matelots, mais si l'on veut avoir une chambre et un lit dans la chambre de poupe (*la cahutte du capitaine*), il en coûte une guinée. Du reste, c'est une grande commodité, surtout quand on a le mal de mer, que d'avoir son lit à soi. Dans les paquebots anglais, les deux chambres et les deux cabinets contiennent ordinairement 12 à 20 lits pour les passagers, qui ont le soin de marquer chacun le leur. Tout est de la plus grande propreté. La chambre du devant est joliment boisée et décorée de miroirs et de bras. Les lits, placés dans les côtes sur deux files, l'une au-dessus de l'autre, comme deux rangs de loges, sont pourvus de tout ce qui est nécessaire. Bons matelas, courtes-pointes blanches, jolis coussins, rideaux propres ; tout, jusqu'au vase de nuit, de porcelaine anglaise, s'y trouve pour la commodité des passagers. Lorsqu'on veut se coucher, on ôte la planche qui ferme ces loges par-devant ; mais les matelots ont soin de la remettre pour empêcher qu'on ne tombe. Une personne y est couchée commodément ; on peut même au besoin s'y mettre sur son séant : en général, tout cela est fort bien arrangé. Les vivres sont chers dans les endroits où l'on s'embarque. Il est vrai que ceux qui ont le mal de mer n'ont guère envie de manger, et c'est un profit pour le *Stewart*, ou garçon de la cahute ; car toutes les provisions qu'on a achetées pour la traversée lui restent, et il reçoit en outre un crown pour sa peine. On ne peut pas faire le trajet d'*Helwoetsluys* à *Harwich*, qui est d'environ 29 milles d'Allemagne, à moins de 3 louis. On ne paye rien pour une seule malle ; c'est autre chose si on en a plusieurs. Quelques personnes donnent un demi-crown aux matelots, mais on peut s'en dispenser. Comme le mal de mer ôte l'appétit, on conseille à ceux qui veulent voyager économiquement, de ne pas se mettre en frais de provisions. Quelque peu de thé, de sucre et de citron, c'est tout ce qu'il en faut pour la traversée. Par un bon vent, on fait le trajet dans 20, 36 ou 48 heures ; mais si le vent est contraire, il faut quelquefois jusqu'à trois jours. De *Harwich* à *Londres*, il y a 74 milles d'Angleterre. Le départ de la diligence suit de près l'arrivée du paquebot. La poste ne vous conduit dans la ville que jusqu'à l'endroit où l'on commence à trouver des fiacres. C'est là qu'on change sa chaise de poste contre un carrosse de remise, et l'on prend le premier qui se présente sans faire d'accord ; car le prix est fixé par la police.

Une route fréquentée, et qui sert encore de communication réglée entre le nord du continent et la Grande-Bretagne, est celle de Harwich à Cuxhaven. Les paquebots anglais arrivent et partent deux fois par semaine, les mercredis et samedis ; ils sont 6 à 8 jours en mer. On paye pour une place dans la chambre de poupe et pour la nourriture, 3 guinées, une guinée au cuisinier et aux matelots pour boire et pour le débarquement ; une demi-guinée à l'agent anglais chez l'étranger. Cette route de Harwich est la plus commode pour les voyageurs qui viennent de l'Allemagne septentrionale, et des pays du nord, de même que pour les personnes qui, par des raisons particulières, ne voudraient pas traverser le territoire français. La pêche des harengs (environ 5o millions de harengs par an) et des maquerelles, est très-considérable à Yarmouth. La maquerelle la plus grande fut prise en 1792, elle pesait 25 onces. Il faut voir le *musée Boulterien*. Les *Yarmouthcharts* sont des voitures de la forme d'une brouette, faites pour les rues extrêmement étroites de cette ville ; on ne trouve ces voitures qu'à Yarmouth. Le *Mail-Coach* qui part de *Yarmouth* à 2 heures de l'après-midi, arrive à Londres le jour suivant à 10 heures du matin.

En arrivant en Angleterre, on est visité avec assez de rigueur par les commis de la douane. Il faut avoir soin de ne rien avoir de neuf en fait de linge et d'habits. Pour ce qui est des paquets et lettres cachetées, si l'on vous en trouve, on vous les ôte et on les met à la poste. En général, toute personne qui fait un séjour en Angleterre, doit recommander à ses correspondans de ne point écrire sous enveloppe, sans cela, au lieu d'un shelling, une lettre en coûte deux. Un voyageur fait un portrait avantageux des *Custom-officiers*, ou officiers de la douane. « Je les trouvai, dit-il, beaucoup plus polis que je ne l'avais imaginé, et je souhaiterais fort que dans les autres pays ces messieurs fussent aussi traitables qu'en Angleterre. J'avais entendu dire qu'ils visitaient jusqu'aux poches ; il est vrai qu'ils ont ordre de le faire, mais ce n'est qu'une pure formalité ; ils se contentent de passer légèrement la main sur votre habit depuis les épaules jusqu'en bas, et c'est ce qu'on appelle visiter les poches. On paye une demi-guinée pour la visite des malles. » Il faut prendre garde, en changeant de l'argent, de n'être pas trompé par de la fausse monnaie, ce qui arrive fréquemment aux étrangers ; il vaut mieux s'adresser pour cela à l'aubergiste, ou à quelque autre personne de confiance.

La manière la plus coûteuse de voyager en Angleterre, c'est d'aller en chaise de poste. Ce sont des voitures légères, à deux places, suspendues sur des ressorts, avec des portières à glaces, de manière qu'on y est à l'abri de la poussière et de la pluie. On y payait autrefois, pour deux chevaux, six pences par mille d'Angleterre ; à présent le prix le plus modique est d'*un schelling* par mille anglais par couple de chevaux, et même de 15 à 18 *pences*. Que l'on ait une voiture à soi, ou qu'on en prenne une à la poste, cela n'influe en rien sur le prix. Il faut remarquer qu'il n'y a point en Angleterre de maître de poste proprement dit. On lit sur l'enseigne de chaque auberge ces mots : *Neat post-chaises to let; jolies chaises de poste à louer*. On s'adresse donc à l'endroit où l'on suppose que sont les meilleures chaises et les meilleurs chevaux ; et pour peu que l'on connaisse la route, il n'est pas difficile d'être bien servi. Mais si vous êtes étranger, le postillon vous conduit toujours chez l'hôte qui est son ami, ou celui de son maître. Au reste, il suffit de leur dire qu'on veut aller ailleurs, ils obéissent sans réplique. Cette concurrence entre les aubergistes est très-avantageuse aux voyageurs. Ceux dont les postillons conduisent mal, ou sont grossiers, ou exigent plus qu'on ne leur donne communément, ne peuvent manquer de perdre bientôt leurs pratiques. Ordinairement ils recommandent à leurs postillons d'aller grand train ; aussi fait-on quelquefois jusqu'à 10 milles d'Angleterre par heure. Est-on arrivé au lieu du relais, l'aubergiste n'a point l'air de croire que l'on veuille manger quelque chose chez lui ; au contraire, si l'on n'entre pas exprès dans la maison pour se faire donner quelque chose, il fait tout de suite mettre les chevaux et attacher les malles. Si l'on en a beaucoup avec soi, on se trouve fort embarrassé, car les chaises de poste ne sont pas disposées de manière à les placer. Il n'y a pas même de place pour un domestique, ni de siège pour un cocher ; il faut donc faire aller son domestique à cheval ou par le coche. Pour ce qui est du paiement des guides du postillon, il n'y a rien de fixe. « Je leur ai donné, dit un voyageur, peut-être plus qu'ils ne reçoivent communément, quoique toujours moins que ce qu'on est obligé de donner en Allemagne aux postillons, qui ne sont jamais contens, et j'ai toujours vu sur leur visage l'air de la satisfaction et de la reconnaissance. » — « Ces chaises, dit un autre voyageur allemand, sont si belles, qu'avec quelques légers changemens on pourrait en faire chez nous des carrosses de gala. Dès que la chaise est arrivée devant la porte de l'auberge, ou dans la cour, on en sort une autre de la remise ; tous les gens de l'auberge sont en mouvement, tandis que l'un ôte les paquets de la chaise d'où vous venez de descendre, et les place sur celle où vous allez monter, un autre attèle le cheval de main. Vous n'avez pas encore payé la poste, que vous voyez arriver à cheval votre nouveau postillon, jeune homme de 16 à 18 ans, en cheveux courts, chapeau rond, petite jaquette, jolies bottes et éperons brillans. Son camarade attèle aussitôt le cheval de selle avec des traits, vous partez ; et pour tant de diligence et de zèle, vous ne payez rien. On ne vous demande rien pour graisser les roues, rien pour attacher les paquets ; vous donnez seulement quelques pences au valet d'écurie. En un mot, on ne connaît aucune de ces dénominations au moyen desquelles, dans les autres pays, on rançonne les voyageurs. Une fois en route, point de corde qui casse, point d'essieu qui se rompe, point de dispute à qui se détournera pour faire place, point de halte devant les tavernes à bière ou à eau-de-vie, point de postillon qui mette pied à terre, etc. : vous allez toujours le même train, et vous êtes sûr de faire par heure au moins 5 ou 6 milles d'Angleterre. »

Les postes publiques, si l'on peut leur donner ce nom, sont les diligences et les coches, *stagecoaches*. Les premières ne diffèrent des chaises de poste qu'en ceci, c'est qu'outre les deux places du fond, il y en a encore une troisième sur le devant. Elles sont attelées de deux chevaux que l'on conduit du haut du siége. On paye pour une place 3 pences par mille d'Angleterre, six sous de France. Vous ne payez rien pour vos hardes, à moins qu'elles ne pèsent plus de 14 livres, et même si l'excédent n'est pas considérable, il n'entre point en ligne de compte.

Les coches sont si grands et si lourds, que sur d'autres routes que celles d'Angleterre, huit chevaux suffiraient à peine pour les mettre en mouvement, vu le grand nombre de personnes dont ils sont chargés. Cependant, quatre chevaux les tirent sans peine. Dans la chaise même (*inside*) il y a deux siéges fort larges, et place pour six personnes; mais il y en a bien autant qui se logent sur l'impériale (*outside*) qui, pour cela, est entourée d'une espèce de grille de fer. Sur le siége il y a place pour deux personnes avec le cocher, et derrière est une espèce de corbeille où l'on met les paquets, et qui peut, au besoin, fournir encore quelques places. Aussi n'est-il pas rare de voir arriver à Londres jusqu'à seize personnes dans un même coche. Une place dans ces voitures publiques coûte deux pences par mille. Celui qui se fait inscrire le premier, a de droit l'une des places du coin dans le fond.

Une quatrième espèce de voiture publique, est celle qu'on nomme coche de poste, *Mail coach*. Ce sont des voitures à quatre places, mais où l'on ne prend personne ni sur l'impériale, ni sur le siége, ni dans la corbeille. M. *Nemnich* conseille de s'en servir de préférence. D'autres voyageurs ont trouvé bien des choses à y redire; 1°. ces voitures courent jour et nuit ; 2°. elles ne s'arrêtent nulle part, pas même le temps nécessaire pour prendre quelque nourriture; 3°. elles sont fréquemment sujettes à verser.

Tout le monde sait que les auberges sont excellentes en Angleterre, que l'ordre et la propreté y règnent partout; mais ce que l'on ne croit pas, c'est que l'on peut y manger à très-bon compte. En entrant dans l'auberge, on se fait donner le *bill of fare*, c'est-à-dire le menu, ou la carte de la cuisine; on y voit ce que l'hôte a à donner pour ce jour-là, et ce qui s'apprête effectivement dans la cuisine, avec le prix coûtant. On peut aussi faire son compte d'avance. Au reste, on vous donne toujours par écrit le compte de la dépense, lors même que vous n'auriez pris qu'un déjeûner. Le long des grandes routes, on ne vous passe rien en compte pour la chambre, les lits, quoique ces lits soient très-bons, et qu'on vous fournisse un bonnet de nuit et des pantoufles (1); seulement, vous donnez quelque chose à la servante du logis qui fournit ces articles, aussi bien que le linge et les draps. Il est vrai que lorsque vous vous faites donner à manger sans rien spécifier, il vous en coûte quelque chose de plus. C'est ce bas prix de la nourriture, joint à l'extrême vitesse avec laquelle on voyage, quelque voiture que l'on prenne, qui rend les voyages en Angleterre moins dispendieux qu'en Allemagne. C'est ainsi qu'il n'en a coûté à un voyageur que trois guinées pour aller avec la diligence de Liverpool à Londres, en y comprenant la nourriture. C'est cependant un chemin de 201 milles d'Angleterre qu'il a faits en deux jours et demi. Ces prix sont maintenant augmentés.

Pour ce qui est de l'attirail de voyage et du linge que l'on peut faire laver dans chaque petite ville, pour peu qu'on s'y arrête, il faut avoir la précaution de s'acheter une valise dans les magasins, où l'on en trouve de toutes faites, parce qu'on les prend sur les voitures publiques sans les peser. — Il n'y a point de pays où un voyageur puisse aussi facilement se passer de domestique qu'en Angleterre. Il n'est pas nécessaire non plus de se mettre en frais d'habillemens. Avec un seul habit, pourvu qu'il soit propre, vous pouvez vous montrer dans un même endroit aussi long-temps que vous êtes appelé à y séjourner, sans qu'on ait pour cela moins de considération pour vous.

Les voleurs de grands chemins ne sont point aussi à craindre en Angleterre qu'on le dit communément. Cependant, il est de la prudence de mettre à part quelque peu d'argent, deux ou trois guinées, par exemple, dans le cas d'une visite imprévue de quelqu'un de ces messieurs, qui, du reste, ne dévalisent jamais les voyageurs. Il est rare que les Anglais cherchent à s'en défaire d'une autre manière, en se mettant en état de défense contre eux. Dans Londres, et aux environs, les deux momens de la journée où l'on doit être le plus sur ses gardes contre les voleurs, sont le point du jour

---

(1) Cependant on risque souvent de coucher dans des lits dont les draps et les coussins sont moites (DAMPSHALTS), ce qui occasione des accidens fort graves, et même la mort.

et le crépuscule. Les grands chemins sont superbes en Angleterre. Depuis quelques années les *Irons railways*, ou les chemins à barres ou ornières de fer, sont en vogue dans le *Monmouthshire*, le *Staffordshire*, le *Sussex*, etc.

Moyennant ces chemins de nouvelle invention, un seul cheval peut traîner un chariot chargé de trente à quarante personnes. Chaque voyageur, en Angleterre, doit se pourvoir d'un almanach d'état, *the royal calendar*, etc. Il paraît toutes les années, et coûte deux schellings. Il faut avoir soin, en arrivant en Angleterre, de prendre le costume anglais. C'est une précaution qui vous épargne bien des désagrémens. Aucune femme, par exemple, ne doit sortir sans chapeau.

Avis à ceux qui arrivent à Londres.

L'étranger qui arrive à Londres sans savoir l'anglais, ou qui en ignore la prononciation, fera très-prudemment de choisir, dans la liste que nous donnerons ci-après, l'auberge, *inn*, ou l'hôtel où il veut descendre, selon la dépense qu'il est en état de faire, et le quartier qui lui paroîtra le plus convenable. Quand il a fait son choix, il doit écrire les mots suivans sur une carte qu'il donnera au cocher, ou au postillon qui le conduit : *Set me down at* (descendez-moi à).... ici on mettra l'adresse de l'auberge ou de l'hôtel, telle qu'elle est écrite dans la liste.

Si le voyageur se fait conduire dans un hôtel, on y est en général bien logé, bien servi, et par des personnes sûres : mais n'eût-on qu'un seul domestique, il faut s'attendre à dépenser au moins une guinée par jour, pour ses trois repas et sa nuit.

Celui qui ne peut pas faire cette dépense, doit faire choix d'une auberge, et on lui conseille de se pourvoir d'un logement le plus tôt qu'il pourra.

Moyens de se procurer des logemens, et leurs différens prix.

Un étranger, le lendemain de son arrivée dans une auberge, demandera un interprète, dont il se fera accompagner pour chercher un logement qui lui convienne, après avoir pris soin de ses clefs, et pris par écrit l'adresse de son auberge. Il ne s'en rapportera pas aveuglément à son interprète, mais il s'en défiera comme d'un mal nécessaire. Il ne doit être que son interprète, et non pas son guide, excepté pour le ramener dans son auberge. Le voyageur fera donc son choix lui-même, et la chose n'est pas difficile. L'on trouve presque de porte en porte ou sur les croisées des écriteaux avec ces mots : *Furnished Lodgings*, *Lodgings for Single Gentlemen*, etc. Il y en a depuis quatre ou cinq schellings jusqu'à deux ou trois guinées par semaine. En choisissant soi-même, on est presque sûr de tomber chez d'honnêtes gens, et c'est presque toujours la faute de l'étranger, s'ils ne deviennent pas ses amis.

Ce qu'il faut observer avant de quitter un logement.

Avant de quitter un logement, il est d'usage d'en avertir le propriétaire une semaine d'avance, si on l'a pris par semaine ; quinze jours, si on l'a pris par mois ; six semaines, si on l'a pris par quartier ; et trois mois, si on l'a pris par semestre ou par an ; à défaut de quoi, le propriétaire peut exiger le paiement d'une semaine, ou de quinze jours, etc., en sus du temps où l'on est resté chez lui ; ce qui n'est que juste, parce qu'en ne l'avertissant pas, on l'empêche de chercher à relouer ses appartemens.

Manière de vivre à Londres.

Si l'étranger ne tient pas ménage, il faut qu'il opte entre deux manières de vivre. Il peut se mettre en pension chez ses hôtes, ou aller prendre ses repas dans un café ou une taverne, ou un traiteur. Voici la manière dont une table bourgeoise est ordinairement servie : de la viande de boucherie, bouillie ou rôtie, des légumes cuits à l'eau, jamais fricassés, assaisonnés sur l'assiette avec une sauce blanche, ou du jus de rôti, des pommes de terre, quelquefois un *pudding*, et du fromage pour dessert : quelques jours de la semaine le rôti est froid ; rarement on sert du poisson. Voilà l'ordinaire qu'on peut se procurer pour environ une demi guinée par semaine.

Principaux hôtels, cafés, tavernes, auberges, etc., pour la commodité des voyageurs.

The Royal hotel and tavern, PALL-MALL ; on y trouve des appartemens très-élégans, des repas abondans, et tous les rafraîchissemens qu'on peut désirer.

Lothian's hotel and Coffee-House, Albemarle-Street, l'un des premiers établissemens de ce genre, de belles salles pour les parties de plaisirs, etc.

York's hotel and Coffee-House, Albemarle-Street, maison élégante ; vins choisis, liqueurs, etc.

St.-James's hotel, Jermyn-Street, Piccadilly, très-fréquenté par la noblesse et les gens riches, beaucoup d'appartemens et de cabinets.

Blake's hotel, même rue, semblable au précédent.

Durant's hotel, même rue, et dans le genre des deux autres.

Miller and Reddish's, même rue.

Bath hotel, Arlington-Street, Piccadilly; grandes et belles salles où l'on est bien servi.

Batt's hotel, même rue; *Beale's hotel*, même rue.

Grand hotel, Covent-Garden, maison très-élégante, où l'on trouve toutes les commodités possibles.

The British imperial, hotel, Tavern, and Coffee-House, de l'autre côté de *Covent-Garden*, semblable au précédent.

The Shakespear Tavern, the *Piazza*, Covent-Garden, célèbre pour les dîners qu'y font les électeurs de Westminster.

Easty's hotel, rue de *Southampton*, *Covent-Garden*, ressemble à tous les hôtels de ce genre.

Crown and Anchor Tavern, in the Strand, maison de plaisir très-élégante; on s'y rassemble pour des repas et des concerts.

Freemason's tavern and hall, Great Queen-street, long acre, célèbre à cause des rassemblemens des Francs-Maçons.

Osborne's hotel, Adam-Street, Adelphi, jolis appartemens.

London Tavern, Bishopsgate-Street; les négocians et les marchands s'y rassemblent souvent pour dîner, et parler d'affaires.

Paul's Head, Cateaton Street, moins grande que la précédente, quoique dans le même genre.

Hôtel de la Sablonnière, Leicester-Square, belle maison, dans laquelle on dîne et on loge; elle sert aussi de café, on y parle anglais et français; il y a un excellent billard.

Ibbetson's hotel, Vere-Street, Oxford-Street; on y est bien traité.

Lewis's new London Tavern, Cheapside; on y trouve des sociétés, des repas, des clubs, etc.

Bate's hotel, John-Street, Adelphi. *Morriss Kirkum's*, *and Grillon's hotel*, Lower Brook-Street, Grosvenor-Square.

Maisons des traiteurs les plus considérables à l'E. du Temple-Bar.

(On y donne les cartes des mets pour dîner, souper, etc., à un prix modéré.)

The Cock, derrière la Bourse, l'un des plus célèbres traiteurs de la capitale. On a calculé qu'il y dînait régulièrement cinq cents personnes.

Antwerp tavern, Threadneedle-Street, fréquentée par les marchands.

The Crown Eating-House Bow-Lane, Cheapside, fréquenté par les marchands. Bons dîners depuis 1 heure jusqu'à 5.

The Queen's Arms tavern and Eating-House, rue Newgate.

Dolly's Beef-Steack House, King's Head-Court, même rue, connu pour la perfection de ses *Beef-Steaks*.

Lamb Eating-House, près de *Mansion-House*, rue de Newgate. Dîners depuis 1 heure jusqu'à 5.

The Horse-Shoe, même rue, célèbre par ses *Beef-Steaks*.

The Salutation tavern and Eating-House, même rue. On y dîne régulièrement à 2 heures.

Queen's Arms Eating-House, Bird-inn-Hand-Court, Cheapside. Excellent ordinaire à 3 et à 4 heures.

The Marlborough head, rue de *Bishopsgate*, près la porte de *Excise-Office*, belles salles ; fréquenté par les employés à l'*Excise-Office*. Il n'y a point de dîners réglés ; mais on y est promptement servi.

The Three Pidgeons, Butcher-Hall-Lane, rue de Newgate. Bons repas.

William's, ci-devant *Masser's Eating-House*, célèbre pour la bonté du bouilli : on y sert à un prix modéré depuis midi jusqu'à 4 heures.

The Barley-Mow, cour de Salisbury *Fleet-Street*, ancienne maison où l'on dîne depuis 1 heure jusqu'à 5. Pendant l'hiver, on y sert tous les soirs des patates grillées.

The Cheshire Chease, wine-office-court, même rue. Bonne maison, etc.

Traiteurs à l'O. du Temple-Bar.

Dog tavern, Haly-well-street, Strand, célèbre pour le beef-steak.

Betty's Chop-House, n.° 315, Strand. Dîner depuis 1 heure jusqu'à 5 ; bons vins, liqueurs, etc.

The Coal hole, cour de la Fontaine, Strand, fréquenté par ceux du voisinage.

The Constitution Eating-House, rue de *Bedford*, *Covent-Garden*. Ordinaire à 4 heures.

The wrekin tavern and Eating-House, Broad-Court, Covent-Garden. Bons dîners.

Outre ces maisons de traiteurs, il y en a d'autres moindres, appelées *Soops-Shops*, où l'on peut dîner pour un schelling : on trouve aussi beaucoup de bœuf à la mode, *beef-house* et *soops-shops*.

Liste des principales auberges et des maisons où logent les malles des courriers et les voitures publiques.

The Golden Cross, *Charing-Cross*. On y trouve tout ce qui convient à un hôtel bien fourni ; de bons repas, d'excellens vins, et des voitures qui partent tous les jours pour Worcester et Ludlow, Oxford, Glocester et Hereford, Cambridge, et Wisbeach, Chester et Holyhead, Norwich par Bury et Newmarket, Ipswich et Yarmouth.

Spread Eagle, *Gracechurch-Street*, pour Hull, Barton, Lincoln et Péterborough ; Harwich, Hambourg et la Hollande.

Swan, *Lad-Lane*, pour Bristol et Milford-Haven ; Plymouth, Bath et Taunton ; Exeter et Salisbury ; Liverpool et Coventry ; Manchester et Carlisle ; Norwich, par Ipswich et Yarmouth.

The Angel, *St.-Clements*, pour Portsmouth et Gosport ; Glocester et Cheltenham ; Douvres, Canterbury, Chatham et Margate. On y trouve aussi des malles irlandaises pour Waterford et Cork, par Ross, Monmouth, les mardis, mercredis et samedis.

The Bull and Mouth, pour Birmingham, Shrewsbury et Holyhead ; Leeds et Nottingham ; Glasgow et Carlisle ; Yorck, Newcastle et Edimbourg ; Worcester et Ludlow.

The Bell et Crown, *Holborn*, pour Pool, Winchester, Alton, Farnham ; Southampton et Ringwood.

Bains publics.

Outre les bains des grands hôtels et des principaux cafés, on en trouve d'autres publics.
At Peerless Pool, City-road.
In Cold Bath-Fields.
Long Acre.

In old Gravel-lane.
Bagnio-Court, rue de Newgate.
Bain flottant, au pont de Westminster.
In Chapel-court, Vere-street.
In Berkeley-square.
In Park-street.
In St.-James's-street.
In Well's-street, Cripplegate.
In St-Mary-Axe.
Un bain de mer, près *Adelphi in the Strand.*

TABLEAU

DES MONNAIES, POIDS ET MESURES.

MONNAIES.

On compte en Angleterre par *pound*, la livre de 20 *schellings*, de 1 fr. 20 c., lesquels se divisent en 12 *pence-sterlings*, ou deniers, chaque penny en 2 *hafpence*, et chaque halfpenny en 2 *farthings*.

Le titre de l'or s'y divise en 24 karats, et le karat en 4 parties, que l'on nomme aussi *grains de fin*. 96 grains de fin sont égaux à 5,760 grains de poids, et par conséquent un grain de fin réputé équivaut à 60 grains du poids anglais.

Le titre de l'argent se divise en 12 deniers, et chaque denier se subdivise en vingtièmes ou *grains de fin*. 240 grains de fin sont conséquemment égaux à 5,260 grains de poids; ainsi, un grain de fin équivaut à 24 grains de poids.

Espèces d'or. — Les espèces d'or usitées sont : des guinées, des demi et des tiers de guinée. Les guinées doivent être fabriquées à la taille de 44 ½ à la livre, poids de Troy, et leurs divisions à proportion. Leurs empreintes représentent, d'un côté, l'effigie du souverain, et de l'autre, un écu écartelé des armes d'Angleterre, d'Ecosse, de France, d'Irlande, etc. La guinée a cours pour 21 schellings, et se paye à Paris 25 fr. 50 c. : les autres parties à proportion.

Espèces d'argent. — Les espèces d'argent sont : l'écu nommé *crown*, le demi-écu, ou *half-crown*; le *schelling*, le *demi-schelling*, etc. Les empreintes de ces espèces représentent, d'un côté, les armes d'Angleterre, d'Ecosse, de France et d'Irlande, en quatre écussons séparés, posés en forme de croix. Leur titre est fixé à 11 deniers 2 grains. Elles doivent être fabriquées; savoir, les crowns, à la taille de 12 et 2 schellings à la livre; les demi-crowns, à proportion, les schellings, à la taille de 62, et les demi-schellings, à celle de 124 à la livre, et les autres divisions à proportion. Le *crown* a cours pour 5 schellings, le *schelling* pour 12 pences, et les divisions à proportion.

Espèces de cuivre. — Les espèces de cuivre sont de deux sortes; savoir, le *half-penny*, ou demi-denier; et le *farthing*, ou quart de denier. On taille 36 des premiers, et 72 des seconds d'une livre de cuivre. Les *farthings* du règne de la reine Anne sont très-rares et très-recherchés des curieux; on en vendit dernièrement un pour le prix énorme de 500 liv. sterlings.

Lettres de change. — Les personnes qui prennent chez des banquiers des lettres de change sur Londres doivent les copier sur leur agenda, afin que si elles viennent à les perdre, elles puissent empêcher qu'on ne les reçoive.

Nota. Les pièces de 12 et de 24 sous et les petits écus de France passent en Angleterre pour 6 sous, un schelling et 2 schellings 6 sous; mais pour que le peuple les reçoive, il faut que ces pièces soient si vieilles, qu'on n'en voie ni la figure ni les armes. Sous ce point de vue, la valeur d'un louis en pièces de 24 sous, ou en petits écus, est exactement celle d'une livre sterling.

Un gros sou de France ne vaut que deux liards d'Angleterre.

POIDS ET MESURES.

POIDS DE SEIZE ONCES.

Avoirdupoise Weight.

16	drachms font	1 ounce.
16	onces.	1 pound.
28	pounds.	1 quarter of a hundred.
4	quarters.	— hundred ou 1 12 lb.
20	hundred.	tun.

POIDS DE DOUZE ONCES.

Trey Weight.

4	grains font	1 karat.
24	grains	1 pennyweight.
20	pennyweights.	1 ounce.
12	ounces.	1 pound.

MONNAIES, POIDS ET MESURES.

POIDS D'APOTHICAIRE.
Apothecary's Weight.

20	grains font............	1 scruple.
3	scruples	1 drachm.
8	drachms...............	1 ounce.
12	ounces................	1 pound ou pint.

POIDS POUR LA LAINE.
Wool Weight.

7	pounds font...........	1 clove.
2	cloves	1 stone.
2	stones	1 tod.
6½	tods	1 weigh.
2	weighs	1 sack.
12	sacks	1 last.

MESURES DE LA BIÈRE ET DE L'ALE.
Ale Measure.

2	pints font	1 quart.
4	quarts................	1 gallon.
8	gallons...............	1 firkin of ale.
9	gallons...............	1 firkin of beer.
2	firkins...............	1 kilderkin.
2	kilderkins............	1 barrel.
2	kilderkins............	1 hogshead.
3	barrels...............	1 butt.

MESURES DU VIN.
Wine Measure.

4	gills font	1 pint.
2	pints.................	1 quart.
4	quarts................	1 gallon.
18	gallons...............	1 rundelet.
1¾	rundelet..............	1 barrel.
1½	barrel................	1 tierce.
1½	tierce ou	
63	gallons...............	1 hogshead.
1¼	hogshead ou	
84	gallons	1 punchon.
1½	punchon, ou	
3	hogsheads.............	1 pipe ou butt.
2	pipes.................	1 tun.

MESURES DU BLÉ.
Corn Measure.

2	quarts font	1 pottle.
2	pottles	1 gallon.
2	gallons	1 peck.
4	pecks, ou	
8	gallons	1 bushel.
8	bushels	1 quartel, ou vat.
5	quarters of wheat, beans, or peas.	1 load.
10	quarters of oats	1 load.

MESURES SÈCHES.
Dry Measure.

2	pints font	1 quart.
2	quarts	1 pottle.
2	pottles	1 gallon.
2	gallons	1 peck.
4	pecks	1 bushel.
8	bushels	1 quarter.
5	quarters	1 weigh ou load.
5	pecks	1 bushel water-measure.
4	bushels	1 coomb.
10	coombs	1 weigh.
2	weighs	1 last of corn.

MESURES DU CHARBON.
Coal Measure.

4	pecks font	1 bushel.
9	bushels	1 vat ou strike.
36	bushels	1 chaldron.
21	chaldrons	1 score.

MESURES DU DRAP.
Cloth Measure.

2¼	inches font	1 nail.
4	nails	1 quarter of a yard.
4	quarters	1 yard.
5	quarters	1 ell English.
4	quarters	1 ell Flemish.
6	quarters	1 ell French.

MESURE LONGUE.
Long Measure.

5 inches font	1 palm.
3 palms	1 span.
1½ palm, ou	
12 inches	1 foot.
1½ foot	1 cubit.
2 cubits	1 yard.
1½ yard	1 pace.
1½ pace, ou	
6 feet	1 fathom.
2½ fathoms	1 pole.
16½ feet, ou	
6¼ yards	1 pole.
40 poles	1 furlong.
8 furlongs	1 mille.
3 milles	1 lieue.
20 leagues	1 degré.
69 milles	1 degré.

MESURES CARRÉES.
Square Measure.

143 inches font	1 square foot.
9 square feet	1 square yard.
50¼ square yards	1 square pole.
40 square poles	1 square rood.
4 square roods	1 square acre.
640 square acres	1 square mile.

MESURES CUBIQUES.
Cubic Measure.

1728 cubic inches font	1 cubic foot.
27 cubic feet	1 cubic yard.

Le bois s'achète par corde : une corde de bois (*chord* ou *stack*) a en général 3 pieds de hauteur, 2 de largeur et 12 de longueur, ou 108 pieds cubiques.

Quelques-uns la font de 3 pieds de hauteur sur 4 de largeur et 8 de longueur, ou 98 pieds cubiques.

Une pierre de viande (*a stone*) est de 8 lb.; une pierre (le poids du cavalier) est de 14 lb.

DIFFÉRENS USAGES DES POIDS ET MESURES.

Troy Weight sert pour vendre l'or, l'argent, les bijoux et les liqueurs.

Apothecary's Weight sert aux apothicaires pour composer leurs médecines ; mais ils achètent et vendent leurs drogues à l'*avoir du poise*.

L'*avoir du poise* sert pour vendre tous les objets d'une nature grossière, comme le beurre, le fromage, la viande, les épiceries, le blé, le pain, les métaux, excepté l'or et l'argent. Mais la livre des différentes espèces de soie est de 24 onces ; et, dans quelques comtés, la livre de beurre pèse de 16 à 32 onces.

La mesure carrée, *Square Measure*, sert à mesurer les terres, les ouvrages des laboureurs et des jardiniers, les planches, le verre, le pavé, les boiseries, les planchers, les plafonds, et tous les objets dont on ne considère que la longueur et la largeur.

La mesure cubique sert pour tous les objets dont on considère la longueur, la largeur et la profondeur.

La mesure de vin sert pour les liqueurs spiritueuses, le cidre, l'hydromel, le vinaigre, l'huile, le miel, etc.

La mesure sèche, *Dry Measure*, sert pour le blé, les semences, les racines, le sel, le charbon de mer, celui de bois, les huîtres, et toutes les marchandises sèches.

Le boisseau étalonné a 18 pouces et demi de largeur et 6 de profondeur. Le boisseau de charbon a 19 pouces et demi de large, et il est d'environ un quart plus grand que le boisseau de blé.

Rapport des mesures linéaires.

Le pied de Paris contient 12 pouces et 79 décimales, mesure de Londres ; ainsi le pied de Paris est plus grand que celui de Londres d'un peu plus de 6 lignes.

La toise de Paris contient 76 pieds 74 décimales, mesure de Londres ; ainsi elle est plus grande que celle de Londres de 4 pieds et presque 9 lignes.

Le pied carré de Paris est à celui de Londres comme 17,040 à 15 ; en sorte que 15 pieds carrés de Paris font environ 17 pieds de Londres.

L'aune de Londres contient 45 pouces, celle de Paris en contient 46 et 78 décimales de la même mesure, et se trouve par conséquent plus d'un pouce 3 quarts plus grande, mesure de Londres.

L'aune de Paris, Lyon et Rouen, fait 1 verge $\frac{1}{4}$ mesure de

Londres; 100 aunes font 128 verges ¼, et 9 verges de Londres font 7 aunes de Paris.

Le mille anglais est de 1760 *yards* ou verges, environ 825 toises de France, et la lieue moyenne de France, qui est de 2450 toises, chacune de 76 pouces 3 quarts anglais, contient 3 milles anglais et 57 verges 7 pouces.

Rapports des poids.

La livre de Londres égale 14 onces $\frac{16}{25}$, poids de Paris, Amsterdam, Strasbourg et Besançon ; 1 lb. ⅓, poids de Lyon, 14 onces $\frac{1}{25}$, poids de Rouen, 1 lb. 2 onces, poids de Marseille et de la Rochelle ; 1 lb. 1 once ⅓, poids de Toulouse et de Montpellier.

TABLEAU DES CAPITALES.

LONDRES.

Londres, en anglais *London*, capitale de l'Angleterre, ville d'une grandeur imposante, d'une richesse prodigieuse, et la plus commerçante du monde. Elle entretient des rapports intimes avec tous les comtés du royaume, dont elle est le grand marché. Cette ville célèbre, située sur la *Tamise*, s'étend le long des deux rives de cette belle rivière, occupe un très-grand espace de l'E. à l'O., et s'élève en amphithéâtre vers le N. Sa longueur de l'E. à l'O. est de 2 l. ¼, et sa largeur du N au S, tantôt d'une lieue, tantôt d'une demie et d'un quart.

Édifices remarquables, curiosités. — 1°. La *Cité*, ou Londres, divisée en 25 wards ou quartiers. Le pont de Londres (lorsqu'on est dessus, présente le plus beau coup d'œil d'une grande ville, et d'une rivière couverte de vaisseaux); les machines hydrauliques près du pont; le monument (cette colonne s'élève à la hauteur de 202 p. sur 15 de diamètre. En dedans on a pratiqué un grand escalier de marbre noir formé de 345 marches, et l'on sort sur un balcon d'où l'on jouit d'une très-belle perspective; ce monument est érigé en mémoire du fameux incendie de 1666, qui dévora 400 rues, 13,200 maisons. la cathédrale de St.-Paul, et 89 églises paroissiales). Fishmonger's hall; la tour ou le *Tower*; l'établissement de la brasserie de *Whitebread*, Chiswell-street Moorfields, l'une des premières curiosités de la capitale; les bureaux de l'artillerie, de la monnaie; les archives, les différens arsenaux, la ménagerie, les dépouilles de la flotte invincible, des anciennes armures, the Jewel office, etc.; la douane; Trinity-alms-house; la halle au blé, la halle des drapiers, l'église de Dunstan (c'est un chef-d'œuvre de gothique moderne, surtout son clocher, haut de 125 p.); l'hôtel de la compagnie des Indes; le *Lendenhall-market* (le marché le plus considérable qu'on connaisse en Europe, pour les provisions de bouche); l'hôtel des postes; l'hôtel de la compagnie de Hudson; Royal-Exchange ou la bourse royale (détruit par l'incendie de 1666 : l'édifice qui subsiste aujourd'hui fut bâti immédiatement après, et coûta à la cité 80,000 liv. st. Les marchands s'y assemblent entre midi et trois heures. Sun-Fire-Office; la taverne de Londres, le bureau de l'excise (bel édifice construit en briques); bank of England (le dessous est le plus précieux; ce sont des souterrains extrêmement vastes, dont les murs sont d'une force extraordinaire, et toutes les portes en fer; c'est là qu'est déposé l'or, tant monnayé qu'en lingots. Un étranger ne doit pas manquer d'aller examiner l'ordre admirable qui règne dans l'exercice de toutes les fonctions, et s'il peut, d'en voir l'intérieur, ce qu'un des directeurs peut aisément lui procurer). Le total du nombre des employés au service de la banque, monte à 140 personnes. L'hôtel de la compagnie de la mer du Sud, l'hôpital de Bedlam (superbe maison; la façade est belle; la longueur de l'édifice est de 540 p. Il faut remarquer les statues de *Cibber*, représentant la Folie mélancolique et la Folie furieuse). Blankwell-hall (le plus grand magasin qui existe en Europe, pour draps et étoffes de laine); Sion-collége; l'église de St.-Gilles (Milton y est enterré; ni monument, ni inscription quelconque n'orne son tombeau); Mansion-house, hôtel du lord-maire (le portique est la chose la plus remarquable); London-Stone (simple pierre dans les murs l'église de St.-Swithias; déjà du temps d'Athelstan, elle était renommée par son antiquité); l'église de St.-Etienne (le plus beau morceau d'architecture à Londres; il est du même architecte que St.-Paul, c'est-à-dire de sir Christoph Wren; peu d'églises plaisent plus que celle-ci au premier coup d'œil en entrant); l'église de Ste.-Marie le Bow (ouvrage du même architecte; son clocher fait plaisir aux connaisseurs); Goldsmith-hall; Doctors Commons, la cathédrale St.-Paul (les frais de la construction montaient à 736,752 liv. st. Commencée en 1675, elle a été finie en 1710, par un seul et même architecte, le chevalier *Wren*, qui est enterré dans les souterrains voûtés de l'église, avec cette belle inscription : *Si quæris monumentum, viator, circumspice!* On vient aussi, tout récemment, d'y placer un monument par *Westmacot*, en l'honneur du général *Abercromby*, tué en Egypte. Les étrangers qui visitent cette église, reçoivent des mains des préposés à la garde, la liste et la description imprimées des curiosités à voir. Le prix des gratifications est marqué au-dessus des portes : 2 pences, 4 pences, etc.; le tout ne monte qu'à 2 shellings.

Dimensions des églises de St.-Paul, à Londres, et de St.-Pierre, à Rome :

	St.-Paul.	St.-Pierre.
Longueur intérieure	469 p.	575 p.
Longueur de la croisée	235	464
Largeur de la nef	169	82
	y compris les chapelles.	sans les chapelles.
Hauteur totale	319	408

Les personnes qui désirent voir de près la coupole de St.-Paul, le peuvent en s'y faisant conduire; elles arriveront à la grille de fer que M. Dutens ne craint point d'avancer être la plus belle du Monde, qui est au pied de la lanterne, et jouiront, de cet endroit, du coup d'œil le plus étendu et le plus varié : mais tout le monde ne peut pas se donner ce plaisir, car des 534 marches qu'il faut monter pour y arriver, il n'y en a que 260 de faciles; le reste demande un peu de courage, en sorte que bien des personnes se contentent de gagner la première balustrade. On a fait, dans ces dernières années, de grands changemens dans cette église : on y a placé plusieurs statues et tombeaux exécutés avec goût, et rangés avec beaucoup d'ordre, parmi lesquels on remarque les statues du docteur Johnston et de M. Howard le philanthrope, faites par M. Bacon. On y voit aussi celles du savant William Jones, de Bacon, érigées par la compagnie des Indes. Christ's hospital (les orphelins qu'on y élève, au nombre de mille et plus, sont appelés, à cause de leur habillement, les *Enfans bleus*); le collége des médecins; apothecaries-hall; le pont de Black-friars (il a 995 p. de long); St.-Bartholomew-hôpital (le bâtiment est fort beau; l'escalier est peint par *Hogarth*); Sessions-house; Fleet-market et la prison de Fleet; Bridewell-hospital (les affaires de cet établissement sont sous la direction de 300 gouverneurs, à la tête desquels est toujours le lord-maire), Temple-bar (c'est sur la plate-forme de cette porte que l'on expose ordinairement les têtes des criminels d'état), le Temple; the six Clercks-Office.

2°. *Westminster* Sommerset-house (l'architecture de cet édifice a de grandes beautés et de grands défauts), la Savoy; le théâtre de Coventgarden; Adelphibuildings; York-buildings; les machines hydrauliques à Strand-street; le palais du duc de Northumberland (la façade d'*Inigo Jones;* cet hôtel mérite d'être vu); la statue équestre de Charles Ier. à Charing-Cross (c'est la plus estimée de toutes les statues publiques de Londres. Elle est aussi remarquable par l'anecdote suivante: Après la décapitation de ce malheureux prince, cette statue équestre fut abattue et vendue au plus offrant. Un fondeur l'acheta, l'enfouit dans sa cave, et fit une fortune considérable, en vendant des chandeliers qu'il prétendit être fondus du bronze de la statue. Lors de la restauration, *Charles II*, enchanté de retrouver ce monument, le paya royalement, et le fit rétablir). Les écuries, l'amirauté; the Horseguards; treasury, ou la trésorerie, l'abbaye de Westminster (*an historical description of Westminster-Abbey, its monuments and curiosities*; petit livre très-instructif, prix 1 schelling. Les monumens rassemblés dans ce temple montent à plus de cent. Le plus beau de tous est celui de lord Chatham, père de M. Pitt, érigé par le parlement, et qui a coûté 40,000 liv. st. On en a érigé un semblable à son fils, William Pitt, mort le 23 janvier 1806. On a peut-être lu ou entendu dire que l'actrice *Oldfield*, que Londres regrette encore, a un monument dans l'abbaye de Westminster: elle n'en a point; il est vrai que ses cendres y reposent, mais *incognito*). Westminster-hall (la vaste salle mérite surtout l'attention des étrangers, c'est certainement la plus grande salle du Monde: la charpente qui soutient le toit est, avec raison, admirée; il y a 400 ans qu'elle a été faite). Le pont de Westminster (sa longueur est de 1,223 p., sa largeur de 44, dont 30 pour l'usage des voitures, et 14 partagés de droite et de gauche pour les trottoirs. La totalité de la construction a coûté au public 289,500 liv. st. Un étranger qui arrive à Londres par ce pont, est frappé de la vue de la rivière, de la beauté du pont, de la largeur et de la propreté des rues, et de leurs trottoirs. Ce pont, long de 1,223 p, contient près du double des matériaux employés pour la construction de *St.-Paul*). Grey-et Greencoats hospital; St.-James park (dans les beaux jours d'hiver, le *Mail* est la promenade à la mode. Ce mail, ainsi que ses deux allées collatérales, a environ 1,000 pas de longueur sur 80 de largeur: la longueur du canal est la même; mais sa largeur est de 42 p. Le *télégraphe* est élevé sur la place d'armes). *Buckingham-house*, ou le *palais de la Reine* (le temple des mœurs, et l'asile de toutes les vertus. L'intérieur du palais est simple et noble. Il ne faut pas oublier de voir, lorsque le roi ne l'habite pas, une très-belle collection de tableaux, et la bibliothèque de Sa Majesté, qu'elle a formée elle-même). Hôpital de St.-George; palais de St-James (il n'y a guère de palais en Europe qui figure plus mal comme résidence d'un grand roi. Lorsque LL. MM. sont dans la capitale, et qu'elles assistent au service divin, on est admis *gratis* dans la chapelle. Le service commence le dimanche à midi. Quiconque est en état de se présenter décemment est admis aux levers du roi et à ceux de la reine. Les premiers ont ordinairement lieu les lundis, mercredis et vendredis : ceux de la reine, les jeudis) Banqueting-house (chef-d'œuvre d'*Inigo Jones*). Building-house (l'escalier peint par *Sebastien Ricci*) Théâtre de l'Opéra; le petit théâtre; St.-James-square, Honnover-square (ces places publiques sont d'une grande beauté); Cavendish-square (on y voit la statue équestre du duc de Cumberland, érigée aux frais du général Strode). Berkley-square (George III, actuellement régnant, a enrichi cette place de sa statue équestre, dans le caractère de Marc Aurèle). Le Cirque; Grosvenor-square (la plus belle place de Westminster: au milieu est la statue équestre du feu roi George II. Cet emplacement est si élevé, relativement au niveau de la Tamise, que la tête de la statue est plus haute que le monument). Middlesex-hospital; la rue d'Oxford; l'église de Ste.-Anne-Soho (au cimetière, on voit le tombeau du fameux baron Théodore, roi de Corse); Soho-square (avec la statue de Charles II), Leicesterfields (avec la statue de George II); Albions-mills (des moulins immenses et très-curieux sur la Tamise).

3°. *Faubourgs de Londres et Westminster.* — L'Hydepark (son étendue est de 6 milles anglais); Lincols-Inn (et la belle place de ce nom, sa grandeur est la même que celle de la base de la grande pyramide de Memphis). Le Musée britannique, Queen's-square (avec la statue de la reine Anne); Foundling's-hospital (c'est le plus riche des hôpitaux de Londres, et le produit des contributions charitables s'accroît chaque jour. Ces donations sont très-considérables. On y admire aussi plusieurs tableaux du grand *Hogarth*, par exemple, les Soldats en marche). Gray's-inn; l'église de St.-James à Clerkenwell-green (on y voit le tombeau de *Burnet*); l'hôpital de la petite vérole, ou Small-pox-hospital; Peerless-pool (bain public, très-fréquenté en été);

3

St-Luke's-hospital, Aske's-hospital, Jeffries Almshouse; London-Infirmary (l'un des plus beaux établissemens de charité qui existent en Europe).

4°. *Southwark* — St.-Thomas-hospital; Guy's-hospital (fondé par un libraire; il y a 450 lits, et on donne aussi des secours à 1,500 malades hors de l'hôpital, il n'y a pas d'exemple en Europe d'une charité aussi étendue, fondée par un simple particulier); King's-Bench; le Cirque (sur l'obélisque, sont marquées les distances des ponts de Londres et des autres endroits remarquables); Magdalen-house; the Asylum.

Notice de quelques hôtels remarquables. — Hôtel de Bedford (dessin d'*Inigo Jones*); hôtel de Lansdown (il y a une belle bibliothéque); hôtel de Malborough (beaux tableaux, entre autres la bataille de Hochstedt; très-riche collection de pierres gravées); hôtel de Devonshire (curieuse collection de médailles antiques); maison du général Clerk (incombustible; car il n'y entra point de bois).

Collections, cabinets — Le Musée britannique, situé in Great Russel-street Bloomsbury (le musée est divisé en trois départemens: le premier contient les manuscrits, les médailles, et les monnaies antiques ou curieuses; le second est, à proprement parler, un cabinet d'histoire naturelle, le troisième est la bibliothéque des livres imprimés. quantité d'autres articles plus ou moins curieux, sont épars dans différentes pièces. La collection d'antiquités, et la partie des vases étrusques, sont très-riches et très-curieuses: la liste détaillée en serait trop longue. La garde est confiée à 41 *Trustees*. Excepté les samedis, les dimanches et les jours de fêtes, on ouvre le musée trois fois par jour aux curieux, à 9, 11 et 1 heures, et chaque fois à 15 personnes, pas plus ni moins. Le portier indique le jour où l'on peut revenir prendre le billet d'admission, après lui avoir envoyé son nom par écrit. On ne paye aucune gratification aux gardiens. L'hôtel où se trouve ce musée est un des plus beaux de Londres) Les bibliothéques publiques des barbiers, des doctor's commons, de Gray's-inn, de middle et inner Temple, du palais épiscopal, de Lincoln-inn, des médecins, de la reine, de la société royale, de St.-Paul, de Sion-collége (il existe dans cette ville riche et immense un grand nombre de collections particulières et précieuses, mais dont la liste détaillée nous menerait trop loin). Il suffira d'en indiquer un, le cabinet de sir Joseph *Banks* (la maison de cet illustre voyageur, président de la société royale de Londres, est le rendez-vous des personnes qui cultivent les sciences; les étrangers y sont reçus avec politesse et affabilité. On s'y réunit chaque jour le matin, dans une des pièces de la bibliothèque. On y trouve, 1°. tous les papiers publics relatifs aux sciences, et un déjeuner amical entretient le ton d'aisance et de fraternité qui devrait régner parmi tous les hommes de lettres). 2°. La collection précieuse d'antiques de sir Charles Townly. 3° La collection de tableaux de sir Agar. 4°. Shakespeare Gallery. 5°. Le musée, ci-devant appartenant à sir Ashton-Lever, l'une des collections du premier rang en Europe.

Établissemens littéraires et utiles. — La société royale des sciences; la société des antiquités; la société pour l'encouragement des arts, des manufactures et du commerce; l'institut royal, l'institut de Londres, l'institut de chirurgie, la bibliothèque de Westminster, le muséum de M. John Hunter, la société minéralogique, le collége de Gresham, la société entomologique; l'académie royale, la galerie britannique; les quatre Inns of court; Sion-collége (sans compter les pensions, les *Free-et Boarding-schools*, quelques voyageurs portent leur nombre à 4,000); la société pour fournir des secours aux pauvres femmes mariées, dans leurs logemens, la société pour mettre de pauvres enfans mâles en état de servir sur mer; la société pour la propagation du christianisme, la société pour le soulagement des veuves des ecclésiastiques, la société pour rappeler à la vie les personnes noyées, la société pour la délivrance des personnes emprisonnées pour de petites dettes, la société pour le soutien des pauvres veuves en général, la société pour le soutien des veuves des musiciens, la société pour la protection du commerce contre les escrocs, etc. (Nous avons déjà parlé des principaux hôpitaux établis dans cette ville immense; mais il y a encore une foule d'autres établissemens charitables, des infirmeries générales, des pharmacies publiques, etc.).

Sociétés commerçantes et marchandes, formées en corporations. — East-India-company, bank of England, compagnie de Hambourg, compagnie d'Afrique, compagnie de Russie; South-Sea-company, Turkey-company, compagnie d'assurance amiable, compagnie des tontines, compagnie pour la pêche, Hudsons-bay-company, compagnie pour assurer la vie, London annuity office, Hand in hand fire-office, London assurance fire-office, New fire-office, Sun fire-office, Union fire-office; Westminster fire-office, Phœnix fire-office, Royal exchange, assurance office, etc.

Embellissemens. — On a fait, depuis 15 ans, dans cette métropole, des embellissemens et des accroissemens considérables, que les bornes de cet ouvrage ne nous permettent pas de décrire : Un nouveau pont vient d'être construit, et doit porter le nom de *Waterloo*, en mémoire de la victoire remportée en 1815 par lord Wellington dans cet endroit.

Fabriques, manufactures : — De glaces, de faience, de montres, de serrures, d'armes à feu, d'instrumens de physique, de mathématiques, de musique, etc.; de verrerie, de soierie, d'épingles et aiguilles, de chapeaux, d'ouvrages en acier, etc, raffineries, brasseries, teintureries, ébénisteries; des magasins de carrosses, de chaises de poste; des magasins de modes, les magasins de Wedgewood et Bentley, etc ; des fabriques et manufactures en tout genre. Presque tout le rez-de-chaussée des maisons est boutique, surtout dans les rues principales, p. e. dans la rue neuve de *Bond-Street* : c'est un coup d'œil unique, et vraiment imposant, que l'aspect de ces boutiques qui étalent avec profusion ce que l'industrie et les beaux-arts ont inventé d'utile et de beau, et tout ce que les quatre parties du Monde produisent, pour contenter également et les besoins naturels, et les besoins factices. L'arrangement, le luxe ingénieux de cette multitude innombrable de boutiques de toute espèce, forment un coup d'œil vraiment magique, et dont il n'est guère possible de se faire une idée sans l'avoir vu. Tant d'objets à la fois étalés avec tant de recherche et tant de finesse, attirent tellement vos regards de tous côtés, qu'il faut s'habituer aux illusions de ce spectacle éblouissant, pour n'en plus être fatigué.

Spectacles, divertissemens publics. — Théâtre de l'opéra, dit King's théâtre (les représentations commencent en novembre, et finissent en juillet : l'ouverture se fait à 7 h. Prix des places, demi-guinée pour les loges et le parquet; 5 schellings pour la première galerie.) Drury-lane (le plus ancien des deux théâtres nationaux : c'est là que *Garrick* s'est immortalisé) Covent-Garden (prix des places à ces deux spectacles, 6 schellings pour les loges dites *boxes*; 3 demi-schellings le parquet, dit *the pitt*, 2 schellings la première galerie, un schelling la seconde.) The little théâtre, ou le petit théâtre, situé à Haymarket. Aux approches de l'été, au moment où se ferment les deux grands théâtres, celui-ci s'ouvre jusqu'au retour de l'hiver. Les représentations commencent à six heures du soir · on les donne tous les jours, excepté les dimanches. Le théâtre d'été à Sadlers-wells fréquenté du peuple. Les concerts d'Harrison et de Barthelemon. Les concerts, dits *bénéfices*, à Free-Masonshall (le prix des places, pour tout ce qui s'appelle grand concert, est une demi-guinée). Les jardins publics, nommés *Teagardens* (ils sont presque déserts six jours de la semaine, et ils sont pleins le dimanche; on ne doit pas s'attendre à y trouver une compagnie choisie. On y dîne, on y soupe, on y prend du thé, *etc.*; mais on ne paye rien pour l'entrée.) Le Vauxhall (il s'ouvre depuis le mois de mai jusqu'au mois d'août, tous les jours, excepté les dimanches. Prix des places, 1 schelling. On y voit le monument du grand musicien Hendel, et des tableaux très-estimés de Haymann.) Ranelag (il s'ouvre depuis avril jusqu'en juillet : prix d'entrée, un demi-crown) **Des cercles**, dits clubs (ils ne sont formés que d'hommes Il y a dans Londres des clubs pour tous les états, pour toutes les classes du prince du sang, du riche négociant, jusqu'au savetier et au marmiton. La mode des clubs s'est communiquée à toute l'Europe.) Tavernes, cafés, cabarets à bière, Gambling-houses, Bagnios, *etc*. Personne ne doit quitter Londres, sans avoir fait une visite au fameux *café de Lloyd*

Promenades. — The Ladie's line, près de la tour; le parc de S. James (principalement le mail); la terrasse d'Yorck buildings; Greenpark et the Wilderness; Goldensquare; Grosvenorsquare, la plus jolie place de Londres; Hydepark, le jardin à Lincols-inn, Blomsbury-square

Avis divers. —Il faut que l'étranger sache l'anglais, sinon il sera plus ou moins embarrassé. Celui qui voyage pour voir la campagne, les jardins, le local d'un pays, n'a besoin que d'un valet de place, qui parle l'anglais et le français; et on en trouve dans tous les hôtels garnis. Pour ceux que leurs affaires attirent en Angleterre, ils y trouveront toujours dans les maisons de leurs correspondans, quelqu'un qui sait le français. Un étranger qui veut voir les Anglais chez eux, doit se pourvoir de lettres de recommandation; non de ces lettres en l'air, mais de bonnes lettres d'un ami à son ami, et dont celui qui les donne sait qu'elles produiront l'effet désiré · alors il peut s'assurer qu'il sera bien reçu. Pour voir Londres, il faut y venir, au plus tard, à la fin d'avril, ou au commencement de mai : c'est le temps où les spectacles sont encore ouverts, où le parlement siége, où toute la bonne compagnie est rassemblée. Pendant que l'on se livre à ces objets, le printemps s'avance; la campagne s'embellit, et vous partez pour votre tournée en Angleterre, ou vous faites vos courses aux environs. Tout étranger qui séjourne à Londres, doit prévenir ses correspondans que toute enveloppe à quatre cornes, telle qu'elle est d'usage en France et en Allemagne, ne contînt-elle qu'un billet de quart de feuille, paye le double. Les lettres, pour toutes les parties de l'Europe, partent de Londres les mardis et vendredis à minuit, excepté celles pour le Portugal. Elles arrivent généralement à Londres les lundis et les vendredis La *penny post*, ou la petite poste, fait parvenir avec célérité, dans toute l'étendue de la banlieue de Londres, tout papier n'excédant pas une livre en poids, et la valeur de 10 livres sterling. La personne qui envoie paye 2 pences. Le service se fait huit fois par jour. Cet établissement a six bureaux principaux, et plus de quatre cents petits, qui lui sont subordonnés. La Tamise est couverte de bateaux de louage, ou *Watermen* : on en compte au delà de dix mille occupés à conduire vers tous les points de Londres, tout passager qui croit abréger son chemin, ou qui aime l'eau. Ils sont obligés d'avoir leur numéro attaché à l'un de leurs bords. Les fiacres sont également numérotés à la portière : leur nombre est fixé à mille. On compte plus de quatre cents chaises à porteurs. Quand on fait usage de ces bateaux, fiacres, ou chaises à porteurs, il est bon d'avoir son guide sur soi, pour être au fait du prix fixé par le tarif pour l'étendue de la course ou le temps employé. Le fiacre a le choix de se faire payer au mille ou à l'heure, selon qu'il y trouve mieux son compte. La manière la plus économique d'employer les fiacres, c'est d'en changer de course en course (*fare*), et de payer chaque fois un schelling. La plus dispendieuse dans tous les cas, c'est de garder son fiacre, ne fût-ce que pour un quart d'heure. N'oubliez pas de vous embarquer sur la Tamise, au-dessous du pont de Londres, et voguant sur ce beau fleuve, à travers les mille et mille vaisseaux qui le couvrent de toutes parts, ou qui sont serrés, à cinq ou six rangs, dans le plus bel ordre, contre l'une ou l'autre rive, vous conviendrez sans doute n'avoir rien vu qui puisse donner une plus haute idée de toute la puissance, de tout le bonheur, de l'industrie humaine. Les hôtels, ou grandes auberges, sont très-bien montés à Londres ; mais le mot hôtel annonce la grandeur et la dépense. Il y en a à présent plusieurs où l'on est très-bien (*Voy.* pag. 11). On est très-bien servi dans ces hôtels ; il y a plusieurs garçons toujours prêts, toujours alertes. Dans tous les quartiers on trouve des chambres garnies et des maisons meublées, à tout prix : des chambres garnies, depuis une demi-guinée, jusqu'à 3 guinées par semaine ; et des maisons toutes meublées, depuis 4 jusqu'à 12, 20 et plus de guinées par semaine. Cette manière de se loger est la plus économique. On peut se mettre en pension chez ses hôtes ; et ce moyen est de même fort économique. De 20 schellings à une guinée ½ par semaine, on peut être décemment nourri ; mais il faut payer régulièrement sa semaine. On a aussi la ressource de manger aux cafés ; mais un pareil dîner, pour peu que l'on boive de vin, double au moins la dépense que l'on ferait en se mettant en pension. La vie de taverne est encore plus dispendieuse. Il en est où, de quelque manière que l'on vive, il faut payer séparément ce que l'on boit. La boisson ordinaire est la bière. On en a de plusieurs espèces : le *porter* est une boisson forte, mais analogue au climat, qui demande une *nourriture substantielle* en tout genre : cette vérité est importante pour l'étranger. Le vin qui convient le plus au climat, et qui coûte le moins, est le vin d'*Oporto* : la difficulté est de s'en procurer qui ne soit point frelaté; il coûte 4 à 6 schellings la bouteille. Les vins de France sont chers, et il est difficile de s'en procurer de bons Ceux de Portugal, d'Espagne, du Rhin et de la Moselle, sont de meilleure qualité On a le Madère excellent On boit peu de liqueurs, si ce n'est l'eau-de-vie et le rhum Quand on arrive à *Londres*, il faut monter son estomac sur un nouveau ton. La distribution de la journée est bien analogue à une grande ville de commerce, de mouvement, d'argent, de papier et de politique Du lever jusqu'au dîner, vers 5 heures, chacun veille à ses affaires Cette longue matinée n'est interrompue que par un déjeuné plus en règle et plus long que les nôtres. On sert tout à la fois du thé et les papiers publics; c'est aussi le moment de l'amitié et des confidences. Avant le dîner, on refuse toute visite : on n'est chez soi que pour ceux qui arrivent à pied et en déshabillé On ne s'habille que pour l'heure du dîner, et alors toute affaire cesse pour le reste du jour. Suit la liste des jours de fêtes et de galas à la cour : 1er. janvier, grand gala le matin : le poète de la cour récite une ode, que la chapelle royale exécute; 6 janvier, grand gala à une heure; 18 janvier, anniversaire de la naissance de la reine, grand gala, 17 mars, fête de St.-Patrik, patron d'Irlande; 23 avril, fête de St.-George ; 29 mai, anniversaire du rétablissement de Charles II sur le trône, grand gala ; 4 juin, anniversaire de la naissance du roi, bal; 2 septembre, anniversaire de l'incendie de 1666, 22 septembre, anniversaire du couronnement du roi actuellement régnant; on tire les canons de la tour et du parc; 5 novembre, la conspiration dite *des poudres*, de 1605 ; 9 novembre, fête du lord-maire, grand bal à Guildhall.

Distances — De Londres à Harwich, 74 milles anglais ; à Douvres, 72 ½ ; à Édimbourg, 388; à Dublin, 280 jusqu'à Holyhead, et de là par mer, en 18-20 heures de temps à Dublin ; à Falmouth, 266, à Bath, 107.

Environs. — L'hôpital de *Chelsea*, à un mille et demi de Londres (il y a 400 soldats de terre, outre les officiers et les domestiques), l'hôpital de *Greenwich*, à 6 milles anglais de Londres, sur les bords de la Tamise (c'est par eau que les étrangers doivent y aller ; car l'ensemble, vu de la rivière, produit le plus bel effet. Ce beau bâtiment, construit en entier par le célèbre *Christophe Wren*, a coûté la somme de 150,000 l. sterl., couvrant plus de 40 arpens de terrain). On a érigé au lord Nelson, tué en 1805, au combat de *Trafalgar*, un monument digne de cet illustre amiral. *L'observatoire de Greenwich*, situé sur une colline, est un édifice simple, mais riche par la perfection des instrumens qu'il renferme. (On découvre de là un des plus magnifiques points de vue qui puissent exister. Les Anglais datent de cet observatoire leur 1er. degré de longitude). La pension de jeunes demoiselles, à *Campden-house* (regardée comme la plus grande du royaume); le château du duc de Devonshire, à *Chiswik* (ce qui invite le plus les étrangers d'y aller, c'est la grande quantité de beaux tableaux); les eaux minérales et les courses de chevaux, à *Epsom*; *Brandenbourg-house*, maison de campagne du margrave d'Anspach-Bareuth, à *Hammersmith*, la maison de campagne du lord Melcombe, à *Hammersmith*, avec une belle galerie de tableaux; le palais royal à *Hamptoncourt* (superbe façade; nombre de précieux tableaux); *Kensington* (plus remarquable par la beauté des jardins); le jardin de *Kew* (ce jardin de plantes étrangères est le plus complet qui existe; jardin des fougères et des mousses; serres chaudes, sèches, humides et tempérées); *Osterley-house* (l'une des plus jolies maisons de campagne des environs de Londres); les jardins et le parc de *Richmond* (pour bien jouir de la vue magnifique que ce beau lieu présente, on doit aller dîner à l'auberge du Crachat ou de la Jarretière); *Sion-house* (beauté de la situation, beauté de l'intérieur, superbe salon d'entrée. Il faut un billet d'admission). L'église, à *Stepney*; *Strawberry-hill* (remarquable par la noble simplicité du genre antique qui y règne; elle ressemble à une ancienne abbaye); *Thordon-hall* (le parc spacieux réunit l'art à la nature); le *Trinity-hospital*, à Mile-End; le jardin Pope, à *Twickenham* (son possesseur actuel est M. Ellis. Les cendres du poète reposent dans l'église); *Cunnersbury* (façade d'un très-bon goût, beau point de vue de la Loggia); la belle maison du comte de *Tilney*, à *Wanstead* (la maison est une des plus nobles du royaume); *Windsor-Castle* (le plus délicieux palais des monarques britanniques: la grande terrasse a 1,870 pieds de longueur ; le meilleur guide est: *Windsor and its environs*, etc. Les célèbres cartons de Raphaël se trouvent à présent dans ce palais. Pour voir le grand parc et la forêt, il faut monter à cheval ou aller en carrosse. Pour aller au petit parc, vous passez par la terrasse; pour voir le château, les appartemens, vous vous faites donner un guide à votre auberge, et vous vous adressez au concierge. Il faut aller de *Windsor* à *Slough*, pour présenter ses hommages au célèbre *Herschel*, et voir l'appareil de son télescope)

Plans, guides. — Plan de Londres, par *Mogg*, sur toile, 1804, à Londres, chez l'auteur, n° 61, Margaret-street; Cavendish-square; *Londinum redivivum*, or an ancient and modern description and history of London, by *Malcolm*. London, 1802. *The modern London*. London, *by Philipps*, 1804, 8°. avec 45 gravures, dont plusieurs coloriées: prix, 3 guinées. *The picture of London*, for 1817, embellished with views and large maps. Pocketsize, *by Philipps* (c'est le meilleur guide de Londres, ou la traduction, *Tableau de Londres et de ses environs* Paris, 2 vol. chez Hyacinthe Langlois). Le journal allemand qui se publie sous le nom de *Londres et Paris*, mettra ses lecteurs au fait des modes et de l'histoire du jour de cette ville immense.

Mélanges — On porte à *trente-six* milles anglais toute la circonférence de Londres; mais, si l'on en retranchait plusieurs points saillans, qui laissent de très-grands espaces vides entre eux, elle se réduirait à 23 ou 26, ou un peu plus de 8 lieues de France. Cette immense cité renferme aujourd'hui dans son enceinte la ville de *Westminster*, le bourg de *Southwark*, et 45 villages, dont les noms sont conservés dans les différens quartiers qu'ils occupent. L'accroissement qu'elle a reçu le cours de 120 ans, est de 33 milles carrés. Le quartier bâti au-delà de *Blackfriards-bridge* est dépendant d'un autre comté que le reste de la ville. On compte dans cette cité, en établissemens publics, 482 églises et chapelles pour la religion nationale et pour les autres cultes; 196 grands hôpitaux; 20 hôpitaux particuliers; 14 sociétés qui ont pour objet la propagation des principes moraux et religieux, et 10 qui s'occupent des sciences et des arts. La somme qui se lève annuellement pour les pauvres est évaluée à 830,000 l. st. Il y a à Londres plus de 30 maisons de jeu. Il y a, dans la ville et dans les faubourgs, 5,204 cabarets. Il se boit annuellement dans ces maisons, par la basse classe du peuple, 36,625,145 gallons de bière forte, faisant la valeur de 2,311,466 liv. sterl., et 3,000,000 de gallons de liqueurs spiritueuses, valant 375,000 liv. sterl. Tous les matins il se lève dans Londres plus de 20,000 individus sans savoir où et comment ils se nourriront dans la journée. Dans ce nombre ne sont pas comprises les femmes publiques. Il se fait annuellement dans Londres des vols, divisés en 6 espèces, pour 2,100,000 l. sterl. Il y a de 40 à 50 fabrications de fausses monnaies en argent ou en cuivre, et en monnaie d'argent pour plus de 1,000,000 liv. sterl. en circulation, au-dessous de la valeur réelle (Voyez le Traité célèbre sur la

Police de Londres, imprimé pour la cinquième fois en 1797). Les règlemens de police sont excellens, tant pour ce qui concerne la propreté, que pour la clarté des rues pendant la nuit; les secours en cas d'incendies, qui sont presque journaliers à Londres, et qu'on ignore dans les différens quartiers de la ville jusqu'à ce que les gazettes l'annoncent quelques heures après; la célérité avec laquelle les voleurs et les malfaiteurs sont saisis, et la manière dont on les tient en état d'arrestation. Cependant, malgré les moyens publics et secrets que la police de Londres emploie pour prévenir les délits, elle n'a pu parvenir à un certain degré de perfection. Un règlement très-louable, c'est celui qui défend d'enterrer un mort avant qu'on en ait fait la visite, pour se convaincre qu'il n'est pas mort de mort violente : dans le cas où il y aurait quelque indice contraire, on envoie chercher le *coroner*, homme de loi qui est obligé de faire un examen plus exact, pour constater le fait.

La perfection qui distingue en général tout ce qui sort des mains des ouvriers anglais, tient en partie à l'usage où ils sont de se livrer, non pas à un seul genre d'ouvrage, mais à une seule partie d'un genre. sur laquelle ils rassemblent tous leurs soins et toute leur industrie, quelque peu d'importance que paraisse avoir l'objet auquel ils se sont appliqués. Ainsi, par exemple, on sait que dans Newbondstreet se vendent des peignes d'une forme particulière, tenant à leur étui de corne comme des lorgnettes, propres à mettre dans la poche, et infiniment commodes aux hommes qui se coiffent sans poudre. On est averti que dans Newstreet Covent-Garden, se trouvent des lampes inventées par le docteur Smith, pour parfumer les chambres des malades, les infirmeries, vaisseaux, etc. Une boutique se recommande par son acide végétal, presque aussi bon que le citron pour faire du punch, et beaucoup plus commode; une autre par une composition excellente pour nettoyer l'acier; et toujours le nom de l'ouvrier ou du marchand accompagne la marchandise, lorsqu'il ne peut être gravé dessus. Ainsi, les meilleurs ouvriers sont bien sûrs d'être connus, et certains d'être employés dans un pays où l'habitude a porté jusqu'à l'excès, si on ose le dire, le goût de la perfection dans tous les genres d'industrie. Quelques-uns font des fortunes considérables. Une des sources de la fortune des ouvriers anglais, c'est l'inconstance des modes; nulle part elles n'ont jamais tant varié qu'à Londres, et nulle part leur empire ne porte sur autant d'objets. En tout, la plus grande dépense des Anglais consiste dans ce qu'on appelle *l'argent de la poche*. On ne peut calculer ce que les hommes dépensent en souscriptions, en charités publiques, et surtout en paris. Pop. 1,064,865 hab. Lat. N. 51 30. 49 Long O de Paris, 2 25 47.

Distances. — 115 l. S. E. de Dublin, 125 S. S. E. d'Édimbourg, 98 N. O. de Paris, 220 S. O. de Copenhague, 315 S. O. de Stockholm, 590 N. O. de Constantinople, 445 O p. S. de Pétersbourg, 265 O. p. N. de Vienne, 200 O. de Berlin, 325 N. O. de Rome, 260 N. N. E. de Madrid.

ÉDIMBOURG.

ÉDIMBOURG, capitale de l'Écosse, offre des édifices remarquables, et des curiosités. Les principales sont : le pont, le bureau des archives, le cirque, les rues des Princes, de George, de la Reine, peut-être les plus belles de l'Europe; l'hôpital royal (il y a encore les hôpitaux des Négocians, des Filles, des Artisans, de la Trinité, de Herriot), le palais Holyroodhouse (c'est un édifice très-remarquable; on y montre la chambre où la reine Marie Stuart soupa lorsqu'on assassina l'infortuné Sizzio); la douane, la statue et la place de *Parliament close*; les dix-huit églises; la vue du château, construit sur une colline de basalte, est très-agréable. Les établissemens littéraires et utiles, sont : la chambre de commerce, l'université, la société royale, la société des antiquaires, la société médicale, le collége de médecine et de chirurgie. Parmi les cabinets-collections, on distingue la bibliothéque publique, et le cabinet public d'histoire naturelle Cette ville fabrique batistes, étoffes de laine, bonneterie, bas au métier ou au tricot. La pêche de la baleine est très-considérable.

Les *spectacles* et *amusemens* sont : le théâtre anglais, l'académie de musique. D'Édimbourg à Londres, on compte 388 milles anglais par la route de Berwick; 378 m a. par Wooler; 396 m a par Carlisle Cette ville est, après Londres, la plus grande du royaume uni. On compte 15 coches ou diligences qui partent toutes les semaines d'Édimbourg pour Londres ; ces coches font ce voyage en 4 jours. Le pain et la pâtisserie d'Édimbourg sont recherchés par les friands. Les carrosses et chaises de poste sont renommés; on en exporte surtout pour Pétersbourg Près d'*Édimbourg*, sur une éminence formée d'une lave grisâtre, s'élève une espèce de temple grec; ce monument, érigé par la reconnaissance publique, à la mémoire d'un philosophe et d'un historien célèbre, renferme les restes de *Hume*. (Voyez le 4e. volume d'un charmant ouvrage allemand, *Caledonia*, publié en 1804, par madame Émilie *Harmes*, née d'Oppell). *Auberge.* — A l'hôtel de Walkers. Pop. 85,444 hab. Lat. N. 55. 57. Long. O. 5. 30. 30.

DUBLIN.

Cette ville, capitale de l'Irlande, dans le comté de même nom, est siége d'un évêché : sa forme est celle d'un carré, elle a près d'une lieue d'étendue en tout sens, et renferme environ 22,000 maisons, dont on estime les habitans à 156,000. Sous le rapport de ses rues, Dublin a une grande ressemblance avec Londres ; on y a fait depuis peu de grands changemens, tant du côté de la commodité, que de l'embellissement ; il y a plusieurs places magnifiques bâties tout à neuf Parmi les principaux bâtimens publics, on remarque le château, résidence du vice-roi, et l'ancienne maison du parlement, le collége de la Trinité, la bourse royale, la douane, l'hôpital royal de Kilmainham pour les invalides, et le pont d'Essex, un des cinq ponts sur la *Liffey*. La maison commune a été détruite par un incendie, en 1792, mais on l'a rebâtie depuis. Le port est formé par deux bancs de sable, qui empêchent les vaisseaux d'un grand chargement de passer au-dessus de la barre, défaut auquel on se propose de remédier par de très-beaux projets. On a fait un canal depuis la Liffey, qui communique avec le Shannon, près de Clonfort. Dublin est situé sur la Liffey, en face de la mer d'Irlande à l'E., à 60 milles O. d'Holyhead dans le pays de Galles, et 330 N. O. de Londres. Long O. 8. 26. lat. N. 53. 21.

ITINÉRAIRE.

Avis. On paye communément plus de milles anglais, d'une poste à l'autre que le livre de poste n'en marque. Par exemple, il n'y a que 107 milles de *Londres à Bath*, et on en paye 112. L'étranger croit un moment qu'on cherche à le tromper, mais il a tort : ces différences viennent ou du changement de la place de la colonne milliaire, ou de quelque autre circonstance locale ou momentanée, par exemple, parce que la colonne milliaire ne se trouve pas placée justement à l'endroit du relais, et que néanmoins on vous fait payer à ce relais, de même qu'au relais suivant, le prix du mille entier.

N°. I.

ROUTE DE LONDRES A ÉDIMBOURG.

NOMS des relais.	MILLES anglais.	NOMS des relais.	MILLES anglais.
Barnet.	12	Ferry-bridge (*h*).	15
Hatfield (*a*).	9	Wetherby (*i*).	16
Stevenage.	12	Boroughbridge.	11
Biggleswade (*b*).	14	North-Allerton.	19
Bugden (*c*).	16	Darlington (*k*).	15
Stilton.	14	Durham (*l*).	18
Stamford (*d*).	14	Newcastle (*m*).	15
Wintham-Common.	11	Morpeth (*n*).	14
Grantham (*e*).	10	Rymsidemoor (*o*).	15
Newark.	14	Wollerhaugh.	15
South-Muscomb.	14	Cornhill.	14
Tuxford.	14	Greenlaw.	12
Barnby moor (*f*).	10	Norton (*p*).	11
Duncaster (*g*).	14	Blaksheeles.	11
		Édimbourg (1).	15
			394

Topographie.

(*a*) A *Hatfield* est la maison de plaisance du comte de Salisbury. De la cour de l'auberge, vous entrez dans le parc, où sont de très-beaux arbres de plus de 200 ans. A *Stevenage*, auberge excellente.

(*b*) *Biggleswade*. Il n'y a pas de campagne mieux cultivée et plus riante que cette partie de l'Angleterre.

(*c*) A *Bugden* est le palais de l'évêque de Lincoln : on peut se promener dans les jardins.

Stilton, sur la chaussée romaine appelée *Ermine Street*, depuis Castor jusqu'à Huntingdon, est célèbre par son fromage, appelé *parmésan anglais*.

(*d*) A *Stamford*, deux églises anciennes, d'une construction solide, et en même temps hardie et élégante. Quelques auberges ressemblent à des palais.

---

(1) *Voyez* le Tableau des capitales, page 35.

(e) *Grantham.* Auberge superbe et d'une propreté très-recherchée. On remarque la flèche de l'église, de 300 pieds de haut.

(f) De *Barnby-moor* on peut aller à *Tuxford*, et de là à *Newark*.

(g) *Duncaster.* Pays abondant en blé et en pâturages; il nourrit beaucoup de bétail, et produit des laines d'une grande beauté. La ville, jolie et petite, avec un marché considérable pour la laine, fabrique des bas et des glands.

(h) *Ferry-Bridge.* Excellens pâturages pour les chevaux, dans cette partie du comté d'Yorck : on voit de nombreux troupeaux de moutons et de bœufs. Bonne auberge à la poste.

(i) A deux milles de *Wetherby* est le parc de M. Thompson ; à 7 milles de Wetherby, près d'*Aberforth*, est la terre du chevalier Gascoyne, et entre Boroughbridge et Wetherby, est celle du lord Galway.

(k) *Darlington* est célèbre par ses blanchisseries et sa manufacture de linge. Les eaux de la Skerne qui l'arrose, rendent la toile parfaitement blanche. On y envoie d'Écosse du linge à blanchir, malgré la distance considérable.

(l) La province de Durham est une des plus agréables et des mieux cultivées de l'Angleterre. La ville est dans un site délicieux, sur 7 collines; superbe église cathédrale, gothique.

(m) *Newcastle.* Ville très-commerçante ; population, 36,963 âmes en 1802. Il n'y a point de port en Angleterre, qui fournisse un plus grand nombre de matelots. Le célèbre *Cook* a été formé à cette école. On montre, près de *Newcastle*, la maison où il naquit. Manufactures de verres à vitres, de verres à gobelets et à carafes, de verres à bouteilles; manufacture de *Crawford*, uniquement destinée à extraire l'or et l'argent des cendres des ateliers des monnaies, de celles des orfévres, etc., mines abondantes de charbon ; pompes à feu, machines pour épargner les chevaux, etc.

(n) Un voyageur ne doit point négliger d'aller de *Morpeth* à *Alnwich*, pour y voir le château de l'illustre famille des Percys, que le duc de Northumberland a rebâti presque entièrement sur l'ancien plan, avec cette magnificence qui lui est propre.

(o) *Rymsidemoor.* La province de Northumberland n'est pas également bien cultivée, surtout vers l'occident. Sa principale richesse est dans les mines de charbon.

(p) *Norton.* Il y a peu de pays en Europe où l'agriculture ait fait de plus grands progrès, que dans cette partie de l'Écosse, depuis trente ans.

N°. 2.

ROUTE D'ÉDIMBOURG AU CHATEAU DE BELMONT.

NOMS des relais.	MILLES anglais	NOMS des relais.	MILLES anglais
Queen's-Ferry.	9	Perth (*b*).	15
North-Ferry (*a*).	2	Belmont (*c*).	17
Kinross.	15		
			58

Topographie.

(*a*) *North-Ferry*. Par eau.
(*b*) *Perth* est célèbre par ses belles manufactures de toile.
(*c*) *Belmont* est joliment située sur une éminence, dans la plaine de *Strathmore*, qui a 120 milles de long. Il y a un très-joli bois près du château. A 4 milles de là est la tour de *Banco*, bâtie par M. Makenzie, d'où se voit la montagne d'*Arthur*, près d'Édimbourg. A environ 10 milles de là est la montagne de *Dunsuman*, fameuse pour avoir été la résidence de Macbeth, d'où il fut chassé par Malcolm (petit-fils du roi Duncan, qu'il avait assassiné), aidé de Macduf, qui le tua près de *Belmont*, à un endroit appelé *Belly-Duff*, où se voit le tombeau de Macbeth, à deux cents pas du château.

N°. 3.

AUTRE ROUTE DE BELMONT A ÉDIMBOURG.

NOMS des relais.	MILLES anglais.	NOMS des relais.	MILLES anglais
Dunkeld (*a*).	20	Falkirk (*d*).	10
Menzie's-Castel(*b*)	17 ¼	Linlithgow.	8
Crief	22	Edimbourg.	16
Stirling (*c*).	20		
			113 ¼

Topographie.

(*a*) Près de *Dunkeld* est le bois de *Birnham*, fameux dans la tragédie de *Macbeth* Cette ville a un site pittoresque, au milieu des rochers et des bois, sous lesquels le Tay coule majestueusement.

(*b*) A cinq milles de là est *Taymouth*, belle terre de mylord Breadalbane. Près de *Menzie's-Castel* est la cascade de *Moness*, lieu charmant, et tout-à-fait pittoresque. On y va par une promenade de 2 milles, le long d'un ruisseau, entre deux collines couvertes de bois.

(*c*) *Stirling* Dans une situation charmante sur un rocher, d'où l'on découvre une plaine riche et fertile, de 30 milles de circonférence, agréablement arrosée, et bornée de tous côtés par des collines L'église est d'une superbe architecture gothique Un fabrique, dans cette ville, beaucoup d'écarlate, d'étoffes de coton et de serges.

(*d*) Près de *Falkirk* on voit le canal qui joindra l'Océan à la mer du Nord, par la communication de la rivière *Cly*de et du *Futh de Forth*.

N°. 4.

ROUTE D'ALNWICH A WERRINGTON par Bath.

NOMS des relais.	MILLES anglais.	NOMS des relais.	MILLES anglais.
Morpeth.	19	Broomsgrove (*i*).	13
Newcastle.	14	Worcester (*k*).	12
Durham.	15	Upton (*l*).	10
Darlington.	18	Glocester (*m*).	16
North-Alerton.	15	Froster.	12
Rippon.	17	Petty-France (*n*).	14
Harrowgate (*a*).	11	Bath (*o*).	15
Leeds (*b*).	15	Wells (*p*).	20
Wakefield (*c*).	9	Piper's-inn (*q*).	10½
Hill-top (*d*).	12	Bridgewater (*r*).	10¼
Sheffield	12	Taunton.	
Chesterfield (*e*).	12	Wellington (*s*).	19
Kendal (*f*).	10	Tiverton.	14
Derby (*g*).	14	Crediton.	12
Burton.	11	Okehampton.	18
Litchfield.	13	Werrington.	20
Birmingham (*h*).	16		419

Topographie.

(*a*) *Harrowgate*. Eaux minérales vitrioliques et sulfureuses. On s'y baigne : elles sont bonnes contre le scorbut, l'hydropisie et la goutte.

(*b*) *Leeds*, centre des fabriques de draps des environs, a une manufacture de tapis qui est très-florissante.

(*c*) *Wakefield*. Les chemins sont bons.

(*d*) *Hill-Top*. Près de *Hill-Top* est le château de *Wentworth*, et, à 5 milles de là, *Wentworth-House*.

(*e*) *Chesterfield*. Charmant pays, bien cultivé. La ville a des manufactures de bonneterie, de tapis, de moulins à dévider la soie, et de vastes fonderies de fer dans ses environs.

(*f*) *Kendal* Jolie ville, a des moulins à laver, fouler et calendrer les draps ; à couper, râper les bois de teinture ; ils méritent d'être vus.

(*g*) *Derby*. Situé délicieusement dans une vallée fertile ; jolie ville, bien bâtie. *All Saints*, belle église, avec un beau clocher. Des fabriques de porcelaine, et des manufactures de faïence. Ce qu'il y a de plus curieux, ce sont les fameux moulins de la Derwent, qui font mouvoir une machine italienne pour préparer la soie écrue. Elle contient 26,586 roues et 97,746 mouvemens, qui font 73,726 aunes de fil de soie, toutes les fois que la roue tourne, ce qui est trois fois en une minute. Cette machine sert à dévider, doubler et retordre la soie, et la met au point de pouvoir passer de là sur le métier. Une pompe à feu fait circuler la chaleur dans toutes les parties de la machine ; le tout est gouverné par un régulateur. L'édifice qui contient cette machine est immensément grand, et contient six étages.

(*h*) *Birmingham*. Ville riche et commerçante, renommée par ses fabriques nombreuses. Population 73,670 (en 1802). Saint-Philippe, belle église avec un dôme. Il faut voir le canal, la charity-school, le grand hôpital, le théâtre, les deux bibliothèques publiques, les *Lady-wells*, ou bains ; les parcs de *Hagley* d'*Enville*, et *the Leasowes*. La fonderie de caractères d'imprimerie de *Swinney* est la continuation de celle du célèbre *Baskerville*. *Birmingham* doit l'état florissant de ses fabriques à un certain *Taylor*, qui, tous les ans, y faisait faire pour 800 liv. sterlings de boutons. Les prix des marchandises fabriquées annuellement à Birmingham pour le compte des négocians anglais, montent à plusieurs millions de livres sterlings. Elle a des manufactures de boutons de métal de toutes espèces, d'ouvrages de papier mâché et de fer-blanc verni, de fouets, de toutes sortes d'ouvrages en laiton, etc. Près de Birmingham on trouve *Soho*, peut-être la fabrique la plus remarquable et la plus importante de tout le royaume uni C'est aussi le séjour de M. *Eginton*, célèbre peintre sur verre. (*Voy.* sur *Soho*, *Warner's tour*, etc. The *history of Birmingham*, by W. *Hutton*, the third edit, Birmingham, 1795 8 Il en a paru un extrait, sous le titre: *A brief history of Birmingham.* 1797. 8 qui suffit au voyageur)

(*i*) *Broomsgrove.* Beaux chemins, vue charmante de la province de Worcester, à 10 milles de Birmingham.

(*k*) *Worcester.* Belle ville, bien bâtie; belle cathédrale gothique.

(*l*) Avant d'arriver à *Upton*, belle vue de la vallée d'*Evesham.*

(*m*) Belle vue de *Glocestershire*; la capitale est petite, mal bâtie, mais joliment située dans une grande plaine.

(*n*) On a une montagne fort escarpée à franchir d'ici à *Petty-France*, terre du duc de Beaufort.

(*o*) *Bath.* Ville magnifique, fameuse par ses eaux thermales, et le rendez-vous de la meilleure compagnie d'Angleterre C'est une des villes les mieux bâties de l'Europe; non-seulement elle a des édifices publics très-beaux, mais des quartiers entiers de la ville ont été bâtis sur un même plan. Le carré de la Reine, le cirque, le croissant, seraient des ornemens pour Londres, pour Paris ou pour Rome. Les salles d'assemblées sont belles et bien réglées : la police est très-bien établie dans la ville ; les denrées y sont à très-bon marché, en sorte qu'il est difficile de trouver dans le monde une ville qui réunisse plus de commodités et d'agrémens. Il y a, pour les assemblées publiques et les bals, deux bâtimens particuliers, dont le plus vieux et le plus petit est fort avant dans le bas de la ville, et le bâtiment neuf est dans le haut, vers le *royal cressent*, et s'appelle *New-assembly-rooms*. Ce dernier est un superbe bâtiment, remarquable par ses règlemens intérieurs. Les bals s'y tiennent dans une salle où sont pratiquées des niches, dans lesquelles sont les statues des divinités du plaisir Aux côtés de cette salle sont deux appartemens, l'un pour le jeu, et l'autre, plus grand, pour prendre le thé. L'un et l'autre sont ornés des meubles nécessaires et des portraits des maîtres de cérémonies. Toute personne honnête et décemment vêtue y a l'entrée libre, et paye par tête six *pences* pour le thé, et une guinée pour tout le temps de la cure. Il y a assemblée certains jours de la semaine, comme par exemple le dimanche, depuis cinq heures jusqu'à huit, et on se rassemble dans la salle du thé ; d'autres jours, il y a bal et jeu depuis six heures jusqu'à huit, après lequel temps chacun se retire. Tous ces plaisirs sont sous les ordres d'un maître de cérémonies, qui en même temps y entretient le bon ordre, a soin de la réception honnête et du bon traitement des étrangers, et cherche à empêcher le désordre. On trouve partout de bonnes ordonnances affichées, et surtout pour prévenir, autant que possible, les disputes de rang (Consultez : *Warner's history of Bath*. London 1801. 8. et *Excursions from Bath*, London 1801, du même auteur : il y a en outre *The new Bath-Guide*. 1799) A la onzième borne de *Bath*, est une vue magnifique de la province de *Glocester*, et une jolie terre du chevalier Codrington.

(*p*) A *Wells* est un des plus jolis temples gothiques.
(*q*) *Pipers-Inn*. Belle plaine.
(*r*) Chemin de *Bridgewater*, magnifique et uni.
(*s*) *Wellington*. D'ici il vaut mieux prendre le chemin d'*Exeter*, n'y ayant que peu ou point de chevaux à *Crediton*. Lord Wellington tire son nom de cette ville, où il possède une terre.

N°. 5.
ROUTE DE LONDRES A BATH.

NOMS des relais.	MILLES anglais.	NOMS des relais.	MILLES anglais.
Hounslow (*a*).	10 ½	Marlborough (*c*).	18
Salt-Hill (*b*).	11 ½	Aux Devises.	14
Reading.	17 ½	Bath (*d*).	18 ½
Spinehamland, près Newbury.	17 ½		
			107 ½

Topographie.

(*a*) A deux ou trois milles avant d'arriver à *Hounslow*, est *Sion*, maison de plaisance du duc de Northumberland, et embellie par ce seigneur avec tout le goût possible.

(*b*) *Salt-Hill*. Campagne charmante, vue très-agréable.

(*c*) *Marlborough*. Collines et vallons; pays riant, terrain fertile.

(*d*) *Bath*. Voy. n°. 4. A Yorck-house, Prince's-street, bonne auberge. On peut courir ces 107 milles en 12 heures et demie.

N°. 6.

ROUTE DE LONDRES A HOLYHEAD (1).

NOMS des relais.	MILLES anglais.	NOMS des relais.	MILLES anglais.
Hounslow.	10	Shifnal.	12
Salt-Hill (*a*).	12	Haygate.	8
Henley (*b*).	16	Shrewbury (*i*).	10
Bensington (*c*).	11	Oswestry.	18
Oxford (*d*).	12	Llangollen (*k*).	12
Woodstock (*e*).	8	Corwen.	10
Chapelhouse.	10	Keniogá-Moore (*l*).	13
Shipston.	10	Llanroost (*m*).	11
Stratford-upon-Avon (*f*).	11	Conway (*n*).	12
Hogley-house.	12	Bangor (*o*).	17
Birmingham (*g*).	10	Gwyndu.	12 $\frac{1}{2}$
Wolverhampton (*h*).	14	Holyhead (*p*).	12 $\frac{1}{2}$
			284

Topographie.

Les distances ici sont calculées depuis *Piccadilly turnpike*, qui fait l'extrémité de la ville de Londres de ce côté. La distance de la partie de la ville d'où l'on vient, se paye en sus.

Il y a une autre route de *Londres à Oxford* par *Uxbrige*, *Baconsfield* et *Aigh-Wycombe*. Elle est de quelques milles plus courte, mais moins fréquentée.

(*a*) Près de *Salt-Hill* est le village de *Slough*, où demeure M. Herschel. Un peu en-delà, le collége d'*Eton*; puis *Windsor*, dont on voit au loin le château.

A quatre milles au-delà de *Salt-Hill*, près de *Meadenhead*, est *Clifden*, terre superbe du comte d'Inchequin.

---

(1) L'indication de cette route et des suivantes a été fournie par M. Ruc'tt-ner, à qui le public est aussi redevable des topographies intéressantes qui y sont jointes.

ROUTE DE LONDRES A HOLYHEAD.   45

(*b*) Avant d'arriver à *Henley*, sur la hauteur de la colline est, tout près du grand chemin, la terre du général Conway, qui mérite d'être vue.—Remarquez le beau pont de *Henley*, et les environs de cette ville, qui sont de toute beauté.

(*c*) Entre *Bensington* et *Oxford* on voit à gauche, tout près du grand chemin, Newnham, belle terre du comte d'Harcourt. Elle est petite, mais, pour le fini, c'est une des plus belles du royaume.

(*d*) *Oxford.* Les édifices remarquables sont le pont de la Madelène, l'église de tous les Saints, l'église Saint-Pierre, l'église Saint-Jean, l'église Sainte-Marie, Divinity-School, le théâtre de Sheldon, l'imprimerie de Clarendon, l'Hôpital, l'Observatoire, le Jardin Botanique, les vingt colléges (quelques tableaux intéressans de l'école italienne dans le superbe collége de Christchurch; les six figures qui décorent les vitraux de la chapelle de New-College); l'Université; le collége de Batiol est des plus anciens; il était déjà fondé en 1263. On remarque la bibliothéque de l'université ou de Bodlei, les marbres d'Arundel, le Cabinet d'antiquités de Pomfred, le Musée du chevalier Ashmol, la Bibliothéque de Radcliffe, le théâtre d'Anatomie du docteur Lée. On voit à peu de distance d'Oxford, dans le village de *Godstow*, les ruines d'un ancien couvent de religieuses, où vécut et mourut la belle Rosemonde : on trouve encore, dans l'église, quelques restes de son monument et de l'inscription. *Woodstock* est à 8 milles d'Oxford (les Woodstock-gloves ou gants, sont très-recherchés), de même que le celèbre palais de *Blenheim*, qui fut bâti en l'honneur de la victoire que le duc de Marlborough remporta à Blenheim ou Hochstedt. Ce grand capitaine y est inhumé. Orgueilleux monument de la reconnaissance d'une grande nation pour les services d'un grand homme. On trouve dans le château une bibliothéque considérable. Voyez la description de D. Mavor, quatrième édition, 1797, avec le plan du château et du parc, la lettre de M.*** qui se trouve à la fin de l'Itinéraire, et le New-pocket companion for Oxford 1799, 8°.

(*e*) Le château et le parc de *Blenheim* sont attenans à *Woodstock*. (Voyez l'article *Oxford* ci-dessus, et la lettre qui se trouve à la fin de l'*Itinéraire*.)

(*f*) *Stratford-upon-Avon.* Patrie de *Shakespeare.* Maison où il est né; son tombeau; son monument à la maison de ville.

(*g*) *Birmingham.* Voyez n°. 4 de l'*Itinéraire*, note *h*.

(*h*) *Wolverhampton.* Ville assez peuplée et remarquable par ses manufactures en acier et ouvrages de cuivre, de fer et d'étain. La grande église mérite d'être vue.

(*i*) *Shrewsbury*. Belle situation, jolie ville et assez considérable : on est très-bien au Talbot.

(*k*) *Llangollen*. Situation des plus romantiques. Commencement des hautes montagnes du pays de Galle septentrional. Vue intéressante près du pont.

(*l*) *Kenioga-Moore*. Pays stérile pour la plus grande partie, mais qui, à la distance, offre de grandes vues sur les hautes montagnes de la Galle septentrionale, parmi lesquelles on distingue le *Snowdon*.

(*m*) *Lanioost*. Pauvre endroit avec un pont d'Inigo Jones, qui est bon, mais qui jouit de plus de réputation qu'il ne mérite.

(*n*) *Conway*. Faites une promenade le long de la rivière de *Conway*, et allez voir le vieux château ruiné, qui est superbe.

(*o*) Entre *Conway* et *Bangor* on passe le *Penman-Moore*, chemin romantique, et où l'on jouit de grandes vues sur la mer. — A *Bangor*, on passe le *Menai*, c'est-à-dire le détroit qui sépare l'île d'*Anglesey* d'avec la terre ferme du pays de *Galles*. — Ceux qui ont envie de monter le *Snowdon*, doivent se rendre de *Bangor* à *Caernarvon*.

(*p*) *Holyhead*. Vilain endroit, mais qui offre des vues assez curieuses sur la mer. Si vous êtes retenu pour votre passage en Irlande, allez voir *Paris-mount*, la mine de cuivre la plus considérable qu'il y ait dans la Grande-Bretagne. — On peut aussi voir Paris-mount, sans presque faire de détour, en passant de *Conway* à *Beaumaris* ; mais il faut bien prendre son temps à cause de la marée, sans quoi le passage est dangereux.

Les paquebots passent deux fois par semaine de *Holyhead* à *Dublin*.

N°. 7.
ROUTE DE DOUVRES A LONDRES.

NOMS des relais.	MILLES anglais	NOMS des relais.	MILLES anglais.
Canterbury (*a*).	16	Dartford (*d*).	14
Sittingbourne (*b*)	16	Londres (1).	16
Rochester (*c*).	10 ½		
			72 ½

(1) *Voyez* le tableau des capitales, page 21.

ROUTE DE BATH EN IRLANDE PAR L'ÉCOSSE. 47

Topographie.

La meilleure auberge à *Douvres*, c'est l'*hôtel d'Yorck*. (York-house), puis le *Vaisseau*. Changez à *Douvres* votre argent de France contre des guinées. Vous trouveriez plus de difficulté à mesure que vous avancez.

(a) Pays montueux, mais beau et bien cultivé. — La cathédrale de Canterbury est un beau bâtiment. On loge à la Tête du Roi et au Lion-Rouge.

(b) *Sittingbourne*. L'auberge de la Rose est excellente.

(c) Allez voir *Chatham*, qui est tout près, avec ses chantiers.

(d) Entre *Dartford* et *Londres*, on passe par *Blackheath*, chemin qu'il faut éviter de faire le soir, comme en général un étranger devrait avoir soin d'arriver à Londres de grand jour, sans quoi il sera embarrassé de plus d'une manière.

N°. 8.

ROUTE DE BATH par l'Écosse, EN IRLANDE, jusqu'à la chaussée des Géans, et retour en Angleterre, en partie par un autre chemin.

NOMS des relais.	MILLES irlandais.	NOMS des relais.	MILLES irlandais.
Petty-France.	15	Wilmslow.	12
Frocester.	13	Manchester (*i*).	12
Glocester (*a*).	11	Bolton (*k*).	12
Upton.	16	Chorley.	12
Worcester (*b*).	10	Preston (*l*).	10
Kidderminster (*c*).	14	Garstang.	11
Envil (*d*).	8		M. ANGL.
Wolverhampton (*e*).	10	Lancaster (*l*).	11
Penkridge.	10	Burton.	11
Stone (*f*).	13	Kendal.	11
Newcastle under Line (*g*).	9	Shap (*m*).	15
Congleton (*h*).	12	Penrith.	11

NOMS des relais.	MILLES anglais.	NOMS des relais.	MILLES anglais
Carlisle.	18	Port-Patrick (o).	6
Gretna-Green (n)	14		M. IRL.
Annan.	8		
Dumfries.	18	Dunnaghadee (p).	28
Carlingworkinn.	18	Belfast (q).	16
Gatehouse.	14	Antrim (r).	12
Newton Steward.	17	Magher o hoghill (s).	10
Glenluce.	16		
Stranrawer.	10	Coleraine (t).	21

RETOUR DE COLERAINE A OXFORD.

			M. ANGL.
De Coleraine à Dunnaghadee.	59		
De Dunnaghadee à Penrith.	107	Sheffield (cc).	6
Brough (u).	22	Chesterfield (dd).	12
Greata-bridge.	18	Matlock (ee).	11
Cattenik-bridge.	14	Derby (ff).	16
Lemand land Ripon (v).	10	Burton.	11
		Tamworth.	17
Harrowgate (x).	11	Coleshill (gg).	10
Leeds (y).	15	Warwick (hh).	19
Wakefield (z).	9	Shipton.	17
Barnsley (aa).	10	Chapelhouse (ii).	10
Rotherham (bb).	(12) 15	Woodstock (kk).	10
		Oxford.	8

Topographie.

Dans ce cas, vous quitterez la grande route à Lancaster, et la rejoindrez à Penrith.

(*a*) De *Bath* à *Glocester*, pays à grains, excellent, mais sans beauté pittoresque. On jouit cependant d'une vue superbe près de *Procester*, en descendant une colline.

(*b*) *Worcester*, très-jolie ville et des plus belles des provinces d'Angleterre ; belle situation sur la *Severne*, avec un pont qui serait un ornement pour *Londres*. Voyez-y la cathédrale avec ses curiosités, la fabrique de porcelaine, et les manufactures de tapis, qui sont parmi les plus beaux qui se fabriquent dans cette île. *Auberges*, Hop-pole, Crown, Star and Garter.

(*c*) *Kidderminster*. Situation curieuse, manufactures de tapis très-beaux.

(*d*) *Enval*, belle terre du comte de Stamford, moins célèbre cependant qu'elle ne l'était, parce qu'elle est d'un goût qu'on ne suit plus.

(*e*) *Wolverhampton*, ville peu agréable, mais assez considérable par ses fabriques en acier. Voyez la grande église, où il y a plusieurs choses à remarquer.

(*f*) Entre *Stone* et *Newcastle* est la terre de Th. Smith, une des plus belles du pays.

(*g*) Aux environs de *Newcastle*, on travaille cette argile si connue sous le nom de *Wedgewood*, quoique toutes les terres cuites qui viennent de ce comté ne soient pas de sa fabrique. *Etruria* en est le principal dépôt, et la résidence des célèbres fabricans de ce nom. Remarquez les canaux que vous passez et repassez sans cesse dans ce comté.

(*h*) Entre *Congleton* et *Wilmslow*, on aperçoit deux terres tout près du grand chemin, qu'on peut voir en passant.

(*i*) *Manchester*, ville très-riche et très-commerçante. Les édifices remarquables et les curiosités sont : la place Sainte-Anne avec la belle église de ce nom, les quartiers neufs de la ville, leurs belles rues et places, le village *Ardegreen*, faisant actuellement partie de la ville, l'infirmerie, la salle de spectacle, la salle du concert, la bibliothèque publique, à laquelle on s'intéresse par des actions qu'on achète ; le quai du canal de *Bridgewater*, la tête de ce canal à Castlefield, les manufactures de toutes espèces, leurs machines ingénieuses, etc. Elle est le centre d'un commerce immense de coton. Il sort de ses fabriques une grande variété d'objets en coton, soie, fil, qui se répandent en Europe, en Amérique et sur les côtes de Guinée. Les petits ouvrages de la-

5

cets, de tresses, d'or filé, les chapeaux, se font aussi à Manchester. *Auberges*, aux Armes du duc de Bridgewater, à la Tête du Taureau, au Cygne, à l'Étoile. Pop. 70,000 habitans.

(*k*) *Bolton*, ville bien peuplée et assez considérable.

(*l*) *Preston* et *Lancaster*, jolies villes. Elles ont, aussi bien que *Bolton*, des manufactures de coton Les environs de *Preston* sont des plus beaux du pays. Ne négligez pas de voir la vue dont on jouit d'une allée près de la ville — A Lancaster, le château, résidence des anciens ducs de ce nom et de Jean Gant. Belle vue depuis les murs. On y découvre entre autres les sables de Lancaster, qui forment un passage célèbre de 12 milles, mais dangereux, si on ne prend pas bien son temps Il faut partir avant que la haute marée soit tout-à-fait sortie, et le franchir avant qu'elle rentre. — Remarquez la beauté du sexe dans tout le comté de Lancaster.

(*m*) Entre *Shap* et *Penrith* est, un peu sur le côté, la terre du lord Dale, mais qui, du reste, n'est pas remarquable.

Note. Nombre de personnes font tout le chemin de Londres jusqu'ici pour visiter les lacs *Lancashire*, *Westmoreland* et *Cumberland*, et ils le méritent certainement. Mais ceux qui prennent notre route, peuvent voir les lacs à meilleur marché, parce qu'ici ils en sont tout près. On quitte ordinairement le grand chemin près de *Lancaster*, pour passer par les fameux sables de ce nom, à *Ulverstone*, d'où l'on va voir *Winandermer* et le lac de *Coniston*. Ceux qui ne sont pas curieux de voir ces sables, ou qui en craignent les dangers, peuvent continuer notre route jusqu'à *Kendal*, d'où ils se rendront à *Winandermer* et à *Coniston*. Qu'ils prennent ensuite *Keswick* pour leur quartier général, d'où ils iront voir *Armathwaite*, *Bassingthwaite*, *Thirlmere*, *Buttermere*, *Crummackwater*, *Pattesdale*, et, en dernier lieu, *Ullswater*, d'où ils se rendront à *Penrith*, où ils regagneront le grand chemin. — Il est impossible de donner ici les détails de ce tour si fertile en beautés naturelles, lacs, belles campagnes et autres curiosités; il faut se munir d'une description particulière, ou d'un soi-disant *Guide*, dont on a plusieurs. Celui qui se publie de nouveau tous les 3 ou 4 ans, est le plus utile aux voyageurs.

(*n*) *Gretna-Green*, premier endroit de l'Ecosse, fameux par les mariages qui s'y font contre le gré des parens.

La plus grande partie du pays entre *Gretna-Green* et *Port-Patrick* est triste, stérile, peu habitée, pauvre Le sol empire à mesure qu'on avance, et les derniers districts sont singulièrement pierreux. *Dumfries* est la ville la plus considérable qu'on trouve sur cette étendue ; *Annan* est passable, tout le reste est très-insignifiant. Les auberges ne valent pas celles d'Angleterre ; mais elles ne sont pas aussi mauvaises qu'on le dit ordinairement dans le dernier pays. Les chemins sont bons, les chevaux encore meilleurs — Près de *Carling*, sont les fameuses usines de fer, les plus considérables peut-être qu'il y ait dans la Grande-Bretagne.

(o) Le passage de *Port-Patrick* à *Dunnaghadee* est de 28 milles, et fort intéressant en ce qu'on voit, pendant tout le trajet, la côte des deux côtés, consistant en collines assez élevées : on ne la perd jamais de vue lorsque le temps est beau. On jouit encore de la vue de plusieurs îles. Depuis que j'y ai été, le gouvernement a établi un paquebot régulier et très-commode, sur le pied des deux autres, qui passent entre la Grande-Bretagne et l'Irlande, et qui partent deux fois par semaine des deux côtés.

(p) *Dunnaghadee*, mauvais petit endroit, pauvre et sale. S'il est possible, on fera bien de ne point s'y arrêter, mais de pousser jusqu'à Belfast.

(q) *Belfast* est la ville de manufactures la plus considérable qu'il y ait dans le nord de l'Irlande. Elle est assez riche et jolie, ayant beaucoup de maisons neuves. C'est le principal dépôt des toiles d'Irlande, et on y fait en outre un commerce fort étendu.

(r) *Antrim*, capitale du comté de ce nom, mais assez laide et peu considérable Près de là on voit le *Lough-Neagh*, dont les bords sont plats et peu attrayans. Ce qu'il y a de plus beau, c'est la terre et le château de la famille O'Neal.

(s) *Mugher o Hoghill*, détestable petit village qu'il faut éviter pour le gîte.

(t) On loue à *Coleraine* une chaise pour voir la *chaussée des Géants*, qui en est à 12 milles. C'est un des spectacles les plus beaux, les plus frappans et les plus extraordinaires que j'aie vus en Europe : nulle part, sans même excepter l'île de *Staffa* (où est la caverne soi-disant de *Fingal*), on ne voit un entassement pareil de colonnes de basalte. Elles ont des formes très-régulières et très-belles, et font le tour de presque toute la côte du nord-est du comté d'*Antrim*. *Voyez* Hamilton sur cette côte.

Note. De *Coleraine* on ferait bien de passer à *Londonderry*, et de traverser l'Irlande, d'abord par *Armagh* jusqu'à *Dublin*, et puis jusqu'à *Waterford*, d'où l'on peut regagner l'Angleterre par *Milford-Haven*. Ceux qui retournent en

Ecosse, peuvent gagner à *Dumfries* la grande route d'*Édimbourg*. Je suis retourné par la même voie que j'étais venu jusqu'à *Penrith*, d'où je poursuivais mon tour.

(*u*) *Borough*. Ici commence un pays assez sauvage, dans les montagnes d'Yorckshire. A *Catterick-Bridge*, il s'aplatit sensiblement, commence à devenir plus riant, et bientôt après on entre dans les beaux districts de ce comté.

(*v*) Entre *Ripon* et *Harrowgate* est *Fountain-Abbey*, parc superbe et célèbre par ses grandes beautés naturelles et par ses ruines. *Studley*, *Hackfall* et *Hadley*, autres terres très-belles, sont dans le voisinage.

(*x*) *Harrowgate*, célèbre par ses eaux minérales, et par une société nombreuse et élégante dans la saison. La situation en est mauvaise, mais le voisinage est beau, et offre des parties très-intéressantes. — Il faut surtout aller voir *Harewood*, très-belle terre et maison superbe de mylord Harewood.

(*y*) *Leeds*. Ville plutôt riche et considérable que belle. C'est le plus grand marché des étoffes de laine du comté d'Yorck. N'oubliez pas d'examiner le canal qui y touche.

(*z*) *Wakefield*. Ville assez florissante, jolie et remplie de maisons neuves.

(*aa*) Entre *Barnsley* et *Roterham* sont les deux *Wentworth*. En s'arrangeant avec le postillon, on peut voir, avec le même relais, d'abord *Wentworth-Castle*, qui frapperait singulièrement par son style de grandeur, s'il n'était d'abord surpassé par *Wentworth-House*, qui n'en est qu'à quelques milles.

(*bb*) Près de *Rotherham* sont les fonderies de messieurs Walker. (*Voyez* n°. 10 de l'Itinéraire, note *r*.)

(*cc*) et (*dd*) *Sheffield*, *Chesterfield*. (*Voyez* n°. 10 de l'Itinéraire, note *s*.)

(*ee*) Rien ne saurait être plus romantique que les environs de *Matlock*, endroit célèbre par ses eaux minérales, et plus encore par les beautés de la nature. — Voyez dans le voisinage les jardins du chevalier Richard Arkwright, et ses machines pour filer le coton.

(*ff*) On voit à *Derby* une filerie de soie assez remarquable, et une fabrique de porcelaine qui n'égale pas cependant celle de *Worcester*. A quelque distance de *Derby* est *Kiddlestone*, terre de mylord Scardale, par la magnificence une des plus remarquables de la Grande-Bretagne.

(*gg*) Entre *Coleshill* et *Warwick* est *Kenilworth*, avec les superbes ruines du château du comte Leicester. Rien ne saurait donner une idée aussi complète de la grandeur des nobles du temps d'Elisabeth.

ROUTE DES LACS.

(*hh*) *Warwick*. Château superbe, tableaux, jardins, églises, monumens.

(*ii*) A quelque distance de *Chapelhouse* est *Heythrop*, campagne du comte de Shrewsbury, qui mérite d'être vue.

(*kk*) *Woodstock*. Fabrique de différens articles en acier et de beaux gants. — *Blenheim*. (*Voyez* n°. 6 de l'Itinéraire, note *d*. d'*Oxford*, et la *lettre de M.**** à la fin de cet Itinéraire.)

N°. 9.

Route de traverse qu'on peut faire pour voir les lacs.

NOMS des relais.	MILLES anglais.	NOMS des relais.	MILLES anglais.
Lancaster.		Borrowdale and back.	16
Ulverstone, par les Sables.	20	Hawkswater and back.	20
Low-Wood, par Coniston, Winandermeré, etc.	29	Ulswater and back	28
Sir Michael Le Flemming's.	5	Brougham Castle and back.	6
Grasmere.	20	Penrith. De là par Armathwaite à	18
Buttermere.	13	Carlisle.	24
Keswick.	24		

Topographie.

(*Voyez* page 50.)

N°. 10.

Tour fort intéressant à faire de Londres à Cambridge, Lincoln, Hull, Yorck, Sheffield, le comté de Derby, Nottingham, Leicester, Coventry, Warwick, Oxford, etc.

NOMS des relais.	MILLES anglais.	NOMS des relais.	MILLES anglais.	
Barnet (a).	12	Yorck (p).		16
Hatfield (b).	9	Tadcaster.		9
Stevenage.	12	Ferry-bridge.		12
Royston (c).	14	Doncaster (q).		15
Cambridge (d).	14	Rotherham (r).		12
Newmaket (e).	13	Sheffield (s).		6
Ely (f).	14	Castleton (t).		12
Marchby Charters	20	Buxton (u).		16
Bisweach.	11	Middleton (v).		12
Peterborough (g).	21	Chesterfield by Chatsworth (x).	(11)	15
Stamford (h).	14	Worksop (y).		16
Born (i).	10	Mansfield (z).	(17)	18
Sleaford.	18	Nottingham (aa).	(15)	14
Lincoln (k).	18	Loughborough.		14
Spittal.	12	Leicester (bb).		11
Brigg.	12	Hinkley (cc).		14
Barton (l).	21	Coventry (dd).		13
Hull (m).	7	Warwick (ee).	(10)	16
Beverley (n).	9	Holfordbridge.		14
Sledinore.	18	Woodstock (ff).	(10)	11
New-Malton.	12	Oxford.		8
Castle Howard (o).	8			

Topographie.

(a) *Barnet.* On passe de Londres par *Kentish-town* et *Highgate*, deux beaux villages, tels qu'on en voit aux environs de Londres, c'est-à-dire des assemblages prodigieux de petites maisons de campagne, de jardins, de maisons publiques, etc.

(*b*) *Hatfield* n'est pas sur la route de *Cambridge* en droiture, mais on fait volontiers ce détour pour voir *Hatfield-house*, remarquable par son architecture, ses meubles surannés, et sa pompe antique de dorure, etc. Il y a aussi un joli parc, et une bonne et considérable collection de tableaux. — Entre Hatfield et Welwyn, on voit la campagne de mylord Welbourne, dont les jardins sont assez beaux. — *Welwyn* n'est remarquable qu'en ce que le D. *Young*, auteur des Nuits, etc., en était pasteur et y passa une grande partie de sa vie.

(*c*) De *Royston* à *Cambridge* le pays est plat, peu varié et peu intéressant. C'est l'aspect de presque tout le comté de Cambridge et d'une grande partie de celui de Lincoln.

(*d*) *Cambridge*. Célèbre université. Il faut se munir du Guide de Cambridge.

(*e*) Les courses des chevaux de *Newmarket* sont les plus distinguées qu'il y ait en Angleterre. Remarquez-y la digue, appelée *Devil's ditch*.

(*f*) *Ely*. Cathédrale assez belle et des plus remarquables par les différens styles d'architecture qu'elle déploie. On peut en dater les différentes parties depuis le 12e. jusqu'au 16e. siècle. La ville offre encore d'autres restes d'architecture ancienne, surtout de saxonne. — Non loin de là commencent les *Fens* ou le *Fen-country*, pays marécageux, triste, mais curieux par ses digues et son genre de culture. Il comprend une grande partie des comtés de Cambridge, Suffolk, Norfolk et Lincoln.

(*g*) *Peterborough*. Cathédrale, avec quelques monumens remarquables.

(*h*) *Stamford*. Monumens de la famille Cecile (dont le marquis de Salisbury et le comte d'Exeter sont les chefs), dans l'église de St. Martin, on voit entre autres celui du lord Barleigh, trésorier de la reine Elisabeth. Ils ont été faits en Italie. A un mille de *Stamford* est *Burleigh-house*, résidence du comte d'Exeter, et remarquable par sa grandeur, une collection très-considérable de tableaux, et des jardins qui méritent d'être vus. Nous voilà dans le comté de Lincoln. Remarquez la grandeur prodigieuse de ses chevaux, de ses moutons, des coqs d'Inde, et en général de son bétail.

(*i*) A quelques milles de *Born*, hors de la route, est *Grimthorpe*, terre appartenant à la famille Bertie, ci-devant aux ducs d'Ancaster. Entre *Born* et *Sleaford*, on peut voir la campagne de sir Cecil Wray, parce qu'on en est tout près ; mais elle n'est pas des plus remarquables.

(*k*) La cathédrale de *Lincoln* est des plus belles qu'il y ait en Europe. Elle est toute entière du 11ᵉ. siècle. Voyez encore la maison du chapitre, le palais soi-disant du roi Jean, qui n'est pas grand'chose, et quelques restes romains, tels qu'une partie du vieux mur, et l'arche antique qui sert de porte de la ville de ce côté.

(*l*) *Barton*. C'est ici qu'on s'embarque pour *Hull*. Le bateau public va et vient deux fois toutes les 24 heures.

(*m*) *Hull* Ville grande, riche et très-commerçante, dont le nom est proprement *Kingston* sur *Hull*, petite rivière qui compose le port de la ville, lequel communique au *dock*, c'est-à-dire à un grand bassin d'eau pour les vaisseaux. C'était naguère le plus grand d'Angleterre. Depuis que j'y ai été, on en a construit un second, qui doit être plus grand et plus remarquable encore.

(*n*) *Beverley*. Ville assez considérable et jolie, avec un *Munster*, ou église gothique, qui est singulièrement belle, gâtée cependant par un morceau hétérogène d'architecture grecque. Cette ville est liée à *Hull* par un canal de peu d'utilité.

(*o*) *Castel Howard*, qui appartient au comte de Carlisle, est compté, à juste titre, parmi les premières campagnes du pays. La maison, les bâtimens adjacens, les ornemens, tout est dans un grand style. Il s'y trouve aussi une collection de tableaux et d'antiques. Le mausolée de famille, surmonté d'une coupole, contient cinquante tombeaux voûtés.

(*p*) *Yorck*. Ville assez considérable et bien bâtie, mais plus célèbre dans l'histoire que par ce qu'elle est à présent. On va voir le château, la salle de justice, l'hôtel de ville, la salle d'assemblée, l'arche de l'église de Ste.-Marguerite, le pont de l'Ouse, la promenade sur le mur de la ville, le vieux palais, appelé le *Manor*, quelques monumens romains, mais surtout la cathédrale, qu'on ne saurait assez étudier. A trois milles de la ville, est *Bishopsthorpe*, résidence de l'archevêque d'Yorck ; mais on peut se passer de l'aller voir.

(*q*) Entre *Doncaster* et *Rotherham*, il se trouve, à quelque distance du grand chemin, deux terres superbes, *Wentworth-Castel* et *Wentworth house*. La seconde est la plus considérable (*Voyez* la note *h*, n°. 8 de l'Itinéraire.)

(*r*) Près de *Rotherham* sont les usines de M. *Walker*, qui méritent la plus grande attention, et qui, pour l'étendue, la richesse et la variété des productions, sont de la première conséquence. On commence par les mines, et on finit par le canal, sur lequel les articles fabriqués sont transportés dans toutes les parties du monde. A l'exception des articles très-fins, il n'y a presque rien qui se fasse en fer, qu'on ne fabrique ici.

(*s*) *Sheffield*. Pour voir le Peak de *Derbyshire*, on peut passer de *Sheffield* à *Chesterfield*, *Matlock* et *Derby*; mais on trouvera ces villes dans un autre tour. *Voyez* le tour précédent.

(*t*) Près de *Castlon* est la fameuse caverne de ce nom, appelée aussi *Devil's aise*, une mine de plomb dans le Mam Tor, ou le *Shivering mountain*, un canal souterrain, et le fossile appelé *blue John*, dont se font ces belles colonnes, pyramides et autres ornemens de table et de cheminée, qu'on voit dans les boutiques de Londres.

(*u*) *Buxton*. Bains, beaux bâtimens, caverne appelée *Pool*. On a plusieurs descriptions particulières du Peak de *Derbyshire*, auxquelles il faut avoir recours pour les détails.

(*v*) A quelque distance de *Stony Middleton* est *Chatsworth*, terre du duc de Devonshire, qui mérite d'être vue.

(*x*) Il n'y a que 12 milles de *Sheffield* à *Chesterfield*, mais 25 par le détour que nous venons de faire. Entre Chesterfield et Worksop, on voit, à droite, le château *Bolsover*, qui appartient au duc de Portland, et Hardwick, propriété du duc de Devonshire, où fut enfermée, pendant 17 ans, Marie d'Ecosse, dont on garde encore les meubles.

(*y*) *Worksop*. Terre du duc de Norfolk. Tout près est *Welbeck*, appartenant au duc de Portland. Non loin de là est *Clumberpark* au duc de Newcastle, et *Thoresby*, campagne de la famille Pierrepoint, ci-devant duc de Kingston. On appelle ces quatre terres *the dukery*, parce qu'elles appartenaient toutes à des ducs; mais, à l'exception de *Clumberpark*, elles n'ont rien de bien extraordinaire. On va les voir cependant, parce qu'elles sont près les unes des autres, et qu'on en vient aisément à bout dans un jour.

(*z*) Entre *Mansfield* et *Nottingham* est *Newstead-Abbey*, terre de mylord Byron. C'est un vieux bâtiment fort remarquable.

(*aa*) *Nottingham*. Ville de manufactures de coton très-considérables, mais du reste peu remarquable. Aux environs il se trouve plusieurs jolies terres, parmi lesquelles *Wollaton* mérite le plus d'attention, à cause de ses tableaux et de ses beaux jardins. Elle appartient au lord Middleton.

(*bb*) *Leicester*, capitale peu remaquable d'un comté riche, abondant en bons pâturages et moutons, mais du reste peu curieux. Ses manufactures n'ont rien d'attrayant pour les voyageurs, quoiqu'elles soient de conséquence pour le pays.

(cc) A quelque distance de *Hinkley* on voit deux chemins romains, les plus considérables que ce peuple ait pratiqués à travers cette île, et qui existent encore presque entiers dans la même direction. — *Watling-Street* et le *Roman fossway*.

(dd) *Coventry*. Manufactures, surtout de rubans de soie. C'est de cette ville que vient le conte de *lady Fodiva* et de *peeping Tom*, dont on amuse encore la populace.

(ee) Entre *Coventry* et *Warwick*, on voit, à une petite distance du grand chemin, les ruines de *Kenilworth*. (*Voy.* page 52.)

(ff) *Woodstock* et Blenheim. (*Voyez* page 45.)

N°. II.

ROUTE DE LONDRES A OXFORD, WINCHESTER, A L'ÎLE DE WIGHT, PORTSMOUTH, ET RETOUR A LONDRES.

NOMS des relais.	MILLES anglais	NOMS des relais.	MILLES anglais
Oxford.	54	Ride (g) S. l'île de W.	
Abingdon.	7		
Hillsley.	11	Portsmouth (h).	7
Newbury (a).	10	Havant.	9
Winchester (b).	13	Chichester (i).	9
Southampton (c).	12	Arundel (k).	12
Lyndhurst (d).	(10) 13	Petworth (l).	13
Lymington (e).	9	Godalming.	16
Yarmouth (f), île de Wight.	7	Ripley (m).	10
		Kingston.	12
		Londres.	12
			236

Sans compter le chemin que vous faites dans l'île de Wight

Topographie.

(a) Si l'on ne veut pas faire ce tour avec celui d'*Oxford*, on passe de Londres en droiture à *Newbury* (ou *Spinham-*

land, ce qui est la même chose); alors la distance est de 57 milles seulement. Mais le chemin le plus droit de *Londres* à *Winchester* est par *Egham* et *Basingstoke*, et alors la distance n'est que de 62 milles en tout.

(*b*) *Winchester.* Ville assez considérable, avec une cathédrale qui n'est pas des plus belles du pays, mais remarquable par ses tombeaux Guillaume Rufus et plusieurs rois saxons y sont enterrés Observez aussi le monument du cardinal Beaufort, si connu par *Shakespeare.* — La table ronde qu'on vous fait voir à Winchester est, sans contredit, plus moderne qu'Arthur et ses fameux chevaliers. — Le palais commencé par Charles Ier., mais qui ne fut jamais fini, ne sert guère aujourd'hui que pour y garder des prisonniers de guerre. — L'école de Winchester a long-temps obtenu le troisième rang parmi les grandes écoles d'Angleterre. Aujourd'hui celle de *Harrow* lui dispute peut-être ce rang.

(*c*) Les bains de mer de *Southampton* sont très-fréquentés en été. La ville est jolie, les environs charmans, et le nombre des campagnes très-considérable. *Bellevue* et *Bevis-Mount* en sont les plus distinguées. Allez voir *Netley-Abbey*, très-belle ruine, à 3 milles de *Southampton.* Je recommande encore une autre partie à la campagne de M. Drommond, qui est à 6 milles de la ville en descendant la rivière, et où vous avez la vue de *l'île de Wigth.* — Plus bas est le château de *Horst*, où Charles Ier. fut enfermé après qu'on l'eut amené de *l'île de Wigth.*

(*d*) *Lyndhurst* est situé dans le *New-Forest*, forêt remarquable en ce que *Guillaume-le-Conquérant* détruisit 36 paroisses pour établir un terrain de chasse immense. C'est encore là que deux de ses fils et un de ses petits-fils périrent.

(*e*) *Lymington.* Petite ville, inférieure à tous égards à Southampton, mais cependant assez fréquentée pour ses bains de mer. C'est un des endroits où l'on passe volontiers à *l'île de Wigth.* Si le temps est beau et la mer tranquille, on fait le passage à Yarmouth en moins de 2 heures en bateau ouvert et à rames.

(*f*) *Yarmouth.* Bon port où l'on s'embarque pour Helvoetsluys.

(*g*) *Ride.* Ville insignifiante ; mais on passe par-là pour voir les *Needles*, ou *the point of the Needles*, promontoire pittoresque et curieux, mais affreux et dangereux pour la navigation. On va voir le fanal qui est en haut, et qui est très-bien construit.

Nota. On trouve dans plusieurs endroits de *l'île de Wigth* des chaises de poste et des chevaux. Le meilleur parti à prendre cependant est de louer une chaise dans l'endroit où l'on met pied à terre, de s'en servir pour faire le tour de l'île, et de la renvoyer du port où l'on se rembarque. Il y a deux manières de voir *l'île de Wigth*, l'une de traverser l'intérieur du pays, et de se rendre de *Needles* à *Newport*, de visiter *Saudown-castle* et le *Prieuré*, et de s'embarquer pour *Portsmouth*, soit à *Rade*, soit à *Cowes*, ou bien on fait le tour de la côte, dont la partie occidentale est peu intéressante, et on se rend eu dernier lieu à *Newport* pour s'embarquer ensuite à *Cowes*. — Les parties de *Freshwater-bay*, la ville de *Newport* avec ses environs délicieux, le château de *Carisbrook*, les terres du chev. Worthley et de MM. Wilkes et Barington ; enfin, la campagne appelée *Priory*, sont ce qu'il y a de plus intéressant dans l'île. — Du côté de *Ride*, il faut se faire montrer les parties de la mer qu'on appelle *Spithead* et *St.-Helen's road*, célèbres dans l'histoire de la marine anglaise.

(*h*) *Portsmouth* est une ville assez considérable, avec un port fortifié et le chantier de marine le plus étendu. On peut bien passer deux jours à examiner le tout : il est impossible d'entrer ici dans des détails. Qu'on tâche d'obtenir, s'il est possible, une lettre de recommandation à l'inspecteur général (commissioner of Portsmouth-yard), sans quoi on a nombre de difficultés et on est mal vu. En temps de guerre, l'entrée de *Portsmouth* est absolument défendue à tout étranger.

(*i*) La ville de *Chichester* est peu remarquable ; mais à quelques milles au-delà il faut voir *Good-wood-house*, campagne du duc de Richmond, qui se distingue par un *chenil* ou établissement pour les chiens, qui doit avoir coûté 20,000 liv. sterl., et qui ressemble plutôt à un palais qu'à une demeure de chiens. On y distingue le salon, les salles à manger, les chambres des malades, celles des chiennes en couche, les différens bains, la place de récréation, etc.

Entre *Goodwood-house* et *Arundel*, est *Eartham*, joli endroit et demeure assez régulière de M. Hayley, le célèbre poète.

(*k*) *Arundel* n'a rien de remarquable, excepté un vieux château du duc de Norfolk. Il était fort négligé lorsque je le vis ; mais on dit que le duc a depuis employé des sommes immenses pour le réparer et le meubler à la moderne. Cette ville est célèbre par les marbres que les comtes d'Arundel y firent transporter de Grèce. Ils font aujourd'hui partie des marbres d'Oxford.

(*l*) En faisant un petit détour, on peut voir *Petworth*,

campagne superbe du comte d'Egremont, qui est digne de la richesse de ce seigneur.

(m) Entre *Ripley* et *Londres*, il y a plusieurs terres qui méritent attention, et qu'on peut voir, soit sur le grand chemin, soit en s'en détournant un peu. Je recommande surtout *Esher place*, *Clermont*, *Oatlands* et *Painshill*.

~~~~~~

N°. 12.

ROUTE DE **LONDRES** EN **IRLANDE** par Milford-Haven.

NOMS des relais.	MILLES anglais	NOMS des relais.	MILLES anglais
Uxbridge (a).	14	Brecknock (k).	19
Wycomb (b).	14	Trecastle.	10
Tetsworth (c).	14	Llanymdowery.	9
Oxford (d).	12	Llandiloe (l).	12
Burford.	17	Carmarthen (m).	15
Frogmill (e).	16	S Clear.	9
Glocester (f).	14	Narbeth.	13
Ross (g).	16	Haverford West (n).	10
Monmouth (h).	10		
Abergavenny (i).	15	Huberstone (o).	10
			249

Topographie.

(a) Cette route de *Londres* à *Oxford* est plus courte, mais moins intéressante que l'autre par *Ounslow*, *Henley*, etc.

A quelque distance d'*Uxbridge* est *Bulstrode*, campagne du duc de Portland, curieuse par les collections que la duchesse douairière y a faites, mais surtout par un nombre assez considérable d'animaux étrangers qu'on y entretient vivans.

(b) Allez voir la jolie terre de *High Wycomb*, qui en est tout près, et qui appartient à la famille Dashwood.

(c) *Tetsworth*. Pays assez triste, mais, arrivé à 2 milles d'*Oxford*, on jouit, d'une colline, de la vue la plus avantageuse de cette ville.

(*d*) La meilleure auberge d'*Oxford* est l'*Étoile* ; mais on est tout aussi bien à l'*Ours*, sans compter deux autres, où l'on n'est pas mal. Arrivé au haut d'une colline, à 2 milles d'*Oxford*, vers *Burford*, tournez-vous pour avoir une très-jolie vue. — A 11 milles d'*Oxford*, vous passez par la ville de *Witney*, célèbre par ses manufactures de couvertures de laine appelées *blankets*. On peut aussi changer de chevaux à Witney, et puis de nouveau à *Northleach*, petite ville entre *Burford* et *Frogmill*.

(*e*) En faisant un petit détour, on peut passer de *Frogmill* à *Glocester* par *Cheltenham* ; eaux minérales, belle situation, au lieu que la route droite est peu intéressante.

(*f*) *Glocester* ou *Gloster*, capitale du comté, avec quelques fabriques, un vieux mur de ville assez curieux, une très-belle cathédrale, où l'on voit les tombeaux de plusieurs rois. On loge à la Cloche, à la Tête du Roi, au Cygne.

(*g*) *Ross*. Pays délicieux, le long de la rivière *Wye*, qui mérite bien qu'on fasse quelques courses, soit en remontant, soit en descendant les bords de cette rivière pittoresque. On en a une description, avec des vues en aqua tinta, par M. Gilpin. Montez au *cimetière de Ross*, dont la vue est délicieuse. Le comté de Hereford est encore le pays au cidre et au poiré.

(*h*) Les environs de *Monmouth*, comme tout le comté de ce nom, sont du nombre des sites les plus beaux et les plus riaus de la Grande-Bretagne. Descendez jusqu'à l'*abbaye de Tintern*, ruine superbe et très-bien soignée. — Les ruines du château où Henri V est né, et dont il eut le nom de *Henri de Monmouth*, n'offrent guère plus que quelques murs.

(*i*) *Abergavenny*. Le pays est aussi beau que celui que vous venez de quitter, il continue ainsi jusqu'à *Brecknock*. La rivière d'*Usk*, dont les bords sont très-beaux, remplace la *Wye*.

(*k*) *Brecknock*, capitale du comté Valaisan du même nom (appelé aussi *Brecon*), n'a rien de remarquable, hors sa situation.

(*l*) Le pays est plus sauvage et très-montueux ; mais il offre toujours de grandes beautés. Près de *Llandiloe* est *Dinevawr castle*, terre charmante, avec les ruines d'un vieux château, qui sont de toute beauté. Depuis *Llandiloe*, on peut traverser le parc en voiture sans presque faire de détours. — Quelques milles plus loin vous voyez *Grongar-Hill*, belle colline, qui a été chantée par *Dyer* dans un poème qui porte ce nom. Un parc qui en est tout près et qui appartient à la famille Rice, est très-beau.

(*m*) *Carmarthen*. Ville assez jolie et commerçante, mais

qui intéresse surtout par sa situation. C'est là que demeura Merlin, célèbre magicien

(n) *Haverford-West*. Ville dont la situation est curieuse, et qui a quelques parties pittoresques.

(o) *Huberstone*. Mauvais petit village, avec deux auberges qui ne sont pas des meilleures, sur le grand port de *Milford*. C'est là qu'on trouve le paquebot qui conduit à *Cheekpoint*.

Le *port de Milford* est le plus considérable qu'il y ait en Europe. Il a plus de quarante milles d'étendue, sans compter nombre de petites rivières qui reçoivent l'eau de la mer, et qui en temps de haute marée servent d'autant de petits ports pour différens districts. Si vous en avez le temps, ou si vous êtes retenu par des vents contraires, faites des parties de plaisir le long de ce port, mais surtout allez à *Pembroke*, petite ville dans un site romantique, avec un vieux château assez beau.

N°. 13.

Autre route, ou route de traverse de Glocester à Abergavenny.

NOMS des relais.	MILLES anglais.	NOMS des relais.	MILLES anglais.
Newnham.	12	Rayland (*b*).	12
Chepstow (*a*).	16	Abergavenny.	10
			50

Topographie.

(*a*) *Chepstow*. Petite ville sur la *Wye*, remarquable par la haute marée, qui y monte quelquefois jusqu'à la hauteur de 70 pieds ; c'est la plus élevée qui soit connue sur notre globe. Ne négligez pas d'y observer les bateaux qui sont à flot dans la haute marée, et qu'on voit 5 ou 6 heures après à sec sur des sables et sur des rocs, dont quelques-uns sont à 30 ou 40 pieds au-dessus du niveau de l'eau. — Non loin de là est le vieux château de *Chepstow*, ruine des plus belles que j'aie vues. — *Persfield*, tout près de *Chepstow*, est une des terres qui, pour ses beautés naturelles, est parmi celles qui méritent le plus d'être vues.

(*b*) Le vieux château de *Rayland*, remarquable par son architecture et son grand style, mérite d'être examiné. — Ceux qui ne vont pas en Irlande devraient visiter le comté de Monmouth depuis Bath. Il en vaut bien la peine.

N°. 14.

ROUTE DE LONDRES A HARWICH.

NOMS des relais.	MILLES anglais.	NOMS des relais.	MILLES anglais.
Rumford.	12	Colchester.	14
Ingatestone.	12	Mistley Thorn.	11
Witham.	14	Harwich.	11
			74

Topographie.

Toute cette route n'a rien de bien remarquable; mais c'est le grand chemin qui conduit au seul port où le paquebot s'embarque pour la Hollande, l'Allemagne et le nord de l'Europe. Ce paquebot passe de *Harwich* à *Helvoetsluys* en Hollande. Pendant quelque temps il courut entre *Yarmouth* et *Hambourg*; ensuite il fut rétabli à *Harwich*.

Colchester et *Chelmsford* sont les villes les plus considérables par lesquelles on passe. La première est renommée pour ses huîtres, qui sont les meilleures qu'on ait en Angleterre. On les enlève petites des rochers de la mer, et on les entasse dans des lits assez curieux à voir, et qui reçoivent la marée. On passe avec des bateaux sur les lits et on les charge sur les lieux. Les huîtres, qui ne remuent pas, se retrouvent en tas comme on les a mises, mais grandies et engraissées.

N°. 15.

*Lettre de M. *** à un de ses amis à Londres, pour servir de guide aux étrangers, dans leur tournée d'Angleterre.*

Vous êtes à Londres, mon cher ami, et vous me priez de vous guider dans un voyage que vous voulez faire en Angleterre. Je vais tout simplement vous tracer le plan de deux tournées dans les provinces les plus intéressantes de l'Angleterre : vous choisirez, d'après le temps que vous avez à y employer, celle qui vous conviendra le mieux.

D'abord avant de partir de Londres, il faut vous munir d'un billet du propriétaire pour voir la grotte du jardin de *Pain's-hill*, et d'une permission ou recommandation pour être admis dans les arsenaux de *Portsmouth*. Je vous préviens que l'un est aussi aisé à se procurer, qu'il est difficile d'obtenir l'autre : vous pourrez, si vous voulez, vous en dédommager à *Plymouth* et à *Chatham*, où vous serez aussi libre que sur les quais de Londres.

Vous partirez donc de Londres pour les provinces méridionales, en prenant la route de *Portsmouth*. Le livre de poste de *Daniel Paterson* ou *Cary's new Itinerary*, est le meilleur guide pour les distances et les relais, ainsi que celui de *Kearsley*, imprimé à Paris, chez Hyacinthe Langlois.

Votre premier objet sera le jardin de *Pain's-hill*, cependant, si vous avez beaucoup de temps, vous pourrez vous arrêter entre *Kingston* et *Cobham* pour vous promener dans les jardins de *Claremont*. Arrivé à *Cobham*, commandez votre dîner, et, pendant qu'on le prépare, allez voir ce charmant jardin, qui touche au village. Ne manquez pas de monter au haut de la tour, et d'observer que cet endroit délicieux est isolé au milieu d'une bruyère aride : vous pourrez imaginer les dépenses et le travail qu'il a fallu pour le créer. Vous aurez le temps, après le dîner, de faire quelques milles, et vous coucherez à *Lippock*, dans l'auberge de l'*Anchor*, ou à *Petersfield*, une poste plus loin. Vous serez le lendemain de bonne heure à *Portsmouth*, dont je ne vous dis rien, parce qu'il y a trop à en dire. Vous saurez seulement que l'auberge de *la Fontaine* est la meilleure, et que vous trouverez au quai des bateaux de louage, dans lesquels il est permis à tout le monde, même aux étrangers, de se promener librement dans la rade. En arrivant dans l'auberge, on vous demandera votre nom, et c'est la seule inquisition que vous éprouverez.

Si vous voyagez en chaise publique (*Hackneychaise*), il faudra faire porter vos effets par un canot à *Gosport*, où vous trouverez des chevaux. Vous epargnerez par-là dix milles du chemin que vous auriez été obligé de faire pour gagner *Farham*, sur la route de *Southampton*, en faisant le tour du port de *Portsmouth*.

La meilleure auberge de *Southampton* est le *Star*, et celle de *Salisbury* est l'*Antelope* Vous n'avez rien à voir dans cette dernière ville que la cathédrale, et elle en vaut bien la peine. D'ici vous vous mettez en route de bonne heure, et vous faites marché d'une chaise pour vous mener à *Wilton*, à *Stonehenge* et à *Ambresbury*. *Wilton* est le château de *mylord Pembroke*, et renferme la collection la plus précieuse d'antiquités, de statues, de bas-reliefs, de tableaux, etc. Il faut trois ou quatre heures pour la voir passablement bien. Les jardins sont peu de chose *Stonehenge* est un monument d'antiquité fort extraordinaire et très-fameux. Les descriptions qui en ont été faites sont si merveilleuses, que vous aurez du profit à ne pas les lire. Si vous le faites, votre imagination, exaltée par leur exagération, sera certainement *desappointée* Tout ce que je veux vous en dire, c'est que les savans se sont vainement occupés à en dévoiler l'origine, et les auteurs, ils ne s'accordent qu'à en reculer la construction aux temps les plus éloignés des anciens Bretons, et beaucoup le regardent comme un temple des Druides : cette dernière opinion est la plus probable.

A *Ambresbury*, prenez la route de *Bath*; voyez le port de *Bristol*, et revenez à *Oxford*, où vous logerez au *Star*, auberge tenue par madame *Stuart*, et la meilleure de l'Angleterre. Ici vous avez un almanach excellent qu'on appelle *Oxford-Guide*, et qui pourrait vous diriger à merveille, si vous lisiez l'anglais : vous n'avez que la ressource de prendre un guide sûr; vous ne l'entendrez pas plus, mais vous le suivrez, et il vous fera parcourir tous les colléges, dont quelques-uns sont des bâtimens superbes. Vous verrez aussi la bibliothéque *Bodléienne* et celle de *Radcliffe*. Je vous recommande, dans *Queen's college*, les peintures sur verre qui sont au-dessus de la porte : elles sont modernes, et il n'y a pas long-temps que le secret, perdu presque depuis l'ère chrétienne, a été retrouvé par M. *Price* et M. de *Jervys*, qui ont exécuté celles-ci sur les dessins du chevalier *Reynolds*. Quand vous aurez vu *Oxford*, et il ne vous faut guère qu'un jour en marchant bien, vous en consacrerez un autre pour voir *Blenheim*. Pour cela, prenez une chaise, et partez pour *Woodstock*. (*Voy*. l'article *Oxford*, page 45.)

Vers neuf heures, descendez à l'auberge, et faites dire au concierge de *Blenheim* que vous voulez voir la maison : cela ne souffrira point de difficulté, si le duc n'y est pas, et tout vous sera ouvert. Si vous avez un beau temps, louez des chevaux à l'auberge, et parcourez le parc avec la garde : vous en serez enchanté. Au moins ne manquez pas de vous promener à pied dans ce qu'on appelle *the pleasure-ground* ; c'est la partie du parc qui environne le château, elle est plus soignée encore, et entourée d'un petit fossé pour en éloigner les bestiaux. On y cultive beaucoup de fleurs et d'arbres précieux ; c'est comme un jardin au milieu du parc, pour la promenade habituelle. Quand le duc de *Marlborough* est chez lui, on ne peut voir la maison qu'à trois heures de l'après-midi, pendant qu'il est à table.

Le soir, vous retournerez à *Oxford*, où vous avez laissé votre bagage. J'oubliais de dire qu'il y a à *Woodstock* des manufactures de gants et d'acier, et que c'est un des endroits de l'Angleterre où l'on donne à ce dernier le plus beau poli.

Vous partirez de bonne heure d'*Oxford* pour aller à *Stow*. Vous allez d'abord à *Bicester*, et de *Bicester* vous vous faites conduire à *Stow*, en traversant la ville de *Buckingham*. Vous descendez à une petite auberge, à côté de la porte du parc, et vous envoyez chercher un jardinier pour vous promener dans les jardins. La maison n'a guère qu'une pièce intéressante ; mais les jardins passent avec raison pour les plus magnifiques de l'Angleterre.

Si vous n'avez pas envie de voir le nord d'Angleterre, vous pourrez d'ici reprendre la route de Londres ; et, passant à *St-Albans*, vous n'omettrez pas de visiter *Brockethall* et *Hatfield*, châteaux de mylord *Melbourne* et de mylord *Salisbury*. Voilà, mon cher ami, ce que j'appelle la petite tournée, et j'estime qu'elle ne doit pas vous prendre plus de seize ou dix-sept jours.

Pour rendre votre voyage plus complet, il faudrait de *Stow* prendre la route de *Liverpool*, par les comtés de *Warwick* et de *Stafford*. Vous verrez le magnifique château de *Warwick*, et vous remarquerez dans la collégiale, qui mérite d'être visitée, un confessionnal d'une forme singulière. Vous savez que *Stafford* sur l'*Avon* est la patrie de *Shakespeare*, que j'ose appeler un des plus grands génies qui aient jamais existé.

Vous arriverez à *Birmingham*, la ville d'Angleterre qui réunit le plus de manufactures considérables : les principales sont celles de boutons, d'ouvrages plaqués en argent, et de papier mâché. Je vous annonce que depuis quelque temps il est difficile aux étrangers d'y avoir accès, parce qu'on en a découvert plusieurs qui avaient essayé de corrompre des ouvriers, ou de se procurer des plans des instrumens plus perfectionnés dont ils se servent (*Voy.*, sur *Birmingham*, la note *h*, du n°. 4 de l'*Itinéraire*.) *Wolverhampton* a aussi de très-grandes manufactures, principalement en ouvrages de cuivre, de fer et d'étain. A *Lichfield*, vous remarquerez dans la collégiale, qui est fort belle, une prodigieuse quantité de statues de saints, placées dans des niches tout autour de l'église, et à qui on a coupé la tête : on prétend qu'elles étaient toutes d'or et d'argent, et que c'est Cromwell qui les a ainsi mutilées dans le temps de la révolution.

Près de *Newcastle*, vous pourrez vous écarter d'une lieue de votre route pour voir le principal établissement de manufactures, de MM. *Wedgewood*, d'ouvrages en terre cuite, espèce de porcelaine, qu'on appelle en Angleterre *Queen's Ware*. Passant par *Trentham*, jetez un coup d'œil sur le beau château du marquis de *Strafford*; et plus près de *Chester*, observez sur votre gauche les montagnes du pays de Galles Le comté de *Chester* est plein de salines, dont les plus considérables sont établies à *Namptwich* et *Northwich*. Leurs produits, ainsi que ceux des manufactures du Staffordshire, sont transportés à *Chester* et à *Liverpool*, par des canaux de navigation intérieure; et, en général, c'est la partie de l'Angleterre qui mérite le plus d'attention, de soins et de temps de la part des voyageurs Nulle part il n'y a autant d'industrie, d'activité et de génie dans le commerce. On voit, avec la plus douce satisfaction, qu'une aisance et une prospérité générales en sont la suite naturelle; il est aisé de la remarquer dans toutes les classes d'habitans et de manufacturiers. Les avantages politiques sont immenses. Il y a aussi près de *Northwich* des mines de sel de la plus grande beauté, et où il faut descendre pour en avoir une idée. *Liverpool*, le plus beau port de commerce qu'il y ait peut-être dans le monde, sans en excepter Bordeaux, sera le terme de vos courses dans le nord-ouest, et vous donnera une véritable idée du commerce intérieur de l'Angleterre, dont il exporte tous les produits. Il y a aussi beaucoup de manufactures, ainsi qu'à *Stockport* et à *Warrington*. Je vous conseille de vous embarquer près de cette dernière ville, pour gagner *Manchester*, sur le canal construit par le duc de *Bridgewater*. Observez bien ce canal; c'est un ouvrage superbe, que le duc a terminé à ses frais, pour transporter à *Liverpool* les produits de ses mines de charbon, et ceux des manufactures immenses de *Manchester*. (*Voy*. page 50.) Un objet fort curieux pour le voyageur, c'est l'intérieur de ces mines. De *Manchester* je ne peux vous conduire plus au nord que pour voir la cathédrale de la ville d *Yorck*, le plus beau bâtiment gothique qu'il y ait au monde, et les jardins charmans de M. *Aislabie* à *Hadley* et *Hackfall*; mais je vous ramène aussitôt après dans le comté de *Derby*, le pays le plus pittoresque de l'Angleterre, et où il y a le plus d'objets pour fixer l'attention des amateurs de l'histoire naturelle. Je vous conseille d'y rester quelques jours, surtout si la saison vous favorise, et qu'après avoir visité les principales curiosités, vous puissiez trouver moyen de connaître et d'admirer à *Chatsworth* tout ce que la nature, les grâces et la bonté ont jamais produit de plus parfait par une réunion enchanteresse. En redescendant par *Matlock*, vous vous arrêterez à *Keddlestone*, château de mylord *Scarsdale*, qui mérite votre attention; et vous verrez à *Derby* des manufactures intéressantes : les moulins à soie surtout demandent un examen particulier. Si vous n'aviez pas déjà tant vu de jardins, et que vous en eussiez le temps, vous pourriez vous détourner deux jours de votre route pour ceux de M. *Porte* à *Ham*, et traverser en revenant la vallée délicieuse de *Dovedale* Cela fait, reprenez la route de Londres Je ne vois plus rien à vous indiquer, etc., etc.

Voyez, pour le Tableau des autres villes importantes et curiosités qui ne se trouvent pas dans cet Itinéraire, *la Description complète de l'Angleterre, de l'Écosse et de l'Irlande*. Paris, 1806, 2 vol. petit in-12, chez Hyacinthe Langlois.

Cartes, Manuels, Relations de voyages de fraîche date.

Carte d'Irlande, réduite sur la grande carte de *Beaufort*. A Weimar, au bureau d'industrie. 1799.

Livres anglais.—*Kearsley's* Traveller's entertaining Guide through Great-Britain, etc. *London*, chez l'auteur, avec une carte. 1801. 8. Prix : 6 shellings. — Nouv. édit. 1803.

Tour through Great-Britain, by *Cruttwell*. London, 1801. 6 vol. 8.

The imperial Guide throughout the united Kingdom of England and Ireland with new picturesque plans, etc. of the great post-roads, etc. (Le premier cahier a paru à Londres en 1802. et les autres depuis.)

The pocket-Itinerary, being a new and accurate Guide to all the roads of Great-Britain. London, 1803 18 avec cartes. (Itinéraire utile et commode pour les voyageurs.)

A Journey from London to the Isle of Wight, by T. *Pennant.* Vol. 2. 1801. 4. avec figures.

Two Tours of Wales, by H. *Skrine.* London, 1798 8.

Collections of Welsh Tours or the beauties of Wales. Third edition, correct (avec figures). London, 1798 (Une tournée dans ce charmant pays étant devenue, depuis quelques années, le voyage de bon ton des Anglais et des étrangers, il faut recommander cet ouvrage comme guide, mais encore plus les ouvrages suivans)

A Tour round North-Wales, etc. by W. *Bingley.* London, 1800 2 vol. (On y trouve la description des routes, avec les distances des lieux, et les noms des meilleures auberges.)

A Tour through South-Wales and Monmoutshire, by *Barber* London, 1803 8 avec 20 vues et une carte.

Murray, a companion and useful guide to the beauties of Scotland. 1799. 8.

M'Nayr's guide for Glasgow, to some of the most remarkable scenes in the Highlands of Scotland and to the Falls of the Clyde. Glasgow, 1797. 8.

A Sporting tour through the Northern parts of England, and great part of the Highlands of Scotland, by Col. *Thornton.* London, 1801. 4 avec 18 gravures.

Letters on the Irish nation, by *George Cooper.* The 2 edition London, 1801. 8.

(L'ouvrage magnifique, sous le titre *The Itinerant*, contient une bibliothèque topographique, et la collection la plus complète des vues intéressantes du royaume uni.

Livres français. — Guide des Voyageurs en Angleterre, Écosse et Irlande. Paris, 1814. 2 vol. pet. in-12, avec 4 cartes. Cet ouvrage est l'extrait de tous les bons ouvrages anglais que nous venons de citer, et de beaucoup d'autres.

Tableau de Londres et de ses environs, en 1814, trad. de l'angl. de Philipps, sur la 17e. édit. 2 vol. in-12, avec 3 cartes.

Guide du Voyageur en Angleterre, en Ecosse, traduction de l'anglais de Kearsley. 1 vol. petit in-12, avec la carte itinéraire, Paris. Ces trois ouvrages se trouvent chez Hyacinthe Langlois.

Voyage en Angleterre, en Ecosse, etc., par B. *Faujas de Saint-Fond*. Tom. 1. 2. Paris, 1797. 8.

Quelques observations critiques, philosophiques et médicales sur l'Angleterre, par le docteur *Bertin*. Paris, X.

Tableau de la Grande-Bretagne, de l'Irlande, etc., par M. *Baert*. Paris, 1803 4 vol in 8.

Londres et les Anglais, par M. *Ferri de St.-Constant*. Paris, 1803. 4 vol. in-8.

Pictet, Voyage de trois mois en Angleterre, pendant l'été de l'an IX. Genève, 1804 8.

Voyage de quinze jours, à Londres

Voyage de trois mois à Londres; l'Angleterre vue à Londres et dans ses provinces, etc : nouveaux ouvrages publiés en 1816.

Livres allemands. — *Nemnich*, Beschreibung einer im Sommer 1799 von Hamburg nach und durch England geschehenen Reise. Tubingen, 1800. 8. (Ouvrage fort instructif)

Gode Reisen in England, Wales, Irland un Schottland. Dresden, 1804 8 3 vol

Calédonien (par mad. Emilie *Harmes*, née d'*Oppel*). A Hambourg, 1803-1804, 4 vol. in-8 (Ouvrage très-agréable, et qui laisse des souvenirs utiles et intéressans)

Reise durch England und Frankreich, in Briefen, von I H. *Campe* Braunschweig, 1803. 2 vol 8. (C'est le premier volume, qui comprend le Voyage en Angleterre.)

(L'Allemagne possède trois ouvrages sur l'Angleterre, que l'on pourrait appeer classiques : 1°. L'ouvrage de M. d'*Archenholz*; *England und Italien*. Nouv. édit. 2°. L'ouvrage de M. *Wendeborn*, *Beytrage zur Kenntniss von Grossbritannien*. M W est aussi l'auteur d'un voyage dans quelques provinces du sud d'Angleterre. 3°. L'ouvrage de M. *Kuttner*; *Beytrage zur Kenntniss, vorzuglich des Innern, von England.* M. *Kuttner* a publié aussi des lettres sur l'Irlande, et il est de même le rédacteur d'une nouvelle collection de voyages publiés par des auteurs anglais, et dont il a déjà paru plusieurs vol. à *Leipsick*, chez M. *Goeschen*, sous le titre de *Reisen durch England.*)

FIN DE L'ITINÉRAIRE DES ILES BRITANNIQUES.

ITINÉRAIRE DU DANEMARCK.

MANIÈRE DE VOYAGER.

État des postes, tarif du trajet du petit et du grand Belt, passe-ports, notes instructives et remarques qui intéressent les voyageurs dans leur tournée. Poids, mesures et monnaies.

Le prix des chevaux de poste, en Danemarck, est de 16 schillings ou d'*un marc* par mille et par cheval. De plus, on donne un pour-boire au postillon de quatre schillings par mille, et au *waguemeister* 2 schillings par voiture. Mais, comme le maître de poste se laisse ordinairement payer le pour-boire du waguemeister, ce dernier demande toujours quelque gratification de plus au voyageur, et celui-ci ne saurait refuser de lui donner 4 ou 5 schillings. A l'île de Fionie, on ne paye, en été, que 10 schillings par cheval, mais, en hiver, il faut payer quelque chose de plus. En Seeland, on paye 15 schillings par mille, et 17 ½ de Pâques à la Saint-Michel. Outre cela, il y a encore les droits de barrière de 2 ½ schillings par mille. Une voiture à quatre places doit être attelée de six chevaux, et une à deux places de quatre. Trois personnes, en chariot de poste ouvert et n'ayant qu'un seul coffre, ne sont obligés que de prendre deux chevaux.

Dans les pays de Schleswig, le postillon vous demande un certificat par écrit de sa bonne conduite.

Il y a deux manières également commodes et peu dispendieuses pour aller de Hambourg à Copenhague.

1. On s'embarque sur un vaisseau, qui part de Hambourg pour la mer Baltique, et l'on met pied à terre à *Elseneur*, où le vaisseau jette l'ancre, et où l'on trouve tous les jours des voitures de rencontre, pour continuer son voyage à Copenhague, qui n'en est éloigné que de 5 milles d'Allemagne. Cette manière d'aller par mer est de longue durée, et peut

demander un mois de temps et plus. 2. Communément l'on se rend par terre de Hambourg à Lubeck ou à Kiel, et de là par mer à Copenhague. On compte 12 milles allemands depuis Hambourg jusqu'à Kiel, au lieu qu'il n'y en a que huit à Lubeck. Le trajet de Lubeck à Copenhague est aussi plus court; mais à Lubeck il faut payer un impôt d'un rixdaler pour chaque coffre de voyage, et à Kiel on ne paye rien de pareil. Il faut se munir nécessairement d'un passe-port; car l'entrée du territoire danois, et surtout de Copenhague, est défendue à quiconque en manque. En quittant Copenhague, on doit également se faire expédier un passe-port, qui coûte trois marcs danois, et qui est signé par le grand président. On est fort rigide, quant aux passe-ports de ceux qui sortent de Copenhague par mer; mais, quant aux arrivans, on est assez indulgent. Le chemin par terre de Hambourg à Copenhague est de 65 milles d'Allemagne. On fait le trajet du grand et du petit *Belt*. Le chariot de la poste ordinaire reste cinq jours en chemin, mais avec des chevaux de poste extraordinaire, on peut faire ce voyage en trois jours et trois nuits. Le réglement n'accorde qu'une heure aux maîtres de poste pour préparer les chevaux, quand ils n'ont pas été commandés d'avance. Rarement on attend au-delà. En revanche, le voyageur qui fait attendre les chevaux attelés sans partir, doit payer, pour chaque demi-heure d'attente, un marc lubs d'amende au maître de poste.

Tarif du trajet du petit et du grand Belt.

Petit Belt. — On paye, pour l'embarquement et le passage d'une voiture, 9 marcs lubs; le débarquement est à part. On donne pour cela environ 2 à 3 marcs lubs. Le passage du petit Belt, entre *Snoghoe* et *Middlefahrt* est d'un demi-mille, et on le fait souvent dans un quart d'heure; mais il est de 2 milles, si on le fait d'*Aroé* à *Assens*. Par un bon vent, on passe souvent alors en moins de deux heures, mais on en met aussi quelquefois sept. Arrivé à *Assens*, on paye un marc lubs pour faire mener la voiture de la chaussée à la maison de poste. Le pour-boire des bateliers est à volonté; un marc suffit. On ne démonte pas la voiture, on la met dans le bateau comme elle est à terre. Mais, comme les bateliers sont fort maladroits, quoique ce passage soit très-fréquenté, il faut, à l'embarquement de même qu'au débarquement, ne jamais perdre de vue sa voiture, et diriger l'ouvrage soi-même le plus qu'on pourra.

Grand Belt. — Le trajet est de 4 milles environ; on ne

perd jamais de vue la terre ; les bateaux sont pontés ; on démonte les voitures, mais les bateliers s'y entendent mieux.

	M. lubs.	Schillings.
Passage de la voiture	21	»
Pour l'embarquement	1	8
Pontenage.	»	2
Ancien droit de passage et de canal ...	»	»
Nouveau droit, au bénéfice de la ville incendiée de *Nyborg*.	2	»
Pour-boire aux gens qui embarquent ...	»	10
Au soldat qui porte le passe-port.	»	8
Au soldat qui fait la même chose à Korsoër.	»	5
Aux gens qui débarquent la voiture, mais qui ne la mènent pas à la poste	»	12
Droit de passage à Korsoër.	»	2
Pour-boire aux bateliers	6	»
	35	13

On peut passer à bien meilleur marché, lorsqu'on se sert des barques qui passent régulièrement deux fois par semaine, et où la taxe est fort modique.

En hiver, quand le *grand Belt* est couvert de glace, on s'arrête à l'île de *Sproe*, où l'on couche la première nuit. Il y a à *Nyborg* et à *Korsoer* deux postes télégraphiques : par une ordonnance du gouvernement, il est permis aux voyageurs de s'en servir pour ordonner les préparatifs nécessaires pour la commodité ou l'accélération de leur voyage : le prix d'une telle dépêche télégraphique est fixé à 24 schillings lubs pour chacun des deux inspecteurs.

TABLEAU

DES POIDS, MESURES ET MONNAIES.

POIDS.

Rapport aux poids de France.

Le marc de Copenhague est plus fort de 36 grains que le marc de Cologne.

I. POIDS POUR PESER L'OR ET L'ARGENT.

Livre.	Marc.	Once.	Loth.	Quentin.	Pfenning.	Eshen ou grains.
1	2	16	32	128	512	8,704
	1	8	16	64	256	4,352
		1	2	8	32	544
			1	4	16	272
				1	4	68
					1	17

II. POIDS PLUS FORTS POUR LES MATIÈRES COMMUNES.

Schippund.	Quintal.	Liespund.	Livre.
1	3 1/7	20	320
	1	6 1/4	100
		1	16

Rapport de ces deux poids aux nouveaux poids de France.

I.

	gramm	milligr.
1 Marc répond à	253	578
8 Loths repondent à	177	789
4 — — à	58	895
1 — — à	29	418
1 — — à	14	724
2 quintins — à	7	362

II.

			grammi.	milligr.
16 Loths	répondent	à............	246	588
8 —	—	à............	124	794
4 —	—	à............	62	397
2 —	—	à............	31	198
1 —	—	à............	15	599
2 quintins	—	à............	7	702

MESURES LINÉAIRES ET DE CAPACITÉ.

L'aune danoise répond à 278,2 $\frac{2}{7}$ lignes, ancienne mesure de France ; ce qui fait 625 millimètres de la nouvelle. Elle est d'un tiers plus courte que celle de Hollande, et a la même proportion avec la verge d'Angleterre.

Aune.	Pied.	Quart.	Huitième.	Seizième.	Pouce.
1	2	4	8	16	24
	1	2	4	8	12
		1	2	4	6
			1	2	3
				1	1 $\frac{1}{2}$

Le mille danois, de 15 au degré, contient 12,000 aunes danoises, ou 23,188 anciens pieds de France : *paysan, demi-paysan, paysan et demi*, sont encore des expressions qui indiquent, dans la langue fiscale, l'étendue d'une terre. La portion ordinaire qu'une famille a à cultiver, est de quatre tonneaux d'hartkorn.

MESURES DES LIQUIDES.

Fouder.	Muids ou ahms.	Anker.	Stoops.	Canne ou channées.	Poffes.	Pael.
1	6	24	240	465	930	3,720
	1	4	40	77 $\frac{1}{2}$	155	620
		1	10	19 $\frac{5}{16}$	38 $\frac{3}{4}$	155
			1	1 $\frac{15}{16}$	3 $\frac{7}{8}$	15 $\frac{1}{2}$
				1	2	4
					1	2

MESURES DE CAPACITÉ.

Last.	Tonnes.	Boisseaux.	Quarts.
1	22	176	704
	1	8	32
		1	4

DANEMARCK.

MONNAIES.

Billets de banque.

On compte dans le Danemarck, soit 1°. par *rixdalers* de 6 marcs, ou *marken*, qui se divisent chacun en 16 *skillings dansk*, ou escalins danois ; soit 2°. par rixdalers de 4 *orts*, qui se divisent chacun en 12 *stuivers*, ou 24 escalins, soit 3°. par rixdalers de 48 *s. lubs*, ou stuivers : 3 marcs lubs = 6 marcs danois, le rixdaler est toujours le même. Sous stuiver, on comprend 2 escalins danois ou 1 escalin lubs.

Le titre de l'or se divise en 24 karats, et le karat en 12 grains. Le titre de l'argent en 16 loths, et le loth en 18 grains.

Les espèces d'or qui sont fabriquées dans ce royaume, sont : les ducats, espèces, au titre de 23 $\frac{1}{2}$ karats; et les ducats courans, au titre de 20 $\frac{19}{23}$ karats : les premiers valent 2 rixdalers, 3 marcs = 12 liv. 8 s. 10 $\frac{3}{7}$ den., ancien argent de France, les seconds valent 2 rixdalers = 10 liv. 13 s. 4 A. ancien argent de France.

Les espèces d'argent sont le rixdaler, espèce, au titre de 9 den. 22 grains et demi, valant 7 $\frac{1}{2}$ marcs danois, ou 3 $\frac{3}{4}$ marcs lubs; évalué à 6 liv. ancien argent de France, ou 5 fr. 80 cent. nouvelle monnaie. On ne voit plus en espèces d'argent que ces rixdalers de 7 $\frac{1}{2}$ marcs danois.

Des pièces de 80, de 40, de 20, de 10 et de 8 skillings ou escalins danois.

Les monnaies frappées de l'argent des mines de Norwége portent toutes les armes de ce royaume.

Table de la progression des monnaies danoises.

Ducat, poids de Hollande, vaut 15 marcs danois.
Ducat courant danois   — 12 —
Rixdaler, espèce   — 7 $\frac{1}{2}$ —
Ecu, monnayé numéraire   — 6 —
Marc . . . . 16 schellins danois.
Skilling . . . . 2 demi-schell.

On compte très-souvent en Danemarck par *marc* et *skilling lubsch*; ainsi, il est important de savoir quelle est la progression de ces monnaies *lubs*, comme on prononce.

Le ducat holl. vaut 7 $\frac{1}{2}$ marcs lubs.
L'écu numéraire — 3 —
Le marc lubs   — 2 marcs danois ou 16 schill. lubs = 1 fr. 90 cent. nouv. monnaie de France.

Le skill. lubs vaut 2 schill. danois ; toujours le double du danois de la même dénomination.

Il y a à Copenhague une banque, dont les billets sont de 100, 50, 10, 5 et 1 rixdaler, etc., et sont reçus comme argent comptant dans tous les bureaux et dans toute l'étendue de la monarchie danoise.

~~~~~~~~~~~~~~~~~~~~~~~~~~~~~~~~~~

TABLEAU
DE LA CAPITALE.

COPENHAGUE, capitale de l'île de Seeland, dans laquelle elle est située, et de tout le royaume, fut originairement l'établissement d'une association de matelots, et fondée, dans le 12º. siècle par des pêcheurs errans.

Édifices remarquables, curiosités. — L'académie des cadets de la marine ; le palais du prince d'Augustenbourg ; le palais du comte de Bernstorff ; la maison d'accouchement ; l'hôpital, l'hôtel de Classen ; l'église du Sauveur (la plus belle de la ville : elle a une tour d'une architecture remarquable) ; la place neuve royale, l'académie de peinture et de sculpture (ci-devant le château de Charlottenbourg) ; la salle des spectacles ; la superbe caserne militaire ; la statue équestre de Chrétien V, la bourse ; les ruines imposantes du château de Christianenbourg, l'obélisque érigé en 1793, en l'honneur de l'affranchissement des serfs ; le château de Rosenbourg (il renferme le trésor et un grand nombre de choses précieuses, et le cabinet de médailles), l'observatoire (cette tour attire l'attention par sa structure singulière ; on peut y monter en voiture : belle vue de la galerie, qui plonge sur la ville, la mer, la Seeland et la côte de Suède), l'église de Notre-Dame (les monumens de l'amiral Adler, des maréchaux Urup et Guldenlow, du conseiller Suhr, etc.) ; les chantiers et l'arsenal de marine (qui surpassait en grandeur, et égalait en beauté celui de Venise. Pour être admis aux *Holmes*, ou dans les îlots occupés par les bâtimens et les ateliers de la marine, il faut être muni d'une permission expresse du collége de l'amirauté). Les quatre petits palais d'Amalienbourg et la statue de Frédéric V (son poids est de 45,000 livres : l'artiste a reçu une pension viagère de 1,000 rixdalers, et le total des frais monte à 401,080 rixdalers. La place où cette statue est érigée, est très-régulière et très-belle ; le passage vis-à-vis la rade de la ville, consistant en deux canaux divisés par un banc, dont le canal intérieur se nomme *Kongedyb*, a été le théâtre du fameux combat naval du 2 avril 1801. On a élevé un monument à la mémoire des braves, morts dans cette action). Cette ville, par une violation inouïe du droit des gens, *fides punica*, fut vivement bombardée, en temps de paix, par les Anglais, le 2 septembre 1807, et prise le 7 du même mois. 5 à 600 maisons furent brûlées et endommagées, les arsenaux et tous les magasins de la marine furent pillées. Ce desastre a fait à cette capitale une blessure profonde, et qui ne pourra guérir d'âge d'homme : Copenhague est déchu du degré de splendeur auquel il s'était élevé : ce n'est plus le port où se faisait tout le commerce du Nord. Un génie tutélaire semble avoir conservé les objets consacrés aux sciences. Pop. 90,000 hab.

Etablissemens littéraires et utiles. — L'université, fondée en 1475 (c'est la plus riche de l'Europe); l'académie militaire, l'académie de marine; celle de chirurgie; l'académie de peinture, de sculpture et d'architecture; la société royale des sciences; la société pour l'avancement de l'étude de l'histoire du Nord ; l'institut des missionnaires; la société généalogique et héraldique; la société d'histoire naturelle ; la société pour former les garçons de métiers; l'institut gymnastique; le séminaire des maîtres d'école (le mécanicien *Ruffelsen* est l'inventeur d'un nouvel instrument de musique, connu sous le nom de *melodica*. On en trouve chez lui de tous les prix).

Collections, cabinets. — Le musée royal et les collections de curiosités et de raretés, à *Rosenbourg* et *Charlottenbourg* (les bijoux de la couronne et autres raretés que l'on montre dans le premier de ces châteaux, méritent d'êtres vus, entre autres, le trône des rois de Danemarck, chef-d'œuvre gothique), la bibliothéque royale (elle renferme 250,000 volumes, et deux collections d'estampes, l'une de 47,228, l'autre de 20,016 feuilles. Tous les manuscrits apportés par M. *Niebuhr*, au moins 250, s'y trouvent Le premier livre imprimé en Danemarck, date de 1492); la nouvelle galerie royale des tableaux, dans le château de Christianenbourg (Moïse auprès du buisson ardent, par Poussin ; est un des meilleurs tableaux qui existent en Danemarck); la bibliothéque de l'université (qui compte 60,000 volumes, elle contient aussi plusieurs manuscrits précieux). La bibliothéque publique de feu M. *Classen*, la bibliothéque de feu M. *Hielmstierne*; le jardin botanique, très-bien entretenu. (On voit à Copenhague, au *musée royal*, le fauteuil dont se servait *Tycho-*

Brahé, lorsqu'il faisait ses observations astronomiques à *Uraniembourg*. On a beaucoup de vénération pour ce meuble antique, que l'on conserve avec le plus grand soin, comme venant d'un si grand homme.)

Spectacles, divertissemens. — Théâtre danois (les représentations se donnent trois fois par semaine ; le total des dépenses monta, en 1790, à 69,949 rixdalers, et la recette à 35,733 écus) ; opéra italien (les samedis, au palais du roi); plusieurs théâtres de société ; le concert de la société de musique, le club royal, et 5 ou 6 autres; l'étranger y est admis quand il est présenté par un membre du club); les concerts, les bals et les assemblées de ces clubs ; la *Schützengesellschaft*, etc.

Fabriques, manufactures. — D'indiennes, de toiles à voiles, de papiers peints, de tabac, de cartes à jouer, de soie. La grande fabrique royale de draps, la fabrique royale de porcelaine (les qualités de la porcelaine de Copenhague sont d'être moins vitreuse que celle de la Chine, d'avoir la pâte du biscuit plus légère et plus serrée que celle de Saxe, de conserver mieux son blanc, et d'être plus facile à laver); le magasin royal de meubles ; des raffineries de sucre, des savonneries, etc.

Auberges. — Au grand hôtel, chez M. *Rou*, fort bonne.

Promenades. — Les remparts, les jardins de Rosenbourg, etc.; les parties de plaisir, dans la belle saison, au *parc royal*, à quelque distance de la ville, surtout les dimanches. La grande promenade en voitures, à la St.-Jean.

Environs. — Le château de *Fredericksbourg* (ce château est très-remarquable comme monument conservé du goût et de la magnificence des temps antérieurs : il faut voir surtout la salle des chevaliers). *Fredensborg* (belle vue sur le lac d'*Esrom*); *Jagerspreis*, son parc et ses antiquités. On voit encore, dans le parc de cet endroit, les anciens et respectables tombeaux où reposent, dans des salles voûtées, les corps des anciens héros du Nord. Leur force était aussi invincible que leur courage. On y trouve aussi quelques monumens modernes, tels que le tombeau de *Tycho-Brahé* et du grand *Bernstorf; Sophienberg* (ci-devant château royal); Huschholm (l'auberge est bonne); *Marienlust, Sans-Souci, Bernstorf* (avec le monument érigé au comte de Bernstorf). *Marienlust* est une maison de campagne de la reine douairière *Juliane Marie*, à 5 milles de Copenhague. Il y a un endroit où l'on jouit d'une vue si variée et si agréable, qu'il serait difficile d'en trouver une plus belle ailleurs. La situation de la petite ville de *Genthof* est vraiment pittoresque; *Neu-Friedrichsthal*, campagne du comte de Schulin, est aussi très-bien située ; *Hellebek* réunit tous les genres de beautés d'un paysage, *Kokkedahl*, campagne de M. de Lewezow, est situé au bord de la mer, dans une exposition superbe ; le chemin le long de la mer, d'*Eneroom* à *Copenhague*, enchantera l'amateur de belles vues.

Plan, Livre à consulter. A plan of the city of Copenhagen. London, 1801, chez *Stockdale.* — *Proft*, Vejvisera, aller Anviisning til de flester Bopaelen i. Kiobnhavn og Forstodame. Kiobnhavn, 1804. 12.

Mélanges. — L'abord de Copenhague, du côté de la douane, doit faire une impression des plus favorables sur l'étranger ; car c'est là, sans contredit, l'aspect le plus imposant de la ville. Les portes se ferment à minuit l'été ; et, dans les jours les plus courts, à 7 heures. La ville est passablement éclairée. L'entretien de la propreté de la ville est un objet de 26,000 rixdalers. Les habitans de Copenhague équipent, pour leur compte, 338 vaisseaux. Les dîners sont plus à la mode que les soupers ; on ne dîne qu'à trois ou quatre heures ; il y a grande chère et bon feu : on mange les fruits quand la soupe est servie. En été, les gens du bon ton vont à la campagne, à *Friedrichsberg*, *Lyngbye*, *Genthof*; les chemins sont excellens, et les chevaux de Seeland les meilleurs coursiers du monde ; une distance de 8 à 10 lieues n'est comptée pour rien, et comme on est sûr d'être reçu hospitaliérement par les personnes de sa connaissance, on part à 11 heures du matin ; on dîne et joue à la campagne, et le soir on est de retour de si bonne heure, qu'on peut encore fréquenter les clubs. Pop. 180,000 hab. Lat. N. 55. 40. Long. E. 10. 20.

Distances. — 52 l. N. E. de Hambourg, 80 N. O. de Dantzick, 169 N. p. O. de Vienne, 240 N. E. de Paris, 180 N E. de Londres, 370 N. O. de Constantinople, 230 S. O. de Pétersbourg, 100 S. O. de Stockholm, 320 N. de Rome, 350 N. de Naples, 420 N. O. de Madrid.

ITINÉRAIRE.

N°. I.

ROUTE DE COPENHAGUE A HAMBOURG (1).

NOMS des relais.	MILLES suédois.	NOMS des relais.	MILLES suédois.
Roskild (a).	4	Apenrade (f).	4 ¼
Ringstedte (b).	4	Flensbourg (g).	4 ½
Slagense.	4	Schleswig (h).	4 ¼
Korsoër (c).	2	Rendsbourg (i).	3 ¼
Nyborg.	4	Remmels.	3
Odensée (d).	4	Itzehoe.	3
Assens (e).	5	Elmshorn.	3 ¼
Aroësund.	2	Pinneberg.	2 ¼
Hadersleben.	2	Hambourg (k).	3 ¼
			62 ¼

Topographie.

(a) *Roskild*, à 7½ O. de Copenhague, dans l'île de Seeland. A la maison de la poste, excellente auberge. Il faut voir les tombeaux des rois de Danemarck, dans la cathédrale. Les monumens de Frédéric II et IV, et de Chrétien III et V, sont très-beaux. On y remarque aussi, sur une table de bois, l'épitaphe de Saxon le grammairien. L'eau de Roskild est excellente.

(b) Entre *Ringsedte* et *Slagense*, dans la même île, on passe près du ci-devant collége de *Soroë*. La grande église de Ringstedte était jadis célèbre par ses reliques. On y voit encore les tombeaux de plusieurs princes. Les rois Eric et Canut y ont leur sépulture. A *Krebshuus*, maison isolée et très-bonne auberge, qui est tout près de Soroë, on trouve des environs charmans ; les postillons sont obligés de s'y arrêter à la demande du voyageur, ce qui vaut mieux que de

---

(1) De Hambourg à Copenhague (*Voyez* page 73.)

rester à Slagense ou Ringstedte, où les auberges ne sont pas si bonnes que celle de Krebshuus.

(*c*) *Korsoer*, très-bonne auberge chez madame Bagger. Comme les auberges danoises n'ont point d'enseigne, on les désigne par le nom du propriétaire (*Voy*. sur le passage du *grand Belt*, le tarif, page 75.)

(*d*) *Odensee*, dans l'île de Fionie. Il y a ici un monument que les francs-maçons ont fait élever à *Gellert*. La cathédrale possède quelques mausolées. Cette ville fabrique draps, étoffes de laine, et du savon.

(*e*) *Assens*. (*Voy*., sur le passage du *petit Belt*, page 74.) A *Aroesund*, il n'y a de maison que celle de la poste, et quelques mauvaises cabanes.

(*f*) On est très-bien logé à *Hadersleben*; à la poste; c'est le passage du Jutland dans l'île de Fionie. La maison de poste d'*Apenrade*, selon l'affirmation de M. *Kuttner*, est une des excellentes auberges. Apenrade est une ville commerçante et peuplée.

(*g*) A *Flensbourg*, on trouve une forte auberge; un commerce actif, beaucoup de gens riches; trois églises allemandes, une danoise; un collége, un hôpital, une maison d'orphelins, et une bourse. Le port est sûr, et assez profond pour admettre les plus gros vaisseaux.

(*h*) A *Schleswig*, chez Hass, excellente auberge. La ville est très-jolie, très-propre, et ressemble beaucoup aux gros bourgs des petits cantons suisses. Elle fabrique des toiles de batiste, et des fils propres à la dentelle. La cathédrale renferme un nombre infini de monumens, et mérite l'attention du voyageur. Le château *Gottorp*, tout près de la ville, jouit d'une vue étendue. On y conservait anciennement le fameux globe de Gottorp, dont Frédéric IV fit présent à Pierre-le-Grand.

(*i*) L'*Eyder* trace ici les confins de l'Allemagne et du Danemarck. Belle promenade sur les remparts.

(*k*) A une très-petite distance de *Hambourg*, est la douane de Danemarck; avec peu de chose, on évite d'être retardé.

N°. 2.

ROUTE DE COPENHAGUE A GOTHENBOURG, TROLLHAETTA ET CHRISTIANIA.

NOMS des relais.	MILLES danois.	NOMS des relais.	MILLES suédois.
Elseneur (a).	5	Trollbaeta (k).	1
Helsingborg (b).	1	Wenersborg (l).	1 $\frac{1}{2}$
	M. SUÉD.	Almas.	1
		Rakuebo.	1
Fleminge.	1	Heristadt.	1 $\frac{1}{4}$
Engelholm.	1 $\frac{1}{2}$	Quistroem.	1 $\frac{1}{2}$
Margaretha-Torp (c).	1 $\frac{1}{4}$	Swarteborg.	1 $\frac{1}{4}$
		Ratalshed.	1
Karup.	1	Hede	1 $\frac{1}{4}$
Laholm (d).	1 $\frac{1}{4}$	Skjatleryd.	1 $\frac{3}{4}$
Halmstadt (e).	2 $\frac{1}{4}$	Wick.	
Quibille.	1 $\frac{1}{4}$	Est.	1
Sloinge.	1 $\frac{1}{4}$	Stroemstadt (m).	1 $\frac{1}{4}$
Falkenberg (f).	1 $\frac{1}{2}$	Hogdal.	1 $\frac{1}{4}$
Marup.	1 $\frac{1}{4}$	Helle.	1 $\frac{1}{2}$
Warberg (g).	1 $\frac{7}{8}$	Friedrichshall (n)	
Bacha.	2	Guslund.	1 $\frac{1}{2}$
Alsa.	1 $\frac{1}{2}$	Thune.	1
Kingsbacka.	1 $\frac{1}{4}$	Kaelshuset.	1
Kjarra.	1	Willingen (o).	1 $\frac{1}{2}$
Gothenbourg (h)	$\frac{3}{4}$	Soner.	1 $\frac{1}{2}$
Lahall (i¹).	2 $\frac{1}{4}$	Sunbije.	1
Cattleberg.	1 $\frac{1}{4}$	Korsegarten	1
Edet-Luck (i²).	1 $\frac{3}{4}$	Schutsjoryd (p).	1
Forss	1	Christiania (q).	2 $\frac{1}{2}$
Gerdheim.	1		
			64 $\frac{1}{4}$

Topographie.

(a) *Elseneur*, à 10 l. N. de Copenhague. On passe auprès de *Huscholm*, de *Sophienberg*, de *Fredensborg*, de *Marienlust* (*Voy.*, sur ces châteaux, l'article Copenhague). Chez *Juel*, bonne auberge. Il faut voir à Elseneur, ou Helsingoer, la cathédrale, l'église de la garnison, et la maison de ville. Elle a des raffineries de sucre, et une manufacture d'armes. On fait voir à *Cronenbourg*, l'appartement qu'occupait la reine *Mathilde*, et à Helsingoer l'hôtellerie où logea la reine *Christine* lorsque après son abdication, elle vint en Seeland en habit d'homme. Cronenbourg, forteresse, jouit d'une vue admirable. On aperçoit les deux mers, plusieurs îles, les côtes de Suède, et un passage continuel de vaisseaux. Le passage du *Sund*, à Elseneur, est de 30 à 60 minutes. L'avidité des bateliers est extrême, malgré le tarif, qui fixe à 5 marcs l'embarquement d'une voiture, ils en exigent souvent 12. Au reste, il faut s'embarquer sur des bateaux danois quand on part d'Elseneur, et sur des bateaux suédois, si la côte suédoise est le lieu du départ. Sans la permission expresse et difficile des bateliers de chaque côte, on ne saurait jamais faire usage d'un bateau de retour. Pop. 6,000 habitans.

(b) *Helsingborg*. Chez *Munto*, bonne auberge. Le débarquement est d'un rixdaler pour une berline, et de 40 schellings pour un chariot, et sur ce prix-là, on est conduit jusqu'à la poste. On paye de plus pour chaque malle, mais, quelque chargé qu'on soit, cela ne peut guère aller au-delà de deux rixdalers. Le débarquement est difficile et dangereux pour les voitures, n'y ayant ni pont, ni machine. Plusieurs voyageurs font la traversée de Copenhague en Skanie dans des bateaux de pêcheurs, malgré la défense et malgré la vigilance d'un petit vaisseau de guerre suédois, stationné dans ces parages. On peut faire de Helsingborg, plusieurs excursions intéressantes : 1°. à *Ramlosa* ; ce sont des eaux minérales très-renommées ; on y trouve une société nombreuse, une belle salle de danse, et, du haut de la colline, derrière Helsingborg, une vue superbe, sur Cronenbourg et le Sund. La province de Skanie est la plus agréable de la Suède. Les plaines offrent des champs fertiles en toute sorte de grains. Sur le chemin de Helsingborg à Ramlosa on remarque un monument antique, une grande pierre avec des caractères runes. 2°. A Malmoe, il faut voir la salle de la société de Knut, ses tableaux, ses deux gobelets d'argent. On fabrique à Malmoe et à Lund ces gants fins si renommés, et connus

ROUTE DE COPENHAGUE A GOTHENBOURG.

sous le nom de *Klippingshandskar*. On remarque, dans les environs de Malmoë, beaucoup de tombes des anciens héros du Nord. Sur le chemin de Malmoë à Lund, il y en a une qui a été ouverte. On y trouva une grande épée, que l'on garde à la bibliothèque de Lund. 3°. A *Lund*, bonne auberge, chez madame Pramberg. On y admire la cathédrale, beau bâtiment gothique; l'université, la bibliothèque, le médailler, le jardin botanique, l'observatoire (Long 30 57, Lat. 55 42 13). La promenade la *Lundagard*, est très-fréquentée les dimanches. A la bibliothèque de l'université, il faut remarquer un manuscrit de Virgile, et le crâne de Descartes.

(c) *Margaretha-Thorp*. Il faut beaucoup monter et descendre d'ici à Karup, en passant sur la cime de la montagne de *Hollands-Aas*, on a la vue d'un horizon immense, jusqu'à *Falkenberg*.

(d) *Laholm*. Belle chute du *Loga-Strom*, et grande fabrique d'étoffes de laine. Cette ville est dans le Halland, pays fort montueux. Quelques cantons voisins de la mer sont inhabitables à cause du sable mouvant.

(e) *Halmstadt*. La grande place est belle. Chez *Soederling*, bonne auberge. Cette ville, à l'embouchure de la *Nissa*, a de bonnes manufactures de draps et de serges.

(f) A *Falkenberg*, on voit un pont de pierre long de 150 aunes, et la pêche aux saumons.
Chemin sablonneux.

(g) Le port de *Warberg* est le meilleur de cette côte. Le vieux château sert de prison. Dans une de ses tours il y a une rampe singulière. Il y a, dans les villages par où l'on passe, des fabriques de draps et de toiles grossières. La pêche aux saumons est très-curieuse à *Kinsgbacka*, et mérite d'être vue.

(h) *Gothenbourg* ou *Gotheborg*, capitale de la Westrogothie, remarquable par le lac *Weter*, qui est plus élevé de 100 p. que la Baltique, et, a dans quelques endroits, 30 brasses de profondeur: il présage les orages par un bruit horrible et continuel, semblable au tonnerre. Auberge chez *Blomm*. Devant la ville on trouve une douane; mais il est aisé d'obtenir qu'on vienne visiter chez vous, et moyennant 20 ou 24 schillings, on ne visite rien. Cette ville, la seconde de Suède, est fort jolie, et ressemble beaucoup aux villes hollandaises. Il s'y fait un commerce très-considérable. Une des principales sources de sa prospérité c'est la pêche du hareng, il a été constaté qu'on y a vendu, une année, 600,000 barils de harengs salés, de 1,000 à 1,400 harengs le baril, et 30,000 barils d'huile. Il faut voir les 4 grands ponts, l'église suédoise et sa coupole, l'église allemande, la société royale des sciences, le collége et sa bibliothéque; la maison de ville, l'hôtel de la compagnie des Indes, le *Landshœfding*, l'hôpital de *Sahlgren*, la maison d'inoculation, établissement que l'on doit à la charité des francs-maçons de Gothenbourg. malheureusement, une grande partie de ces bâtimens publics, et nommément les belles casernes, ont été détruits par le terrible incendie qui éclata en 1804; le petit château gothique de *Westgotha-Leyon*, et le donjon de *Cronau*; le vauxhall et les promenades de *Carls-port*, le jardin et la raffinerie de *Sahlgren*, la belle vue de la cime d'*Otterhollen* L'étranger qui cherche et chérit la société, rencontre partout à Gothenbourg l'hospitalité, l'urbanité, et l'absence des formalités et de l'étiquette. Pop. 16,000 hab. Lat. N. 59 10, Long. E. 10 30. Elle est à 5 l. de Copenhague.

(1'.) *Lahall* Le fort de Bohus, sur le sommet d'un rocher, au milieu de la rivière de *Goeta*, a une situation pittoresque. Bel aspect de la rivière de Goeta.

(1²) *Edet-Luck* On trouve ici un bon logement, et même l'unique convenable sur une route aussi peu fréquentée.

(*k*) Les superbes cataractes et les écluses de *Trollhaetta* sont justement célèbres. On traverse la rivière de Goeta sur des bateaux très-légers, le passage est fixé à 4 sous par tête. Il faut absolument être du côté du hameau de Trollhaetta, on ne voit rien de l'autre, à cause des montagnes dont la route est bordée. Au-dessous des cataractes est le magasin des fers. Il faut commencer par le haut, c'est-à-dire par le hameau même, où sont les scieries, et redescendre jusqu'au-dessous des cataractes, où l'on aura la vue entière, qui est très-pittoresque, non-seulement par les différentes chutes, mais par les rochers que l'on voit de tous les côtés. Le canal, pour éviter les cataractes et rendre la Goeta navigable, est long d'un quart de mille suédois · sa largeur est de 36 p., et sa profondeur, en quelques endroits, de plus de 50. Il est de nature à donner une grande idée du caractère de la nation suédoise, car il faut avoir été soi-même le témoin, pour juger des difficultés énormes qu'il fallut vaincre pour sa construction On présente aux étrangers un *Album* pour y inscrire leurs noms, avec quelques lignes relatives à l'impression qu'ont faite sur eux les objets intéressans (Voy. *Description des cataractes et du canal de Trollhaetta, avec un précis historique, et 13 vues pittoresques dessinées et gravées par A.-F. Skjoldebrand*. Stockholm, 1804. g 4).

(*l*) Sur le chemin de *Trollhaetta* à *Wenersborg*, on passe le pont de *Ronnom*, et l'on y admire la belle chute de la Goeta. Chez *Nordmann*, bonne auberge à Wenersborg. La ville, fort jolie, commerçante, est un grand entrepôt de fers, le château est un beau bâtiment. Le lac de *Wener* est le plus grand de la Suède.

(*m*) On parcourt, depuis *Uddewalla* jusqu'à *Stroemstadt*, des contrées romantiques. On a la vue sur la mer, dont on rencontre souvent de petits bras. Le *Svinsund*, enclavé entre de hauts rochers, se présente fort pittoresquement du sommet d'une montagne escarpée, sur laquelle on passe. Aux deux bords on trouve la douane suédoise, où il faut exhiber son passe-port. On doit prendre garde que dans ce passe-port soit exprimée la permission de passer en Norwége, si l'on ne veut pas risquer de se voir refuser le passage par les douaniers suédois.

(*n*) *Friedrichshall* en Norwége. Auberge chez *Yrdal*, fort bonne. Vue de l'île de *Son* Cette ville offre un bel aspect. La raffinerie, la maison de ville et l'église de la Ste.-Croix, sont de beaux bâtimens Il y a nombre de fabriques, et l'on fait un commerce considérable, surtout en planches. Les chaises faites par les menuisiers de cette ville sont recherchées. Il faut voir l'endroit où Charles XII, en 1718, termina sa carrière héroïque. On doit être muni pour cela d'une permission du commandant : belle vue, le monument n'existe plus, mais on y a placé une petite croix blanche. A Friedrichshall, il faut payer 32 schillings par cheval de poste et par mille.

(*o*) *Willingen*. Non loin de *Borge*, il y a une baie où l'on pêche les *Hundebaands-Flyndres*, poisson délicat. On voit le lac de *Vandsoe*, renommé par ses anguilles et par la tradition du *Noeck*, le Prothée de Norwége.

(*p*) *Schutsjoryd* Toute cette route, jusqu'à *Christiania*, est une des plus belles et des plus romantiques. On ne saurait refuser à la Norwége l'épithète de la *Suisse du Nord*. Le *Juniperus communis* de *Linné* croît dans les environs de *Moss* en abondance, et réjouit l'œil par sa belle verdure. Il y a un grand nombre de scieries à scie à Moss, et une fonderie de canons et de poêles de fer. L'église est assez belle. La situation de Moss est très-sauvage et riche en chutes d'eau. On pêche ici beaucoup de saumons. A Schutsjoryd, M *Küttner* trouva une auberge qui peut figurer parmi les meilleures de l'Europe.

(*q*) Une heure avant d'arriver à *Christiania*, on découvre l'une des plus belles vues de l'Europe, et l'un des ports de mer les plus pittoresques. Bonne auberge chez *Toms*. Pop. 9005 hab. d'après le dénombrement de 1801. Les curiosités sont : l'église paroissiale, l'école militaire, la maison de correction, où il y a des fabriques de toiles grossières, de mouchoirs, etc.; les vues superbes des deux maisons de campagne de M. d'*Anker*, la salle des spectacles et des concerts; des papeteries, des corderies, des torqueries, des savonneries, etc. A Christiania, il faut payer 20 schillings par cheval de poste et par mille. On mange en hiver à Christiania, et dans cette partie de la Norwége, beaucoup de chair de renne Si l'on poursuit son chemin jusqu'à Berghen, belle et grande ville de 19,000 hab., qui fait un grand commerce, et qui a un port très-sûr et quelques réunions littéraires; il ne faut pas oublier d'aller admirer les beautés champêtres et pittoresques de *Nygaard*, la création d'un Allemand, feu M. *Foswinckel*.

Cartes itinéraires, Manuels, Relations de voyages de fraîche date.

Cartes itinéraires. — Post-Kort over Danemarck, og alle Faerge-Staeder 1788. Bekostet og saelges hos J *Keith*, i Kiœbenhavn, taugnet of *Pontoppidan*, stucket of *Friedrich*.

Carte du royaume de Danemarck, dressée sur les cartes de l'académie des sciences de Copenhague, et rectifiée à l'observatoire de Seeberg. Weimar, au bureau d'industrie, 1799.

Livres danois. — Det sydlige Norge, etc. le Sud et le Nord de la Norwégo, cartes dressées par *Pontoppidan*. Copenhague, 1785 et 1795 3 feuilles.

Reise Tagttagelser i nogle af de Nordiske Lands, ved J. N. *Wilse.* 1, 2, 3, 4 Deel. Kiobenhavn 1790—1793.

Wedel, indenlandske Reise, igiennem de bety deligate og skionnest Egne af de Danske Proviutser. Kiobenhavn. 1804 8.

Livres anglais — Travels into Poland, Russia, Sweden and Denmarck, by W *Coxe*, 1791. Cinq volumes (il en a paru une traduction française).

Travels into Norway, Denmarck, and Russia, in the years 1788, 1789, 1790, 1791, by *Swinton*. London, 1792.

Lettres, etc. Marie *Wollstonecraft*. London, 1795. 8.

Livres français. — Tableau des États Danois, par J.-P. *Catteau*. 3 vol in-8°. Paris, an 10.

Voyage de deux Français dans le Nord de l'Europe. A

Paris, 1796. 8. (5 vol., dont le premier traite du Danemarck. Les auteurs sont MM. de *Fortia* et *Beaujohn*).

Voyage en Norwége, par *Fabricius*, traduit de l'allemand par *Millin*. Paris, 1801. 8.

Livres allemands. — Studien zur Kenntnifs der schonen Natur, der schonen Kunste, der Sitten und der Staatsverfassung, auf einer Reise nach Danemark, von F. W. B. von *Ramdohr*. Hannover, 1792.

Preuschen. — Taschenbuch auf nordischen Reisen zu gebrauchen Heidelberg, 1792.

Reise durch Deutschland, Danemark, Norwegen, etc, in den Jahren, 1797, 1798, 1799. Leipzig, 1801, 5 vol. 8, par M. *Kuttner* (*Voy.* le 2°. vol.).

Livres hollandais. — Eenige Berichten omtrent het Noorden en Noord-Osten van Europa, van *Meermann*. s'Grafenhaag, 1804. 8.

FIN DE L'ITINÉRAIRE DU DANEMARCK.

ITINÉRAIRE
DE LA SUÈDE.

MANIÈRE DE VOYAGER.

État des Postes, notes instructives, remarques qui intéressent les Voyageurs dans leur tournée, poids, mesures et monnaies.

Les beaux chemins sont ce qu'il y a de plus agréable en voyageant en Suède. Ceux d'Angleterre ne sont pas partout aussi-bien entretenus. Mais aussi le soin qu'on en prend en Suède est plus général, même des chemins détournés. Il y a peu de chemins de sable, et qui, pour dire vrai, n'y sont pas meilleurs que dans les autres pays. On peut voyager, sur les beaux chemins dont nous venons de parler, dans toute sorte de voitures, et il n'est plus question de suivre ici les ornières comme en Allemagne. On n'a rien à craindre de Highwaymen pour sa bourse; on n'entend jamais parler de ces voleurs de grand chemin, qui, parce qu'ils n'ont point de chevaux qui facilitent leur fuite, ne sont point, comme ceux de l'Allemagne, forcés à commettre des meurtres. « Sur cent heues suédoises, dit M. Busch, on ne m'a jamais demandé d'argent pour le passage, excepté sur des ponts considérables. On nous fit passer une rivière sans nous demander le moindre paiement. » Le voyageur qui arrive à Helsingborg, par le Sund, sans vouloir se charger d'une voiture, parce qu'elle rend les frais du trajet exorbitans, y trouve toujours quantité de voitures à vendre, que des voyageurs y laissent. Ceux qui ne craignent point d'aller en voiture découverte peuvent en avoir une pour huit ou dix écus, où deux personnes peuvent s'asseoir assez commodément à côté l'une de l'autre, et où pour le moins on peut encore placer une malle. Ces sortes de voitures se trouvent à toutes les postes ou relais, pour une bagatelle, que l'on ajoute au paiement de la poste; mais on ne peut pas toujours s'y fier. Quelquefois on est obligé de se contenter d'une simple charrette, attelée d'un cheval, sur laquelle on met le bagage, et qu'il faut mener soi-même. On attelle deux chevaux à ces voitures, et on paye 8 schillings par cheval et par mille, 16 seulement à Stockholm, et 12 dans quelques autres villes. L'écu d'argent de Suède est la sixième partie d'un écu de convention. Un mille suédois en fait à peu près un demi d'Allemagne. Ces chevaux, quoique petits et maigres, ne laissent pas de courir d'une vitesse extraordinaire. Ils font souvent un mille par heure, surtout quand on promet un bon pourboire au postillon. Accoutumés à ne traîner que des voitures légères, dès qu'une voiture est pesante et chargée, on y attelle jusqu'à sept chevaux. Souvent, en descendant les montagnes, comme l'on n'enraye que rarement dans ce pays, la voiture emporte alors ces pauvres animaux par son poids. Le *pour-boire* des postillons n'est point d'obligation, avec un schilling et demi par relais, on les rend très-contens; de plus, on donne au *hallkarl*, ou garçon d'écurie, qui va chercher les chevaux, un schilling. Il faut avoir ses harnais, les postillons suédois ne connaissent que les cordes, qui sont extrêmement longues à arranger et qui cassent souvent. Si l'on a une voiture pesante, et qui chasse, surtout qui ait des boîtes aux roues, nous conseillons d'enrayer souvent, crainte d'accident, quoique cela n'empêche pas les postillons d'aller au grand galop. Quand on voyage en hiver à travers la Finlande, il faut se pourvoir, pour ce voyage, de traîneaux, dont la voie puisse convenir aux routes étroites, si communes en ce pays. Dans beaucoup d'endroits, ces routes sont bordées de chaque côté, d'une espèce de muraille de neige, de 5 à 6 pieds de haut. Suivant M. Acerbi, il faut prendre, de poste en poste, jusqu'à Abo, des traîneaux de paysans, et se procurer un traîneau des Finlandais, pour continuer son voyage. Il est enjoint par ordre du roi à chaque station, d'avoir quelques relais de chevaux, *hall-hestar* (*chevaux de halte*), prêts pour être attelés immédiatement après l'arrivée d'une voiture, il n'en est plus question aujourd'hui sur les routes moins fréquentées, ce qui en effet incommodait trop les gens de la campagne; car les paysans qui sont obligés d'atteler, demeurent souvent à plus d'un mille de la station : en outre, quand ils ont reçu l'ordre, il leur faut des heures entières pour courir après leurs chevaux, qui sont à paître parmi les rochers et dans les bois. Il est donc indispensable d'envoyer cinq ou six heures d'avance commander des chevaux. On envoie un billet par un exprès aussi loin qu'on a intention de voyager, dans lequel on fixe l'heure où l'on croit arriver à chaque station. On ne paya pour cette estafette, compris le pour-boire, que 8 schillings par mille, c'est-à-dire qu'un cheval de plus, ainsi, les frais de chaque mille de Suède se montent à peu près à un marc de Lubeck pour les postes de campagne; car il n'y a aucun pays en Europe, où l'on puisse courir la poste à si peu de frais qu'en Suède. Si l'on retarde, le postillon a le droit d'exiger un écu d'argent pour chaque heure qu'il a été obligé d'attendre. On peut aussi remettre à cet exprès une partie de son bagage dont on voudra se défaire; il n'y a pas d'autre manière en Suède d'envoyer ses effets, les voitures publiques y étant inconnues. Il n'y a point d'exemple qu'une malle, quoique changeant de voiture et de conducteur à toutes les postes, ait été perdue, encore moins forcée. S'il se rencontre qu'on soit mal à une station, on peut toujours, par les bons chemins, aller de nuit à une station plus loin, mais il faut que les voyageurs se pourvoient de quelques vivres quand ils partent d'une ville car, à la campagne, on ne peut guère compter que sur les mets ordinaires des gens du pays; et ce sont ces sortes de mets mêmes que l'ordre du roi enjoint aux aubergistes de présenter aux voyageurs suffisamment et bien apprêtés. Nous conseillons de même de se pourvoir de quelques lettres de recommandation pour ceux qui tiennent auberge d'un tel ou tel endroit, car quelquefois ces personnes, faute d'une telle lettre de recommandation, refusent de recevoir l'étranger, surtout dans les contrées où l'on ne trouve des gîtes que chez les curés de village. Un voyageur fait bien, dès qu'il arrive dans ce pays, de se munir d'un livre intitulé : *le Guide de G. Burrmann, par la Suède, la Gothie et la Finlande*, accompagné de deux cartes de voyages, mais qui actuellement ne sont plus si exactes à cause de quelques changemens de stations survenus sur quelques routes. Ayant ce livre à la main, on ne se trouve point embarrassé aux relais par rapport à la langue, car on sait tout ce qu'on a à dire ou à demander concernant son voyage. Dans les villes, les aubergistes parlent quelquefois l'allemand, ou sont Allemands. A chaque poste, principalement aux postes où il y a des chevaux de *Kall*, on présente au voyageur le *dagbok*, livre sur lequel il marque son nom, son état, l'endroit d'où il vient, et où il va, le nombre de chevaux qu'il prend, et s'il a été content du dernier postillon. Tous les mois ce livre est présenté au gouverneur de la province. Souvent, en hiver, les postillons prennent la traverse, et passent sur des lacs pas assez gelés, ou qui commencent à dégeler, et cela pour raccourcir le chemin d'un quart de mille, quelquefois de moins. On aura donc soin de forcer le postillon à ne pas quitter le grand chemin, parce qu'on se trouve au milieu de ces lacs, couverts de neige, sans s'en apercevoir, et parce que beaucoup de personnes périssent annuellement par cette imprudence

Quant à l'argent, il est vrai qu'il y a partout du papier-monnaie; mais il y a aussi assez d'argent comptant pour pouvoir s'aider (*Voy.* ce que nous dirons à l'article des monnaies.)

Si l'on se trouve quelquefois embarrassé, c'est parce qu'il faut payer chaque fois la voiture au bout de la station, les paysans qui doivent recevoir l'argent, en sont presque toujours dépourvus; et les aubergistes surtout, quand on ne s'arrête point chez eux, et qu'on n'y fait aucune dépense, ne se soucient point de donner leur argent seulement pour changer.

Costume national — *Gustave III* ayant établi un costume national, l'étranger doit s'attendre de le voir généralement adopté, mais on n'en fait guère usage, même à Stockholm, excepté aux jours de gala de la cour, ou des pompes funèbres, ou de grandes cérémonies Toute l'armée a pris, au 1er. avril 1802, le nouvel uniforme, modelé d'après le costume de Charles XII.

Passe-ports. — Un étranger qui veut sortir du royaume, doit être muni d'un passe-port du gouvernement, dans lequel est noté expressément l'endroit où il passera la frontière. S'il change de résolution en chemin; par exemple, si au lieu de quitter la Suède par Ystadt, comme son passe-port le mande, il voulait la quitter par Helsingborg, son passe-port cesserait d'être valable, et il serait obligé de rétrograder jusqu'à la résidence de quelque gouverneur de province, pour y faire échanger son passe-port contre un autre. Les voyageurs qui ont avec eux des ducats, etc., doivent en faire leur déclaration en arrivant à Ystadt, et se munir d'un certificat, faute duquel il ne leur serait pas permis d'exporter ces effets en *quittant* la Suède.

TABLEAU

DES POIDS, MESURES ET MONNAIES.

POIDS.

Le principal poids de Suède est connu sous le nom de *victualievigt*, poids des denrées. la livre se divise en 32 loths, dont 16 composent le marc, le loth se partage en deux demi-loths, en quarts, huitièmes, seizièmes.

POIDS, MESURES ET MONNAIES.

Skepp-pund.	Lispund.	Pund.
1	20	400
	1	20

Division du Poids dit *Jernwigt*.

Skepp-pund.	Lispund.	Markpund.	Mark.
1	16	20	400
	1	1 $\frac{1}{2}$	25
		1	20

Le quintal a 120 liv.

Une livre de Suède = 4246 grammes, nouveaux poids de France.

MESURES LINÉAIRES ET DE CAPACITÉ.

L'aune a 2 pieds 24 pouces et 288 lignes

Le mille suédois contient 18,000 aunes, ou 36,000 pieds, et est de 10 $\frac{1}{2}$ au degré.

MESURES DES LIQUIDES.

Foder	Pipes.	Oxhufwudt.	Am.	Embar	Ankare	Kann.	Stoop.	Quarter.
1	2	4	6	12	24	360	720	2,880
	1	2	3	6	12	180	360	1,440
		1	1 $\frac{1}{4}$	3	6	90	180	770
			1	2	4	60	120	480
				1	2	30	60	240
					1	15	30	120
						1	2	8
							1	4

MESURES DE CAPACITÉ.

Tunna	Spann	M.-spann.	Verth	Koppor	Kann	Stoop	Quarter	Ort.
1	2	4	8	32	56	112	448	1,792
	1	2	4	16	28	56	224	896
		1	2	8	14	28	112	448
			1	4	7	14	56	224
				1	1 $\frac{1}{4}$	2 $\frac{1}{2}$	14	56
					1	2	8	32
						1	4	16
							1	4

MONNAIES.
Billets de banque.

On compte communément en Suède par risdhalers de 48 escalins, ou *schillings*, le schilling de 12 *roundstucks*.

Le titre de l'or se divise en 24 karats, et chaque karat en 12 grains. Le titre de l'argent se divise en 16 loths, et le loth en 18 grains.

Espèces d'or. — Le ducat est la seule monnaie d'or que le roi de Suède fasse frapper, il porte, d'un côté, l'effigie du roi, et cette légende : *N. N D. G. rex Sueciæ*; et de l'autre, un écusson de forme circulaire, qui est d'azur à trois couronnes d'or, entouré de l'ordre des chérubins et séraphins; la légende consiste en ce seul mot : *Faderneslandet*. Le millésime est placé sous l'écusson, et partagé par la croix de l'ordre, qui partage également ces deux lettres, O. I. que l'on aperçoit au-dessus du millésime. Le ducat doit être fabriqué au titre de 23 karats 5 grains et à la taille de $16\frac{1}{4}$ au marc. Il a cours pour 94 escalins, on l'évalue sur le même pied que le ducat de Hollande, dont il suit les variations résultantes du change, il y a des ducats doubles et des demi-ducats

Espèces d'argent. — Les espèces d'argent se divisent en *risdhalers, doubles-plattes, plattes, demi-plattes, pièces de 4 et de 2 escalins.*

Les risdhalers sont fabriqués au titre de 14 loths $7\frac{11}{19}$ grains, et à la taille de $7\frac{1}{5}$ au marc. Les doubles-plattes et les plattes sont fabriquées au même titre ; le poids des doubles-plattes représente les deux tiers du poids du risdhaler, et celui de la platte en représente le tiers. Leurs empreintes sont les mêmes que celles du ducat, et la valeur pour laquelle elles ont cours est indiquée sur le champ du revers. Le risdhaler a cours pour 48 escalins, 5 liv. 16 s ancien argent de France, ou 5 fr. 79 cent., nouvelle monnaie, la double-platte et la platte, ou les deux tiers et le tiers du risdhaler, à proportion Le risdhaler et la double-platte portent sur la tranche cette légende : *Ne lædar avaris manibus*.

La demi-platte ou pièce de 8 escalins est fabriquée à la taille de 34 au marc, elle porte les mêmes empreintes que le risdhaler. La pièce de 4 escalins est fabriquée à la taille de 50 au marc. Les empreintes sont d'un côté, la lettre G, couronnée, dans l'intérieur de laquelle on voit le nombre 3, gravé en chiffres romains. La légende, de ce côté, est composée du seul mot · *Faderneslandet*. L'autre côté porte le même écusson que les ducats, mais sans cordon. A droite, sur le champ, on voit ces nombres et cette lettre placés l'un sur l'autre, $\frac{1}{8}$ 8. S, ces lettres : R. O M. sont placées à gauche, et de la même manière. La pièce de 2 escalins est fabriquée à la taille de 76 au marc. Ses empreintes sont les mêmes que celles de la pièce de 4 escalins, excepté que l'on ne voit sur le champ, du côté de l'écusson, que cette marque $\frac{1}{24}$ risdhaler.

Mais toutes ces espèces d'argent sont extrêmement rares en Suède, on ne voit presque que du papier-monnaie, et des espèces de cuivre.

Les espèces de cuivre se divisent en doubles-sous, sous et oboles, ou *rundstucks*, elles sont fabriquées sur le pied de 50 risdhalers par *skepp-pound*, poids qui équivaut à 272 livres, poids de marc.

Les empreintes des doubles-sous et des sous sont, d'un côté, un écusson d'argent à trois barres ondées d'azur, au lion couronné de gueule brochant sur le tout, et une légende abrégée composée ainsi, G. III. S. G. V. R. Les trois couronnes qui composent les armes de Suède, sont placées, l'une à droite, l'autre à gauche, et la troisième au-dessous de l'écusson. On voit de l'autre côté deux flèches placées en sautoir, avec la couronne de Suède, le millésime, et une marque qui annonce la valeur pour laquelle cette monnaie a cours, qui est pour le double-sou un demi-escalin ou 6 rundstucks = 1 sou 2 ¼ d. argent de France, et le sou à proportion. Ces espèces portent un cordon sur la tranche.

Le *rundstuck* porte, d'un côté, les trois couronnes, qui sont les armes de Suède; on voit au-dessus ces trois lettres G. R. S., et au-dessous le millésime. L'autre côté porte un écusson chargé de 2 flèches placées en sautoir; à droite de cet écusson sont le chiffre 1. et la lettre K; à gauche sont ces deux lettres O. R. au-dessous desquelles est placée la lettre M.

Pour ce qui regarde le *papier-monnaie* de la Suède, un étranger aura soin de se munir de petits billets, parce que, voyageant dans l'intérieur, on a souvent beaucoup de peine à en changer un, même de 12 schillings, surtout s'il n'est pas de banque. Il faudra aussi beaucoup de petite monnaie de cuivre, pour le pour-boire du postillon, et autres menues dépenses. On a des billets de 5, 10, 20, etc. risdhalers; mais il faut préférer les billets de 48 schillings, de 24, de 16 et de 12 schillings; moyennant ces petits billets, tous les changes possibles pourront s'effectuer facilement. P. e. voulant payer 4 schillings, vous donnerez un billet de 16, et vous recevrez en retour un de 12, etc., etc. Il faut distinguer les *billets de banque*, des billets nommés *Rixs-Galds-Sedlar*.

TABLEAU
DE LA CAPITALE.

STOCKHOLM. — *Édifices remarquables, curiosités.* Eglise de Saint-Nicolas (on y admire le tableau du Jugement dernier et la statue de Saint-George); le château royal (un des plus jolis palais modernes qui existent ; on y voit des tableaux de grands maîtres, et de belles statues antiques, surtout l'Endymion. L'œil s'y enfonce dans un vaste horizon, et l'imagination, étonnée de cette perspective, peut à peine suffire à l'enchantement qu'elle excite.) La banque, la douane, l'église de Ritterholm (elle renferme les tombeaux des rois de Suède, et de quelques grands généraux, *Banner Torstenson*, etc.); la maison de la noblesse (l'édifice est beau, le grand escalier superbe); l'hôtel de ville, et en face de l'hôtel, la statue de *Gustave Wasa*; le palais de la princesse Sophie, la salle d'opéra (on montre l'endroit où fut assassiné Gustave III, l'un des plus grands princes du siècle dernier). Les écuries royales (bel édifice), la grande maison des orphelins (elle entretient 2,200 enfans); la maison des accouchemens, l'établissement pour les veuves des bourgeois (le plus remarquable de ceux de ce genre); l'église de Sainte-Claire (on jouit du haut de sa tour de la plus belle vue de Stockholm), l'arsenal de la marine et les bâtimens pour les galères (il faut avoir une permission pour y entrer), les deux moulins sur *Kongsholm* (il faut les visiter à cause des vues belles et uniques que l'on y découvre), l'arsenal (on y remarque un grand nombre de trophées, le casque du *grand Gustave*, l'épée et les habits que portait Charles XII lorsqu'il fut tué devant Friedrichshall; les habits ensanglantés de Gustave III, à la bataille de Swenkasund, et ceux qu'il portait lorsqu'il fut assassiné); le parc d'artillerie, le magasin de fer (il est immense, parce que tout le fer qui s'embarque à Stockholm y est déposé, et la Suède en exporte au moins 300,000 shippunds). La maison de correction, Dannwicken, ou la maison des fous; les superbes vues du haut de la tour de Sainte-Catherine, de *Masis-Becke* et du pont *de Norder*, où l'on doit surtout s'arrêter pour jouir du coup d'œil imposant que présente la ville dans toute son étendue, avec la façade du château qui la domine; la belle place de *Nordermalm*, avec la statue de bronze doré de *Gustave Adolphe*, et le magnifique quai au pied du château royal; la statue de *Gustave III* (roi grand, magnanime, intrépide, généreux, spirituel, jaloux de joindre le titre d'ami des arts et des sciences à celui de héros). L'obélisque en l'honneur de la fidélité des Stockholmiens, décrété par Gustave III, et élevé par le dernier roi détrôné. (Il y a à Stockholm, et dans ses environs, trois sources estimées d'eaux minérales.)

Etablissemens littéraires et utiles — L'académie des sciences, l'académie de peinture et de sculpture (une exposition de tableaux a lieu chaque année au mois de février); le *collegium Stockholmense*; l'académie des belles lettres et d'antiquités; l'académie suédoise ou les dix-huit; l'académie militaire; le collège des mines et son cabinet d'histoire naturelle; l'école d'arpentage (et sa collection des cartes de Suède); le collége de médecine, la société *pro fide et christianismo*, la compagnie d'assurance, la société patriotique d'agriculture, la société pour l'instruction des habitans de Stockholm.

Collections, cabinets. — Le Musée (collection superbe, *voyez* château royal); la bibliothéque de l'académie royale (de 30,000 volumes); la bibliothéque des sciences, le cabinet d'histoire naturelle du roi, le cabinet royal des médailles (*voyez* établissemens littéraires et utiles); l'observatoire, le cabinet d'histoire naturelle, ci-devant à *Drottningholm*, classé par le grand *Linné* (1), et que le roi a donné à l'académie des sciences; le cabinet de modèles et de machines, très-riche et très-complet.

Spectacles, amusemens. — Comédie suédoise, académie de musique, le club ou *la société*, dans la belle maison du comte de Biuge; les bals masqués, les assemblées à la bourse, et la salle des francs-maçons. (*L'assemblée brillante à la bourse* a lieu, en hiver, tous les 15 jours, dans la salle supérieure; elle commence à 6 heures du soir, et dure jusqu'à minuit. Là se voient les personnes de tous les ordres et de toutes les classes, et c'est le rendez-vous de toutes les beautés que la capitale se vante de posséder.)

Fabriques, manufactures. — De draps, d'étoffes de laine, de soieries, de cuirs (on en estime surtout les gants), de chapeaux, de toiles à voiles, de toiles de coton, de toiles peintes, de tapisseries, de glaces, de porcelaines et de faïence, d'ouvrages en acier, etc.; des raffineries de sucre, des verreries, des pendules et des montres très-estimées. La fabrique d'*Apelquist*.

Promenades. — Le jardin du roi, planté sur le canal comblé qui séparait ci-devant *Blassitholmen* du continent, le Hummelgarten; le parc royal (surtout la maison de plaisance de l'ambassadeur espagnol, sur un promontoire. Le 24 juin, le roi et la famille royale se rendent au parc, où ils campent sous des tentes); le jardin du comte Piper; le pont de bateaux; la promenade en carrosse au parc royal, le 1 mai: les parties en voiture ou en bateau, à *Moiksdal*, *Haga*, *Drottningholm*, *Carleberg*.

Environs. — *Ulrichsthal*. La statue de marbre du roi Frédéric; *Drottningholm* (bâti sur le modèle de Versailles,

---

(1) Le cabinet *Linné*, faute d'acheteurs en Suède, fut vendu à un anglais, M *Smith*.

et qui passe pour la plus magnifique des maisons royales de Suède, à tous égards, on fera bien de la visiter en détail. Elle est située dans une île : parmi les choses remarquables qu'elle renferme, il faut voir la bibliothéque, la galerie et le cabinet des tableaux, les pièces d'eau, les promenades, etc Beaucoup des objets d'arts que l'on admire dans le jardin et sur la terrasse, furent conquis dans la guerre de 30 ans. Sur l un des vases on aperçoit le chiffre de l'empereur Ferdinand II. La bibliothéque renferme un manuscrit de la célèbre reine *Christine*, intitulé : *Mélanges de pensées*, et un de la main de *Charles XII*, quand il était encore enfant, avec cette inscription : *Vincere aut mori*. On a exécuté plusieurs années de suite, à *Drottningholm*, des tournois, suivant les lois de l'ancienne chevalerie. En allant à Drottningholm, on trouve un chemin superbe d'un bout à l'autre, souvent taillé dans le roc, et on traverse trois ponts, dont un de 1,400 pieds); *Carlberg* (maison des cadets de terre et de la marine : on y voit plusieurs grands tableaux des batailles gagnées par les Suédois); *Haga*, séjour favori de *Gustave III*, dans le goût anglais, maison jolie et élégante, très agréablement située, *Friedrichshof* (l'orangerie est très-belle.)

Mélanges — On évalue la circonférence de Stockholm à trois milles suédois. Il n'y a en Europe aucune capitale qui ressemble à Stockholm, vous y trouvez, dans quelques quartiers, une ville vraiment superbe, et quand vous poursuivez votre chemin, surtout du côté de *Ladugaerdslanden*, vous êtes transporté, comme par enchantement, à la campagne, au milieu de cabanes de bois, et d'autre part vous vous trouvez entouré de rochers sauvages et romantiques, qui ôtent jusqu'à l'apparence de la proximité d'une ville peuplée et magnifique Gravissez sur la cime d'un de ces rocs, et vous découvrirez des palais, des tours, des églises, des îles, des lacs, des ports remplis de vaisseaux, des champs cultivés, des rochers arides, l'image des Alpes ; et tout ce mélange unique et bizarre se trouve dans l'enceinte d'une ville.

On ne peut rien se représenter de plus beau et de plus agréable que la vue du fleuve près de Stockholm Il se divise en plusieurs bras, qui sont bordés de belles maisons et de bâtimens publics En quelques endroits où le fleuve est assez large, il coule fort tranquillement; en d'autres où le canal est étroit, il fait un fracas extrême. Il forme au bas de la ville tant de petites îles, que presque chaque magasin d'armes ou de marine en occupe une. Toute la contrée en reçoit une vue romantique qui n'est point désagréable au spectateur. Mais ce que les habitans du midi de l'Europe auront de la peine à croire, c'est que, surtout en hiver, la beauté de Stockholm en reçoit un plus grand lustre, et que les commodités et les agrémens s'accroissent de sa présence. Pop 76,000 hab Lat. N 59 20. 30 Long. E. 15 42. 56.

Auberge. Chez Robinet, Rosenadlerska-Huset.

Distances. 113 l N E de Copenhague, 150 O de Pétersbourg, 165 N de Berlin, 320 N. E. de Londres, 260 N. O. de Vienne, 450 N. O. de Constantinople, 380 N. E. de Paris.

Upsal. — Les édifices remarquables, établissemens et curiosités sont la cathédrale (c'est une des plus magnifiques églises, et elle excelle surtout par la beauté et la grandeur de son intérieur, simple et noble, ses tombeaux, ses monumens antiques, ses reliques et le trésor que l'on garde dans la sacristie, la châsse où repose le corps du roi Eric, etc., méritent de fixer l'attention ; une simple table de pierre désigne le tombeau du grand *Linne*). L'académie Gustavienne (le plus bel édifice d'Upsal); le consistoire académique, l'observatoire, le jardin botanique, le manége, le château royal et ses jardins, le palais de l'archevêque (Upsal est une des plus anciennes villes du Nord ; c'est le lieu où se fait le couronnement et le sacre des rois de Suède, et l'endroit où les géographes suédois prennent leur premier méridien. Ce qui la rend aussi très-recommandable, ce sont ses foires célèbres qui se tiennent en hiver sur la glace, et son synode où les états s'obligèrent de suivre la confession d'Augsbourg On a élevé un monument et une statue au célèbre Linné) L'université (fondée en 1346) ; l'academie royale des sciences ; la société cosmographique ; la superbe bibliothéque de l'université (on y compte plus de 56,000 volumes, et environ 1,000 manuscrits, dont le plus précieux est le *Codex argenteus*, une traduction des quatre évangélistes, écrite en lettres d or et d'argent. Le premier livre imprimé en Suède par un Allemand, *Snell*, date de 1488. On y voit aussi la caisse que Gustave III remit à l'université avec l'ordre de ne l'ouvrir qu'après 50 ans révolus. Cette bibliothéque est ouverte les mercredis et samedis). Le cabinet de curiosités, le cabinet des médailles, ou le musée que Gustave Adolphe y fit transporter d'Augsbourg ; le cabinet d histoire naturelle arrangé par *Linne*; le cabinet minéralogique (le morceau d'or massif, natif et artificiel) ; le cabinet d'instrumens de physique ; le théâtre anatomique ; les collections de l'observatoire, etc La collection intéressante du célèbre Thunberg. Dans les environs, on voit *Galma-Upsala*, ou vieux Upsal, et des tombeaux antiques, les mines de fer de *Dannemora*. Cette ville est à 13 l. N. de Stockholm.

SUÈDE.

ITINÉRAIRE.

N°. I.

ROUTE DE STRALSUND A STOCKHOLM par Carlscrona.

NOMS des relais.	MILLES suédois.	NOMS des relais.	MILLES suédois.
Ystadt (a).	16	Hvetlande.	2
Herrestad.	2 1/2	Bransmala.	1 3/8
Tranas.	1 7/8	Eksciœ (e).	1 5/8
Andrarum.	1 1/2	Bone.	1 1/2
Degeberga.	1 1/2	Sathella.	2
Nobbelof.	1 1/4	Hester.	2 1/4
Christianstadt (b).	1	Dala.	1 1/2
Fieldinge.	1	Molby.	1 1/4
Gadenry.	1 1/2	Bankeberg.	1 7/8
Norjo.	1 1/2	Lindkoping (f).	1
Assarum.	1	Kumla.	1 5/8
Trensum.	1	Brink (g).	1 5/8
Hoby.	1 1/4	Norkoping (h).	1 1/2
Ronneby (c).	1 1/2	Aby.	
Skillinge.	1 1/2	Krokek.	1 1/2
Carlscrona (d).	1 1/2	Wreta (i).	1 1/2
Bubbetorp.		Jaeder.	1 1/2
Killeryd.	1 1/2	Nikoping (k).	1
Fur.	1 2	Swardbro (l).	2 1/4
Emmeboda.	1 1/2	Aby.	2
Ericksmala.	1 1/2	Pilkrog.	1 1/2
Kulla.	1 1/2	Tellje (m).	1
Lenhofta.	1 1/2	Fithie (n).	2
Nybbeled.	1 1/2	Stockholm (o).	1 1/2
Stokdorp.	1		
			84

Topographie.

(a) A *Ystadt*, chez les demoiselles *Johanson*, bonne auberge. Le voyageur qui veut passer de Stralsund à Stockholm, doit s'adresser à Stralsund, le samedi ou lundi de bonne heure, au bureau des postes royales. Dès que la poste de Hambourg est arrivée, un bateau couvert se rend à la maison de poste de *Bung*, vis-à-vis de l'île de *Hidensée*. Mais, si le vent est contraire, ou que les glaces empêchent cette traversée, on se rend par terre a *Dwasdorf*. Le prix d'une voiture chargée de quatre personnes, pour faire ce tour, est de 3 risdhalers Un voyageur paye, pour son trajet dans le paquebot, 2 écus 36 schillings, y compris la malle et le porte-manteau ; 2 écus 12 schillings pour un domestique, 2 écus 12 schillings pour chaque cheval, et 4 à 5 écus pour une voiture, soit berline ou chaise. Le grand paquebot part vers le soir, et le lendemain on se trouve déjà rendu à Ystadt. Quelquefois ce trajet se fait en sept ou huit heures de temps. On peut aussi prendre un yacht pour soi seul : alors le prix fixé est de 70 risdhalers, non compris quelques menus frais.

Ystadt est une petite ville bien bâtie. Dans le voisinage de cette ville on voit le beau château de *Marswinsholm*, et la grande alunière d'*Andrarum*. On fait à Ystadt des gants recherchés, à 12 schillings la paire.

(b) *Christianstadt*. L'arsenal, l'hôtel du gouverneur, l'église principale, le pont Les portes se ferment dans cette forteresse à dix heures du soir. Il faut y faire viser son passeport. Pop. 1,980 âmes.

(c) Le village de *Ronneby* a un air d'aisance, est situé pittoresquement, et son port favorise le commerce et l'industrie Belle chute de la rivière de *Ronneby*

(d) *Carlscrona*. Bonne auberge chez *Wusmann*. Population de 10 à 12,000 âmes. L'hôtel de ville, l'arsenal, les bâtimens de l'amirauté, et le port de guerre, les ouvrages d'ivoire de M. le capitaine *Bulang*. Mais les choses les plus remarquables sont les deux *Docks*, surtout la *nouvelle*; ouvrage que les Romains, dans leur plus beau temps, n'auraient pas désavoué : trente-une cases, entièrement taillées dans le roc ; toute la flotte peut être mise à sec.

(e) *Ekesiœ*. L'église est belle ; le tabac que l'on prépare dans cette ville, est estimé. Entre *Ekesiœ* et *Berga*, on passe près de trois pierres antiques, chargées de *runes*, ou de hiéroglyphes des anciens peuples du nord.

(f) *Lindkoping*. Il y a ici un collège célèbre, et une belle cathédrale, qui renferme plusieurs antiquités. A *Tannefors*, grande papeterie.

(*g*) *Brink*. Le château de *Loefsta*, renommé pour la beauté de ses vues, se présente sur une éminence, avant que l'on arrive à *Brink*.

(*h*) *Norkoping* (pop. 11,000 a.), une des plus belles villes du royaume, est ornée d'églises magnifiques. La rivière de *Motala* la sépare, et forme plusieurs cataractes au milieu de la ville. Elle fait un grand commerce, et l'on y compte un grand nombre de fabriques et de manufactures de toute espèce, et trois raffineries de sucre. Les hautes montagnes de *Kolmorden*, remplies de carrières de marbre, commencent à *Aby*.

(*i*) Près de *Wreta*, il y a à *Staffsioe*, une riche mine de fer, et une fonderie de canons à *Finspange*.

(*k*) *Nikoping*. On prétend que dans cette ville la langue suédoise se parle dans toute sa pureté. *Erisberg* est un palais et jardin à quatre milles de cette ville.

(*l*) *Swardbro*. On passe près de la grande usine de *Swertabruk*.

(*m*) *Tellje*. Depuis *Soedertellie*, on peut se rendre par eau à *Stockholm*, en passant au port d'*Aegelstawick*.

(*n*) *Futhie*. Ce mot suédois, presque toujours mal prononcé par les étrangers, présente dans leur bouche une équivoque peu décente, et ils feront sagement de ne point proférer le nom de ce relais en Suède, surtout devant les femmes.

(*o*) Deux autres routes, l'une de 80 ½ milles, l'autre de 81 $\frac{2}{n}$, conduisent de *Stralsund* par *Jonkoping* à *Stockholm*. Comme la différence n'est que de quelques milles, on préférera toujours de passer par Carlscrona, cette ville et ses bassins étant justement célèbres, et très-dignes de la curiosité du voyageur. Mais tous ceux qui vont de Helsingsborg à Stockholm, prendront la route de Jonkoping, comme abrégeant infiniment. *Voyez*, pour la description de Stockholm, le tableau de la capitale, page 99.

N°. 2.

ROUTE DE HELSINGBORG A STOCKHOLM par Jonkoping.

NOMS des relais.	MILLES suédois.	NOMS des relais.	MILLES suédois.
Astorp.	1 3/4	Osjo.	1 5/8
Osterljugby.	1 1/2	Ostad.	1 3/8
Okeljunga.	1 3/4	Molby.	1 1/8
Fagerhult.	1 3/4	Bankeberg.	1 1/4
Markaryd.	1 1/2	Linkoping.	1
Traheryd.	1 1/4	Kumla.	1 1/2
Hanmeda.	1 1/4	Brink.	1 1/8
Ljungby.	1 1/2	Norkoping.	1 1/4
Dorap.	2	Aby.	3/4
Tano.	1 1/2	Krokek.	1 1/2
Varnamo.	1	Wreta.	1 1/4
Klefhult.	2	Jader.	1 1/8
Skillingeryd.	1 5/8	Nykoping.	1 3/4
Byarum.	1 1/4	Svardsbro.	2 1/2
Barnap.	1 3/8	Aby.	2
Jonkoping.	1	Bilkrog.	2
Raby.	2	Sodertelje.	1 1/2
Grenna.	1 3/4	Fittja.	2
Holkaberg.	1 3/8	Stockholm.	1 1/2
			58 3/8

N°. 3.

ROUTE DE STOCKHOLM A UPSAL.

NOMS des relais.	MILLES suédois.	NOMS des relais.	MILLES suédois.
Rotebro.	2	Alsike.	1 3/4
Maërstadt.	1 3/4	Upsal (1).	1 1/2
			7

(1) *Voyez* la description de cette ville, page 103.

N°. 4.

ROUTE DE STOKCHOLM A ULEABORG par la Finlande, ET D'ULEABORG AU CAP-NORD ET EN LAPONIE.

NOMS des relais.	MILLES suédois.	NOMS des relais.	MILLES suédois.
Eustadt (a).	1 1/4	Soinila (k) *.	1 1/2
Ostby.	2	Heinois.	1 1/4
Hall (b).	1	Wuoriais, ou	
Killande *.	1 1/8	Haga *.	1 1/2
Kiakstandt *.	1	Hertuala *.	1 1/4
Swamberga.	1	Yervenkyle (l).	1 1/8
Fostingue *.	1 3/4	Kiala	2
Griselhamn (c).	3/4	Paskana-Kaifi *.	2 1/4
Signilskar.	5	Kuiswais.	2 1/4
Ekers.	2	Koskua *.	2 1/2
Frebbenby.	1 1/2	Lamba.	2
Enkarby (d) *.	1 1/4	Reinicka.	2 1/4
Haraldsby (e).	1 1/4	Talvizie.	2 1/8
Skorpas.	1 1/2	Tuokola *.	2 1/4
Vergata *.		Gumsila *.	1 1/2
Kumlinge.	3 1/4	Sillampe.	1 1/2
Brando *.	2 1/2	Tooby.	1 1/4
Varsala (f) *.	2 1/4	Wasa (m).	
Helsing.	2	Kosky.	1 1/4
Himois.	1 1/2	Manmo.	2
Laitis.	1 1/4	Onganger *.	1 1/4
Niemenkyla (g).	1 1/2	Mono *.	1 1/2
Humikala.	1 1/4	Skrivars (n) *.	1
Abo (h).	1 1/8	Fyikarness *.	2 1/4
Makyla *.	1	Fagainess (o) *.	2
Lachto *.	1 1/2	Kurofolk *	1
Mustanoja.	1 1/4	Gamla-Carle-Oja-	2
Oripata (i).	1 1/2	nala (p) * (berg.	3
Wiitzanoja.	1	Hignala.	2
Gallila-Peltary.	2 1/4	Rocola.	1
Memala.	1 2/3	Kalajoki *.	2 1/2
Kiviniemi *.	1 1/8	Yowola.	1 1/4

NOMS des relais.	MILLES suédois.	NOMS des endroits.	MILLES suédois.
Kevialnoto *.	1 $\frac{5}{12}$	chemins, et l'on ne voyage plus qu'en bateau.	
Luoto.	1		
Siniluoto.	2		
Brahestad (q).	1		
Lassila.	1 $\frac{3}{2}$	Kaulimpe.	1
Gertuala.	1 $\frac{7}{16}$	Colusis (x).	1 $\frac{1}{4}$
Karicanda.	1 $\frac{1}{2}$	l'urtula (y).	1
Uléaborg (r).	4 $\frac{1}{4}$	Pélo.	2
Fukury (s).	1 $\frac{1}{2}$	Kardis.	3
Kaupila.	1 $\frac{1}{8}$	Kengis-Bruk (z).	2 $\frac{1}{2}$
Véjola.	1 $\frac{1}{2}$	Kollare (aa).	3 $\frac{1}{4}$
Sassi *.	2	Muonioniska.	11
Testile.	1 $\frac{1}{4}$	Ofwer Muonionis-ca.	1
Hutta.	1 $\frac{1}{4}$		
Ervast.	1 $\frac{1}{4}$	Restijoki (à pied ou avec des rennes guidées par des Lapons).	19 $\frac{1}{2}$
Hautiola.	$\frac{4}{5}$		
Léivaniémi *.	1 $\frac{1}{2}$		
Tornéa (t).	1		
Kukko *.	1	Kautokéino (bb) (on reprend ici les bateaux).	13
Frankila *.	1 $\frac{1}{2}$		
Korpicula (u).	1 $\frac{2}{5}$		
Kukoméky.	1 $\frac{5}{8}$		
Niémis.	1	Alten (cc).	16 $\frac{1}{2}$
Matorenge (v), ou Ofver-Tornéa	1 $\frac{1}{4}$	Cap-Nord (dd) (en bateau pris à Alten).	13
Nota. Ici finissent les chevaux et les			

Topographie.

Note. On a désigné par des * les relais et les endroits où les voyageurs ne trouvent point de logemens. Dans les auberges ordinaires, ou dans les maisons des paysans, il est entendu, sous un logement de nuit, qu'on y fournit un lit, qui consiste en un matelas, des couvertures, et une couverture de dessus, faite d'une peau de veau ou d'agneau. Au reste, on ne doit point penser à trouver sur cette route des auberges, comme partout ailleurs en Europe. Il faut qu'on porte ses provisions avec soi, car les paysans ont rarement quelque chose de plus que du pain, du lait, et quelques provisions salées.

(*a*) *Eustadt* On sort de Stockholm par la porte du nord ; on passe par *Haga*, et en hiver on traverse le lac sur les glaces, au milieu du jardin du roi. On passe ensuite tout près d'*Ulrichsdhal*. Le pays, jusqu'à *Eustadt*, offre plusieurs petites collines, couvertes çà et là de bois, et bien cultivées d'ailleurs, en été elles présentent d'agréables perspectives.

(*b*) *Hall*. On peut y passer la nuit, mais on y est fort mal.

(*c*) *Griselhamn* est une maison de poste, bâtie en briques, et l'endroit où s'arrêtent tous les voyageurs, qui, en hiver et en été, traversent ce lieu pour aller en Finlande. En été, il y a des bateaux courriers toujours prêts pour les passagers; en hiver, quand les glaces sont assez fortes, il y a des traîneaux et des chevaux. Il est à remarquer qu'on donne le double du nombre des chevaux avec lesquels on arrive. Il y a un télégraphe, qui correspond avec celui de *Sigmilskar*, rocher ou petite île, et une de celles qui prennent collectivement le nom d'*Aland*.

(*d*) *Enkarby*. Le pays est plein de petites collines, et le chemin monte et descend toujours.

(*e*) *Haralsdby*. On passe près du château de *Castelholmen*, fameux pour avoir été la prison de *Eric XIV* ; il est placé sur un rocher, à l'extrémité d'une langue de terre.

(*f*) *Varsata*. Les paysans y sont assez à leur aise : ils peuvent fournir des pommes de terre, du lait et de la bière. On commence à ne pouvoir plus se faire entendre avec la langue suédoise, qui est remplacée par la finlandaise. Presque tout le chemin est à travers des bois de pins et sapins.

(*g*) *Niemenkyla*. Remarquez avec quelle exactitude les milles sont subdivisés. Les gens du pays ne parlent plus suédois : on a besoin d'un interprète finlandais.

(*h*) *Abo*, capitale de la Finlande, cédée par la Suède à la Russie en 1809. *Auberge* chez *Seissel*, au signe de la Victoire ; château d'*Abo-Hus*, belle cathédrale, université, bibliothéque fondée par la reine *Christine*. Il y a un amiral, un gouverneur, un évêque : on y trouve trois places publiques. Il faut payer quelque chose de plus aux paysans de cette poste, à cause de quelques impôts particuliers.

(*i*) *Oripata*. On voyage toujours au travers de bois de pins fort vieux.

(*k*) *Somila*. On passe sur un pont de bois, long à peu

près de quatre cents pieds, fait en croissant. La rivière forme ici une espèce de cataracte fort bruyante.

(*l*) *Yervenkyle*. Cascade et fameux bois de *Kyro*. La cascade est à une petite distance du village ; la chute de la rivière est de deux cent dix pieds. La forêt est fameuse par l'étonnante hauteur des arbres et par sa profondeur. Les paysans ne suivent pas le grand chemin dans ces bois, mais ils tiennent la ligne la plus droite possible, et pour ne pas s'égarer, on a marqué avec une hache les arbres qu'on doit suivre. On voyage de la même manière dans les bois de l'Amérique.

(*m*) *Wasa* est la ville capitale du gouvernement de ce nom. Il y a un port de mer, un tribunal de justice, un président, un gouverneur. Le commerce de cette ville avec l'étranger est considérable.

(*n*) *Skrivars*. En hiver on fait un tiers du chemin par terre, et deux tiers sur les glaces de la mer, en passant avec le traîneau auprès des vaisseaux pris par les glaces

(*o*) *Fagarnerss*. Cet endroit est fort renommé pour les bons chevaux.

(*p*) *Gamla-Carleberg*. Bon logement à la maison de poste. Assez belle ville, et qui fait un commerce considérable en tannerie, planches, beurre, suif ; sur ses chantiers on construit des vaisseaux.

(*q*) *Brahestad*. Petite ville qui se présente bien ; elle a un port de mer, et fait quelque commerce en suif, beurre, goudron, et en conserves de *rubus chamæmorus Linnæi*.

(*r*) *Uléaborg* est la capitale de l'Ostrobothnie, où il y a un gouverneur. On trouve ici quelques eaux minérales. Le *Runa*, approprié à l'instrument national qu'on appelle *Harpu*, est une musique antique, propre à cette contrée. En partant de cette ville, on passe sur un bac, la rivière à son embouchure : la traversée est de deux milles suédois de largeur. On côtoie d'assez près deux îles, sur lesquelles on fait fondre le goudron, qui forme un des objets les plus considérables d'exportation de cette ville.

(*s*) *Tucuri*. On passe en bac la rivière *Aukipulas*, large de deux cent cinquante-cinq toises. Les chemins sont excellens. De grands bois partout. Les bouleaux sont fort communs. A *Vejola*, on prend beaucoup de saumons.

(*t*) *Tornéa*, petite ville commerçante, située sur une presqu'île, à l'embouchure de la rivière du même nom. On a ici 40 d. de froid en hiver, et 27 d. de chaleur pendant la belle saison. C'est ordinairement de l'un des moulins à vent, que les voyageurs vont contempler le *soleil à minuit*, au mois de juin, mais le lieu le mieux situé pour ce spectacle, est l'église du *Bas-Tornéa*, dans l'île *Biorkon*. Il y a dans l'église de *Jukasjervi*, un livre sur lequel, à l'exemple du célèbre *Regnard*, qui s'y est inscrit le premier en 1681, chaque voyageur écrit son nom et quelque trait d'esprit.

(*u*) *Korpicula*, on voit la cataracte, appelée *Matkékosky*.

(*v*) *Ofver-Tornéa* est le nom de l'église et de la maison du curé Comme les relais et les chemins finissent ici, et que l'on continue son voyage en bateau, je pense qu'une personne voyageant avec un domestique, doit nécessairement avoir aussi dans ce pays un interprète, ce qui l'obligerait à prendre deux bateaux, à cause du bagage et des provisions, qui demandent de la place.

(*x*) *Tolusis*. On passe les cataractes de *Kattila-Kaski*, où les académiciens français ont déterminé le passage du cercle polaire.

(*y*) *Turtula*. Il y a une grande quantité de cataractes à passer, la plus remarquable s'appelle *Poroshoski*. On aperçoit la montagne *Kitis*, la dernière de celles qui servirent aux opérations trigonométriques de *Maupertuis*.

(*z*) *Kengis-Bruk*. Forge de fer, grande cataracte; réunion des rivières *Tornea* et *Muonio*.

(*aa*) *Kollare*. Ici on change de guides et de bateaux. Le Finois *Simon* est renommé pour son adresse à remonter et descendre les cataractes, dont on rencontre d'insurmontables dans ce trajet. Il faut traîner les bateaux par terre, pendant un mille, au travers de bois presque impénétrables.

(*bb*) *Kautokeino*. A *Suontajervi* et *Lappajervi*, on trouve les premiers Lapons nomades, qui s'y arrêtent pendant la pêche La mousse de rennes couvre toute la surface d'un vaste territoire, et la régularité et l'uniformité de cette espèce de tapis fait l'effet le plus singulier et le plus frappant. *Kautokeino* est un petit village de Lapons fixés, et l'on peut y avoir des gens et des bateaux pour poursuivre son voyage. Alors on ne rencontre plus ni hommes ni maisons, jusqu'auprès d'*Alten*.

(*cc*) *Alten* n'est que la maison d'un marchand, avec quelques paysans domestiques, située sur le bord d'un bras de la mer Glaciale A un quart de mille, on trouve *Alten-Gaard*, l'habitation du baillif de la Laponie norwégienne.

(*dd*) *Cap-Nord*, l'extrémité de l'Europe et la pointe la plus septentrionale de l'île Maigre, appelée en Norwégien, *Mageron*, à 71. 10. lat. septentrionale. C'est un roc de granit, entremêlé de quelques veines de quartz, et dont le front et les énormes flancs se projettent au loin dans la mer. Là, tout est solitaire, tout est lugubre, tout est stérile, et ce grand arc-boutant du globe s'use, se ruine, se détruit, sans nul témoin de sa longue et continuelle décadence.

N°. 5.

ROUTE DE STOCKHOLM A SAINT-PÉTERSBOURG.

Cette route, toute desservie en postes, passe, comme la précédente, par *Tornéa* en Laponie, longe le golfe de *Bothnie*, et traverse la *Finlande*. Elle est peu connue ; mais elle mérite à tous égards d'être choisie par les voyageurs, surtout en hiver.

Cartes itinéraires, Manuels, Relations de voyages, de fraîche date.

Swea och Göta Riken, med Finland och Nordland. Stockholm.

Lands-Wiigarne genom Sodra Delen of Swerige ; 1792. (Très-bonne carte itinéraire.)

Geographiske Chartor ofwer Swerige, etc., utgifne af Friherre *Hermelin*. Stockholm, 1801.

Karte von Schweden und Norwegen, nach *Hermelin*, von *Soetzmann*. Nurnberg, 1803.

Livres suédois. — G. *Biurmann* Waegwisare til och ifran alla Staedte uti Swea och Gota Riken, 8.

Olof Insularders Wagwisare uti Gefleborgs Lan. Gefle, hos Sundquist, 1795 (avec une carte).

Guide du voyageur aux carrières et mines de Suède, par *Gustave d'Engestrom*. Stockholm, 1796.

Livres hollandais. — Eenige Berichten omtrent het Noorden en Noord-Osten van Europa ; van *Meermann*. Haag, 1804, 8.

Bemerkungen auf Reisen in Danemark, Schweden, etc., von *C. L. Lenz*. 1. 2. Gotha, 1801, 8

Meine Fufsreise durch Schweden und Norwegen. Leipzig, 1811, 8.

Livres allemands. — Bemerkungen auf einer Reise durch einen Theil Schwedens, 1799, von *Eck.* Leipzig, 1801.

Reise durch Deutschland, Dänemarck, Schweden, etc. in den Jahren 1797, 1798, 1799. Leipzig, 1801. (L'auteur est M *Kuttner*; le *second volume* donne des notices excellentes et exactes du royaume de Suède et de ses principales villes.)

Reise durch einige schwedische Provinzen, bis zu den Wohnplæzen der Lappen · mit malerischen Ansichten, von J. W. *Schmidt.* Hamburg, 1801, 8

Reisen über den Sund, 1803. Tubingue. chez *Cotta.*

Livres français — Voyage de deux français dans le nord de l'Europe. A Paris, 1796, 5 vol. 8 (Le second volume comprend la Suède. Les auteurs se nomment MM. *de Fortia* et *Beaujolin*)

Livres anglais. — Tour through Schweden, Swedish Lapland, etc., by M. *Consett.* London, 1789, 4 avec fig.

Travels into Poland, Russia, Sweden, and Denmark, by *W Coxe.* London, 1791. 8. cinq volumes.

Letters, etc., by Marie *Wollstonecraft.* London, 1795 8.

Travels through Sweden, Finland and Lapland to the Nord Cape, in the year 1798 and 1799, by *Joseph Acerbi* London, 1802, 4 (Il en a paru une traduction allemande, à *Leipsick*, 1802, 2 vol; et une traduction française, faite sous les yeux de l'auteur, à *Paris*, 1802, 3 vol C'est un livre à qui l'on reproche quelques défauts et erreurs, mais qui restera toujours une lecture intéressante Sa critique des chemins suédois, et ce qu'il raconte de l'augmentation des chevaux de poste, et de la manière coûteuse de voyager, porte absolument sur des assertions fausses. Nulle part on ne voyage à si peu de frais qu'en Suède)

Voyage en Scandinavie, 4 avec fig.

La Suède possède depuis peu un voyage pittoresque, qui, pour le fini et la beauté des planches et de l'exécution, peut rivalser avec ceux de l'Italie et de l'Angleterre, ce sont *Les Voyages Pittoresques au Cap Nord*, par M. le colonel *Skjoldevrand.* Stockholm, 1801. Fol.

FIN DE L'ITINÉRAIRE DE LA SUÈDE.

ITINÉRAIRE DE LA RUSSIE.

MANIÈRE DE VOYAGER.

État des postes, voituriers, notes instructives, et remarques qui intéressent les voyageurs dans leur tournée; poids mesures et monnaies.

On peut voyager en Russie, en été comme en hiver, très-vite et très-commodément, surtout l'hiver avec des traîneaux, car la célérité avec laquelle les chevaux russes courent, est incroyable. Les chemins de communication entre les principales villes étant très-bons, surtout en cette saison, il n'est pas extraordinaire de courir 250 werstes, ou 36 milles d'Allemagne, en moins de vingt-quatre heures de temps. On voyage en Russie, ou avec des chevaux de voituriers et en les changeant de distance en distance, ou avec un seul voiturier, avec lequel on fait son marché pour tout le voyage (ce qu'on nomme *voyager par la route de lenteur*, parce que c'est la manière la plus lente et la moins coûteuse), ou en prenant des chevaux de poste. On paye 2 copeks par cheval pour chaque werste; ainsi, en y ajoutant 1 copek pour la *podaroschna*, le werste revient à 3 copeks, et à 5 copeks pour le premier ou dernier werste, en partant d'une capitale ou ville de résidence, ou en y arrivant, parce qu'alors, au lieu de 2 copeks, on paye le double par werste. Il faut toujours faire l'appoint avant de partir de la poste, parce que rarement on a de quoi rendre aux relais. Il n'est rien dû au postillon, 5 copeks ou 1 copek de plus par cheval, et même par werste, le rendent fort content, alors, en arrivant au relai, il chantera à pleine gorge : *ha! ha! le faucon!* au lieu d'entonner un triste, *ha! la corneille!* qui suffit pour vous annoncer à ses camarades comme un voyageur ladre. Une voiture ou traîneau à deux personnes, et même à trois, est attelé de trois chevaux. Il n'est dû de chevaux d'augmentation nulle part; jamais on n'en paye plus qu'on en a : tout cela dépend de la *podaroschna* (*voyez* plus bas) que l'on prend en partant, et qui désigne le nombre de chevaux qu'on paiera. Dans tout l'empire, même en Sibérie, il y a sur les grands chemins un poteau à chaque werste, qui indique le nombre des werstes qu'on a faits, et ceux qu'on a encore à faire. Les chevaux de poste sont en plusieurs endroits des chevaux cosaques qui y sont commandés. Ces Cosaques ou Tartares sont dans les steppes, là où les stations finissent, assis dans un trou autour d'un feu, et attendent l'arrivée des postes. Dès qu'ils entendent le son du grelot attaché au cou du cheval de devant, ils rassemblent les chevaux qui paissent, et attèlent sans perdre de temps. Quand le poids du bagage n'excède pas dix pouds, la voiture ne doit être attelée que de deux chevaux de poste. (*Voyez* aussi sur la manière de voyager en Russie, les détails insérés dans l'*Itinéraire*, à l'article de la route de *Leipsick à Pétersbourg*.)

On entretient en Livonie, selon l'ukase de 1752, à chaque station, ou poste, vingt-cinq chevaux, dont cinq doivent être toujours prêts pour ceux qui voyagent pour les affaires de la couronne. On se sert du reste pour mener ce dont la cour a besoin, et pour les postes ordinaires. On ne doit pas donner plus de dix de ces vingt chevaux aux ministres étrangers ou à d'autres voyageurs. S'il leur en faut davantage, les habitans voisins de la station les fournissent, sur l'avis qu'ils en ont reçu. Il est défendu de prendre plus de chevaux qu'il n'est marqué dans la *podaroschna*.

On peut faire le voyage de Travemunde en Russie, par mer ; mais la glace y met souvent obstacle, et ce voyage est plus dangereux que celui d'Amérique, la mer Baltique n'étant pas spacieuse, et ayant beaucoup d'écueils sous l'eau, surtout aux environs de Bornholm. Le golfe de Finlande même est trop étroit, et il y a des endroits peu profonds, qui ne sont pas bien faciles à éviter, quand on est surpris par la tempête. On peut avoir à *Cronstadt*, pour 2 ducats, une chaloupe qui mène à Pétersbourg. Chaque vaisseau qui jette l'ancre à Cronstadt, doit s'attendre à être visité trois fois, selon le tour du numéro de son arrivée. Les inspecteurs sont régalés par le capitaine, avec des liqueurs fortes. On visite aussi les voyageurs quand ils mettent pied à terre. Les recherches sont très-rigoureuses. L'hôpital de marine, à Cronstadt, est un des plus grands établissemens de son genre. Pendant l'avant-dernière guerre contre la Suède, il y avait, une année, jusqu'à vingt-cinq mille blessés ou malades, dont vingt mille neuf cents sortirent parfaitement guéris. En 1802, on a établi à St-Pétersbourg un paquebot pour *Lubeck*. Il part régulièrement tous les mois : le voyageur paye 10 ducats de Hollande, par tête, y compris cent livres pesant de bagage.

Celui qui veut repartir de Pétersbourg ou sortir de la Russie, doit s'adresser à l'ambassadeur de sa cour, pour s'en faire donner une requête adressée au collége impérial, dans laquelle on demande un passe-port pour le voyageur. Il faut qu'il y mette son nom, dans le collége même, et qu'il prouve qu'il est celui qui le demande. Outre cela, il faut qu'il produise le passe-port avec lequel il est venu dans l'empire, et qu'il prenne avec lui les trois gazettes, dans lesquelles il s'est fait inscrire au nombre de ceux qui partent.

Quelques voyageurs préfèrent de se servir, au lieu de la poste, de *jamtschtschiks*, ou voituriers russes, qui forment en Russie une communauté ou un corps, et qui usent de même de la plus grande diligence, changeant quelquefois de chevaux de slobode en slobode, chez les voituriers de leur connaissance.

Les personnes qui voyagent par ordre de la cour sont obligées de prendre, dans la chancellerie impériale de la poste aux chevaux, un passe-port sur lequel est fixé le nombre de chevaux, et leur prix. Les Russes qui voyagent par ordre de la cour sur les frontières de la Sibérie, où l'on ne rencontre quelquefois personne qui sache lire, étaient ci-devant munis d'une espèce particulière de passe-port. C'étaient des cordes passées au travers du sceau, et auxquelles on avait fait des nœuds, de sorte que les maîtres des postes, pour connaître le nombre de chevaux qu'ils devaient fournir, ne faisaient que compter les cordes et les nœuds.

Les voitures ordinaires de la campagne et de voyage, nommées *kibitkis*, sont de petits chariots où deux personnes peuvent s'asseoir de front, outre le cocher, qui est assis à l'un des bouts, derrière et très-près des chevaux. Le *kibitki* peut avoir cinq pieds de longueur : la moitié de derrière est couverte d'un dais en demi-cercle, à peu près comme un berceau fait avec des branches entrelacées, sur lesquelles on étend des écorces de bouleau et de hêtre. Il n'a point de ressorts, et est attaché avec des chevilles, des cordes et des bâtons aux quatre roues, dont la boîte est d'une longueur extraordinaire, et a au moins un pied de saillie. Quand les Russes voyagent dans ces voitures, ils y mettent un lit de plume ; précaution admirable, sans laquelle on ne pourrait soutenir les secousses insupportables, causées par les poutres dont les chemins sont jonchés. Le voyageur peut alors s'y étendre tout de son long, et y passer la journée dans la plus parfaite tranquillité. Au reste, on a toutes sortes de *kibitkis*, même avec des ressorts, ou des soupentes. Le prix est de 25 roubles jusqu'à 300. Il se tient à Pétersbourg un marché de voitures. Les voyageurs dans le Nord feront toujours bien de se servir des voitures du pays : on court risque de rester en chemin avec des voitures anglaises, françaises ou allemandes (excepté les *viennoises*), faute de gens qui les raccommodent en cas d'événement, et parce que le peu d'habitude qu'ont les paysans, qui servent de postillons, de mener ces voitures, est la cause de fréquens accidens. Les *telégas* sont des voitures encore plus légères que les *kibitkis*.

Passe-ports. Un étranger ne peut obtenir son passe-port pour quitter la Russie, qu'après s'être fait annoncer trois fois dans la gazette du pays. A Riga, il suffit d'une fois; c'est un moyen fort bien imaginé pour avertir les créanciers, s'il était tenté de les oublier. On porte ces gazettes au gouverneur, qui expédie le passe-port. Chaque voyageur, sur le départ, doit être muni de deux passe-ports, l'un qui contient la permission de partir; l'autre, dit *podaroschna*, qui désigne le nombre des chevaux de poste à prendre : le premier est expédié par le gouverneur civil, le second par le gouverneur militaire. Il faut payer au gouvernement, en forme de droit, un copek par cheval de poste et par werste. Ces formalités sont indispensables, et on essuierait de grands désagrémens pour les avoir négligées. C'est surtout aux frontières de l'empire que l'examen du passe-port est le plus sévère. Comme il est défendu d'exporter de Russie de l'argent ou du papier, on aura soin de se précautionner de ducats de Hollande, soit qu'on entre en Prusse, soit qu'on entre en Suède, ou qu'on s'embarque. Il est d'usage de demander au voyageur, à la frontière, quelle sorte d'argent il a pour continuer sa route, et il doit le montrer.

TABLEAU

DES POIDS, MESURES ET MONNAIES.

POIDS.

Division du poids dont on fait usage pour le commerce.

Le solotnik, pesant 68 grains (et 70 chez les apothicaires), se divise en demi-solotnik, en quart et huitième de solotnik.

Berkowez.	Poud.	Livres.	Loths.	Solotniks.
1	10	400	12,800	38,400
	1	40	1,280	3,840
		1	32	96
			1	3

38 livres de Hambourg équivalent à 45 livres de Russie. 1 livre de Russie vaut 409,5 grammes, nouveaux poids de France.

19 livres de *Riga*, ou de *Revel*, en font 20 de Russie. La livre de *Riga* et de *Revel* est de 2 marcs 16 onces 32 loths 128 quintins. Le *loof* ou quintal a 100 livres ; le schiffpund, 400 livres ; le last ordinaire, 4,800 livres. Le poids de la ville de *Narva*, réduit à celui de Russie, est de 4 pour $\frac{o}{8}$ plus pesant. On ne se sert que de ce poids à *Narva*.

Pour peser les pierres précieuses, on fait usage du poids de solotnik divisé en 96 parcelles. Un diamant, p. e. pèse 2 $\frac{78}{96}$ solotniks, etc.

MESURES LINÉAIRES ET DE CAPACITÉ.

L'aune, ou *arschine*, a 16 werschoks, ou 16 $\frac{1}{4}$ pouces de l'ancien pied de Paris. 100 aunes d'Amsterdam font 97 $\frac{1}{8}$ arschines ; 100 aunes de Hambourg = 80 $\frac{10}{15}$ arschines ; 1 pied de Russie = 354,1 millim. nouv. mesure de France.

La *botska* a 4 wedros, le wedro 4 tschetwerts, le

tschewert 2 *krusekhi* ou *osmins*, la kruschka 11 *tschar-kes*. 57 *wedros* contiennent 152 galons d'Angleterre.

Tschetwert.	Polosmunas.	Pajoks.	Tschetwerks.	Garnizas ou *Osmuchas*.
1	2	4	8	64
	1	2	4	32
		1	2	16
			1	8

16 1/7 tschetwerts contiennent 3,285 pouces cubes, ancienne mesure de France.

MONNAIES.

Billets de banque.

On compte, dans la plus grande partie de ce vaste empire, par *roubles* de cent copeks.

Rouble.	Griweniki.	Copeks.	Denuschki ou *Dengus*.	Poluschki.
1	10	100	200	400
	1	10	20	40
		1	2	4
			1	2

Espèces d'or. — D'après les ordonnances de feu l'empereur Paul I, confirmées par l'ukase du 9 octobre 1801, on ne doit frapper d'or que des pièces de *dix* et de *cinq* roubles à la taille de 9¼ ⅔ solotniks, à la livre de Russie, qui est de 96 solotniks.

Les espèces d'or frappées aux coins et armes de Catherine-la-Grande, sont des impériales et des ducats, ou tscherwonez. Les impériales ont cours pour 10 roubles = 46 liv. 10 s. argent de France. La demi-impériale à proportion.

Le ducat a cours pour 2 roubles ¼ = 10 l. 9 s. 4 d. Le double ducat à proportion.

Les ducats de Hollande ont cours pour 2 ½ roubles jusqu'à 3 ¼, et quelquefois 5 roubles, contre des billets de banque. La différence entre le rouble monnayé et le rouble en billets, étant de 35 à 50 copeks.

Espèces d'argent. — Suivant l'ukase de l'empereur régnant *Alexandre I*, les roubles d'argent doivent être fabriqués au titre de 83 ½ solotniks à la taille de 12 roubles 77 copeks à la livre de Russie. Il y a rouble, demi-rouble, quart de rouble, et pièce de 10 copeks. Les espèces d'or et d'argent doivent porter d'un côté l'aigle impérial de Russie, et de l'autre la dénomination de leur valeur, au milieu d'une couronne de laurier.

Le rouble a reçu sa dénomination du mot *rubli*, entaille ou denteclure, parce que, dans les premiers temps, on crénelait les petites barres d'argent qui représentaient sa valeur. Les premiers roubles ont été frappés à Moscou en 1654. 1 rouble = 4 fr. 5 cent. nouv. monn. de France.

Dans la *Livonie* et dans la *Courlande*, les *écus d'Albert* sont l'argent de cours, et les roubles d'argent et les billets de banque n'y sont regardés, pour la plupart, que comme effets impériaux. L'*écu d'Albert* a la valeur de seize pièces à deux gros de Saxe ou d'Hanovre, appelées *funfer*. 4 *funfers* = 1 ort.; 8 *funfers* = 1 demi-écu. L'*écu d'Albert*, dans la *Livonie*, a cours pour 2 demi-écus, ou 4 orts, ou 16 *funfers*, ou 80 *ferdingas*, ou 40 marcs Dans la *Courlande*, il a cours pour 2 demi-écus, ou 4 goulues; et 4 *ferdingas*, ou 2 marcs, s'y appellent *sechser*. En échangeant l'écu d'Albert contre des *funfers* ou des *ferdingas*, on reçoit 5 à 8 *ferdingas* d'agio. En payant les droits de douane, les écus d'Albert sont pris à la livre : 14 écus d'Albert pour 19 roubles 60 copeks, plus ou moins.

Espèces de cuivre. — Les espèces de cuivre se divisent en pièces de 5, de 2 copeks (appelées *potaks*, *altines*, *groschis*) et d'un copek.

Le demi-copek est nommé *denuschka*, et le quart de copek *poluschka*, mot composé de *pol*, demi, et d'*uschkani*, peau de lièvre, *demi-peau de lièvre*, parce qu'au bon vieux temps, ces peaux servaient de monnaie.

D'un poud de 40 livres de Russie de cuivre, on taille 16 roubles d'espèces de cette matière, divisées ainsi que l'on vient de le dire.

Le *moskok* est une monnaie qui a cours dans toute la Moscovie, et principalement à *Archangel*, où elle est aussi monnaie de compte. Les livres de commerce s'y tiennent en roubles, griwennicki et moskoks L'exportation de toute monnaie russe est sévèrement défendue, aussi bien que celle des billets de banque. Les seules monnaies d'or et d'argent étrangères qui aient cours en Russie, sont les ducats de Hollande, les écus d'Albert, marqués à la croix de Bourgogne, et surtout le rixdaler et écu de Hollande. Toutes ces monnaies n'ont point une valeur fixe; elles varient selon les changes et selon leur poids. Les autres monnaies étrangères se vendent selon leur titre et leur poids

Billets de banque. — Les billets de banque sont établis depuis 1769. Il y en a de 100, 50, 25, 10 et 5 roubles; les trois premières espèces sont blanches, la quatrième rouge, et la cinquième bleue. Ceux de 25 sont les seuls écrits sur la longueur du papier, qui est très-fin et fabriqué exprès.

TABLEAU

DE LA CAPITALE.

ST.-PÉTERSBOURG. — Sa surface de terrain occupe un mille géographique carré, où l'on compte 4,000 maisons, dont quelques-unes d'une étendue immense. La valeur des hôtels et bâtimens particuliers, etc., est estimée à 70 millions 579,575 roubles.

Édifices remarquables, curiosités. — Le quai du quartier de l'amirauté, monument aussi beau que durable de la magnificence de Catherine-la-Grande. Les bâtimens de l'amirauté (ces bâtimens étant presqu'au centre de la ville, la flèche dorée de la haute tour peut servir de guide à l'étranger pour s'orienter. Dans la cour d'un de ces bâtimens de l'amirauté, on trouve un sarcophage antique, transporté de l'Archipel, et connu sous le nom de *tombeau d'Homère*.) Le palais de Michaïlow d'été, et le jardin d'été (il est ouvert au public; il y a un grand concours de promeneurs, surtout les dimanches et jours de fêtes.) Le palais de marbre (vrai château de féerie.) Le palais d'hiver; l'escalier, dit de parade; l'église de la cour; la salle d'audience ou de St.-George; le dépôt où l'on garde la couronne, le sceptre et les autres joyaux de l'empire. Le fameux diamant de 194 karats, qui orne le sceptre, acheté en 1774, d'un Arménien nommé *Safiaz*, a été payé 450,000 roubles, et d'une pension viagère de 100,000 livres tournois. Le jardin, ou *hortus pensilis*, etc. *L'ermitage* (palais séparé, où se trouvent les collections précieuses de tableaux, de pierres gravées, d'histoire naturelle, formées par *Pallas*, etc. de l'auguste Catherine.) La maison où s'assemble la société économique; la place décorée de la statue de Pierre-le-Grand (il faut consulter, sur le transport merveilleux du grand bloc de granit qui sert de piédestal, la description du comte *Carburi* : *Monument élevé à la gloire de Pierre-le-Grand*, 1777, *fol* Le visage du monarque, modelé par mademoiselle *Collot*, est très-ressemblant; la hauteur de la figure est de 11 pieds, et celle du cheval, de 17. Le total des dépenses pour ce monument, monte à 424,610 roubles. La simplicité de l'inscription répond à la sublimité du dessin : *Petro primo, Catharina secunda*, 1782.) La statue de Souwarow-Italiskoy (élevée par Alexandre Ier. à l'un des plus vaillans et des plus célèbres capitaines du siècle passé.) La statue de Romanzow ; la cour des galères ; la corderie ; l'hôtel des postes ; le chantier des galères ; l'église de St.-Isaac (superbe édifice.) Grand nombre de palais des grands de la cour ; les écuries ; la maison du collége de médecine ; le grand théâtre ; le magnifique quai de la *Néva* d'une longueur prodigieuse, et la plus belle chose du monde ; les quais de la *Fontaka*, de la *Koika*, etc. (tous en granit : on peut porter l'étendue de tous ces quais à 35 werstes, dont la construction, y compris les balustrades, grilles, ponts, etc., de fer ou de pierre, a coûté la somme de plus de douze millions de roubles) Le grand marché, ou *Gostinoi-Dwor* (il ressemble au Palais Royal de Paris ; mais il est de deux étages, chacun avec une galerie de 170 boutiques. Les arcades servent de promenades.) La nouvelle banque au change ; l'arsenal (il contient un grand nombre de trophées et d'armures étrangères : on donne un demi-rouble à celui qui a les clefs.) La fabrique impériale de tapisseries, la statue de bronze de Pierre-le-Grand, l'église luthérienne de Ste.-Anne, la plus belle des églises étrangères ; l'église superbe de N. D. de Kasan, dans la belle allée de la *Perspective Newskienne*, rue magnifique, de la longueur d'un werste. Le couvent et l'église d'Alexandre Newski (le riche tombeau de ce saint.) La nouvelle bourse, et le nouveau quai de granit ; les bâtimens de l'académie des sciences, et de l'académie des beaux-arts (l'hôtel de l'académie des arts est estimé, par plusieurs voyageurs, le plus beau bâtiment de la capitale.) La citadelle (ses murs de brique environnent une petite île : au milieu de l'île est la cathédrale de SS. Pierre et Paul. C'est dans cette église que sont enterrés Pierre-le-Grand et Catherine-la-Grande, la gloire de son siècle. Près du tombeau du fondateur de la marine russe, on observe quelques pavillons turcs, qui ont été pris dans la bataille de Tschesme, et que Catherine II y plaça de sa propre main. Dans un bâtiment séparé de la forteresse est la monnaie. On conserve aussi dans cette citadelle un bateau à quatre rames, que Pierre Ier. appelait le *petit grand sire*, et qui consigne à la postérité la première origine de la marine russe. De la forteresse, on va par eau à une île voisine, auprès d'une cabane de bois, qui est illustre aussi, parce qu'elle servait de demeure à Pierre-le-Grand, pendant qu'il faisait bâtir la forteresse : elle a été conservée dans son premier état. Près de là est un autre bateau à quatre rames, construit de la main même de Pierre.) (Les grandes rues, de la Million, de la Perspective, du Jardin, des Matelots, etc.)

Fabriques, manufactures. — Les manufactures et fabriques impériales de tapis et tapisseries, de l'affinage des métaux, de bronze, de porcelaines, d'armes à feu, d'eau forte, de glaces (on en coule de plus grandes que partout ailleurs, de 184 pouces anglais sur 84), pour polir les pierres (on trouve à cette manufacture une salle où l'on taille et où l'on monte des diamans ; 150 machines mues par un seul courant d'eau, sont distribuées à deux étages), etc. La fonderie de l'académie. Des manufactures et fabriques de soieries, de toiles de coton, de cartes à jouer, de papiers peints, de tabac, de toile cirée, de cuir, de galons et de fils d'or et d'argent, de liqueurs et eaux spiritueuses, etc. Des papeteries, des blancheries, des verreries, des poteries, des raffineries de sucre, etc. (Les hangars du grand magasin des suifs et huiles appartiennent à la couronne, qui les loue : l'exportation du suif, a été, en 1791, de 642,805 pouds.)

Établissemens utiles et littéraires. — Les trois banques du lombard, des cédules, d'assurance. Les hôpitaux de terre et de mer, et de la ville. Les maisons des fous, d'accouchement, d'inoculation, d'enfans-trouvés, de correction, de maladies vénériennes. L'hôpital des pauvres de la ville, la maison d'invalides, la société de secours, l'académie impériale de médecine, les écoles de chirurgie, les jardins botaniques de l'académie des sciences et de l'académie de médecine (le cabinet du comte Butmlin a été acheté par Alexandre Ier, et donné à l'académie de médecine.) L'académie impériale des sciences (on évalue ses revenus à 80-90,000 roubles) ; l'académie impériale d'histoire russe ; celle des beaux-arts (ses revenus sont de 60,000 roubles par an) La société économique, le corps des cadets nobles (un des plus beaux établissemens fondés sous l'auguste Catherine, et qui paraît surpasser tout ce qui existe ailleurs en ce genre l'hôtel est presque une ville entière, et a une lieue de circonférence. Les cadets sont au nombre de 6 à 700, et les personnes employées à leur instruction, ou pour avoir soin d'eux, au double. Cet établissement, dont la dépense monte à 200,000 roubles par an, est à présent sous la direction de M. le général de *Klinger*, savant, et littérateur célèbre par un grand nombre d'ouvrages allemands.) L'hôtel des cadets du génie (au nombre de 550 Cet établissement coûte, année commune, 120,000 roubles) ; le corps des cadets des mines, la nouvelle école militaire centrale, le collége grec, la maison des demoiselles nobles et bourgeoises, l'un des plus durables monumens de l'immortelle Catherine (on y reçoit 480 élèves, moitié de la noblesse, et moitié de la bourgeoisie. La maison contient un joli théâtre, où les demoiselles jouent de temps en temps.) L'école normale, et un grand nombre d'autres écoles publiques (Deux gazettes politiques, l'une en langue russe, l'autre en allemand, s'impriment à Pétersbourg.)

Cabinets, bibliothéques. — Le musée de l'académie des sciences, où sont réunis l'observatoire et les collections les plus intéressantes et les plus précieuses de tous les genres : les livres chinois et japonais, les manuscrits du Tibet; le premier livre imprimé en Russie en 1564; le verre de *Tschirhausen*, le globe de *Gottorp*; deux manuscrits précieux, l'un de la main de *Pierre-le-Grand*, l'autre de la main de la *grande Catherine*, contenant l'instruction au comité choisi pour composer le nouveau code de lois; la bibliothéque de *Radziwill*; dans le cabinet des médailles le premier rouble, morceau d'argent massif, 8,000 médailles russes, et 9,014 médailles antiques et étrangères; les insectes dessinés par *Merian*; les os fossiles trouvés dans la Sibérie; le morceau de cuivre natif; la grande masse de fer natif, le premier qu'on ait trouvé dans un état parfait de malléabilité, la collection anatomique préparée par le célèbre *Ruysch*, et celle de *Lieberkuhn*; les ornemens trouvés dans des tombeaux en Sibérie, la figure en cire, qui représente Pierre-le Grand : la tête a été moulée sur le visage de ce monarque après sa mort. Cette figure, d'une beauté et d'une ressemblance frappantes, en a beaucoup avec *Alexandre I*er*., l'amour et l'admiration de ses sujets; mais les traits d'*Alexandre* sont encore plus beaux et plus réguliers, etc. (Voyez *Bacmeister*, Essai sur la bibliothèque et le cabinet des curiosités de l'académie des sciences. St-Pétersbourg, 1776, in-8.; et Kabinet Petra Velikago, etc., par le bibliothécaire *Osip Bielajev*. St.-Pétersbourg, 1800, 3 vol. in-8.) Le cabinet impérial d'estampes, la collection d'antiques, au palais Taurien, le cabinet d'histoire naturelle du corps des cadets; le cabinet de minéralogie des cadets des mines; la galerie impériale des tableaux; la collection des modèles; le cabinet anatomique, le cabinet des médailles et pierres gravées de Catherine-la-Grande (la collection précieuse du duc d'Orléans a été jointe à ce cabinet), la bibliothéque à l'ermitage (les bibliothéques de *Voltaire* et de *Diderot* s'y trouvent réunies); la bibliothéque du couvent d'Alexandre Newsky; la bibliothéque du corps des cadets, la bibliothéque publique, fondée par le comte Széchény (un grand nombre de bibliothèques et de collections qui appartiennent à des particuliers. Il y a aussi plusieurs cabinets de lecture à Pétersbourg.)

Promenades. — Les promenades sous les arcades du grand marché, sur les trottoirs des bords de la *Neva* et des canaux; dans les allées de la rue dite *Perspective Newskienne*, dans le jardin d'été, et dans les parcs d'un grand nombre de seigneurs de la cour; les parties de plaisir dans les allées et jardins des îles; les promenades en traîneaux et en bateaux; les promenades en carrosses ou à cheval, à *Cathérinenhof*, aux villages de *Strelna* et d'*Alexandrowka*; à *Krasnoi-Kabak* ou à *l'auberge rouge*, où le beau monde s'assemble pour manger une quantité prodigieuse de gauffres, et boire du vin brûlé.

Spectacles, fêtes, amusemens. — Deux théâtres de la cour, le théâtre russe et le théâtre français; théâtre italien, théâtre allemand, des théâtres de société, concerts publics: prix d'entrée, 1 et 2 roubles. Les clubs (ils sont en grand nombre : on y joue, et on y dîne à prix fixe, les étrangers connus y sont facilement introduits : quelques-uns de ces clubs donnent des concerts, les autres des bals; le club anglais est le plus ancien.) Les bals publics et masqués; les promenades, en bateaux ou en traîneaux, sur la Néva, suivant la saison, la foire de Noel (marché d'un genre neuf, et très-frappant pour un étranger : c'est un but de promenade. Il dure quinze jours.) Le jour de Pâques est consacré aux plaisirs de toute espèce. Les paysans ou serfs présentent des œufs à tous les nobles qu'ils rencontrent, et les embrassent : le premier seigneur de la cour ne peut pas refuser l'œuf et l'accolade du dernier mendiant. Pendant les fêtes de la Pentecôte, on plante des mais, et on éparpille des fleurs dans les églises. Le jour des Rois se fait la bénédiction des eaux, dans un petit temple de bois érigé sur les glaces de la Néva.) (Nous renvoyons à l'article de *Moscou*, pour ce qui regarde les *montagnes de glaces artificielles*, amusement vraiment national, et les célèbres *musiques de cors de chasse*, autre institut national, et que l'on ne trouve qu'en Russie.)

Maisons de plaisance impériales. — *Pella* (le chemin qui y mène est le grand chemin de *Schlusselbourg*. La Néva y forme un superbe bassin, et la vue est fort belle à l'endroit où le palais lui est adossé. La forteresse de *Schlusselbourg* n'est fameuse dans l'histoire que comme prison d'état, et il est assez difficile de se procurer l'entrée de cette place. Il y a dans le village une manufacture considérable de toiles peintes.) *Tschesme* (on y admire les portraits des souverains de l'Europe. A la Saint-Jean, il se tient une foire sur la place, devant le château.) *Zarskoje-Szélo* (chaque werste de la chaussée qui communique avec ce magnifique château et Péterhof, a coûté 25,000 roubles. La magnificence de ce palais et de ses jardins est généralement connue : il y a une salle revêtue en lapis-lazuli, une autre toute entière en ambre jaune, etc. : on y admire des arcs de triomphe, des colonnes, des pyramides, érigés en l'honneur des grands événemens du règne de Catherine de glorieuse mémoire : la chapelle de *Landskoi*, etc. Il faut aussi voir sur la route de *Sofie* à *Moscou*, la porte de fer, d'architecture gothique, de deux pièces fondues en Sibérie. Ce château est à 22 verstes de *Pétersbourg*, sur la route de *Novogorod*.) *Paulowsky* (château décoré intérieurement avec tout le goût imaginable; l'impératrice douairière y a établi une colonie manufacturière) *Gatschina* (d'une belle architecture; séjour favori de Paul Ier. On y trouve une colonie considérable d'Allemands) *Strelna* (il y a de belles series, et on y jouit d'une vue pittoresque; un peu plus loin est le couvent de *Saint-Serge*, où s'arrêta Catherine le jour de la révolution.) *Peterhof* (les jardins sont ce qu'il y a de plus remarquable; les eaux en sont fort belles.) *Oranienbaum* (Pierre III l'affectionnait : on y découvre en plein Pétersbourg, Cronstadt, le golfe et sa côte.) *Cronstadt*, ville et forteresse, est le boulevart de la capitale, et commande avec *Cronslot* le passage étroit par lequel les vaisseaux peuvent approcher, plusieurs maisons de plaisance, qui appartiennent à des personnes de la cour, embellissent le chemin qui mène à ces châteaux.

Auberges. — A la ville de Londres, bonne auberge, vis-à-vis du palais d'hiver, et de la place où monte la garde; chez *Demuth*, près de la *Moika*, bonne auberge; à la ville de Grodno, à la ville de Paris; à l'hôtel de Madrid.

Plans, livres à consulter. — Gemälde von Petersbourg, en 2 vol., par M. le chevalier de *Storch* (livre instructif. L'auteur en a publié une nouvelle édition. M. de *Reimers* a publié des supplémens et des additions à la première édition de ce tableau); Croquis de Saint-Pétersbourg, par le prince *Porus de Visapour*; à Saint-Pétersbourg, 1803, in 8. M. de *Reimers* a publié depuis peu un nouvel ouvrage sur Saint-Pétersbourg, en 2 vol. in-8 portant le titre : Saint-Petersburg am Ende seines ersten Jahrhunderts mit Ruckblicken auf Enstehung und Wachsthum dieser Residenz unter den verchiedenen Residenzen währen dieses Zeitraums, avec quatre plans de la résidence des années 1716, 1737, 1760 et 1803, et d'autres gravures.

Mélanges. —Cette ville étonnante, sortie du néant au commencement du siècle passé, a fait et fait encore des progrès si rapides en magnificence et en étendue, qu'un intervalle de quelques années y produit des changemens trop considé-dérables, pour qu'on puisse s'y reconnaître d'après les anciens renseignemens. Le plus grand froid, depuis 1741, a été de 33 degrés du baromètre de Réaumur, et la plus grande chaleur de 27 degrés. La ville est divisée en 42 quartiers, et compte maintenant environ 4,000 maisons, dont plus d'un tiers en pierres, et la moitié de ces dernières datent du règne de la grande Catherine. Les précautions contre les incendies occupent tous les jours 1,622 personnes Il n'y a pas de ville dans l'univers qui tire sa subsistance d'aussi loin que celle-ci. La plus grande partie du bétail vient d'Astrakhan, et des voisinages du Don et du Volga, et fait, par conséquent, un voyage de plus de 400 lieues de France pour aller à la boucherie. Quoique les poissons de la Néva soient excellens, on fait venir de la Prusse des carpes pour les tables des riches. Les *purogis*, sortes de petites tourtes, les *kulebakis*, poissons grillés ; le *postila*, confiture faite de fruits, sont des mets nationaux et délicats Le *wiuschnewka* et le *malinowka* sont des vins de fruits. Plusieurs seigneurs tiennent table ouverte, et quand on y a été invité une fois, on est censé l'être toujours. On observe seulement de faire demander le matin si le maître de la maison dîne chez lui. S'il y dîne, on se présente sans autre cérémonie à l'heure du dîner. Souvent on voit servir au même repas le sterlet du Volga, le veau d'Archangel, le mouton d'Astrakhan, le bœuf d'Ukraine, et le faisan de Hongrie ou de Bohême. Les vins les plus communs sont le Bordeaux, le Bourgogne et le Champagne. On y boit la meilleure bière d'Angleterre. C'est l'usage, même dans les plus grandes maisons, de servir avant le dîner quelques plats de caviar, de harengs secs ou marinés, de jambon ou de langue fumée, du pain, du beurre, du fromage, avec différentes sortes de liqueurs ; et il y a peu de personnes de l'un et de l'autre sexe qui ne préludent ainsi au festin qui les attend. On dîne ordinairement à trois heures. Dès qu'on a desservi, on passe dans une autre chambre, et on sert le café. Les quatre régimens des gardes résident perpétuellement dans la capitale, et sont composés des plus beaux hommes de la Russie. Ils forment 20,000 hommes, un grand nombre furent faits prisonniers à la bataille d'*Austerlitz*, livrée le 2 décembre 1805, et Napoléon les rendit généreusement, sans échange, à leur souverain. Pop. 250,000 hab. Lat. 59. 56. 13 Long. E. 27 57 54'

Distances. — 450 l. E. par N. de Londres ; 136 N. E. de Moscou ; 235 N.-N.-E. de Varsovie ; 135 E. de Stockholm, 260

N.-E. de Copenhague; 450 N. N.-O de Constantinople; 335 N.-E. de Berlin; 360 N. par E. de Vienne; 540 N.-E. de Rome.

ITINÉRAIRE.

N°. I.

ROUTE DE LEIPSICK A SAINT-PÉTERSBOURG.

Il y a deux grandes routes pour se rendre par terre de *Leipsick* à *St.-Pétersbourg*. La première, qui est la moins fréquentée, passe par *Dresde*, traverse la Silésie, la Prusse méridionale, la nouvelle Prusse orientale, entre près de Grodno dans l'Empire russe, et conduit au travers de la ci-devant Lithuanie et de la Courlande jusqu'à Mittau, où vient aussi aboutir l'autre route plus courte, qui passe par *Kœnigsberg*. On ne doit pas avoir de voiture trop pesante sur cette route, car les chevaux sont légers, les postes très-longues, et les sables très-incommodes. A moins que de commander les chevaux d'avance, on est servi très-lentement; et la manière expéditive dont on voyageait ci-devant en Pologne, s'est entièrement perdue sur cette route. Le seul avantage qu'elle offre aux voyageurs, c'est que dès qu'on a quitté la Saxe, on ne rencontre plus de montagnes, c'est un pays plat jusqu'à Saint-Pétersbourg. En revanche, la nourriture est partout assez mauvaise; il y a même telle poste où vous ne pouvez avoir autre chose que du café : heureusement pour les voyageurs qu'on le fait bon et nourrissant. A l'exception de *Grodno*, de *Varsovie* et de *Rava* (à la maison de poste), on ne trouve sur toute la route de *Kempen* à *Mittau* aucun gîte passable. De Grodno jusqu'à Kempen, on paye la poste à raison de 8 gros pour chaque cheval par mille; mais de Kempen jusqu'aux frontières de la Saxe, on payait encore, en 1801, à raison de dix gros. Voici les postes que l'on rencontre sur cette route.

RUSSIE.

NOMS des relais.	MILLES allem.	NOMS des relais.	MILLES allem.
Wurzen.	3	Varsovie.	2
Wermsdorf.	2	Nioporent.	2 $\frac{1}{2}$
Stauchitz.	2	Popowe.	2 $\frac{1}{2}$
Meissen.	2 $\frac{1}{2}$	Wyszkowa.	2
Dresde.	3	Brok.	4
Schmiedefeld.	3 $\frac{1}{2}$	Gousorowo.	3
Bautzen.	3 $\frac{1}{2}$	Ciechanowitz.	3
Rothenkretschmar	3	Bransk.	3
Gœrlitz.	3	Bielsk.	3
Waldau.	3	Weyski.	2
		Bialystok.	3
(Poste prussienne.)		Bukstel.	3
		Sokolka.	3
Bunzlau.	3	Kusznica.	3
Haynau.	3 $\frac{1}{2}$	Grodno.	4
Liegnitz.	2 $\frac{1}{2}$	Granizna.	2 $\frac{1}{2}$
Neumarkt.	4 $\frac{1}{2}$	Bustehle.	2 $\frac{1}{2}$
Breslau.	4 $\frac{1}{2}$	Rotniza.	2
Oels.	4	Mereczow.	4
Wartenberg.	4	Orany.	4
Kempen.	3	Leiphun.	4
		Gossen.	3
(Poste russe.)		Wilna.	3
		Riconty.	3
Wiernsow.	2	Soboliszky.	3
Naramice.	3	Zysmory.	3
Wielky.	3	Rumszysky.	2
Widawa.	3	Kowno (Kauen).	3
Lonki.	2	Bobty.	3
Rosniatowice.	2	Montwydow.	3
Mzurki.	2	Keydan.	3 $\frac{1}{2}$
Petrikau.	2	Beysagol.	3
Wolborsz.	4	Szadowo.	2
Lubochnia.	3 $\frac{1}{2}$	Radziwilyszky.	2 $\frac{1}{2}$
Rava.	4	Szawlu.	3
Chizonowce.	3	Meskuczy.	3
Msrczanow.	2 $\frac{1}{2}$	Janisk.	3
Zabiawola.	2	Kalbe.	2
Raszyn.	4	Mittau.	4
			213 $\frac{3}{4}$

La seconde route qui est indiquée sur la carte passe par *Berlin* et *Kœnigsberg* ; mais on peut aussi abréger en se rendant en droiture de *Leipsick* à *Kœnigsberg*, sans passer par *Berlin*. Voici les postes de cette route.

NOMS des relais.	MILLES.	NOMS des relais.	MILLES.
De Leipsick (1) à		Liberosa.	3
Eulenbourg.	3	Beeskow.	2
Torgau.	3	Muhlrose.	2
Herzberg.	3	Francfort sur l'O-	
Hohenbuckau.	2	der.	3
Luckau.	2	Custrin.	4
Lubben.	2		
			29

Topographie.

Quant aux postes qui viennent après celle-ci, voyez plus bas (page 140) la route de la Nouvelle-Marche.

De *Berlin* on se rend aussi par *Custrin* et les autres postes indiquées dans la carte, à *Kœnigsberg*. Les postes, sur la route d'*Elbing*, sont en général bien servies, la plupart des voyageurs prenant cette route pour voir les villes de la Baltique. Les courriers passent pour l'ordinaire par *Custrin*. Lorsque les chemins sont secs et le temps beau, on avance presque autant en passant par *Elbing*, parce qu'on rencontre moins de sable sur cette route ; mais en temps de pluie et dans les endroits bas, il n'est presque pas possible de s'en tirer, surtout entre *Dantzick* et *Kœnigsberg*. Quant à la route qui passe par *Custrin*, elle est très-sablonneuse : souvent on ne peut point avoir de chevaux, ou ils sont si mauvais, qu'on ne chemine que très-lentement, ce qui est surtout le cas près de *Graudenz*, de *Fielehne* et de *Driesen*. La profondeur du sable sur tout le territoire prussien, rend en général cette route extrêmement pénible, surtout en été ; aussi conseillerais-je à tout voyageur de se pourvoir d'une voiture légère et haute de roues ; sans cela on est obligé de se disputer à toutes les postes sur le nombre des chevaux. On fera fort bien d'avoir une pareille voiture jusqu'à *Peters-*

---

(1) *Voyez*, pour la topographie, l'Itinéraire d'Allemagne, N° 50.

bourg. Les chevaux russes, pour l'ordinaire, sont petits, de mauvaise mine et très-maigres. Ils vont très-vite, mais ils ne peuvent pas traîner des voitures bien lourdes, et le sable qui, dans un espace de 20 à 40 milles au-delà de *Riga*, est très-profond, est un obstacle de plus. Les voitures appelées chariots de Holstein (*Holsteiner-Wagen*), où la chaise est suspendue dans une corbeille, sont les plus commodes sur cette route, et elles ont de plus l'avantage d'offrir beaucoup de place pour le bagage (1)

Pour se rendre de *Kœnigsberg* à *Memel*, on a le choix de trois routes. La première est la route par eau sur le *Curish-Haff*. Si le vent est bon et la saison favorable, la traversée est courte, commode et peu coûteuse, mais on ne peut jamais être sûr que le gros temps, qui survient quelquefois lorsqu'on s'y attend le moins, ne vienne pas retarder le départ, ou rendre la traversée pénible et même dangereuse : aussi est-il très-rare qu'on fasse cette route par eau. La seconde route, qui devient tous les jours moins praticable pour les voitures, à cause des sables et des mauvais relais, est la plus courte, mais aussi la plus ennuyeuse. On chemine sur une bande de terre très-étroite, qui sépare le *Curish-Haff* de la *Baltique*. Dans un espace de dix-huit milles, on ne trouve que des sables profonds ; on ne voit que de l'eau, et quelques arbres rabougris, dispersés sur une plaine aride et monotone. Sur toute cette route de *Kœnigsberg* à *Memel*, il n'y a pas un seul gîte où l'on puisse passer la nuit. Les maisons de poste ne sont, pour l'ordinaire, que de méchantes cabanes, éloignées de la route. On fait fort bien de ne point aller jusqu'à ces tristes réduits, mais de rester sur la route, et de faire venir les relais (2). En attendant, on peut se mettre à l'abri du mauvais temps dans de petites baraques, construites de planches, et situées à l'endroit où commence une autre poste. Le postillon détèle, se rend à cheval à la maison de poste ; et, s'il fait diligence, au bout d'une demi-heure on peut avoir des relais. Souvent, surtout

---

(1) Comme en Russie, surtout depuis *Narva*, les postillons ne conduisent point à cheval, il faut avoir soin de leur procurer un siège quelconque. Du reste, ils ne sont pas difficiles, et il ne leur faut pour s'asseoir, qu'un coffre, un porte-manteau, ou même un morceau de bois placé en travers et assujetti avec une corde.

(2) Il paraît que tout cela s'est amélioré depuis 1804, car un voyageur a eu la bonté de me mander « Excepté *Sarkau*, on peut très-bien passer la nuit dans les maisons de poste, je l'ai passée à *Milsen* et à *Schwarzort*, et je n'ai eu à me plaindre ni des lits, ni des chambres, ni du souper. Un chevalier espagnol, qui avait couché à *Nidden*, nous recommanda fortement cet endroit pour y passer la nuit. A *Rossitten* je remarquai une jolie maison de poste, tout-à-fait neuve. Ainsi il n'y a que *Sarkau* où l'on ne puisse pas coucher. »

du côté de Memel, le postillon conduit si près de la mer, que les roues baignent d'un côté dans la *Baltique*. Lorsqu'il a plu, le sable porte mieux, mais, en général, ce sable mouvant est extrêmement incommode. Il y a tel endroit où, si le postillon ne va pas très-vite, la voiture enfonce tellement, qu'on ne peut la retirer qu'avec beaucoup de peine ; d'autant plus qu'on ne trouve aucun secours dans le voisinage, le pays étant presque partout désert et inhabité. Cette langue de terre se termine près de Memel, dont elle n'est séparée que par un détroit, qui a environ un quart de lieue de large, et que l'on traverse en bac. Du reste, on fait souvent les trois dernières postes jusqu'à Memel, par eau ; mais à chaque poste il faut aborder, et payer comme si l'on voyageait par terre. La profondeur des sables qu'on rencontre partout sur cette route, fait qu'on est obligé de prendre un cheval de plus qu'à l'ordinaire. Ce cheval s'appelle *cheval de côte (Strandpford)*. Il faut avoir soin de se pourvoir à *Kœnigsberg* de provisions de bouche, et de vin ; car dans toute cette contrée, ou plutôt dans ce désert, qui s'étend jusqu'à Memel, on ne trouve que peu de vivres, et de mauvaise qualité. La troisième route, qui passe par *Tilsit* et *Insterbourg*, et qui est la route ordinaire de la poste, est beaucoup plus longue, mais aussi beaucoup plus agréable ; et l'on ne doit point balancer à lui donner la préférence sur les deux autres : d'un côté, parce que les chemins sont meilleurs ; de l'autre, parce que la contrée est belle, et mieux pourvue de tout ce dont on a besoin. Nous donnerons plus bas la liste des postes de cette route.

A *Memel* on fait viser ses passe-ports ; car au-delà il n'y a plus qu'une seule poste, celle de *Nimmersatt*, la dernière sur le territoire prussien, où l'on ne les demande pas. A une lieue au delà de Nimmersatt, on entre dans les terres de Russie, et bientôt après on arrive à *Polangen*, qui est la première poste russe, et où l'on est obligé de montrer son passe-port au militaire chargé de les examiner. Ce sont actuellement des Cosaques qui sont en garnison à Polangen. Il faut avoir soin d'indiquer exactement dans son passe-port ses compagnons de voyage, et le nombre de ses domestiques, tant hommes que femmes. Après que le passe-port a été visé, on vous fait subir une visite, qui est plus ou moins rigoureuse. Aussi on ne doit pas négliger, avant de se mettre en route, de s'informer avec soin quelles marchandises et quels effets sont de contrebande en Russie : c'est le moyen de prévenir bien des désagrémens, et tout au moins des retards fâcheux. Ce qu'on doit surtout recommander aux voyageurs, c'est de n'avoir avec soi aucune espèce de monnaie russe, soit en entrant dans le territoire de cet empire, soit en en sortant. Les visiteurs, à *Polangen*, parlent allemand; mais tout ce qui est militaire ne sait d'autre langue que le russe. Du reste, ces messieurs prennent la pièce tout aussi-bien que les visiteurs; cependant l'on n'en est pas plus favorisé pour cela dans la visite qu'on est obligé de subir, ou du moins l'on n'y gagne pas grand'chose. Il faut convenir cependant que, si cette visite est rigoureuse, elle ne passe pas au moins les bornes de l'honnêteté et de la décence. De Polangen, l'on continue sa route jusqu'à *Mittau* (1), sans être arrêté nulle part, mais à Mittau l'on est obligé de faire viser ses passe-ports par la police et par le gouverneur. Pour éviter toute espèce de désagrément et de retard, on fait bien de s'adresser à quelqu'un de connaissance, qui vous donne les renseignemens nécessaires. De *Polangen* à Mittau, la poste se paye encore en argent appelé *Albertsgeld*, et sur le pied de 8 gros par mille pour chaque cheval. A chaque poste on doit faire inscrire le nom des voyageurs. Avant tout, il faut montrer son *passe-port de poste* (voyez à l'introduction, l'article des passe-ports), ou permission en forme de certificat, où est specifié le nombre de chevaux que l'on prend : c'est la première chose que le maître de poste vous demande. On se fait donner ces passe-ports de poste appelés dans toute la Russie *podaroschna*, par le gouverneur militaire de la première ville où il y en a un, après lui avoir montré son passe-port de voyage. Comme Mittau est le premier endroit de cette route où il y ait un gouverneur, jusque-là les maîtres de poste se contentent de vous demander votre passe-port. Dès qu'on est entré sur le territoire russe, on paie à la couronne, jusqu'à ce qu'on soit arrivé au lieu de sa destination, un kopek par werste pour chaque cheval. Dès que vous avez montré votre *podaroschna*, on vous fait votre compte et vous payez. Voici la traduction d'un de ces passe-ports de poste, dont l'original est toujours en russe.

---

(1) A Mittau, chez *Morelli*, restaurateur français, bonne auberge, et chez *Raude*.

(1) *Passe-port pour le voyage.*

Par ordre de sa majesté l'empereur autocrate de toutes les Russies, etc , etc. , etc.

N° 81.
De Wilna jusqu'à Pétersbourg, ordre aux bureaux de poste de donner à N. N (nom et titre) avec ses compagnons de voyage, quatre chevaux avec des conducteurs, à la taxe fixée par la loi.

Wilna, le . . . .

N. N., gouverneur de la frontière en Lithuanie.

Sceau de la régence du gouvernement de —

Ce passe-port a été produit à Riga.

A compter depuis Grodno, on a payé pour ce passe-port à raison de 1,133 werstes, la somme de 45 roubles et 32 kopeks.

N. N., Bourgmestre de police.
N°. 17.

N., *Caissier.*

(2) *Passe-port pour le retour.*

Par ordre de sa majesté l'empereur autocrate de toutes les Russies, etc , etc.

N° 1206.
De Pétersbourg à Polangen, ordre aux bureaux de poste de donner sans délai à N. N , avec ses domestiques N. N., quatre chevaux avec un conducteur, à la taxe fixée par la loi.

Saint-Pétersbourg, le . . . .

N., général de cavalerie, au service de sa majesté impériale, mon gracieux souverain, gouverneur militaire de St.-Pétersbourg, etc., etc.

Sceau de la régence du gouvernement de —

On a payé pour ce passe-port, à raison de 802 werstes, la somme de 32 roubles et 8 kopeks.

N., *Caissier.*

Il faut remarquer cependant que le nombre de chevaux indiqué dans la *podaroschna*, n'oblige point le maître de poste à ne vous donner que le nombre que vous demandez, et qu'on ne peut pas la faire valoir comme un titre en sa faveur. Cependant, si l'on se fait donner plus de chevaux, sans y être forcé, l'on ne paie rien de plus qu'auparavant, et l'on en est quitte pour les 2 kopeks par poste.

Les postes sur toute la route jusqu'à *Mittau* sont passables, et partout on trouve des vivres. On peut, du reste, se faire conduire de *Kœnigsberg* à *Memel*, et même jusqu'à *Riga*, par des voituriers; et lors même que l'on se rend en poste jusqu'à Mittau, on fait fort bien de prendre dans cette dernière ville des chevaux de louage pour aller jusqu'à Riga. Les voituriers de Mittau vous conduisent sans s'arrêter jusqu'à Riga.

Ce n'est pas en Russie comme en Allemagne, où quiconque arrive par la poste est obligé de continuer sa route par la même voie. En Russie, au contraire, vous avez pleine liberté de prendre des chevaux de louage au lieu de la poste, et de partir quand bon vous semble et de la manière qui vous convient le mieux.

A Riga, comme à Mittau, l'on est obligé de faire viser son passe-port par le gouverneur et par la police. Tous les voyageurs conviennent que l'on n'est nulle part plus chèrement que dans ces deux villes, et qu'il fait moins cher à *Pétersbourg* même. A Riga, surtout, l'auberge de la *ville de Pétersbourg*, dont l'emplacement, il est vrai, vaut mieux que celui de la *ville de Londres* et de la *ville de Paris*, a été d'une cherté qui passa toute idée, quoique l'on n'y était ni bien servi ni bien nourri. Mais, depuis plusieurs années, il y a à Riga un tarif fixé pour les aubergistes.

On remarque dans cette ville l'hôtel de ville, la bourse, le palais impérial, l'église cathédrale, le palais des États, l'arsenal, l'hôpital St.-Georges, l'église St.-Pierre, et la belle tour d'où l'on jouit d'une superbe vue; le monument des incendiaires, le théâtre, la douane, les machines hydrauliques, le canal où les vaisseaux vont hiverner; la bibliothèque de la ville, le musée de Himmsel, le lycée, le collège, la société économique. Elle fut assiégée en 1812 par les Français. Pop. 27,000 hab.

Au-delà de Riga commencent les sables, et on les garde pendant quatre postes, dans une étendue plus ou moins considérable. Ils sont surtout très-profonds entre *Engelhardshof* et *Hilkensfher*. Comme on ne paie pour un cheval que 2 copeks par werste, et par conséquent que 14 kopeks par mille, on fait fort bien, si l'on veut cheminer un peu vite, de prendre un ou deux chevaux de plus. Ce qu'on donne au postillon pour boire est peu de chose ; il n'y a même rien de fixé à cet égard. Les courriers ne donnent le plus souvent que 5 kopeks, les autres voyageurs en donnent 10, 15 et jusqu'à 30 par poste (*Voy.* la manière de voyager, page 115).

Sur toute la route jusqu'à *Narva*, on trouve des maîtres de poste qui savent l'allemand. Depuis Narva, c'est autre chose ; ils ne parlent que le russe. Cependant, il y a à *Jambourg* des aubergistes allemands dans la maison de poste. Du reste, on n'a pas besoin de savoir le russe pour être bien servi. Seulement, il est désagréable en route de ne pouvoir se faire entendre du postillon, lorsqu'on a quelque ordre à lui donner.

En Livonie, les postes sont sous la direction du corps de la noblesse, et l'on ne trouve à chaque relai qu'un commis de poste qui a avec lui son écrivain. Il arrive souvent que le commis de poste ou son écrivain commence par se faire montrer la *podaroschna* ; et s'il voit, par le contenu, que le voyageur n'est pas d'une classe qui ait de l'influence, il prend sur lui de dire qu'il ne saurait fournir aussitôt des chevaux. On ne gagne rien par la douceur. Un ton ferme et décidé, et la menace d'envoyer tout de suite un exprès au département dont il ressort, pour se plaindre de ce procédé, opèrent plus que toutes les prières. Mais le moyen le plus sûr d'être servi promptement, c'est de promettre à l'écrivain un demi-rouble ou un rouble, s'il vous fournit tout de suite des chevaux. On peut aussi demander à voir le livre où l'on écrit le nombre des chevaux qui sont actuellement en route ; et, comme il est aisé de savoir combien il doit y en avoir en tout pour le service de la poste, on a ainsi le moyen de convaincre le commis de sa mauvaise volonté. Mais ces gens ont recours à tant de défaites qu'on n'y gagne pas grand'chose. Tantôt c'est un postillon qui leur manque, tantôt c'est un courrier ou une estafette qui doit passer, et à qui sont destinés les chevaux qui se trouvent à l'écurie. On les trouve de meilleure composition si l'on prend quelque chose à la maison de poste, ne fût-ce qu'une tasse de café. S'il y a garnison russe dans l'endroit du relais, on est obligé de montrer son passe-port. Souvent même, comme la plupart des bas-officiers ne savent guère lire l'écriture, votre passeport passe de main en main, ce qui occasionne des retards désagréables.

Si l'on ne craint pas le froid (et l'on a toujours le moyen de s'en garantir) on ne saurait mieux faire en hiver que de voyager en traîneau. On chemine de cette manière aussi vite que sûrement. Si l'on a sa propre chaise, on la fait placer et attacher solidement, ainsi que les roues, sur les flasques du traîneau, et comme tous les fleuves sont gelés et que les routes sont larges et parfaitement plates, on avance avec une extrême vitesse. La commodité de ces routes, la sûreté qui règne sur les grands chemins, la clarté des nuits, soit en été soit en hiver, font que les personnes, même les plus timides, peuvent voyager sans crainte pendant la nuit, et qu'on y trouve fort bien son compte. On ne perd pas grand'-chose a ne pas voir la contrée, qui est monotone et ennuyeuse; et quoique les gîtes pour l'ordinaire ne soient pas entièrement dénués de propreté et d'aisance, cependant ils ne sont guère faits pour donner envie d y passer la nuit et d'y prendre du repos. Cependant, les contrées de *Dorpat*, les environs du superbe lac de *Peipus*, qui a 12 milles de long sur 8 à 10 de large, l'entrée sur le territoire d'*Esthonie*, les contrées de *Wouwora* et de *Narva*, et la dernière poste de *Strelna* jusqu'à *Pétersbourg*, méritent bien, par la beauté des scènes qu'elles offrent, qu'on les traverse de jour.

La saison la plus désagréable pour voyager, c'est le printemps, lorsque le temps se radoucit, et dans les intervalles de la débâcle ; les chemins alors sont affreux. Il y a encore beaucoup de neige, mais elle est trop inégalement répandue et trop souvent interrompue pour qu'on puisse aller en traineau. La glace qui couvre encore les fleuves, n'est plus assez solide pour porter des fardeaux un peu pesans ; et cependant, comme la débâcle n'a point encore commencé, on ne peut ni établir de ponts de bateaux, ni traverser les rivières en bac. Au-delà de Memel, on ne trouve plus de ponts à arches, même sur les fleuves les plus considérables ; il faut en excepter cependant le pont de Dorpat, sur la rivière d'*Embach*. De plus, les jours sont encore bien courts, et les nuits longues et obscures. Aussi, arrive-t-il souvent qu'on est obligé de s'arrêter plusieurs jours à Mittau, aux portes de Riga, près de Jambourg, etc., en attendant la débâcle. A Riga, l'on continue quelquefois à faire route sur le fleuve, lorsque la glace a déjà des fentes considérables, mais plus d'une fois les voyageurs ont été la victime de cette imprudence, et ont disparu dans le fleuve avec leur voiture.

En Prusse, on voyage avec l'argent de Prusse, mais en Courlande, depuis *Polangen*, la monnaie courante est ce qu'on appelle *Argent d'Albert*, et d'autres espèces étrangères, qu'on se fait donner à *Memel* par les changeurs. Toutes les pièces de deux gros, et surtout celles de Saxe, ont cours dans ce pays-là (*Voy*. à l'article de *Kœnigsberg* et à l'article des monnaies russes, les avis donnés sur l'argent de Prusse, et sur le cours des écus d'Albert).

A Riga, on change son argent contre du papier-monnaie et du billon en cuivre Ce billon consiste en grande partie en pièces de 5 kopeks, qu'on a avec soi dans des sacs, pour s'en servir à payer les postillons, et souvent même aussi la poste, lorsque les commis ne peuvent ou ne veulent pas rendre sur les billets de 5 roubles, qu'il faut avoir soin de changer de préférence aux autres. Un sac de 25 roubles, ce qui fait du reste un volume assez pesant, suffit pour arriver à *Petersbourg* (1)

A *Jambourg*, ville manufacturière et nouvellement bâtie, mais qui commence déjà à déchoir, on est logé aussi commodément que proprement. Généralement on peut recommander toutes les auberges de la Courlande et de la Livonie, jusqu'à *Narva*. A *Kaskowa*, il y a une nouvelle auberge fort jolie On y trouve de bons lits et des chambres propres, mais pas toujours de bon vin et de bon pain *Apolie*, *Czierkowitz* et *Kiepen*, sont les seuls endroits où il ne faut pas passer la nuit.

A *Strelna*, qui est la dernière poste avant d'arriver à Pétersbourg, on trouve aussi un très-bon gîte. L'on subit encore une visite, et l'on doit s'arranger pour arriver de bonne heure à Pétersbourg, l'examen des passe-ports, dans cette résidence, et le temps qu'il faut pour trouver une auberge (ce qui se fait d'ailleurs plus commodément de jour), occasionnent des retards inévitables. De *Strelna* à Pétersbourg on paie double *progon*, c'est ainsi que l'on nomme ce qu'il en coûte pour la poste.

Quoiqu'il n'y ait pas de chaussée sur cette route, cependant les chemins sont passables jusqu'à *Narva*; mais de là jusqu'à Pétersbourg, on trouve tantôt des chemins de rondins, tantôt des chemins en pierre, mais entièrement dégradés; tantôt des fonds marécageux, qui abiment et les voitures et les voyageurs. Presque sur toute cette route jusqu'à Pétersbourg, on voit à gauche du chemin des poteaux élevés, qui indiquent le nombre de werstes jusqu'à la résidence. A droite, sont d'autres poteaux plus petits, ordinairement placés deux à deux, sur lesquels se trouve écrit le nom des terres qui sont chargées de l'entretien des chemins, avec les bornes de chaque district à entretenir. On ne paye nulle part de droit de route (*Chausséegeld*). Dans quelques endroits cependant, on paye pour la traversée des fleuves d'après un certain tarif. Dans d'autres endroits, on est obligé de vous

---

(1) Un voyageur vient de me mander « Je m'en suis défait à la troisième poste, voyant qu'on peut partout arranger son compte, quand on voyage avec des billets de 5 roubles. »

passer sans rétribution. Du reste, là où il y a une taxe, elle varie suivant que les eaux sont plus ou moins grosses. Lorsque la débâcle est en train, et que les rivières en charriant rendent la traversée difficile, on paye plus qu'en temps ordinaire. C'est surtout le cas près de *Jambourg*, où il y a un fleuve très-rapide. Si l'on arrive à l'époque où la glace n'est plus assez solide pour porter, les colons allemands établis sur les bords du fleuve, et principalement au-dessous de la ville, aident à passer la voiture, en la descendant avec des cordes, des bords escarpés du fleuve jusque dans son lit, mais il faut avoir soin de s'arranger d'avance avec eux : sans cela on est à la discrétion de ces colons, qui n'ont pas honte de vous demander jusqu'à 5 ou 6 ducats pour la traversée.

Voici le tableau des postes et des distances sur toute cette route.

(a) *De Leipsick à Berlin.*

(*Voy*. l'Itinéraire d'Allemagne, page 257).

(b) *De Berlin à Kœnigsberg.*

(1) *Par la Poméranie.*

(*Voy*. l'Itinéraire d'Allemagne, page 262).

(2) *Par la Nouvelle-Marche.*

NOMS des relais.	MILLES.	NOMS des relais.	MILLES.
De Berlin à		Fordon.	1 ¼
Vogelsdorf.	3		
Muncheberg.	3 ¼	(*Ici on passe la Vistule.*)	
Dolgelin.	2 ½		
Custrin.	2 ¼	Ostrometzke.	1
Balz.	3 ¼	Culm.	4 ¼
Landsberg.	3	Graudentz.	4 ½
Friedeberg.	3 ¼	Marienwerder (1)	4 ¼
Driesen.	3	Riesenbourg	2 ¼
Filehne.	3 ½	Preussisch-Mark.	3 ¼
Schonlanke.	3 ¼	Preussisch-Holland	4
Schneidemuhl.	3	Muhlhausen.	2
Grabionne.	3	Braunsberg	3 ½
Worgiek.	2	Hoppenbruch.	2 ¼
Nakel	3	Brandenburg.	3
Bromberg.	4	Kœnigsberg.	3
			87 ½

(1) *Voyez* l'Itinéraire d'Allemagne, page 263.

ROUTE DE LEIPSICK A SAINT-PÉTERSBOURG.

(c) *De Kœnigsberg à Memel.*

(1) *Par eau, sur le Curisch-Haff*
(2) *De Kœnigsberg, par Mulsen, à Memel.*

NOMS des relais.	MILLES.	
Mulsen.	3 ½	(On prend ici le cheval de côte.)
Sarvau.	3	
Rositten.	3 ¼	
Nidden.	3 ¼	
Schwarzort.	4	(On traverse ici le détroit.)
Memel.	3	
	20 ¼	

Cette route n'est que pour la poste extraordinaire.

(3) *De Kœnigsberg, par Pogauen, à Memel.*
(*Voyez* l'Itinéraire d'Allemagne, page 264.)
Cette route est pour la poste ordinaire.

(d) *De Memel à Riga.*

NOMS des relais.	MILLES.	NOMS des relais.	MILLES
De Memel à Nimmersatt. (*Frontière russe*)	3	Schrunden. (*Passage de la Weka.*)	4
Polangen. (*Passage de la Swieta.*)	1	Frauenbourg. Bechhof. Doblen. Mittau.	4 4 3 ½ 4
Rutzau. Ober-Bartau. (*On passe un bras de l'Upissa.*)	4 4	(Ici aboutit l'autre route qui passe par Varsovie.)	
Padliken. Drogden.	3 3	Oley. Riga.	3 ½ 3
			44

(e) De Riga à Saint-Pétersbourg.

NOMS des relais.	WERSTES	NOMS des relais.	WERSTES
De Riga à Neuenmuhlun.	11	(Ici l'on quitte le lac Peipus.)	
Kilkensfehr.	15		
(Passage de l'Aa)		Jewe.	20
Engelhardshof.	19	(On découvre le golfe de Finlande.)	
Roop.	21		
Lenzenhof (1).	22		
Wolmar	18	Fokenhof ou Kudley.	11
Stakeln.	18		
Gulben.	21	(On arrive au bord du golfe.)	
(Passage de l'Embach.)		Waiwara.	17
Toilitz.	18	Narva.	22
Kuikatz.	22	Jambourg.	22
Uddern.	24	(Passage de la Narowa)	
Dorpat.	25		
Iggafer.	23		
Torma.	23	Opolie.	15
		Czierkowitz.	25
(On arrive ici au lac Peipus.)		Kaskowa.	22
		Kiepena	59
Nennal.	25	Sticlna.	25
Rana-Pungern	14	S.-Pétersbourg.	17
Klein-Pungern.	24		
			598

Par conséquent toute la route de Leipsick à S.-Pétersbourg fait
1°. Par Berlin et Kœnigsberg . . . . 252 ½
2°. Par Dresde et Varsovie . . . . 304 ½
3°. En droiture de Leipsick par Kœnigsberg . . . 246 ¼

---

(1) *Venden*, non loin de *Lenzenhof*, est le séjour du sieur Reichel, auteur d'une carte itinéraire très-détaillée de la route de *Riga* à *S.-Pétersbourg*. On peut se procurer chez lui des exemplaires de cette carte, qu'il avait eu l'honneur de présenter à Paul Ier.

ROUTE DE SAINT-PÉTERSBOURG A MOSCOU.

N°. 2.
ROUTE DE S.-PÉTERSBOURG A MOSCOU.

NOMS des relais.	WERSTES.	PRIX SUIVANT LE NOMBRE DE CHEVAUX.										
		1		2		3		4		5		6	
		ROUBLES	KOPEKS	ROUBLES	KOPEKS	ROUBLES	KOPEKS	ROUBLES	KOPEKS	ROUBLES	KOPEKS	ROUBLES	KOPEKS
Ischora (a).	33	1	32	2	64	3	96	5	28	6	60	7	92
Tossna.	25	»	50	1	»	1	50	2	»	2	50	3	»
Pomerania.	22	»	64	1	28	1	92	2	56	3	20	3	84
Tschudowo.	35	»	50	1	»	1	50	2	»	2	50	3	»
Spaskaja-Polist (b).	24	»	48	»	96	1	44	1	32	2	40	2	88
Podberesje.	24	»	48	»	96	1	44	1	32	2	40	2	88
Novogorod (c).	22	»	44	»	88	1	32	1	76	2	20	2	64
Bronnizuj (d).	35	»	70	1	40	2	10	2	8	3	50	4	20
Sajzowo (e).	27	»	54	1	8	1	62	2	16	2	70	3	24
Krestzuj.	31	»	62	1	24	1	86	2	48	3	10	3	72
Rachino.	16	»	32	»	64	»	96	1	28	2	60	1	92
Jaeshelobizuj.	22	»	44	»	88	1	32	1	76	2	20	2	64
Simogorje.	23	»	46	»	92	1	38	1	84	2	30	2	76
Jaedrowo.	20	»	40	»	80	1	20	1	60	2	»	2	40
Chotilowo.	36	»	72	1	44	2	16	2	88	3	60	4	32
Wujschny Woloshok.	36	»	72	1	44	2	16	2	88	3	60	4	32
Wujdropusk.	33	»	66	1	32	1	98	2	64	3	30	3	96
Torshok.	38	»	76	1	52	2	28	3	4	3	80	4	56
Meelnoje.	33	»	66	1	32	1	98	2	64	3	30	3	96
Twer (f).	30	»	60	1	20	1	80	2	40	3	»	3	60
Wosskressensk	25	»	50	1	»	1	50	2	»	2	50	3	»
Sawidowo (g)	31	»	62	1	24	1	86	2	48	3	10	3	72
Klinn.	26	»	52	1	4	1	56	2	8	2	60	3	12
Peschkj.	31	»	62	1	24	1	86	2	48	3	10	3	72
Tschernaja-Gria.	22	»	44	»	88	1	32	1	76	2	20	2	64
Moscou (h).	28	1	12	2	24	3	36	4	48	5	60	6	72
TOTAL	728	15	78	31	36	47	34	63	12	78	90	94	68

Topographie.

(*a*) *Ishora.* On passe à sept werstes près du château de *Tschesme.* L'auberge *aux Trois Mains* était ci-devant le palais d'été de l'impératrice Elisabeth. On traverse *Zarskoje-Szélo,* ou le *village des Czaars*, et ses magnifiques environs, et on touche à *Sophienstadt,* où la cathédrale a été bâtie d'après le modèle de Sainte-Sophie de Constantinople. Le grand chemin de Moscou est une preuve imposante de la puissance et de la splendeur de l'état russe. Il va presque toujours en ligne droite, depuis Pétersbourg jusqu'à Moscou. La ligne la plus droite est de 120 werstes, jusqu'à *Tschudowo.* Sa largeur est de 200 pieds, les 23 premiers werstes sont pavés; mais, à cause des endroits marécageux, le reste de ce chemin consiste en poutres, ou, si l'on veut, dans une espèce de pont de bois large de 10 pieds, et qui est, sans contredit, le pont le plus long qui existe, car il s'étend à plus de 705 werstes. Il est très-bien entretenu, et facilite extrêmement la communication : ni fossés, ni vallons ne sauraient le détourner de sa ligne droite; il franchit tout Les forêts que la route traverse sont coupées aux deux côtés, pour cause de sûreté et pour donner un plus libre cours à l'air. On ne paye dans tout l'intérieur de l'empire russe, ni impôts, ni droits de passage. On trouve dans l'almanach, qui paraît tous les ans à Pétersbourg, la table des villes, et de leur distance de Pétersbourg et de Moscou.

(*b*) *Spaskaja-Polist.* Peut-être que depuis *Ishora* jusqu'à *Novogorod*, il y avait, dans des temps reculés, une pleine communication entre le lac de *Ladoga* et le golfe de Finlande

(*c*) *Novogorod.* Pont de plus de 800 pieds : auberge chez un allemand, de l'autre côté du pont Cette ville frappe par le triste spectacle des débris de son ancienne grandeur. Elle était jadis si puissante, qu'on disait en proverbe : *Qui est-ce qui peut resister aux dieux et à la grande Novogorod ?* La cathédrale de Sainte-Sophie renferme des peintures d'une grande ancienneté, et probablement antérieures à la renaissance de cet art en Italie On compte dans cette ville soixante-deux églises. On estime fort les *ssuuti*, espèce de truites, que l'on sèche et sert au dessert.

(*d*) A *Bronnizaj* on remarque une colline ou petite montagne, qui s'élève au milieu de cette plaine, et qui a été formée par les mains des hommes : suivant la tradition, c'est le tombeau d'un grand magicien Toute la route avec ses fascines et poutres, coupe en droite ligne une forêt éternelle, surtout depuis Ishora jusqu'à Novogorod. Les salines de *Staraia-Russa*, curieuses par le mécanisme des machines, sont à 120 werstes de Novogorod.

(e) *Sayzowo Waldai* est une petite ville à côté d'un lac, dans une situation agréable et élevée, on y est assailli de marchandes de craquelins, appelés *baranki*. A *Wishny-Wolotshok*, le pont mécanique sur le canal joint deux fleuves, et forme la communication des deux mers C'est un spectacle unique dans son genre, quand, aux roulemens du tambour, on ouvre les écluses, et qu'on fait passer plusieurs centaines de bateaux. Les montagnes de *Waldai* renferment beaucoup de corps fossiles et de pétrifications. A *Torshok* on admire l'architecture de la belle église et du couvent.

(f) *Twer*. Pont de 550 pieds sur 11 bateaux : il y a un traiteur allemand. On trouve ici et dans les environs grand nombre d'ammonites et de bélemnites La ville neuve est jolie, et, après Pétersbourg, la plus belle de la Russie ; la rue des Millions qui la traverse, est bordée de deux canaux et de jolies maisons uniformes et peintes différemment. Il y a ici spectacle, bal, vauxhall On vend des pains d'épices blancs très-recherchés des friands. C'est ici que commence la pêche des sterlets dans le *Wolga*. Le couvent d'*Otrotsch* renferme le corps et le tombeau d'un page russe, à qui son prince avait enlevé son amante au moment des noces ; le prince regrettait, mais trop tard, cet enlèvement, et tâcha de l'expier, en faisant construire ce couvent

(g) *Sowidowo*, à l'embouchure de la *Zancha* dans le *Wolga*, avec pont de bateaux sur cette première rivière, a deux petits temples en bois

(h) A 8 werstes on découvre *Moscou*, c'est-à-dire, un immense terrain parsemé d'églises sans nombre. A 4 werstes on trouve à gauche le château impérial *Petrowsky* L'entrée de *Moscou* est une porte formée par deux colonnes : à gauche est un pavillon où l'on examine les passeports

Les édifices remarquables et curiosités, sont le kremlin. On en voit le modèle en bois à la chancellerie des bâtimens. L'hôtel de ville, terminé en 1791, est situé dans le kremlin. Le palais des anciens czars, édifice gothique, est sans aucun plan Pierre-le-Grand y est né. On y garde le trésor, qui renferme la couronne, les joyaux, les habits du couronnement, et diverses curiosités ; *l'église cathédrale de St.-Michel* (les tombes des anciens czars, *Pierre II* est le dernier qui y soit enterré) ; la *cathédrale de l'Assomption et de la Vierge*, qui sert à la cérémonie du couronnement des czars ; c'est dans cette même église que sont déposés les corps des patriarches de Russie ; c'est l'église la plus magnifique de

Moscou, riche en ornemens d'or et d'argent, en vases sacrés, en vêtemens précieux, etc On fait voir à l'entrée du sanctuaire une image noire de la Ste.-Vierge, peinte, dit-on, par *saint Luc*, le contour de la figure est couvert de perles fines. La plus grande cloche qui existe dans le monde, du poids de 432,000 liv , est enfoncée dans la terre, auprès du clocher de *St.-Iwan*, un incendie ayant détruit le clocher, elle tomba Dans la tour de St -Iwan il y a la plus grosse après celle-là, elle pèse 3,551 pouds. L'*ancien palais des patriarches* (c'est là qu'on conserve les manuscrits grecs et esclavons qui étaient à la bibliothèque des synodes, les habillemens et les bâtons des patriarches, dont un d'ambre est assez curieux)—Le palais neuf et ses jardins —L'église de la Ste.-Trinité (elle a un clocher fort élevé avec 9 ou 10 coupoles).—Les archives publiques —L'université (ses précieuses collections viennent d'être enrichies sous le règne d'*Alexandre I*, par le cabinet d'histoire naturelle de la princesse Jablonowska, et par le cabinet de médailles de M de *Demidof*) —La maison des Enfans-Trouvés (c'est la plus belle en son genre, qui existe en Europe. — Il y avait en 1792 environ 2,000 enfans, et 3,000 à la campagne Cette maison a deux fabriques à son compte, de bas et de cartes à jouer) L'hôpital de Catherine — Le marché aux maisons, dans le *Khitaigorod* — L'hôtel du prince *Gallitzin*, du prince *Gagarin*, de M de *Paschkow* (on y jouit d'une vue charmante, qu'on ne s'attend pas à trouver au milieu d'une ville), et les palais de plusieurs autres seigneurs, c'est à Moscou qu'il faut aller voir ces immenses palais, remplis d'une foule de domestiques, qui rappellent les hab des anciens satrapes de la Perse — La bibliothèque et l'imprimerie du St Synode Dans un livre, du nombre des 180 qui ont appartenu à *Pierre I*, ce monarque a mis des notes de sa propre main Il faut s'adresser à l'archevêque de Moscou pour voir la bibliothèque, ainsi que l'imprimerie, qui consiste en 24 presses. En 1792, la valeur des livres imprimés s'élevait à 230,000 roubles. M le professeur *Bouse*, a *Moscou*, possède une très-riche et très-remarquable collection de livres et de monnaies russes.

Les établissemens littéraires sont l'université, ses cabinets et collections précieuses ; le séminaire ecclésiastique ; les écoles de chirurgie et de commerce

Elle a des fabriques et manufactures de soieries, de draps, de cuirs, de maroquin, de toiles, d'indiennes, de cotonnades, d'ouvrages en or, etc.

Les jardins publics sont le palais *Paschkow*, entouré de plantations romantiques, de ménageries, etc. — *Petrowskoi*, maison impériale, dans un site magnifique. — *Zariznn*, maison impériale, jardin anglais, belle orangerie, abondance prodigieuse d'ananas. — *Ismailowa*, immense parc, peuplé de cerfs, de sangliers, etc. — *Kushowa* et *Astankma*, deux fort beaux jardins du comte *Scheremetow*.

Les environs sont le couvent de *Trotskaia-Laura*, ou de la Ste-Trinité, à 60 werstes de Moscou, très digne de l'attention du voyageur; il est si vaste, qu'à une certaine distance on croirait que c'est une petite ville forte. Les murs d'enceinte ont plus d'une werste en pourtour, 5 toises de haut, et 9 pieds d'épaisseur. Ce monastère, célèbre dans l'histoire de la Russie, a servi de refuge à ses souverains, notamment à Pierre-le-Grand. Du haut de deux galeries, avec des arcades qui règnent autour du clocher, s'offrent des points de vue délicieux. On trouve dans ce clocher 4 grosses cloches, dont l'une pèse 4,000 pouds, c'est la plus grosse qui existe sur pied. La bibliothéque renferme 200 manuscrits, et le trésor de grandes richesses.

Les amusemens publics sont le théâtre, les loges coûtent, par abonnement annuel, de 300 à 1,000 roubles; le parterre un rouble. — Le *club de la noblesse* n'a rien qui puisse lui être comparé dans les autres pays de l'Europe, tant par le nombre de ses membres, que par la magnificence du local et la somptuosité des arrangemens, le carnaval, la promenade dans les trois derniers jours du carnaval, à la *Slobode allemande*, en voiture ou en traîneau, les *montagnes de glace artificielles*, très-multipliées pendant le carnaval, et amusement entièrement national, on descend la montagne ou en traîneau ou en patins — La promenade en voiture ou en traîneau, dans la grande rue de *Petrowskata*. — Le pèlerinage au *bois des Faucons*, le premier jour de mai; cette journée, où l'on étale tout le luxe des équipages, ressemble au Longchamp de Paris. — Les concerts, le goût de la musique est généralement répandu à Moscou, et les virtuoses étrangers y gagnent des sommes considérables. C'est à Moscou ou à St.-Pétersbourg qu'il faut entendre ces fameuses *musiques de cors-de-chasse*, chose admirable, et qui ne saurait être exécutée que par des Russes; l'inventeur est un natif de Bohême, nommé *Marosch*, mort en 1794.

Moscou est certainement la plus grande ville d'Europe; sa circonférence, avec les slobodes, est à peu près de 49 werstes, ou sept milles allemands, et son plus grand diamètre, presque de 15 werstes. Depuis une vingtaine d'années tout a bien changé à Moscou A présent cette ville ressemble à la plupart des grandes capitales d'Europe. Le nombre des maisons a diminué, mais la ville compte plus de beaux bâtimens. En 1680 on comptait à Moscou 50,000 maisons, en 1775, 15,000, et aujourd'hui 9 à 10,000, dont seulement 2,000 en pierre. Les églises et les chapelles sont extrêmement nombreuses à Moscou ; et, quand les cloches de toutes les églises s'ébranlent, cela cause un bruit incroyable. Rabelais l'aurait surnommée la *ville sonnante*. Tels étaient la splendeur et le commerce de cette ville, qu'on la regardait comme la vraie capitale de l'empire avant que la barbarie du comte Rotopschin, son gouverneur, l'eût livrée aux flammes à l'approche des Français, qui y entrèrent le 14 septembre 1812. Les quatre cinquièmes des maisons furent brûlés, et toutes l'auraient été sans le dévouement et le courage des Français, qui arrêtèrent l'incendie. La perte que cette ville a faite est incalculable. Elle commence à renaître de ses cendres, grâces à l'industrie des Français, qui ont présidé à sa reconstruction. Tout le monde connaît le désastre de l'armée française, dans la célèbre campagne de 1812, occasioné par la rigueur du climat : terrible exemple de l'ambition des conquérans ! La plus belle vue de Moscou est celle dont on jouit de la *tour d'Iwan*, ou du haut des collines *Worobzuwa-Gora*. Catherine-la-Grande y fit ériger un palais en bois, qui tombe à présent en ruines. — Dans les environs de Moscou, surtout à *Dmitrow*, à 60 werstes (mais on ne connaît pas dans ce pays les distances), se trouve une sorte de *pomme diaphane* fort curieuse. Elle a la couleur et la transparence de l'ambre jaune pâle, est remplie de jus, et est d'un goût exquis, les Russes l'appellent *naliwi-tabloki*. Cet arbre dégénère dans les autres pays.

On trouve une bonne auberge au café anglais, chez madame Sauvrai. Popul. 250,000 âmes. Lat. N. 55. 45. 45 Long E. 15. 12. 45. La population de cette ville, en hiver, est plus grande qu'en été, parce qu'en été la plupart des grands quittent la ville, et mènent avec eux leur nombreuse famille domestique. Un auteur moderne n'a pas eu tort, peut-être, de porter la popul. de Moscou à 320,000 âmes en hiver.

Les livres à consulter et les vues sont Moskwa, eine Skizze von *I. Reichter*. Leipzig, 1799. 8. — Züge zu einem Gemälde von Moskwa, in Hinsicht auf clima, cultur, sitten, Lebensart, Gebrauche, etc., von *Wichelhæuser*. Berlin, 1803. 8. — Seize vues de Moscou, dans la manière d'Aberli, gravées et publiées par *Walzer*, 1803. Prix, 960 roubles.

Cartes, Manuels, Relations de voyages de fraîche date.

Cartes. — Cartes de l'Empire de Russie, tant Européenne qu'Asiatique, dressée à l'observatoire de Seeberg, 1799. A Weimar, au bureau d'industrie : 2 feuilles.
Carte de la Russie Européenne et Asiatique, d'après *Storch*; 2 feuilles. Bâle.
Carte des postes de Russie, Paris, 1812. Chez H. Langlois. 12 feuilles.
Postkarte von Russland, Saint-Pétersbourg, 1799; 10 feuilles.
General-Karte von einem Theil des russichen Reichs; aus dem Russichen, von D. G. *Reymann*, 1803 ; 9 feuilles.

Livres russes. — Noweischii rossiiskoi Doroschnick, etc. Nouveau Guide Russe, avec une notice du prix des postes. Saint-Pétersbourg, 1798.
Rutschnoi Doroschnick, etc. Manuel des voyageurs de Pétersbourg à Moscou. Moscou, 1800.
Obofrenie rossiiskago Gossudorstwo, etc Tableau général de l'Empire de Russie, par *Sergei Pleschtcheow*. (Il en a paru à Moscou une traduction française, 1796.)

Livres français. — Voyage de deux Français (MM. de *Fortia* et *Beaujolin*) dans le Nord de l'Europe. Paris, 1796, 8 5 vol., le troisième et le quatrième contiennent le voyage en Russie.
Histoire de l'Empire de Russie à la fin du 18e. siècle, traduit de l'anglais de M. *Tooke*, avec les corrections de *Imurnow*, par M. de *Bassinet* Tom. I — VI ; Paris, an 10 — 1800, 8
Tableau général de la Russie moderne, par V. C***, à Paris et à Strasbourg, an 10. 2 vol. 8.
Tableau de la Russie, par Damaze de Raymond. Paris, 1812. 2 vol in-8°.

Livres anglais. — Travels in to Poland, Russia, etc , by W. *Coxe*. Londres, 1791, 8, 5 vol. (Ce livre est traduit en français et en allemand.)
Travels in to Norway, Denmark and Russia, in the years 1788, 1789, 1790, 1791; by A. *Swinton*. Londres, 1791. (Ce livre a été traduit en français et en allemand.)
A picturesque representation of the manners, customs and amusemens of the Russian, by *Atkinson* et *Walker* St.-Pétersbourg, 1803, 3 vol. fol.

Livres allemands. — Historisch statistisches Gemalde des Russischen Reichs am Ende des 18. Jahrhunderts; vom Kollegien-Rath und Ritter *von Storch.* Riga, und Leipzig, 1797—1801, 8. 5 vol. (Ouvrage classique; on en a publié une édition française, avec cartes, Bâle, 1801. Le traducteur est M. *Patrin*, qui a enrichi sa traduction d'un grand nombre de remarques et de notes, ayant séjourné lui-même en Russie.)

Georgi, description physique de la Russie, Kœnigsberg.

Russland unter Alexander I. Vom Kollegien-Rath und Ritter *von Storch.* Leipzig, 1804. 8.

Voyage pittoresque dans quelques provinces de la Russie, ou coutumes, fêtes, jeux, sites remarquables, etc., dessinés sur les lieux, et gravés par C.-G. *Geissler. Leipzig*, 1804. fol. Cet ouvrage a paru par cahiers.

FIN DE L'ITINÉRAIRE DE RUSSIE.

TABLE DES MATIÈRES

CONTENUES

DANS L'EUROPE SEPTENTRIONALE.

ÎLES BRITANNIQUES.

INTRODUCTION.

Manière de voyager .... Page 1
Paquebots, état des postes, notes instructives pour les voyageurs dans leur tournée, monnaies, poids et mesures. .... ib.
Avis à ceux qui arrivent à Londres. 10
Moyens de se procurer des logemens, et leurs différens prix. .... ib.
Ce qu'il faut observer avant de quitter un logement. .. 11
Manière de vivre à Londres. .... ib.
Principaux hôtels, cafés, tavernes, auberges pour la commodité des voyageurs. .... ib.
Liste des principales auberges et des maisons où logent les malles des courriers et les voitures publiques. ... 14
Bains publics. .... ib.
Tableau des monnaies, poids et mesures. 15
Monnaies. .... ib.
Poids et mesures. 16
Tableau des capitales. 21

Nos. des routes.

ITINÉRAIRE.

    Avis. 36
1. Route de Londres à Edimbourg. 37
2. Route d'Edimbourg au château de Belmont. .. 39
3. Route de Belmont à Edimbourg. .... ib.
4. Route d'Alnwich à Werrington. 40
5. Route de Londres à Bath. 43
6. Route de Londres à Holyhead. 44
7. Route de Douvres à Londres. 46
8. Route de Bath par l'Ecosse en Irlande, jusqu'à la chaussée des Géans, et retour en Angleterre en partie par un autre chemin. 47

Nos.
des routes.   pages.

9.	Route de traverse qu'on peut faire pour voir les Lacs.	53
10.	Tour intéressant pour voir l'Angleterre.	54
11.	Route de Londres à Oxford, Winchester, à l'île de Whicht, Portsmouth, et retour à Londres.	58
12.	Route de Londres en Irlande par Milford-Haven.	61
13.	Route de traverse entre Glocester et Abergavenny.	63
14.	Route de Londres à Harwich.	64
15.	Tour en Angleterre.	65

Cartes, manuels, relations de fraîche date. 69

DANEMARCK.

MANIÈRE DE VOYAGER.

État des postes, tarif du trajet du petit et du grand Belt, passe-ports, notes instructives et remarques qui intéressent les voyageurs dans leur tournée, poids, mesures et monnaies, routes de Hambourg à Copenhague. 73
Poids. 76
Mesures 77
Monnaies. 78
Tableau de la capitale. 79

Nos.
des routes.   ITINÉRAIRE.

1.	Route de Copenhague à Hambourg.	83
2.	Route de Copenhague à Gothenbourg, Trollhaëta et Christiania.	85

Cartes, manuels, relations de voyages de fraîche date. . 90

SUÈDE.

MANIÈRE DE VOYAGER

État des postes, notes instructives, remarques qui intéressent les voyageurs dans leur tournée, poids, mesures et monnaies. 93

TABLE DES MATIÈRES.

Poids.. page. 96
Mesures, monnaies.................................. 97
Tableau de la capitale............................. 99

Nos.
des routes   ITINÉRAIRE.

1. Route de Stralsund à Stockholm............... 104
2. Route de Helsingborg à Stockholm............. 107
3. Route de Stockholm à Upsal................... ib.
4. Route de Stockholm à Uleaborg par la Finlande, et d'Uleaborg au cap Nord et en Laponie.. 108
5. Route de Stockholm à St-Pétersbourg.......... 113
Cartes, itinéraires, manuels, relations de fraîche date. ib.

RUSSIE.

MANIÈRE DE VOYAGER.

État des postes, voituriers, notes instructives et remarques qui intéressent les voyageurs dans leur tournée, poids, mesures et monnaies........................ 115
Poids, mesures...................................... 119
Monnaies.. 120
Tableau de la capitale.............................. 122

Nos.
des routes.   ITINÉRAIRE.

1. Route de Leipsick à St-Pétersbourg........... 129
   1re. Route par Dresde, la Silésie, la Prusse méridionale, la Prusse orientale et Mittau. 130
   2e. Route, par Berlin et Kœnigsberg.......... 131
2. Route de St.-Pétersbourg à Moscou............ 143
Cartes, manuels, relations de voyages de fraîche date. 149

FIN DE LA TABLE DES MATIÈRES.

TABLE ALPHABÉTIQUE

DE L'EUROPE SEPTENTRIONALE,

Comprenant tous les relais de poste et autres lieux décrits dans les Iles Britanniques, le Danemarck, la Suède et la Russie.

A.

Abergavenny, 61, 62, 63.
Abingdon, 58.
Abo, 108, 110.
Abo-hus, 110
Aby, 104, 106, 107
Aegelstawick, 106.
Aigh Vycombe, 44.
Albans (St.-), 67.
Almas, 85.
Alnwich, 38.
Alsa, 85.
Alsike, 107.
Alten, 109, 112.
Alten-Gaard, 112.
Ambresbury, 66.

Andrarum, 104, 105
Annan, 48.
Antrim, 48, 51.
Apenrade, 83, 84.
Apolie, 139, 148.
Ardegreen, 49.
Armagh, 51.
Armarthwater, 50.
Arœsund, 83.
Arsovie, 129.
Arthur (mont.), 39.
Arundel, 58, 60
Assarum, 104.
Astorp, 107.
Aukipudas (riv.), 111

B.

Bacha, 85.
Baconsfied, 44.
Balton, 47, 59.
Balstrode, 61.
Banco (tour de), 39.
Bangor, 44, 46
Bankeberg, 104, 107.
Barnap, 107.
Barnby-Moor, 37, 38.
Barnet, 37, 54
Barnsley, 48, 52.
Barton, 54, 56
Bath, 40, 42, 43.

Beaumaris, 46.
Bechhof, 141
Belfast, 48, 51.
Belly-Duff, 39.
Belmont, 39.
Belt (grand et petit), 74, 75, 84
Bensington, 44, 45.
Berga, 105.
Bernstorf, 81.
Beverley, 54, 56
Beysagol, 130
Bialystok, 130.
Bielsk, 130.

Biggleswade, 37.
Bilkrog, 107.
Biorkon, 112.
Birmingham, 40, 42, 44, 45, 67.
Birnham, 40
Bishopsthorpe, 56.
Bisweach, 54.
Blasheeles, 37.
Blenheim, 45, 67.
Bobty, 130.
Bone, 104.
Borge, 89.
Boru, 54, 55.
Boroughbridge, 37.
Borrowdale and back, 53.
Bothnie, 113.
Brahestad, 109, 111.
Brandenbourg-house, 32.
Brando, 108.
Bransk, 130.
Bransmala, 104.
Brecknok, 61, 62.

Bridgewater (canal de), 49, 68.
Bridgewater (ville), 40, 43.
Brigg, 54.
Brink, 104, 106, 107.
Bristol, 66
Brochestadt, 67.
Brock, 130.
Bronnigzug, 143, 144.
Broomsgrove, 40, 42.
Brough, 48, 51.
Brougham-Castle, 59.
Bubbetorp, 104.
Bugden, 37
Bukstel, 130.
Burford, 61, 62.
Burleigh-house, 55.
Burton, 40, 47, 48.
Bustehle, 130.
Buttermere, 50, 53.
Buxton, 54, 57.
Byarum, 107.

C.

Caernarvan, 46.
Cambridge, 54, 55.
Campden-House, 32.
Canterbury, 46, 47.
Cap-Nord, 109, 112.
Carlberg, 102.
Carling, 51
Carlingworkinn, 48.
Carlisle, 48, 53.
Carlscrona, 104, 105.
Carmarthen, 61, 62.
Castchina, 127.
Castelholmen, 110.
Castenik Bridge, 48.
Castleton, 54, 57
Castle-Howard, 54, 56.
Catterick Bridge, 52.
Cattleherg, 85
Chappelhouse, 44, 48, 53.
Chatham, 47, 67.
Chatsworth, 69.

Cheekpoint, 63.
Chelsea, 31.
Cheltenham, 68.
Chepstow, 63.
Cheiley, 47.
Chester, 68.
Chesterfield, 40, 41, 48, 52, 54, 57.
Chichester, 58, 60.
Chiswik, 32.
Chotilowo, 143.
Christiania, 85, 89.
Christianstadt, 104, 105.
Chrzonowce, 130.
Ciechanowitz, 130.
Claremont, 65.
Clifden, 44.
Cobham, 65.
Colchester, 64
Coleraine, 48, 51.
Coleshill, 48, 52.

Congleton, 47, 49.
Coniston, 50, 53.
Conway, 44, 46.
Cornhill, 37.
Corven, 44.
Coventry, 54, 58.
Crediton, 40.

Crief, 39.
Cronenbourg, 86.
Cronslot, 127.
Cronstadt, 127.
Crummackwater, 50.
Cumberland, 50.
Cunnersbury, 32.

D.

Dala, 104.
Dannemora, 103.
Darlington, 37, 38, 40.
Dartford, 46, 47.
Degeberga, 104.
Derby, 40, 41, 48, 52, 69.
Dwil'sditch, 55.
Devises (les), 43.
Dinevawr-Castle, 62.
Dmitrow, 148.
Doblen, 141.
Dorap, 107.

Dorpat, 138, 142.
Dovedale, 69.
Drogden, 141.
Drottningholm, 101.
Dublin, 36, 51.
Dumfries, 48, 52.
Duncaster, 37, 54, 56.
Dunkeld, 39, 40.
Dunnaghadee, 48, 51.
Dunsuman (mont), 39.
Durham, 37, 38, 40.
Dwasdorf, 105.

E.

Edet-Luck, 85, 88.
Edimbourg, 35, 37, 39.
Ekers, 108.
Ekesiæ, 104, 105.
Elear (St.-), 61.
Elermont, 61.
Elseneur, 85, 86.
Ely, 54, 55.
Emmeboda, 104.
Eneroom, 82.
Engelhardshof, 136, 142.
Enkarby, 108, 110.
Envil, 47, 49.
Eogelholm, 85.

Epsom, 32.
Ericksmala, 104.
Erisberg, 106.
Ermine-Street (chaussée 37.
Ervast, 109.
Esher-Place, 61.
Est, 85.
Esthonie, 138.
Eton, 44.
Etruria, 49.
Eustadt, 108, 110.
Evesham (vallée); 42.

F.

Fagarness, 108, 111.
Falkenberg, 85, 87.
Falkirk, 39, 40.
Farham, 66.
Fen-Country, 55.

Fens, 55.
Ferry-Bridge, 37, 38, 54
Fieldinge, 104.
Finlande, 113.
Finspange, 106.

ithie, 104, 106.
ittja, 107.
léminge, 85.
lensbourg, 83, 84.
lenshom, 83.
Forss, 85.
 ostingue, 108.
 ountain-Abbey, 52.
 rankila, 109.
 rauenbourg, 141.

Frebbenby, 108.
Fredensborg, 81.
Fredericksbourg, 81.
Friedrichshall, 85, 89.
Frocester, 47.
Frogmill, 61, 62.
Froster, 40.
Fur, 104.
Fyrkarness, 108.

G.

Gadenry, 104.
Gagerhul, 107.
Gallila Peltary, 108.
Galma-Upsala, 103.
Gamla-Carleberg, 108, 111.
Garstang, 47.
Gatehouse, 48.
Géants (chaussée des), 51.
Genthof, 81.
Gerdheim, 85.
Gertuala, 109.
Glackheath, 47.
Glenluce, 48.
Glocester, 40, 42, 47, 48, 61, 62, 63.
Godalming, 58.
Godstow, 45.
Goëta, 88.
Gonsorowo, 130.

Gosport, 66.
Gossen, 130.
Gothenbourg, 85.
Gottorp, 84.
Granizna, 130.
Grantham, 37, 38.
Grasmere, 53.
Greata-Bridge, 48.
Greenlaw, 37.
Grenna, 107.
Gretna-Green, 48, 50.
Grimthorpe, 55.
Griselhamn, 108, 110.
Grodno, 129, 130.
Grougarhill, 62.
Gulben, 142.
Gumsila, 108.
Guslund, 85.
Gvyada, 44.

H.

Hackfall, 69.
Hackjaal, 52.
Hadersleben, 83, 84.
Hadley, 52, 69.
Haga, 102, 108, 110.
Halkaberg, 107.
Hall, 108, 110.
Halmstadt, 85, 87.
Hambourg, 80, 84.
Hamicala, 108.
Hammersmith, 32.
Hamptoncourt, 32.

Hanmeda, 107.
Haraldsby, 108, 110.
Harewood, 52.
Harrowgate, 40, 41, 48, 52.
Harwich, 64.
Hatfield, 37, 54, 55.
Hatfieldhouse, 55.
Hautiola, 109.
Havant, 58.
Haverford, 61, 63.
Hawkswater and back, 53
Haygate, 44.

14

Hede, 85.
Heinois, 108.
Helle, 85.
Hellebech, 82.
Helsingborg, 85, 86.
Henley, 44, 45.
Herrestad, 104.
Herrestadt, 85.
Hertuala, 108.
Hester, 104.
Heytrop, 53.
Hidensée, 105.
High-Wicomb, 61.
Hignala, 108.
Hilkensther, 136, 142.
Hillsley, 58.
Hill-Top, 40, 41.

Himois, 108.
Hinkley, 54, 58.
Hirscholm, 81.
Hisling, 108.
Hoby, 104.
Hogdal, 85.
Hogley-House, 44.
Holfordbridge, 54.
Hollands-Aas, 87.
Holyhead, 44, 46.
Hosfield, 67.
Hounslow, 43, 44.
Huberstone, 61, 63.
Hull, 54, 56.
Husum, 64.
Hutta, 109.
Hevtlande, 104.

I.

Iggafer, 142.
Ingatestone, 64.

Ischora, 143.
Itzehoé, 83.

J.

Jader, 107.
Jaeder, 104.
Jaedrowo, 143.
Jaeshelobizug, 143.
Jagerspreis, 81.

Jambourg, 139, 142.
Janisk, 130.
Jewe, 142.
Jonkoping, 106, 107.

K.

Kaelshuset, 85.
Kalajoki, 108.
Kalbe, 130.
Kardis, 109.
Karicanda, 109.
Karup, 85.
Kaskowa, 139, 142.
Kattilla-Kasky, 112.
Kaulimpe, 109.
Kaupila, 109.
Kautokeino, 109, 112.
Keddlestone, 69.
Kelwick, 50.
Kendal, 40, 41, 47, 50.

Kengis-Bruk, 109.
Kenilwoork, 52.
Kenioga Moore, 44, 46.
Kensington, 32.
Kentish-town, 54.
Keswick, 53.
Kevrilnato, 109.
Kew, 32.
Keydan, 130.
Kiala, 108.
Kidderminster, 47, 49.
Kiddlestone, 52.
Kiepen, 139, 142.
Killande, 108.

TABLE ALPHABÉTIQUE. 159

Killeryd, 104.
Kinross, 39.
Kinsgbacka, 85.
Kinsgton, 56, 58, 65.
Kitkameky, 109.
Kittis, 112.
Kiviniemi, 108.
Kjaira, 85.
Klein Peingein, 142.
Klethult, 107.
Klinn, 143.
Kokkedhal, 82.
Kollare, 109, 112.
Kolmorden, 106.
Korpieula, 109, 112.
Korsegarten, 85.
Korsoeer, 83, 84.

Koskey, 108.
Koskua, 108.
Kowno, 130.
Krakstandt, 108.
Krebshuus, 83.
Krestzuj, 143.
Krokek, 104, 107.
Kudley, 142.
Kuikatz, 142.
Kuiswais, 108.
Kukko, 109.
Kulla, 104.
Kumla, 104, 107.
Kurofolk, 108.
Kusznica, 130.
Kyro, 111.

L.

Lachto, 108.
Ladugnerslanden, 102.
Lahall, 85, 88.
Laholm, 85, 87.
Laitis, 108.
Lamba, 108.
Lancashire, 50.
Lancaster, 47, 50, 53.
Lamworth, 48.
Lappajervi, 112.
Lassila, 109.
Leeds, 40, 41, 48, 52.
Leicester, 54, 57.
Leiphun, 130.
Leivamimi, 109.
Lengentrof, 142.
Lenhofta, 104.
Lemand Land Ripon, 48, 52.
Lichfield, 40, 68.
Lincoln, 54, 56.
Lindkoping, 104, 105, 107.

Linlithgow, 39.
Lippock, 65.
Liverpool, 67, 68.
Ljungby, 107.
Llandiloe, 61, 62.
Llangollen, 44, 46.
Llanroost, 44, 46.
Llanymdowery, 61.
Loessta, 106.
Loga Strom, 87.
Londonderry, 51.
Londres, 21, 46, 58, 64.
Longhborough, 54, 57.
Lonky, 130.
Lough Neagh, 51.
Low-Wood, 53.
Lubochnia, 130.
Lund, 87.
Luoto, 109.
Lymington, 58, 59.
Lyndhurst, 58, 59.

M.

Maërstadt, 107.
Mageron, 112.

Magher ò Hogbill, 48, 51.
Makyla, 108.

Malmoé, 86.
Manchester, 47, 49, 68.
Manmo, 108.
Mansfield, 54, 57.
Marcaryd, 107.
Marchby-Charters, 54.
Margaretta, 85, 87.
Marienlust, 81.
Marlborough, 43.
Marswinsholm, 105.
Marup, 85.
Matlock, 48, 52, 69.
Matorenge, 109, 112.
Meclnoje, 143.
Memala, 108.
Menci, 46.
Menzies-Castel, 39, 40.
Mereczow, 130.
Meskuczy, 130.
Midleton, 54, 57.
Mile-End, 32.
Milford, 63.
Milford-Haven, 51.
Mittau, 130, 141.
Molby, 104, 107.
Moness (cascade), 40.
Mono, 108.
Montmouth, 61, 62.
Montwydow, 130.
Morpeth, 37, 38, 40.
Moscou, 127, 143, 145.
Motala, 106.
Munionisca, 109.
Mustanoja, 108.
Mszezanow, 130.
Mystley-Thorn, 64.
Mzurky, 130.

N

Namptwich, 68.
Naramice, 130.
Narboth, 61.
Narva, 138, 142.
Nennal, 142.
Neuenmulhlm, 142.
Neufriedrichsthal, 81.
Newa, 126.
Newark, 37, 38.
Newbury, 58.
Newcastle, 37, 38, 40, 68.
Newcastle under Line, 47, 49.
New-Malton, 54.
Newmarket, 54, 55.
Newnham, 63.
Newton-Steward, 48.
Niémenkyla, 108, 110.
Niémis, 109.
Nikoping, 104, 106.
Niopotent, 130.
Nobbelof, 104.
Norjo, 104.
Norkoping, 104, 106, 107.
North-Allerton, 37, 40.
North-Ferry, 39.
Northleach, 62.
Northwich, 68.
Norton, 37, 38.
Nottingham, 54, 57.
Nowogorod, 143, 144.
Nybbeled, 104.
Nygaard, 90.
Nykoping, 107.

O.

Oatland, 61.
Ober-Barton, 141.
Odensée, 83, 84.
Ofwa Muonionisca, 109.
Okchampton, 40.
Oley, 141.
Olveltry, 44.
Onganger, 108.
Oranienbaum, 127.
Orany, 130.

TABLE ALPHABÉTIQUE.

Oripata, 108, 110.
Osjo, 107.
Ostad, 107.
Ostby, 108.
Osterley-house, 32.
Osterljunby, 107.
Otrotscla (couvent), 145.
Oxford, 44, 45, 48, 58, 61.

P.

Pains Hill, 65.
Painskill, 61.
Paris Mount, 46.
Paskana-Kaifi, 108.
Pattesdale, 50.
Paulowsky, 127.
Peipus, 138.
Pella, 126.
Pelo, 109.
Pembroke, 63.
Penkridge, 47.
Penman-Moore, 46.
Penrith, 47, 53.
Peisfield, 63.
Perth, 39.
Pesehki, 143.
Peterborough, 54, 55.
Peterhof, 127.
Pétersbourg (St.-), 122, 142.

Petersfield, 65.
Petrikau, 130.
Petrowsky, 145.
Petty-France, 40, 42, 47.
Petworth, 58, 60.
Pietro di Mileto (St.-), 324.
Pilkrog, 104.
Pinneberg, 83.
Piper's-inn, 40, 43.
Plymouth, 65.
Podberesje, 143.
Polangen, 133, 141.
Pomerenie, 143.
Popowe, 130.
Poroskosky, 112.
Portsmouth, 58, 60, 65.
Port-Patrick, 48, 51.
Preston, 47, 50.

Q.

Queen's-Ferry, 39.
Quibille, 85.
Quistroem, 85.

R.

Raby, 107.
Rachino, 143.
Radziwilysky, 130.
Raknebo, 85.
Ramlusu, 86.
Rana-Pungern, 142.
Raszyn, 130.
Ratalshed, 85.
Rawa, 129, 130.
Rayland, 63, 64.
Reading, 43.
Reinicka, 108.
Remmels, 83.
Rendsbourg, 83, 84.

Restijaky, 109.
Richmond, 32.
Ricond, 130.
Ride, 58, 59.
Riga, 136, 141.
Ringstedte, 83.
Ripley, 58, 61.
Rippon, 40.
Rochester, 46, 47.
Rocola, 108.
Ronneby, 104, 105.
Ronnom, 88.
Roop, 142.
Roskild, 83.

Rosniatowice, 130.
Ross, 61, 62.
Rotebro, 107.
Rotherham, 48, 52, 54, 56.
Rotniza, 130.
Royston, 54, 55.

Rumfort, 64.
Rumlinge, 108.
Rumszysky, 130.
Rutzau, 141.
Rymsidemoor, 37, 38.

S.

Sajzowo, 143, 145.
Salisbury, 66.
Salt-Hill, 43, 44.
Sans-Souci, 81.
Sassi, 109.
Sathella, 104.
Sawidowo, 143, 145.
Schleswik, 83, 84.
Schlusselbourg, 126.
Schrunden, 141.
Schutsjoryd, 85, 89.
Sepney, 32.
Severne, 49.
Shap, 47, 50.
Sheffield, 40, 48, 52, 54, 57.
Shipston, 44.
Shipton, 48.
Shrewbury, 44, 46.
Signilskar, 108, 110.
Sillampe, 108.
Simogorge, 143.
Siniluato, 109.
Sion-House, 32.
Sir Michael, 53.
Sittingbourg, 46, 47.
Skillinge, 104.
Skillingeryd, 107.
Skgatleryd, 85.
Skorpas, 108.
Skrivars, 108, 111.
Slagense, 83.
Sleaford, 54.
Slenidore, 54.
Sloinge, 85.
Slough, 33, 44.
Snowdon, 46.
Sodertelje, 107.

Soedertellie, 106.
Sofie, 127.
Soho, 42.
Soinila, 108, 110.
Sokolka, 130.
Soner, 85.
Sophie (Ste.-), 144.
Sophiemberg, 81.
Sophienstadt, 144.
Soroe, 83.
Southampton, 58, 59, 66.
South-Muscomb, 37.
Spaskaja-Polist, 143.
Spinehamland, 43.
Spittal, 54.
Staffa, 51.
Stafford, 67.
Staffsioe, 106.
Stakela, 142.
Stamford, 37, 54, 55.
Staraia-Russa (salines), 145.
Stevenage, 37, 54.
Stirling, 39, 40.
Stilton, 37.
Stockholm, 99, 104, 106, 107.
Stockport, 68.
Stokdorp, 104.
Stone, 47, 49.
Stonehenge, 66.
Stow, 67.
Stranrawer, 48.
Stratford-upon-Avon, 44, 45.
Strathmore, 39.
Strawberry-Hill, 32.
Strelna, 127, 138, 142.
Strifual, 44.

Stroesmstadt, 85, 89.
Studley, 52.
Sund, 86.
Sumiliszky, 130.
Sunbije, 85.
Suontajervi, 112.
Swamberga, 108.

Swardbro, 104, 106, 107.
Swarteborg, 85.
Swertabrug, 106.
Swinsund, 89.
Szadowo, 130.
Szawla, 130.

T.

Tadcaster, 54.
Tadliken, 141.
Talvizie, 108.
Tannefort, 106.
Tano, 107.
Taunton, 40.
Taymouth, 40.
Tellje, 104, 106.
Testile, 109.
Tetsworth, 61.
Thirlmere, 50.
Thordon hall, 32.
Thune, 85.
Tintern, 62.
Tiverton, 40.
Toilitz, 142.
Tolusis, 109, 112.
Tooby, 108.
Torma, 142.
Tornea, 109, 111, 113.

Tornea (Bas-), 112.
Torshok, 143, 145.
Tossna, 143.
Traheryd, 107.
Tranas, 104.
Trecastle, 61.
Trenham, 68.
Trensum, 104.
Trollhaeta, 85, 88.
Trotskaia-Laura, 147.
Tschernajagrass, 143.
Tschesme, 126.
Tschudowo, 143, 144.
Tukurg, 109, 111.
Tuokola, 108.
Turtula, 109, 112.
Tuxford, 37.
Tver, 143, 145.
Twickenham, 32.

U.

Uddern, 142.
Udewalla, 89.
Uléaborg, 109, 111.
Ullswater, 50.
Ulrichstal, 101.
Ulricquethal, 110.

Ulswather and back, 53.
Ulverstone, 50, 53.
Upsal, 103, 107, 109.
Upton, 40, 42, 47, 49.
Uxbridge, 44, 61.
Usk, 62.

V.

Vandsoë, 89.
Varnamo, 107.
Varsala, 108, 110.

Varsovie, 130.
Vejola, 109, 111.
Vergata, 108.

W.

Waiwara, 142.
Wakefield, 40, 41, 48, 50.
Waldaï (ville et mont.), 145.
Wanstead, 32.
Warberg, 85, 87.
Warington, 68.
Warwick, 48, 53, 54, 58, 67.
Wasa, 108, 111.
Waterford, 51.
Wedgewood, 49, 68.
Weiwora, 138
Wellington, 40, 43.
Wells, 40, 43.
Welwyn, 55.
Wener, 89.
Wenesborg, 81, 88.
Wentworth, 41, 52.
Wenthworth-Castle, 52, 56.
Wenthworth-House, 52, 56.
Werrington, 40.
Westmoreland, 50.
Wetherby, 37, 38.
Weyski, 130.
Wick, 85.
Widawa, 130.
Wierusow, 130.
Willingen, 85, 89.
Wilmslow, 47.
Wilna, 130.
Wilton, 66.
Winandermere, 50, 53.
Winchester, 58, 59.
Windsor, 32, 44.
Wintham-Common, 37.
Wirtzanoja, 108.
Wishny-Wolotshok, 143, 145.
Witham, 64.
Witney, 62.
Wolborz, 130.
Wollerhangh, 37.
Wolmar, 142.
Wolverhampton, 44, 45, 47, 49, 68.
Woodstock, 44, 45, 48, 53, 54, 58, 67.
Worcester, 40, 42, 47, 49.
Worcksop, 54, 57.
Worobziwa-Gora, 148.
Wosskressensk, 143.
Wreta, 104, 106, 107.
Wujdropusk, 143.
Wycomb, 61.
Wye, 62.
Wyelky, 130.
Wyszkowa, 130.

Y.

Yarmouth, 58, 59.
Yervinkile, 108, 111.
York, 54, 56.

Ystadt, 104, 105.
Yswala, 108.

Z.

Zabiawola, 130.
Zarskoje-Szélo, 127.

Zysmory, 130.

FIN DE LA TABLE ALPHABÉTIQUE.

ITINÉRAIRE
DES PAYS-BAS.

MANIÈRE DE VOYAGER.

État des postes, voituriers, treckschuytes, notes instructives, remarques qui intéressent les voyageurs dans leur tournée; poids, mesures et monnaies.

On voyage dans la Hollande et dans la Belgique de deux manières, par terre et par eau. L'on peut, il est vrai, aller partout en voiture ; mais cette manière de voyager est très-dispendieuse en Hollande; d'ailleurs il y a bien des contrées, particulièrement dans la province de Hollande, où les chemins sont détestables et presque impraticables, surtout au printemps et en automne, où les pluies et les brouillards ajoutent encore à l'humidité d'un terrain naturellement gras et marécageux. Sur la plupart des routes, surtout celles qui vont d'Allemagne à Amsterdam, on trouve des postes roulantes à la manière allemande. A Osnabruck, Naarden et Utrecht (j'ignore si la même chose se pratique dans d'autres villes frontières), les maîtres de poste sont autorisés à délivrer aux voyageurs qui courent la poste, ce qu'on appelle *un billet de poste*, qui leur procure le double avantage d'être toujours menés grand train, et de n'avoir à essuyer aucune difficulté relativement au nombre des chevaux. On paye à l'endroit où l'on prend le billet ; p. e , à Osnabruck pour aller jusqu'à Naarden avec quatre chevaux que l'on change à chaque poste, 50 écus, et 16 gros pour le secrétaire de la poste. Au contraire, pour celle de Naarden à Osnabruck, on paye pour le même nombre de chevaux 50 dalers de Hollande. Ceux qui ont leur propre voiture, la laissent à Naarden ou dans quelque autre ville frontière, et payent un stuiver par jour pour la remise. Depuis la guerre de la révolution, il faut être muni de bons passe-ports pour passer sur le territoire de la Hollande, et ces passe-ports doivent être visés par la municipalité de la première place frontière. Dans l'intérieur des provinces, il y a des diligences qui partent certains jours et à heures fixes, et mènent les voyageurs d'une ville à l'autre. Mais les places y sont chères, surtout si l'on a avec soi beaucoup de bagage ; car on n'est exempt de port pour ses malles que jusqu'à la concurrence de quelques livres. En général, ces voitures sont très-coûteuses pour quiconque voyage seul : il y a même bien des pays où il n'en coûte pas si cher pour aller en poste, d'autant qu'à chaque instant on est obligé de payer des droits de péage, de passage, etc.

Les voitures de poste dont on se sert en Hollande sont, pour l'ordinaire, des calèches couvertes et très-courtes, ayant, au lieu de timon, une pièce de bois en forme de corne ou d'arc, placée entre les roues de devant, et sur laquelle le voiturier appuie ses pieds, pour donner à la voiture, par cette pression, la direction nécessaire dans ces chemins plats. Les chevaux ne sont attelés qu'avec des cordes, et l'on en met souvent trois de front. Si l'on descend un pont, le voiturier appuie le pied sur la croupe de l'un des chevaux, et retient ainsi la voiture aussi long-temps qu'il est besoin.

La manière la plus commode et la moins dispendieuse de voyager en Hollande, pour un particulier, c'est sans contredit la voie des treckschuyten et des beurtschipen. Les treckschuyten sont des bâtimens de forme allongée, portant une espèce de hutte, qui a environ 7 pieds de haut sur 3o de long, et 6 de large. Cette cahute, ou maisonnette, ne s'étend pas jusqu'aux deux extrémités du bâtiment, et le couvert en est si peu voûté, que l'on peut marcher dessus. Elle comprend deux parties principales ; celle de devant qui est la plus longue, et celle de derrière qui l'est moins, et qui s'appelle roef. Dans celle de devant, il y a de bonnes places sur trois files ; et les fenêtres, au lieu de vitres, n'ont que des rideaux de cuir ou des volets. C'est là que se tiennent les gens du commun, parce que les places y sont moins chères, c'est aussi l'endroit où l'on dépose les bagages. L'autre partie, ou le roef, a une double porte sur le derrière, et forme une jolie chambre, où il y a des bancs rembourrés pour huit personnes. Elle est peinte en vert, avec une fenêtre de chaque côté, une table dans le fond, un miroir, quelques crachoirs et des bras. Le gouvernail est placé devant la porte du roef, et à l'autre extrémité du bâtiment est une espèce de mât, au-dessus duquel passe une longue corde, qui, d'un bout, est attachée au roef, et de l'autre au cheval qui tire le bateau, et sur lequel est monté le conducteur, ou le *chasseur* (*het Jagertje*), comme on le nomme communément; pour l'ordinaire c'est un jeune garçon, qui va toujours au trot. Au lieu d'un cornet de poste, il a, dans quelques endroits du pays, une corne de bœuf pendue à l'épaule, dont il se sert, soit pour donner le signal du départ, soit pour faire lever les ponts qui se trouvent aux passages, soit enfin pour avertir les bateaux qui viennent du côté opposé sur le même canal. En dehors, la schuyt est peinte en rouge et en vert, et par-dessus elle est couverte d'une espèce d'enduit parsemé de petits morceaux d'écailles de moules pilées fort menu. On fait par heure environ un mille d'Allemagne, et, malgré cette grande vitesse, le mouvement est si doux que l'on s'aperçoit à peine qu'on avance. Lorsque deux de ces bâtimens se rencontrent, ils savent si bien prendre leurs mesures, qu'ils glissent à côté l'un de l'autre sans se heurter. Ces schuytes sont toujours remplies de monde, parce qu'on y voyage à très-bon compte quand on reste dans la partie du devant, et que tout est taxé. Une place y coûte 6 stuivers par mille; dans le roef on paye un peu davantage. Quand on veut avoir le roef en entier pour soi, il faut le faire dire quelques heures d'avance, ou même la veille, et l'on paye pour cette commodité quelques stuivers de plus. De Rotterdam jusqu'à La Haye (trois milles d'Allemagne que l'on fait en trois heures de temps), on paye pour une place dans le roef 12 stuivers, et l'on peut prendre avec soi cent livres de bagage, qui sont exemptes de port; mais si l'on n'a qu'une place, on doit s'attendre à la perdre s'il survient un tiers qui loue tout le roef. Si une personne seule retient les huit places, elle ne paye que la moitié du prix. Il y a tous les jours seize de ces bâtimens qui se rendent de Rotterdam à La Haye par Delft, et autant qui en reviennent. Chacun d'eux peut contenir huit personnes dans le roef, et trente dans l'autre partie. Au bout de trois heures de temps, on peut être rendu à La Haye. Ces bâtimens sont numérotés, et partent suivant l'ordre de leurs numéros. A chaque relai on donne au *chasseur* quelques *duites*, ou tout au plus un stuiver en tout (1).

Les *beurtschipen* sont de gros bâtimens à deux mâts, que l'on emploie sur le *Zuyderzee*, et qui vont et viennent sans interruption d'*Amsterdam* à *Lemmer*, *Harlinger* et autres endroits. Il y a quatre sortes de places dans ces bâtimens. 1°. La *cahute*, où une personne de taille moyenne peut se tenir debout, a des bancs placés sur les côtés pour huit per-

---

(1) Il faut 8 *duites* pour faire un stuiver.

sonnes ; deux fenêtres et une table dans le milieu ; il y a de plus des armoires et des lits (1) pratiqués dans la cloison, 2°. le roef est une place couverte sur le pont, où douze personnes peuvent être assises, et il y a en outre une table et des lits ; 3°. la cave, qui est quelques marches plus bas et sur le devant du bâtiment : elle est basse et incommode ; il s'y trouve aussi des lits, 4°. enfin, le fond de cale qui est très-vaste et où l'on est assis pêle-mêle. C'est la place la moins chère, et c'est aussi l'entrepôt des marchandises. Un pareil bâtiment peut contenir 100 à 130 personnes. De *Lemmer* à *Amsterdam*, on paye un ducat pour la cahute, que l'on soit seul ou en compagnie. Ce trajet se fait en huit ou dix heures de temps. Du reste, on trouve sur ce bâtiment toutes les commodités possibles. On peut s'y faire donner vin, café, thé, liqueurs, le tout excellent et à bon compte.

Autant le prix des places sur ces bâtimens est modique, autant les porteurs que l'on emploie pour faire transporter les hardes, soit d'un paquebot dans l'autre, sont grossiers et effrontés dans leurs prétentions. Il faut être bien sur ses gardes, et convenir d'abord avec eux de ce qu'on leur donnera pour leur peine ; sans cela l'on est exposé à des grossièretés de leur part, et l'on finit par être obligé de leur payer ce qu'ils demandent. C'est surtout à *Amsterdam* qu'on ne saurait à cet égard prendre trop de précautions. Non-seulement il faut faire son accord, mais de plus il ne faut jamais perdre de vue le porte-faix ou brouettier (*kruyer*), parce que sans cela on court risque de ne le jamais revoir, non plus que les malles qu'on lui a confiées. Il est aussi très-bon de savoir la rue et la maison où l'on doit loger, car, quoique toutes les histoires qu'on raconte de gens qui font métier de vendre leurs semblables (on les appelle *Zielverkoopers*, vendeurs d'âmes) soient fort exagérées, elles ne sont cependant pas sans fondement. Aussi faut-il avoir soin de se faire donner par le capitaine du vaisseau un homme connu et sur lequel on puisse compter. On fait aussi fort bien de n'avoir que peu de bagage avec soi sur les *treckschuyten*, non-seulement parce que le transport d'une schuyte dans l'autre est dispendieux, mais encore parce qu'on est souvent dans le cas de faire ses malles fort à la hâte, et de repartir précipitamment, ce qui est aussi embarrassant que pénible. Au lieu d'avoir plusieurs petits paquets, il faut n'en faire qu'un seul ; et en général un voyageur qui ne loue qu'une place dans le roef, s'épargne bien des embarras

---

(1) On les appelle *cojen*.

et des frais, s'il ne prend avec lui qu'un petit porte-manteau, et s'il envoie le reste de son bagage et ce qu'il a de plus lourd par la voie des paquebots, qui vont tous les jours d'une ville à l'autre, en l'adressant à l'auberge où il se propose de loger. C'est une précaution essentielle, si l'on veut voyager commodément et à peu de frais par la voie des schuytes. Les aubergistes hollandais passent pour très-intéressés. C'est surtout dans les petites villes, sur des routes peu fréquentées, qu'on en fait l'expérience. Ce qu'on peut faire de mieux, c'est de manger à table d'hôte. Il est rare que l'on soupe en voyageant en Hollande, et ce repas, quand on le commande, est toujours fort cher. Un mot sur le café que l'on boit en Hollande. Le café à la hollandaise n'est que de l'eau légèrement teinte de café, et qu'on boit ordinairement sans sucre. Une demi-once de café suffit pour dix à quinze tasses. Aussi arrive-t-il souvent dans les auberges, que l'on demande aux étrangers s'ils veulent boire du café à l'allemande. Dans ce cas, il faut avoir soin de déterminer le nombre de tasses que l'on veut avoir avec une demi-once de café. Sans cela on vous le fait un peu plus chargé qu'à l'ordinaire, mais tel cependant qu'aucun étranger ne peut le boire.

Pour montrer combien l'on voyage à meilleur compte par eau que par terre, je vais donner ici le compte de la dépense d'un voyage de *Naarden* à *Amsterdam*, et par terre et par eau, tel qu'il se trouve dans le journal d'un voyageur qui avait deux personnes avec lui.

I. *Par terre.*

	Gulden.	Stuivers.
Trois chevaux de Naarden jusqu'à Amsterdam, distance de deux milles d'Allemagne, le cheval à un florin par heure.	12	»
Au maître des chariots, pour boire	»	6
Au même, pour graisser les roues	»	6
Au voiturier, pour boire	1	»
Pour les chaussées, au taux le plus bas	1	»

II. *Par eau.*

1. *Jusqu'à Muyden.*

	Gulden.	Stuivers.
Pour le roef	»	12
Pour trois personnes, à 6 stuivers par tête	»	18
Pour trois coffres et deux valises	1	6
Pour le conducteur ou chasseur	»	2
Au garçon du bâtiment pour porter le bagage au travers du village	»	6

2. *Jusqu'à Amsterdam.*

	Gulden.	Stuivers.
Pour le roef	1	4
Pour trois personnes	»	18
Pour le bagage	1	6
Pour le chasseur	»	2
Aux kruyers (*porte-faix*), pour porter le bagage jusqu'à l'auberge	1	2

Dans la *Belgique* et sur la *Rive Gauche* du Rhin, on voyage facilement en poste et en diligences, qui communiquent toutes avec celles de Bruxelles et de Paris.

TABLEAU

DES POIDS, MESURES ET MONNAIES.

POIDS.

Le nouveau système métrique de la France a été proposé, mais non sanctionné par le peuple hollandais, et la ville d'*Amsterdam* et d'autres villes de commerce ont hésité d'y accéder. Nous donnerons donc l'analyse des anciens poids et des anciennes mesures, tels qu'ils sont restés en vigueur dans la Hollande.

POIDS DES MARCHANDS.

Schippond.	Quintal.	Lyspond.	Stein.	Livres.
1	3	20	$37\frac{1}{2}$	300
	1	$6\frac{2}{3}$	$12\frac{1}{2}$	100
		1	$1\frac{7}{8}$	15
			1	8

POIDS D'APOTHICAIRE.

Livre.	Onces.	Drachmes.	Scrupules.	Grains.
1	16	128	1,024	20,480
	1	8	64	1,280
		1	8	160
			1	20

POIDS, MESURES ET MONNAIES.

POIDS DE MARC OU DE TROYE.

Marc.	Onces.	Engels.	As.
1	8	160	5,120
	1	20	640
		1	32

MESURES LINÉAIRES ET DE CAPACITÉ.

L'aune d'Amsterdam et de la Hollande a 306 lignes, ancienne mesure de France. On se sert quelquefois de l'aune flamande, qui a 315 de ces lignes.

MESURES DES LIQUIDES.

Ame.	Anke.	Seekan.	Quartee'e ou Vetten.	Storpen.	Mingeln.	Pintes.
1	4	8	21	64	128	256
	1	2	$5\frac{1}{4}$	16	32	64
		1	$2\frac{1}{8}$	8	16	32
			1	$3\frac{1}{11}$	$6\frac{2}{21}$	$13\frac{4}{21}$
				1	2	4
					1	2

MESURES DE CAPACITÉ.

Last.	Tonnes.	Mudde.	Sakk.	Schepel.	Viertvaat.	Kops
1	$21\frac{3}{5}$	27	36	108	432	3,456
	1	$1\frac{1}{4}$	$1\frac{1}{2}$	5	20	160
		1	$1\frac{7}{8}$	4	16	128
			1	3	12	96
				1	4	32
					1	3

MONNAIES.

Pondt vlaams.	Risdaler.	Florin d'or.	Florin ou Gulden.	Escalins.	Stuiver.	Deniers vlaams.	Penningt.
1	$2\frac{2}{7}$	$4\frac{2}{7}$	6	20	120	240	1,920
	1	$1\frac{11}{14}$	$2\frac{1}{2}$	$8\frac{1}{3}$	50	100	800
		1	$1\frac{2}{5}$	$4\frac{2}{3}$	28	56	336
			1	$3\frac{1}{3}$	20	40	320
				1	6	12	96
					1	2	16
						1	8

Le titre de l'or se divise, en Hollande, en 24 karats, et chaque karat se subdivise en 12 grains. Le titre de l'argent se divise en 12 pennings, et le penning en 24 grains.

Espèces d'or. — Le ducat d'or porte pour empreinte, d'un côté, un homme à pied, armé de toutes pièces, tenant d'une main un sabre, et de l'autre sept flèches liées ensemble, et de l'autre côté une légende renfermée dans un tableau carré, et conçue ainsi : *Mo. or. D. provin. fœder. belg. ad leg. imp.* Le ducat pèse 2 engels 8 ½ as, et est au titre de 23 karats 7 grains. Il a cours pour 5 florins 5 sous = 11 liv. 11 s ancien argent de France. Le double ducat à proportion. Le ryder d'or porte pour empreinte, d'un côté, un homme à cheval, armé de toutes pièces, tenant un sabre et ayant le bras levé; on voit au-dessous du cheval un petit écusson. De l'autre côté est un écusson représentant un lion, qui tient dans une de ses pattes sept flèches liées ensemble, et dans l'autre un sabre. Le ryder d'or pèse 6 engels 15 as, et est au titre de 22 karats. Il a cours pour 14 florins = 30 liv. 16 s., ancien argent de France. Le demi-ryder à proportion. Toutes les espèces d'or portent cette légende. *Concordiâ res parvœ crescunt.*

Espèces d'argent. — Le ryder ou ducaton d'argent porte la même empreinte et la même légende que le ryder d'or, excepté que l'écusson qui représente le lion est supporté par deux lions couronnés. Il a cours pour 3 florins 3 s = 6 liv. 18 s. 6 den, ancienne monnaie de France = 6 fr. 88 cent., nouvelle monnaie. Le demi-ryder à proportion.

Le ducat, ou risdaler d'argent, représente, d'un côté, un homme à pied, armé de toutes pièces, tenant d'une main un sabre posé sur son épaule, et de l'autre un écusson. Il a cours pour 2 florins 10 s. = 5 liv. 10 s., ancienne monnaie = 5 fr. 48 cent., nouvelle monnaie de France. Le demi à proportion. Les légendes du ducaton et du risdaler sont les mêmes que celles des espèces d'or. La pièce de trois florins représente, d'un côté, une femme ayant le casque en tête, un bras appuyé sur un livre, tenant de l'autre main une pique, sur laquelle on voit un chapeau. La légende est conçue en ces termes : *Hâc nitimur, hanc tuemur.* Le florin et le demi-florin portent la même empreinte. Le florin = 2 liv. 4 s., ancien argent de France = 2 fr. 17 cent., nouvelle monnaie.

L'empreinte de l'escalin est, d'un côté, un vaisseau avec cette légende : *Ita relinquenda ut accepta* = 65 cent., nouvelle monnaie de France.

Le double sou porte, d'un côté, un écusson, accompagné d'un 2 et d'une S, et de l'autre le mot *Hollandia.*

Le sou porte, d'un côté, un faisceau de sept flèches liées ensemble, avec un 1 et une S, et de l'autre le mot *Hollandia.*

Espèces de cuivre. — On fabrique dans le royaume une seule espèce de monnaie de cuivre, nommée *dute* ou *duyten*, il en faut 8 pour composer un sou. Ces espèces portent, d'un côté, les armes de la ci-devant province où elles ont été fabriquées, et de l'autre son nom avec le millésime.

Poids de la banque d'Amsterdam. — Dans les caisses de la banque d'Amsterdam, on ne compte point les espèces dans les grands paiemens, mais on les donne et on les reçoit au poids.

	Marcs.	Onces.	Engels.	As.
1000 ryders............	40	3	9	16
1000 ducats............	14	1	11	12
1000 louis vieux de France..	27	1	15	»
1000 louis neufs de France..	33	1	»	»
200 ducatons ou ryders d'argent...........	26	3	13	»
200 ducats d'argent ou risdalers.............	22	6	11	8
600 florins............	25	5	11	20
1000 piastres..........	109	»	»	»

Dans la Belgique, la majeure partie de la monnaie est française.

TABLEAU DES CAPITALES.

AMSTERDAM — *Édifices remarquables, curiosités.* — On remarque la vieille église, dite Oudekerk, où l'on entend le beau carillon de 36 cloches, la nouvelle église, dite Sainte-Catherine, où l'on admire le tombeau de l'amiral *Ruyter*; la synagogue des Juifs portugais, l'hôtel de ville et la banque. La longueur du premier bâtiment est de 282 pieds, et sa largeur, en y comprenant les saillies, de 235 pieds : la hauteur est de 116 pieds avec le toit, mais sans y comprendre la tour, qui a 41 pieds au-dessus du soubassement de colonnes. Cet édifice est bâti sur un pilotis de 13,659 grands mâts enfoncés. L'on trouve dans quelques-unes de ses salles des tableaux d'un mérite rare : nous indiquerons de préférence la signature de la paix de *Munster*, par *van der Helft*; et l'assemblée des confédérés, par *Rembrant*. La méridienne dans le grand salon, a été tracée par le célèbre *Huyghens*, malheureusement le bâtiment a un peu fléchi depuis Voyez la description de l'hôtel de ville d'Amsterdam à Amsterdam, petit in-8°. La banque a été établie en 1609. Elle est ouverte tous les jours. Mais il y a deux grandes fermetures en janvier et juillet, de quinze jours chacune, et quatre petites de six à huit jours, aux fêtes de Pâques, de l'Ascension, de la Pentecôte et de Noel On doit y aller ou y envoyer quelqu'un avant huit heures du matin, pour s'informer si la partie que l'on prétend avoir écrite sur son compte y est en effet. Ceux qui y vont après huit heures jusqu'à neuf, sont obligés de payer deux sous pour les parties qu'ils demandent, et depuis neuf heures jusqu'à trois après-midi, six sous. Celui qui, ayant son argent en banque, veut payer quelque partie à quelqu'un, doit y porter son billet lui-même, ou passer procuration pardevant MM. les teneurs de livres de la banque, à celui duquel il veut se servir pour cet effet ; faute de quoi son billet ne sera point reçu, ni par conséquent la partie écrite. Voici la forme du billet.

« Folio 1124.
» Messieurs les commissaires de la banque paieront à NN.
» la somme de douze cent cinquante-quatre florins douze
» sous huit deniers. »
« Florins 1254, 12, 8 »

Le folio 1124, qui est au-dessus, marque le feuillet du grand livre de la banque, où est le compte de celui qui écrit la partie ou le billet.

Les autres édifices sont : la bourse, qui a deux belles galeries, où les marchands se retirent quand il fait mauvais temps, et quarante-six gros piliers numérotés pour la commodité de ceux qui, par ce moyen, trouvent d'abord ceux à qui ils ont à parler ; la bourse au blé, la tour dite *Haringspakkerstooren* ; les quatre maisons de charité, l'hôpital, le lazaret et la maison des vieilles gens, les petites maisons, la cour des veuves, les neuf maisons des orphelins, les quatre maisons de correction, surtout le *Rasphuis* et le *Spinnhuis*, le lombard, l'hôtel de l'amirauté, ci-devant la cour des princes, son arsenal, le chantier, les hôtels des compagnies des Indes orientales et occidentales. Il faut être muni d'une permission pour pénétrer dans les chantiers, magasins, etc. de ces compagnies. Il en est de même pour entrer dans les bâtimens de l'amirauté. Les six arsenaux de la ville, l'école latine, le gymnase illustre, et le collége d'anatomie et de chirurgie, le jardin botanique. On paye quatre stuivers pour y entrer. Le pont sur l'*Amstel*, d'une fort belle exécution, le port. La quantité de vaisseaux que l'on voit rassemblés dans ce vaste bassin y donne le spectacle de la plus épaisse forêt, suivie d'autres forêts encore. On remarque aussi la grande salle de spectacle, la belle vue du *pont des Amoureux.*

Collections, cabinets. — Les principaux sont : la bibliothèque de l'illustre School, le théâtre d'anatomie et la collection superbe des maladies des os ; nombre de collections en tout genre, surtout des cabinets d'histoire naturelle ; les cabinets de peinture de Smeth, de Bruin, de H. ter Kats, de Muilman, d'Arp, Brionen, van Winter, de Cl. de Hals ; les collections d'estampes et dessins de Goll van Frankenstein, de Vos, de Versteeg, de Bosch, de Vinkeles ; les collections de dessins de Fok, van Dyk ; les cabinets de peintures et dessins de Sluiter ; les cabinets d'estampes de Graf et de Lange ; le cabinet d'histoire naturelle de M. Ray ; le cabinet d'oiseaux de M. Temmink.

Établissemens littéraires et utiles. — On remarque l'académie de dessin, la société poétique, ou Digthevend Genootschap, la société tot nut vant Algemeen, nombre d'écoles publiques, principalement l'*Athenæum illustre* ; l'école des matelots, la société de *Felix meritis*, dans un superbe bâtiment sur le Keizers-Graft, avec la plus belle salle de concert qui soit dans le royaume. Cette société a plusieurs centaines de membres, parmi lesquels il y a des savans, des philosophes, des poetes qui, à des jours fixes, font la lecture de mémoires, de poemes, tiennent des harangues, etc. De plus, on y enseigne la physique, les mathématiques et le dessin. — Le *Lees Museum*, dans le Rokkin.

Fabriques, manufactures. — On distingue celles de draps, de serges, de fils d'or, de chapeaux ; des verreries, des raffineries de camphre et de borax ; plusieurs compositions métalliques et pharmaceutiques en grand ; des fonderies de cloches et de fer ; des raffineries de sucre, des distillateurs de vinaigre, torqueurs, et fabriques de tabac, des chantiers, des corderies, quantité de moulins à fabriquer les huiles de grains, et à préparer celle de baleine, etc. Il y a beaucoup de diamantaires dans cette ville.

Auberges. — Aux armes d'Amsterdam, excellente auberge ; au Heerelogement, aux Doelen, sur le Garnaale-Markt ; aux Doelen, dans le Doelenstraat ; au Rondeel, même rue. Un étranger trouve aux environs de Heere-Graft, Keizers-Graft, des chambres garnies à des prix raisonnables.

Promenades. — On admire les quais qui règnent le long de l'Y, surtout du côté de *Kattenbourg.* C'est de l'autre rive de l'Y que la ville se présente dans toute sa magnificence. Une des plus belles vues et des plus variées est celle dont on jouit du haut de *Nieuwe-Sluys*. On remarque le *Heeren-Graft* et le *Keizers-Graft* au centre de la ville; le *Dienui-Meer*, petit canton très-fertile, rempli de maisons de campagne et de fermes; le nouveau plantage. Les promenades en voiture ou en trekschuyt à l'auberge de *Seeburg*. Les voitures dont on fait usage à Amsterdam sont, ou des carrosses de louage à quatre roues, ou des cabriolets à deux roues et à deux chevaux, ou des *schleen*, c'est-à-dire, des caisses de voitures posées sur un traîneau, et tirées par un cheval.

Spectacles. — Théâtre hollandais, théâtre allemand, théâthe français, théâtre des Juifs.

Livres qui peuvent servir de guide et d'instruction. — Entwurf eines Gemaldes von Amsterdam, von *Heldorf*. Amsterdam, 1803, 12 avec le plan de la ville et une carte. — Naamregister van alle de Kooplieden en Fabrikanten der Stad Amsterdam; by v. der *Kroe en Capell* op den Dam Ce dernier livre paraît tous les ans; il est d'une grande utilité, surtout pour des négocians. On vend des estampes coloriées qui représentent les plus belles vues et les plus beaux bâtimens de cette ville célèbre.

Excursion à Sardam ou Zaandam. — Il part régulièrement et réciproquement quatre barques par jour d'*Amsterdam* pour *Sardam*; mais communément les compagnies de ces barques ne sont pas trop bien composées, il vaut mieux en fréter une pour soi et pour sa société. Le trajet est agréable et de peu de durée, pour peu que le vent soit favorable A un demi-mille de terre, l'œil embrasse en entier le bassin d'Amsterdam, et il est difficile d'exprimer le bel effet que produit cette immense quantité de mâts, à travers lesquels s'élèvent les tours et les clochers, et les faîtes d'une quantité immense de bâtimens On donne communément depuis six jusqu'à neuf florins pour l'*aller* et le *retour* On n'a point trop de toute la journée pour parcourir ce village, sans contredit l'un des plus riches et des plus peuplés de l'Europe. Il faut s'expliquer bien clairement avec le patron de la barque sur l'heure que l'on veut partir de *Sardam*, du lieu du débarquement au retour, parce qu'il leur arrive, pour leur commodité particulière, qu'ils colorent de vains prétextes, de débarquer les voyageurs où il leur plaît, et que cela n'est pas toujours égal pour se rendre à son auberge. L'on trouve sur le port, à Sardam, plusieurs bonnes auberges, p. e à la Loutre; on y mange d'excellens poissons, que l'on fait payer fort cher aux amateurs, lorsqu'on néglige de convenir au préalable du prix de toutes choses. C'est à Sardam que l'on peut prendre une juste idée de l'aisance, de la propreté, et surtout de l'industrie hollandaises. Les rues y sont toujours aussi bien balayées et nettoyées que les chambres de parade des autres pays. Le nombre des habitans de *Oost* et de *West-Zaandam* monte à 10,117. Ils sont tous riches, et en partie grands négocians. Toutes les maisons sont peintes de différentes couleurs, ce qui donne au village un air bigarré. Ce qui frappe le plus les étrangers, c'est le nombre exorbitant de moulins à vent qu'on y y voit. Ceux qui veulent s'instruire de la construction de ces édifices n'en sauraient trouver nulle part un aussi grand nombre d'espèces différentes. On en compte jusqu'à 2,300. Ils sont hauts, bâtis en pierre, avec des volets et des toits peints en plusieurs couleurs. On dirait une vaste forêt. L'on ne doit point oublier de se faire montrer la maison nommée sur les lieux *Furstenburg*, que *Pierre-le-Grand* occupa pendant le long séjour qu'il fit à *Sardam* Lorsque Paul Ier. était à Sardam, le propriétaire de cette maison lui montra plusieurs ustensiles qui avaient servi à l'usage de son grand-aïeul, et entre autres choses une petite cafetière d'argent, dont ses enfans lui faisaient présent. Le village de *Broeck*, dans la Hollande septentrionale, offre, comme celui de Sardam, un exemple de la propreté des Hollandais. Les rues sont pavées de tuiles, qu'on lave et qu'on polit avec un polissoir. On les lisse avec une brosse, et on les couvre de sable, dont on forme diverses figures Il n'est pas permis d'établir une auberge dans ce village. Il faut passer le village tout entier pour aller chercher une hôtellerie, qui est tout au bout. A l'entrée de plusieurs maisons, on trouve des pantoufles toutes prêtes pour ceux qui auraient les souliers crottés.

Mélanges. — On voit les deux grands canaux d'*Amsterdam*, dormant entre des quais couverts de beaux arbres, les maisons élevées des deux côtés, dont le vitrage brillant réfléchit la verdure des feuilles. Cette navigation continuelle dans le sein d'une grande ville ; le charroi immense des marchandises, tant de magasins ouverts, une foule de peuple toujours en agitation et parlant toutes les langues du monde ; tous ces objets qu'on ne voit rassemblés qu'en Hollande, ne laissent pas de faire d'Amsterdam et de quelques autres villes un des spectacles les plus curieux de l'univers. L'entretien des ponts, des canaux et des digues d'Amsterdam et de la banlieue, coûte près de 30,000 fr. par jour. Pop. 217,000 hab.

Distances. — 27 l. N. d'Anvers; 70 E. de Londres; 105 N.

de Paris; 140 S. O. de Copenhague; 225 N. O. de Vienne; 375 N. par O. de Rome.

BRUXELLES.

Cette ville, capitale du Brabant et de la Belgique, la seconde des Pays-Bas, et résidence alternative des États-Généraux, est située sur la *Senne*, et sur un superbe canal, qui vient d'être réparé. Elle est belle, grande et bien peuplée; elle possède une académie, un collége. Parmi les édifices et les curiosités on remarque l'hôtel de ville et sa tour gothique, haute de 364 pieds : l'œil se repose avec complaisance sur le travail et les formes de cette tour qui ne sont pas exécutés sans goût; la salle des spectacles; le temple de la Loi, avec sa belle façade, ci-devant église sur la place de la Liberté; l'église de Sainte-Gudule : le mausolée de la dame Schotti, et le portrait de Rubens, peint par van Dyk, qui est l'un des plus beaux ouvrages de ce maître; l'église des Augustins : on vante beaucoup son portail; l'hôtel d'Aremberg, le palais des États, l'ancien palais du gouverneur général, où se trouvent à présent le lycée et la bibliothèque publique, qui contient 120,000 volumes; l'église des Capucins : on dit que c'est la plus belle que cet ordre possédai en Europe; le Parc, avec une superbe rangée de palais e de belles maisons, et la promenade du Parc : on y montr un bassin d'eau, orné d'une inscription latine, qui racont que Pierre-le-Grand tomba dans ce bassin, *libato vino*; l grande et la petite place du *Sablon*, et la fontaine que my lord Bruce y fit ériger à ses frais, en 1751. On voit dan cette ville de beaux hôtels et des places magnifiques. Le Français y ont fait de grands et nombreux embellissemen. Les environs de Bruxelles produisent beaucoup de légume des fruits de toute espèce; les prairies y sont d'un rappor presque inépuisable, et sont inondées l'hiver par les eau limoneuses de la petite rivière de *Senne*. Cette ville a de manufactures et des fabriques de tous les genres. On y cul tive avec succès les arts mécaniques; elle fabrique dentelle chapeaux, bas de toute espèce, serges, pannes, basin toiles de coton, fil à coudre, toiles peintes, galons d'or e d'argent, papiers de tentures, quantité de siamoises et d'e toffes; millerets, glands, guirlandes de soie, or et argent barbe de soie de toutes couleurs, tabac, savon noir, amido huile de vitriol et eau forte. Sa manufacture de camelot été long-temps la première de l'Europe. Elle possède un manufacture de porcelaine, de faïence, une verrerie à bou teilles, des papeteries, teintureries en laine, fil et soie, un imprimerie en coton, des calandres, et autres machines propres à l'apprêt des étoffes On y fabrique encore toutes sortes de draps, bails, kersais et frisettes façon d'Angleterre, du fer battu et blanchi. Près de Bruxelles, il faut aller voir le beau palais royal de *Lacken*.

Principaux cafés. Celui de la Monnaie, celui de l'Amitié, le Grand Café, le Cafe Turc.

Principaux hôtels. Celui d'Angleterre, de Belle-Vue, de Flandre, de Suède, de New-Yorck.

Bains publics, Rue des Alexiens. au jardin Saint-George.

Foires. Les 22 mai, 12 jours; 18 octobre, 14 jours : marchandises de toute espèce. Pop. 75,000 hab. Cette ville est à 78 l. N. de Paris.

ITINÉRAIRE.

N°. I.

1re. ROUTE DE BRUXELLES A AMSTERDAM
par Anvers et Rotterdam.

NOMS des relais.	LIEUES.	NOMS des relais.	LIEUES.
Vilvorde.	2 ½	Rotterdam,	7
Malines.	3	La Haye.	5
Anvers.	5 ½	Sassenheim.	5 ½
Le coin d'argent.	6	Harlem.	4 ½
Cruystaert.	7	Amsterdam.	3 ½
Moerdick.	4		
(Ici on s'embarque pour *Stryensas*.)			53 ½

Topographie.

On sort de Bruxelles par la route du Rivage : on suit le canal en passant à la barrière et près de Lacken ; ¼ de lieue

de plaine à traverser. — A *Meudon*, vis-à-vis l'écluse de Ste.-Gertrude : pont de Vilvorde, sur le canal, où l'on débarque. — A *Vilvorde*, prairies et rivière de *Senne* à traverser. — On passe à *Eppeghem* et *Campenhoff*. — A *Sempts* : on traverse la *Senne*. — A *Halve-Galge*. — A *Vorschenborch* : route et village de *Hombeck*. Pont, canal de *Louvain* à Anvers.
. . . . On arrive à
MALINES, auparavant capitale de la seigneurie du même nom, située sur la *Dyle* ; c'est une belle ville, qui a un siége archiépiscopal, des manufactures de dentelles renommées, de chapeaux, de couvertures de laine ; de bonnes brasseries et de tanneries. On remarque la place d'armes, vaste et régulière, et la cathédrale de St.-Romuald, basilique dont on admire tout le luxe de l'architecture gothique. Le clocher a 348 pieds de haut, et les habitans le regardent comme la huitième merveille du monde. Foires de 15 jours, le 1er. octobre ; le premier dimanche après le 1er. juillet : draperies, estampes, musique, bijouterie, librairie, modes, cotons, etc. Le deuxième samedi d'octobre, belle foire de chevaux et bestiaux. Pop. 16,600 hab.

De Malines on passe à *Quennepoel*; pont et rivière de *Boemar*. — A *Waelhem* ; on traverse la *Nethe*. — A *Heylig-Bloed*. — A *Waerloos* — A *Contucht*; devant les châteaux d'Altena et de Mussenburg. — A *Luytanegem*. — A *Thoreten*. — A *Berghem*. . . . . On arrive à

ANVERS, sur l'*Escaut*, autrefois une des villes les plus riches de l'Europe, avec une bonne citadelle et un bon port, qu'on a rétabli. Les Anglais, en 1814, ont détruit une grande partie des travaux maritimes. Les édifices publics sont nombreux et superbes. On y admire la cathédrale, qui est très-vaste : elle a 500 pieds de long sur 240 de large ; 125 colonnes y supportent 213 arcades voûtées, sous lesquelles on voit 32 autels enrichis de piliers de marbre ; une tour fort élevée, de 466 pieds, qui se termine en pointe, et dont le travail est d'une délicatesse infinie, rend ce monument le plus beau, dans le genre gothique, que l'on connaisse en Europe. L'hôtel de ville n'est remarquable que par son architecture et les ciselures en marbre qui y sont prodiguées. La place de Mer est la plus grande d'Anvers. La bourse est une autre place carrée, au-dessous de laquelle est une belle galerie, soutenue par des piliers de pierre bleue : elle a 180 pieds de long sur 140 de large avec des voûtes. La maison dite des *Oosterlingues* est encore remarquable. Elle a 250 pieds de long sur autant de large. La citadelle est une des plus régulières et des plus fortes, d'après l'ancienne manière de fortifier. Anvers a des rues larges et régulières. On remarque le bassin pour les vaisseaux, le chantier de la marine, le bagne, les quais sur l'Escaut, la cale d'embarcation pour le passage du fleuve depuis la ville jusqu'à la Tête de Flandre; le Calvaire, la salle des pectacle. Anvers commerce en dentelles de fil, connues sous le nom de Malines ; en fils de toute espèce très-estimés, et en diamans. Sa fabrique de toiles peintes a beaucoup de succès : on estime surtout ses étoffes de soie noire, connues sous le nom de *failles*. Les blanchisseries établies aux environs de la ville sont aussi en réputation. Cette ville a des fabriques de drap, étoffes de soie, mousseline, futaine, basins, siamoises, chamoiserie; huile de colza, rubans de fil et de soie, savon vert, sayette, sel, tabac, toile cirée, toile à peindre, tournesol, amidon, bas de soie et coton, blanc de plomb; bleu d'azur, acide en activité, cartes à jouer, chocolat, cire blanche, colle du pays, colle forte. Elle possède encore des imprimeries de coton ou indiennes, des filatures de coton, des raffineries de sucre, et des manufactures de poil de vache et de chapeaux de paille. Anvers est célèbre par le traité des barrières, conclu entre les Hollandais et les Autrichiens.

Hôtels garnis. Hôtel du Grand-Laboureur, d'Angleterre, de Saint-Antoine, de la Couronne, de l'Ours, du Lion-d'Or.

Auberges ou Estaminets. La Couronne, la Garenne, le Petit-Paris.

Cafés. Café Suisse, le Grand-Café, café du Roi, café Brouard.

Foires de 30 jours, le 17 mai et le 16 août; toutes sortes de marchandises. Pop. 61,800 hab.

En sortant d'Anvers, on passe par beaucoup de moulins à vent ; on traverse le faubourg des Dames, et on tourne à droite à Eclkenshof; passage de la *Laerch*, rivière. On côtoie la rivière et plusieurs bois. — A *Bresschaet* : grandes bruyères à traverser. — Au Coin d'Argent, poste. — A *Cruys-Staerte*, les bruyères continuent; on monte un peu; on passe une rivière . on côtoie une autre rivière ; forte rivière à passer, près de Bovendonck, sur la route : on longe près de Swartenbergs-Weer la *Merk* qui communique à la *Wart* par un canal que l'on traverse en passant à Zeven-Bergen On s'embarque sur cette dernière rivière. . . . . . On arrive à

Mœrdyck Un bon yacht public, contenant deux chambres commodes et propres, coûte, pour aller de Mœrdyck à Rotterdam, environ 48 fr de France. La longueur du trajet varie suivant la saison et le temps : communément on est 5 ou 6 heures sur le Mœrdyck, quelquefois moins, et souvent beaucoup plus. . . . . On arrive à

Rotterdam, au confluent de la *Rotte* et de la *Meuse*,

ville la plus considérable après Amsterdam. Elle est très-jolie et offre un coup d'œil agréable. Les édifices remarquables et curiosités sont : la bourse, la maison de banque, l'hôtel de ville, les bâtimens de la compagnie des Indes-Orientales, l'église principale, les tombeaux des deux amiraux, de *Witt* et *Brakel*; la statue d'*Erasme*, l'église anglicane, le Hoogen-Raadsbuis, le théâtre national. Deux branches de commerce appartiennent essentiellement à cette ville : la garance et les eaux-de-vie de grains ou de genièvre. Elle a des fabriques de céruse, de babioles de verre, de tournesol, de sucre de saturne, etc. Les plus grands vaisseaux peuvent arriver jusqu'au milieu de Rotterdam, au moyen des profonds canaux dont la ville est entrecoupée. On y remarque la bibliothèque, le cabinet d'antiquités et la collection superbe de M. Gevers, où l'on trouve les dessins originaux de la galerie du Luxembourg, par Rubens; le cabinet d'histoire naturelle de M. Nozemann, surtout le cabinet de la société batave des proef ondervindelyke Wysbegeerte Les établissemens utiles et littéraires sont : la banque, qui date de 1635; elle tient ses livres en argent courant et en argent de banque, dont la différence est déterminée par l'agio de 4 et 4½ pour 1000; la société d'histoire naturelle Bataafsch - Genoodschap der proef ondervindelyke Wysbegeerte, Digtlievend-Genoodschap. La *kermes*, ou la foire de Rotterdam, passe pour la plus gaie de la Hollande Il ne faut pas manquer d'aller à *Gonde*, voir la manufacture de pipes, l hôtel de ville, et les vitraux peints d une église, très-remarquables par la beauté des couleurs Les tombeaux de l'amiral Tromp, celui de l'amiral Piet Heyn, de Leuvenhoeck et d'autres, ornent les deux grandes églises. Le monument superbe du grand Guillaume de Nassau est digne de notre attention. Son chien fidèle couche à ses pieds On montre encore le palais où ce prince fut assassiné en 1584 La fabrique de porcelaine soutient sa réputation. Ses magasins sont très-curieux à voir. M Canzius a établi une fabrique d'instrumens de physique, d'astronomie, de chirurgie, etc. Auberges : au Schippers-Huis, aux Doelen, au Maréchal de Turenne. Popul. 22,200 habit. ns.

En quittant Rotterdam, on suit le canal de *Schie*: on passe près de Roderys — A *Alherdyhse* . . . . On arrive à

DELFT. Jolie ville, agréablement située sur la *Schie*. Elle a donné naissance à Grotius C'était dans une de ses églises que l'on enterrait les princes de la maison d'Orange. Pop. 13,539 habit.

En sortant de Delft, on s'embarque sur le *Vliet*. On arrive à

La Haye. Cette ville, qui n'a ni murs, ni portes, est entourée d'un large fossé sur lequel on a pratiqué des ponts-levis. Elle surpasse néanmoins plusieurs villes célèbres par la magnificence de ses bâtimens et ses autres ornemens. Ses édifices remarquables et curiosités sont : le palais du corps législatif, l'hôtel du Staats-Bewind, le palais, autrefois résidence de la cour ; la bourse des grains, où s'assemble une société de peintres et d'amateurs, l'hôtel de ville, la maison de M. le baron de Wassenaer de Twikel, la maison du comte de Bentheim, le Schutter Doelen, le temple neuf, dont l'assemblage de la charpente est un beau morceau de l'art ; la place devant la porte nommée *Gevange-Poort*, est célèbre par l'assassinat des frères de Witt. Le Prinzengraft passe pour la plus belle rue de La Haye. Elle fabrique de la porcelaine. Elle a une société de peinture, une société poétique, ou Digtlievend-Genoodschap ; Ruysch, célèbre anatomiste, et Huyghens, savant astronome, sont nés à La Haye. Ses collections et cabinets sont : le cabinet de pierres gravées de M. Hemsterhuis, les cabinets d'insectes de MM. Voet et Meuschen, le cabinet de coquillages de M. Lyonnet, le cabinet d'histoire naturelle de M. le docteur Hocy, la bibliothèque et la collection de raretés de M. Fagel ; les cabinets de peintures et d'estampes de MM. Schep-Heteren, Slingeland, Royer, etc. Les promenades qu'on remarque sont : le grand et le petit Vorhout, le Bosch et le palais royal du Bois, où l'on vient d'établir une galerie nationale des autres tableaux, dont le catalogue raisonné est publié ; Klein-Loo, la promenade le long du vivier, dans lequel se trouve une petite île, dite aux Cygnes, *Zwannen-Eyland*, où il y a une belle promenade de plusieurs allées d'arbres, *Scheveling*, port de pêcheurs, distant d'une petite lieue de La Haye. La route qui y conduit est délicieuse et bordée d'arbres. On y va volontiers déjeuner et jouir de l'aspect de la mer ; mais on doit être en garde ici plus qu'ailleurs contre le rançonnement des aubergistes. La promenade de Scheveling est un des divertissemens des habitans de La Haye. A une demi-lieue de La Haye, est *Riswick*, où fut conclue, dans son beau château, la paix de ce nom.

Cette ville est le lieu où s'assemblent alternativement avec Bruxelles, les États-Généraux des Pays-Bas. Elle est aussi le centre du gouvernement. Popul. 38,433 habitans. On passe à Sassenheim, poste . . . . On arrive à

Leyde, ville considérable, sur le *Rhin*, qui ne le cède en beauté et en grandeur qu'à Amsterdam. Les édifices remarquables et curiosités sont : la rue Large, l'une des plus belles rues de l'Europe, l'Altebourg ou le château, où l'on jouit d'une vue magnifique : dans son enceinte il se trouve un labyrinthe que le temps a respecté, et un puits sans eau, mais d'une extrême profondeur; la maison commune, où, dans une des salles, on conserve le jugement dernier peint à l'huile par Lucas de Leyde; l'église de Saint-Pierre, le tombeau du grand Boerhaave, avec une inscription d'un style aussi simple que noble : *Salutifero Boerhaavii genio sacrum*, le tombeau du célèbre Camper, celui de Pierre Meerman ; l'observatoire. Les égouts souterrains de Leyde sont une belle chose dans leur genre ; l'un, long d'un quart de lieue, reçoit des bateaux pour le nettoyer. On conserve à la maison où s'assemblent les tailleurs, la table dont s'est servi le célèbre chef des anabaptistes, Jean de Leyde, comme garçon tailleur. Les fabriques et manufactures consistent en beaux draps, savonneries, indigoteries. Elle a une université fondée en 1575, une société littéraire et une société poétique Les collections et cabinets sont : le cabinet d'instrumens de physique et le cabinet d'histoire naturelle de l'université; le cabinet d'antiques, la collection des minéraux de M. Doeveren, le cabinet d'histoire naturelle de M. François Berkley, le jardin botanique, les cabinets d'anatomie de M. van Doeveren, du docteur Rau, et de M. Albinus l'aîné, au théâtre d'anatomie; la bibliothèque de l'université, qui renferme 40,000 volumes et 10,000 manuscrits; le cabinet de peintures de M. Selfos ; la collection d'estampes de feu M. de Leyde, qui passe pour la plus considérable de toute la Hollande ; la collection de tableaux hollandais de M. Tack, les cabinets de dessins et de médailles, chez M. Dibbel; quelques restes de la magnifique collection Snakenbourgeoise chez M. van Buren ; le *Pan poeticum*, ou la collection de portraits de la société poétique Auberges : au Bury ou château, à la Place royale. Cette ville fut, le 12 janvier 1807, en partie détruite par l'explosion d'un bateau de poudre. Pop 30,955 hab

En sortant de Leyde, on s'embarque sur le canal de *Vaart*. . . . . On arrive à

HARLEM, ville sur la *Spare*, éloignée d'une lieue de la mer; la rivière la traverse. Harlem communique avec Amsterdam et Leyde par le moyen des canaux, elle contient 7,963 maisons et plusieurs églises. Quoique ses manufactures de soie, de draps et de toiles soient encore assez considérables, il s'en faut de beaucoup qu'elles aient la même activité qu'autrefois. Les blanchisseries de toiles et les jardins qui, par leur régularité, embellissent la ville, occupent beaucoup d'individus et les entretiennent. Cette ville avait autrefois un commerce de fleurs, et particulièrement de tulipes, qui allait jusqu'à la frénésie. C'était une espèce de fureur épidémique qui gagnait de proche en proche; mais, poussée à l'excès dans les temps, elle diminue sensiblement. Elle possède en outre plusieurs fabriques de gazes, d'étoffes de laine, de fil et de coton, de basins, qui sont estimées Cette ville est renommée par le blanc superbe qu'elle donne aux toiles de divers pays, qu'elle répand ensuite dans le commerce sous le nom de toiles de Hollande Quelques écrivains prétendent que c'est à Harlem, en 1440, que Laurent-Jean Koster a inventé l'art de l'imprimerie. On voit sa figure de grandeur naturelle sur le devant de sa maison, qui subsiste encore; il s'y trouve une inscription pour perpétuer la mémoire de cette invention. Il y a à Harlem une académie des sciences, établie en 1752. Ses environs, du côté du S , sont parsemés de belles maisons de campagne, et le bois, appelé *Harlemmer-Bush*, y offre des promenades très-agréables. Pop. 21,227 habitans. . . . . On arrive à

AMSTERDAM. *Voyez*, pour sa description, le tableau des capitales, page 9.

2ᵉ. ROUTE DE BRUXELLES A AMSTERDAM
par Breda et Utrecht.

De Bruxelles à Anvers (*voy*. page 15). . 15 ½ l.
       Gooring. . . . . 4 ½
       Grotzundert . . . . 3 ½
       Breda (*a*). 4
       Gorcum (*b*) 8
       Lexmond. 4
       Utrecht (*c*). 4
       Loenem 5
       Amsterdam. 5

21 p. ¼ 43 ½ l.

COMMUNICATIONS.

D'Anvers à Berg-op-Zoom.

    Putten . . . . 7 l.
    Berg-op-Zoom (*d*). . . . 7

7 p. 14 l.

D'Utrecht à Bentheim.

Amersfort (e)	4 ½ l.
Voorthuisen	4
Appeldoorn	6 ½
Deventer (f)	4
Holten	5
Delden	5 ½
Bentheim	9

19 p. ¼ 38 ½ l.

De Voorthuisen à Leuvenum . . . . 4 l.

D'Utrecht à Bois-le-Duc.

Beuseckum	6 l.
Thuil	5
Bois-le-Duc (g)	5

8 p. 16 l.

D'Utrecht à Rotterdam.

Gouda	8 l.
Rotterdam	4 ½

6 p. ¼ 12 ½ l.

De Gouda à Woerden 4

Topographie.

(a) *Breda*, ville forte au confluent du *Wegreyse* et de la *Merck*, et entourée de marais qui la défendent. Elle fait un bon commerce. Les maisons sont d'une grande propreté, les rues larges et bien percées; il y a des canaux qui sont ordinairement couverts de barques. Elle a 4 places et un beau quai. Ses environs sont agréables, et l'air y est sain. On y mange de bon saumon et de la volaille renommée. Il faut voir le superbe château, le jardin Valkenberg, la grande église, l'hôtel de ville, l'hôpital militaire. Pop. 11,000 hab.

(b) *Gorcum*, place forte, sur la rive droite du *Wahal*, commerce en grains et en bécards, que les habitans pêchent dans la Meuse. On y montre la maison où Grotius se réfugia. Pop. 5,000 hab.

(c) *Utrecht. Voyez* plus bas.

(d) *Berg-op-Zoom*, sur le *Zoom*, est une ville très-forte, défendue par des marais qui en rendent l'accès difficile. Il faut voir l'église de Ste.-Gertrude, le château, où l'on remarque la tour qui s'élève en s'élargissant, de sorte que le moindre vent la met en mouvement, et il semble qu'elle va s'écrouler. On remarque les souterrains et la galerie par où les Français entrèrent par surprise, en 1747, les ravelins de la Pucelle et de Cohorn. Pop. 4,900 hab.

(e) *Amersfort. Voyez* plus bas.

(f) *Deventer*, belle ville, située sur l'*Issel*. Elle fait un commerce considérable en bière excellente. Elle est la patrie de Jacques Gronovins. Pop. 8,287 hab.

(g) *Bois-le-Duc*, ou *Bos-le-Duc*, sur la *Dommel*, qui, s'y joignant à l'Aa, prend le nom de *Dyle*. C'est une ville forte, grande et belle. Son église de St.-Jean est magnifique. Elle fabrique toiles, aiguilles, couteaux, ouvrages en fer. Les Hollandais la prirent aux Espagnols en 1629. Les Français s'en emparèrent le 10 vendémiaire an 3. Pop. 12,500 habitans.

3ᵉ. ROUTE DE BRUXELLES A AMSTERDAM
par Dordrecht et Alphen.

De Bruxelles à Breda (*voyez* page 21).   23 l.
           Lage-Zwaluw.   7
(*On s'embarque ici pour Prinsen-Polder.*)
           Dordrecht. . . . .   2 ½
           Gouda   8
           Alphen. . . . .   4 ½
           Leimuiden.   3
           Amsterdam   5

                      16 p. ½ 33 l.

Voyez, pour la description de *Dordrecht* et d'*Amsterdam*, pages 24 et 9.

COMMUNICATIONS.

De Willemstadt à Berg-op-Zoom . . . . . 9 l.
De Stryensaas à Dordrecht 4

De Rotterdam à Gorcum.

Dordrecht (a) . . . . 6 ½ l.
Gorcum. . . . . 6 ½
─────────────
6 p. ½ 13 l.

De Gorcum à Thuil . . . . 2 p. ⅝ 5 l.

De Rotterdam à Stryensaas.

Buiton-sluis. . . . . 7 l.
Stryensaas. . . . . 7 ½
─────────────
7 p. ¼ 14 ½ l.

De La Haye à Utrecht.

Gouda. . . . . 8 l.
Utrecht. 8
─────────────
8 p. 16 l.

De Leyde à Utrecht.

Alphen . . . . 4 l.
Woerden. 5
Utrecht. 4
─────────────
6 p. ½ 13 l.

De Harlem au Helder.

Bewerwick . . . . 4 ½ l.
Alckmaar (b) 5
Zand . . . . 6 ½
Le Helder. 5
─────────────
10 p. ½ 21 l.

Topographie.

(a) *Dordrecht* est située dans une île qui se trouve entre la Meuse et le petit golfe de Biesboch. Cette île et ce golfe n'existent que depuis l'année 1421 : ils furent formés par une grande inondation qui engloutit 72 villages et 100,000 habitans. La ville de Dordrecht n'est pas fortifiée par l'art;

mais elle est très-forte par sa situation. Elle a un bon port; et ses habitans commercent en blé, en vins et en bois, qu'ils font venir d'Allemagne sur le Lech et le Wahal, qui sont des branches du Rhin. Pop. 18,014 hab.

(*b*) *Alckmaar*, avec des environs agréables; commerce en grains, beurre et fromages. Pop. 8,000 hab.

(*c*) *Texel*. Cette île a été très-fortifiée par Napoléon; et son port est bon et sûr. On y construit des vaisseaux de guerre.

COMMUNICATIONS.

D'Utrecht à Arnheim par Amersfort.

Amersfort.	$4\frac{1}{2}$ l.
Lunteren	5
Arnheim	$6\frac{1}{2}$

64 p. ¼ 16 l.

Topographia.

Amersfort, Arnheim. (*Voyez* page 28.)

D'Utrecht à Arnheim par Amerongen.

Amerongen.	7 l.
Arnheim.	9

8 p. 16 l.

De Breda à Arnheim.

Tilbourg.	8 l.
Bois-le-Duc.	8
Heesel.	4
Grave.	4
Nimègue	4
Arnheim	4

16 p. 32 l.

De Nimègue à Amerongen. . . . . 9 l.
Thiel . . . . 8 ½
De Thiel à Thuil. . . . . 2 p. ½. 5

D'Arnheim à Deventer.

Zutphen (a)	8 l.
Deventer	4
	6 p. 12 l.

D'Arnheim à Wesel.

Elten	6 l.
Rées	6
Wesel (b)	6
	9 p. 18 l.

D'Elten à Bochold	9 l.
Clèves	5
Nimègue	6
De Rées à Bochold	4
Borcken	5
Clèves	5
De Heusden à Gorcum	5 ½
Bois-le-Duc	4
Breda	6
De Harderwyk à Amersfort	7
Leuvenum	3
Zwoll	8 ½

D'Arnheim à Zwoll.

D'Arnheim à Appeldoorn	8 l.
Zwool	9
	8 p. ½. 17 l.

D'Appeldoorn à Leuvenum	5 l.

Topographie.

(a) *Zutphen* est une ville forte, située sur l'*Issel*.

(b) *Wesel*, ville forte sur le *Rhin*. On remarque le port, l'arsenal. Il y a spectacle et deux sociétés. *Auberges :* au Duc de Berg et à l'Empereur. Un bateau part tous les jours pour Amsterdam.

N°. 2.

ROUTE D'AMSTERDAM A AURICH.

NOMS des relais.	LIEUES.	NOMS des relais.	LIEUES
Naarden.	5	Assen	6
Amersfort.	7 ½	Groningue (b).	8
Leuvenum.	8	Winschoten.	6
Zwoll (a).	8	Leer.	7
Meppel.	8	Aurich.	7
Dievenbrug.	6 ½	38 p. ½.	77

COMMUNICATIONS.

De Steenwyck à Meppel. . . . . 5 l.
             Dievenbrug 5

De Groningue à Embden.

De Groningue à Delfzyl . . . . 8 l.
(On s'embarque ici pour se rendre à Embden.)

D'Aurich à Embden (c) . . . . 5 ½
         Norden 6
         Wittmund 5
         Essens. 5
         Jever 6
         Neustadt-Godens. 8
De Wittmund à Essens 3
         Jever 2
         Neuenbourg. 5
         Varel 8
D'Embden à Leer. 6
         Norden . . . . 5 ½
De Norden à Essen. 6

Topographie.

(*a*) *Zwoll.* Cette ville, située sur l'*Aa*, est grande, forte et riche par son commerce. Pop. 12,000 hab.

(*b*, *c*) *Groningue*, *Embden*. (*Voyez* pages 32 et 36.)

~~~~~~

N°. 3.

ROUTE D'AMSTERDAM A CLÈVES.

NOMS des relais.	MILLES.	NOMS des relais.	MILLES.
Naarden (*a*)	2 ½	Nimègue (*d*).	2
Amersfort (*b*).	2 ½	Clèves (*e*).	2
Arnheim (*c*).	2		
			11

Topographie.

(*a*) *Naarden*, ville forte et bien bâtie. Le voyageur qui vient de l'Allemagne, trouve ici les premiers *treckschuyten*. Cette ville a des fabriques de velours et de draps; elle passe pour le boulevard d'Amsterdam.

(*b*) *Amersfort*, ville très-commerçante, située très-agréablement au milieu de campagnes fertiles en graines et excellens pâturages. Il y a une verrerie où l'on fabrique des pots et des tasses à café, que l'on ne prendrait pas pour du verre. Les manufactures de *Dymitte* et de *Bombasyn* sont connues. Dans l'église réformée est enterré, proche du chœur, Jacques de Campe, l'architecte de l'hôtel de ville d'Amsterdam.

(*c*) *Arnheim*, ville, sur le *Rhin*, au pied de la montagne de *Veluwe*. Les remparts, plantés d'ormes, forment une promenade charmante. L'église de St.-Eusèbe renferme les tombeaux des anciens ducs et comtes de Gueldres, entre autres celui de *Charles d'Egmont*, surnommé *le Turbulent*. Auberges : à l'Aigle blanc, et à la Charrue d'or.

(*d*) *Nimègue*, sur le *Wahal*, sur lequel elle a un pont volant. Il faut voir la maison de ville, où fut conclue, en 1678, la paix de *Nimègue*; examinez les portraits des ambassadeurs des puissances belligérantes. On y montre aussi le glaive du bourreau qui trancha la tête aux comtes d'Egmont et de Horn. De la galerie d'une espèce de tour sur le *Wahal*, on jouit d'un coup d'œil superbe. Le *Kalverbosch* est une promenade de tilleuls. On brasse à Nimègue d'excellente bière blanche, que l'on exporte en grande quantité. Le chemin de *Clèves* à *Xanten* est sablonneux, comme tous les chemins de Westphalie, mais très-agréable ; il passe presque toujours à travers des allées d'arbres, des jardins, des champs cultivés. Bonne auberge au Cygne blanc.

(e) La ville de *Clèves* est jolie. Il faut voir l'ancien château, qui est sur une hauteur ; de la terrasse qui l'entoure, on a de tous côtés une vue admirable. On a formé des bosquets, des terrasses et des allées sur la pente du précipice, ce qui forme un jardin anglais aussi singulier que charmant.

N°. 4.

ROUTE DE CLÈVES A LA HAYE, A ROTTERDAM ET A HELVOETSLUYS.

NOMS des relais.	MILLES.	NOMS des relais.	MILLES.
Nimègue (*a*).	2	Leyde (*d*)	2
Wageningen (*b*)	2	La Haye (*e*).	2
Utrecht (*c*).	5	Rotterdam (*f*)	3
Alphen.	4	Helvoetsluys (*g*).	4
			24

Topographie.

(*a*) *Voyez* page 28.
(*b*) *Wageningen*, ville petite et jolie, communique au Rhin par le moyen de son port, à la faveur duquel les bateaux peuvent approcher de la ville. On y cultive le tabac en quantité. Le jardin de *Roozendaal*, l'un des plus beaux de la Gueldre, est dans le voisinage de Wageningen.
(*c*) *Utrecht*, ville grande et bien peuplée, sur le *Rhin*. Les édifices remarquables et curiosités sont : la maison commune,

la cathédrale : du plateau de sa tour, l'une des merveilles du pays, on jouit d'une vue immensément riche, et, dans un temps calme et serein, on peut observer près de vingt villes, dans un cercle assez borné ; le château de *Loo*, où l'on montre, entre autres choses, la plume qui servit à signer la *paix d'Utrecht*, l'hôpital des enfans, la filature de soie, le mail. C'est surtout les soirées des dimanches et jours de fêtes qu'il est très-fréquenté. Il y a 7 allées de 2,000 pas de longueur, et 3 allées de traverse. Ses fabriques et manufactures consistent en draps de velours dits d'Utrecht, dentelles, dés à coudre, filatures de soie. Les établissemens littéraires et utiles qu'on y remarque sont : l'université, le digtlievend Genootschap, l'observatoire, le jardin botanique. Parmi les collections et cabinets, on distingue la bibliothèque publique, la bibliothéque de M. de Goens, les cabinets d'histoire naturelle de MM Boddaert et Julianus, la collection de tableaux de M. Breukelwaard. Cette ville est célèbre par l'union des provinces, en 1579, et par le fameux congrès qui s'y tint en 1712 et 1713, pour la paix de l'Europe. Cette ville fut prise par les Français, le 1er pluviose an 3. Ses environs sont superbes. La colonie des frères Moraves est à *Zeyst*. D'Utrecht à *Oudenarden*, le trajet dans un yacht est charmant. Oudenarden est un lieu rempli de jolies maisons de campagne, à 4 lieues d'Amsterdam. A deux heures et demie de navigation d'Oudenarden, est l'île de *Mark*, singulière par la situation sauvage et les mœurs de ses habitans. La maison de l'amiral *Tromp*, à *s'Gravesande*, forme un coup d'œil singulier : elle est bâtie dans la forme d'un navire, et placée au milieu des eaux. Utrecht est la patrie du pape Adrien VI, et de Jean Leusden, célèbre philologue du dix-huitième siècle. Pop 32,204 hab.

(*d*, *e*, *f*) *Leyde*, *La Haye*, *Rotterdam*. *Voyez* p. 19 et 17.

(*g*) *Heluoëtsluys*, place forte, a un chantier pour la construction, et un très-beau magasin. Son port est le rendez-vous des voyageurs qui passent en Angleterre ou qui en reviennent. On fait le trajet en 20 heures. Au Paquebot, chez madame Normand, bonne auberge.

N°. 5.

ROUTE D'AMSTERDAM A MUNSTER.

NOMS des relais.	MILLES.	NOMS des relais.	MILLES.
Arnheim (*a*).	9	Coesfeld.	2
Doesbourg (*b*).	2	Borken.	4
Lanaweert.	2	Munster (*c*).	2
Bockhold.	2		23

Topographie.

(*a*) *Voyez* page 28.
(*b*) *Doesbourg*, ville forte, au confluent de la nouvelle et de la vieille *Yssel*. Vis-à-vis de l'autre bord, on voit le château de *Duren*. Le lit de la nouvelle Yssel est le *canal de Drusus*, que ce gendre d'Auguste fit creuser.
(*c*) *Voyez* l'Itinéraire de l'Allemagne, page 193.

N°. 6.

ROUTE D'AMSTERDAM A EMBDEN.

NOMS des relais.	MILLES	NOMS des relais.	MILLES.
Amersfort (*a*).	5	Sudlar.	2
Vorthuisen.	$1\frac{1}{2}$	Schwetz.	3
Zwoll (*b*).	5	Nienschanz.	2
Hardenberg.	4	Embden (*c*).	2
Paylen.	2		$26\frac{1}{2}$

Topographie.

(a) *Voyez* page 28. On passe de *Vorthuizen* près de *Loo*. Le château est très-joli, et le vaste jardin se distingue par de belles allées de chênes et de tilleuls. Le coup d'œil de la galerie du corps de logis est superbe. Les eaux plates y sont dans une grande abondance.

(b) *Zwool*, ville fort grande, riche et marchande, sur l'*Aa*. La grande église sur le marché est belle, et l'on y admire la sculpture de la chaire. On monte par un escalier isolé de 87 marches, qui conduit sur la voûte de l'église. La maison de correction est un grand bâtiment carré. Dans le ci-devant couvent des Augustins, sur la montagne Ste.-Agnès, demeurait *A-Kempis*, auteur du livre de l'Imitation de Jésus-Christ.

(c) *Embden*. On remarque la maison de ville, l'arsenal, l'église neuve, la grande église, et le tombeau du comte Jean II. Le commerce d'Embden est devenu très-considérable par la guerre de la révolution. La pêche du hareng arme plus de 50 bâtimens. Il y a plusieurs compagnies de commerce, établies dans cette ville. Le port nouvellement rétabli peut contenir, à ce qu'on dit, jusqu'à 400 vaisseaux, et un canal les conduit jusqu'à la maison de ville.

N°. 7.

ROUTE D'AMSTERDAM A UTRECHT, BOIS-LE-DUC ET MAESTRICHT.

NOMS des relais.	MILLES.	NOMS des relais.	MILLES.
Utrecht (a).	3	Bree.	1 ¾
Bois-le-Duc (b).	5	Asch.	1 ½
Eyndhoven.	3	Maestricht (c).	2
Achelen.	2		
			18

Topographie.

(*a*) *Voyez* page 29 De tous les voyages qu'on fait en Hollande, celui d'*Amsterdam à Utrecht* est le plus agréable. On le fait en bateau en huit heures de temps. A *Nieuwesluis* commencent les belles maisons de campagne et les jardins appelés *Buiten-Plaatsen*. Ils appartiennent la plupart aux habitans d'Amsterdam, et sont situés sur les deux côtés de la *Vecht*. On ne saurait imaginer rien de plus agréable que ce voyage au printemps. La vue change à tout moment, les jardins touchent les uns aux autres, et les rivages sont garnis de bandes de fleurs bordées agréablement de tulipes Une des plus belles maisons est celle qui a pour inscription *Reehstroom*, car la plupart ont un nom particulier. Auprès du village de *Beureln*, le canal est large de 50 pas. De l'autre côté recommencent les beaux jardins et les contrées ravissantes C'est surtout dans cet endroit qu'on peut admirer le goût des Hollandais pour les jardins.

(*b*) *Bois-le-Duc Voyez* la Belgique.
(*c*) *Maestricht. Voyez* page 64

COMMUNICATIONS.

De Nimègue à Rotterdam et Helvoetsluys.

Tiel	3 ½ l.
Gorcum (*a*)	3
Kruympen.	3 ½
Rotterdam (*b*).	1 ¼
Helvoetsluys (*c*).	4
	15 ½ l.

Topographie.

(*a*) *Gorcum*, place forte. La *Meuse*, qui porte ici le nom de *Merwe*, nourrit beaucoup de saumons Les chevaux des environs de Gorcum sont autant estimés que les chevaux de Frise. Le château de *Lœvenstein*, non loin de Gorcum, est célèbre par l'emprisonnement de *Hugues Grotius*. On y montre la petite chambre qui lui servit de prison. On garde aussi à Gorcum, dans la maison où ce savant célèbre se cacha après son évasion, trois tableaux dessinés et inventés par lui-même, et qui ont rapport à cet événement. *Auberge* aux *Doelen*

(*b*, *c*) *Rotterdam* et *Helvoetsluys Voyez* pages 17 et 30.

De Nimègue à Bois-le-Duc et Breda.

Grave (a)............ 2 l.
Bois-le-Duc........... 5
Druynen............. 1 ½
Breda............... 2

10 ½ l.

Topographie.

(a) *Grave*, petite, mais très-forte ville. L'enceinte de ses remparts a au moins un quart de lieue.

De Bois-le-Duc à Anvers.

Eyndhoven............ 3 l.
Tournhout............ 8
Westmaa............. 4
Anvers.............. 4

19 l.

De Berg-op-Zoom à Anvers.

Puten............... 4 l.
Anvers.............. 4

8 l.

D'Amsterdam à Lingen.

Zwoll (a)............ 11 ½
Hardenberg........... 4
Nienhaus............ 4
Lingen (b)........... 3

22 ½ l.

Topographie.

(a) *Voyez* page 32.
(b) Si l'on désire voir le beau château de *Loo*, on passe de Lingen, en allant à Amsterdam, par Northorn, Otmarsum, Almelo, Deventer, Loo, Vorthuizen, Amersfort et Naarden. On passe à Lingen l'*Ems* en bac. Le château de *Clemenswerth*, dans le voisinage de *Haselunen*, mérite l'attention du voyageur. La chapelle est très-belle.

N°. 8.

ROUTE D'AMSTERDAM A HAMBOURG
par Leuwarden et Groningue.

NOMS des relais.	MILLES.	NOMS des relais.	MILLES.
Harlingen (a).	14	Detron.	1
Franeker (b).	1	Ape.	4
Leuwarden (c).	2	Barnhorst.	1 $\frac{1}{2}$
Dockum (d).	2	Elsfleth (f).	7
Strohbuch.	2	Bremervoerde.	3
Groningue (e).	3	Hornbourg.	4 $\frac{1}{2}$
Winschoten.	1 $\frac{1}{2}$	Hambourg (g).	4 $\frac{1}{2}$
Neuschanz.	1 $\frac{1}{2}$		49

Topographie.

(a) *Harlingen*, belle ville, offre, du haut de ses remparts, une jolie vue sur la mer. Les digues sont des ouvrages étonnans, et qui font honneur au génie hollandais. Tout près de la ville, il y a un monument élevé au stathouder *Robles*. La ville et son voisinage fournissent une grande quantité de sel et un nombre infini de briques Son port, qui a un banc de sable à l'entrée, peut contenir les plus gros vaisseaux.

(b) *Franeker* a une université qui possède une belle bibliothéque et un jardin botanique. *Klein-Lankum*, à une demi-lieue de la ville, était le séjour du célèbre *Camper*. Un de ses fils y continue d'augmenter la belle collection de minéraux et de pétrifications de feu son père.

(c) *Leuwarden*, ville grande, bien bâtie et fortifiée. L'église de St.-Jacques renferme beaucoup de tombeaux. La maison *Marienbourg* et ses jardins sont jolis. Les remparts offrent une promenade sous les tilleuls. La maison de ville est un bel édifice. Entre *Franeker* et *Harlingen*, il y a beaucoup de tuileries où l'on fait des tuiles vernissées d'un bleu foncé. Elle est entrecoupée de plusieurs canaux qui facilitent son commerce. Pop 15,500 hab.

(d) Le fromage et le beurre de *Dockum* sont renommés. Il y

a ici des chantiers et des sauneries considérables. Il se fai[t]
une grande quantité de sel dans cette ville. La fontaine d[e]
St.-Boniface fournit abondamment d'eau à la ville. Ce sain[t]
y fut assassiné par les paysans païens d'un village, qui en [a]
reçu le nom de *Mordenderswolde*.

(*e*) *Groningue* Le marché le *Breemarkt*, est très-grand
et la tour gothique de l'église de St.-Martin surpasse en hau[-]
teur celles de toutes les villes du royaume. Il faut monte[r]
les 400 marches qui conduisent à son sommet, pour jouir d[e]
l'aspect de la ville et du pays plat et immense des environs[.]
L'université possède une belle bibliothéque ; mais on n[e]
compte guère plus de 100 étudians. Le *plantage* est un[e]
promenade agréable. On trouve beaucoup de pétification[s]
dans le voisinage de cette ville, où les plus gros vaisseau[x]
remontent par la Hunse. *Voyez* les lettres de M. *de Luc* su[r]
ce sujet.

(*f*) *Elsfleth*. On passe le *Weser*.

(*g*) *Hambourg*. (*Voy*. l'Itinéraire d'Allemagne, p. 118.)
Nota. Cette route, quand il fait beau temps, est la plu[s]
commode et la moins dispendieuse.

N°. 9.

ROUTE DE PARIS A BRUXELLES.

Il y a deux routes, l'une par Valenciennes et Mons, l'autre
par Condé et Enghien, 72 l. ½ (*Voyez* l'Itinér. de France)

1ʳᵉ. *Route par Mons*, 72 l. ½.

De Paris à Valenciennes. (*Voyez* l'Itinéraire de
  France.) . . . . 53 ½ l.
   Kiévrain. 3
   Boussu. . . . . . . 2 ½
   Mons. 3
   Soignies 4
   La Genette. . . . 2 ½
   Hall. 3
   Bruxelles. 4
        ———
       75 ½ l.

Topographie.

On sort de Valenciennes par la porte de Mons ; on passe à
Lambert aux premières maisons de St.-Sauve, à Onnaing,

on traverse le chemin de Sébourg à Condé. — A Quarouble, on longe les bois d'Ambelize ; barrière de Kiévrain : à g. route de Condé par St-Crépin Pont de Corbeau ; on passe le *Hongnau*, rivière — A *Kievrain*, qui possède dans ses environs des mines de charbon de terre plus estimé que celui d'Angleterre.

On monte une côte : à droite route de Bavay : à gauche route pavée de Thulin à Etouges : on côtoie les fosses de charbon de terre, et après le bois de Beaugis. — A *Boussu* ; à gauche route de Saint-Guislain et de Mons à Lille : à droite route de Wasmes et des fosses de charbon. On longe *Quaregnon* ; on passe à Jemmapes, célèbre par la victoire remportée en 1792 par les Français sur les Autrichiens : à droite Cuesmes. — A *la Motte*, on est vis-à-vis de l'Ecluse ; pont et rivière de *Treulle*, belles maisons, promenades de Mons et porte de France . . . . On arrive à Mons. Cette ville, capitale du Hainaut, près de l'*Haisne*, commerce en charbon de terre, toiles, dentelles, étoffes de laine et faïence Elle a des fabriques de velours, de siamoises, d'huile et de savon, de tabac, d'épingles ; des filatures de coton, des fonderies de fer, des raffineries de sucre et de sel. Le champ de bataille de Jemmapes est à gauche du grand chemin, vers les marais. Entre Boissy et Jemmapes, on remarque un monument de briques et plusieurs piliers, le premier en mémoire du prince Charles de Ligne, et les autres en mémoire de quelques officiers généraux qui y furent tués. Mons est remarquable par ses églises. Elle a une fabrique considérable de dentelles dans le goût de celles de Valenciennes. Foires Le 16 mai, 3 jours (peinture), le 3 novembre, 17 jours : livres, draps, bijouterie, et autres marchandises en quantité. Pop. 31,300 hab. Le canal de Mons à Condé est terminé. Il ouvre un grand débouché aux charbons de terre de la Belgique, et communique avec Paris par le canal de St-Quentin. Il doit être prolongé jusqu'à Charleroy.

De Mons, on sort par la porte de Nimy, et on passe le long des fossés et au milieu des prairies ; on voit des blanchisseries ; pont et rivière d'Haisne. — à *Nimy* : à gauche chemin de St-Guislain et de Condé ; du même côté route de Mons à Ath. — A *Maisières* ; côte, bois du Chapitre, du Chêne St.-Hubert et de Mons à traverser ; côte de sables, bruyères, étang, vallon, pont et ruisseau ; étang de Roquette et abreuvoir. — A *Casteau*, on longe le bois de la Haie-du-Comte ; vallon, étang de Gedonsark. — A *Coulbray* et *Rottentoul*, on passe devant plusieurs auberges. — A *Soignies*, un quart de lieue du bois de Braine à traverser : on

côtoie Leuden, vallon. — A *Bourbecq* et à *Braine le-Comte*; côte. — A *Crocremont*, hameau, et aux premières maisons d'Hennuières. — A *la Genette*, hameau : on longe un petit bois : à gauche route de Quenast. — A *la Bruyète* et à *Tubize*; prairie, pont et rivière de *Senne* : on côtoie Herbach et la rivière de Senne —A *Bergerat* et à *Lembreech*. à g route de Lille par Tournay. — A *Hall*; barrière. — A *Brucum*. — Au *Vigeron*, on passe vis-à-vis de Begards, et on traverse la prairie; pont et rivière de *Zuene*. — A *Vlest*. — A *Elesnout*. — A *Vewyweyd* et à *Enderlech*; on traverse les prairies de Bruxelles, et on longe la rivière de *Senne*. . . . . . .
. . . . On arrive à Bruxelles. (*Voyez* le tableau des capitales, page 14.)

2ᵉ. *Route de Paris à Bruxelles*, 75 l. ¼.

De Paris à Valenciennes (*Voyez* l'Itinéraire de
    France) . . . . 53 » l.
    Condé. . . . . . . 3 »
    Leuze.. . . . . . . 4 ¼
    Ath.. . . . . . . 3 »
    Enghien. . . . . 4 ½
    Hall . . . . . . 3 ½
    Bruxelles. . . . . . 4 » l.
                   75 ¼

Topographie.

On sort de Condé par la porte de Peruwels ou Bon-Secours. A *Blaton*, hameau; une lieue de la forêt de Condé à traverser; côte. — A *Bon-Secours*, hameau : on longe la forêt et le chemin de l'Hermitage. — A *Peruwels*; côtes; on traverse la route de Mons à Lille : on longe le bois de Dugnolles; prairie et premières maisons du Vieux-Leuze, parmi les arbres. — Au *Vieux-Leuze*; côte. — A *Leuze*. — A *Watinnes*, rivière de *Dendre*, côte — A *Villers-Saint-Amand* — A *Brantignies*; on passe de nouveau la Dendre. . . . . . .
. . . . On arrive à Ath, célèbre par ses fabriques de toiles ordinaires, de savon, de bière, d'huile, de genièvrerie. Foire de neuf jours le 27 août ; bestiaux, coton, fil, laine. Population, 7,900 habitans.

En sortant d'Ath on passe à l'*Hermitage*, demi-lieue de bois à traverser; côte rapide du Marage : on côtoie Meslinl'Evêque ; côte et vallon de Wastine ; côte : on est entre

DE BRUXELLES A GIVET.

la grande et la petite digue. — A *Kruishen.* — A *Camdries,* hameau, vallon. — A *Cantenbrock* . . . . On arrive à
Enghien, petite ville. Son superbe château, le parc et les jardins attirent la curiosité des voyageurs. Les principales richesses de cette ville consistent dans ses manufactures de toiles. On en tire aussi du cobalt. Foires de 10 jours, les 20 juin, 20 août et 3 octobre : bestiaux de toute espèce, étoffes, quincaillerie, comestibles. Pop. 3,000 hab.

En sortant d'Enghien, on va à *Sainte-Catherine*, ensuite au *Petit-Enghien.* — A *Rierghes.* — A *Saintes* — A *Honsock*, côte : à dr. route de Mons à Bruxelles — A *Hall.* — A *Brucum.* — Au *Vigeron* ; pont et rivière de *Zuene*. — A *Vlest*. — A *Elesnout*. — A *Veewey*. — A *Anderlecht* ; prairies, pont et rivière de *Senne*, porte d'Anderlecht. . . . . . On arrive à
Bruxelles. (*Voyez* le tableau des capitales, page 14.)

COMMUNICATION.

De Bruxelles à Givet.

Genappe	7 »
Charleroy	5 ½
Philippeville	8 »
Givet	5 »

12 postes ¼ 25 ¹⁄₁.

Topographie.

On sort de Bruxelles par la porte de Namur et le faubourg d'Ixelles. — A *Vleugat*, on traverse le bois de Cambre qui a un quart de lieue. — A *Langheveldt* ; petit bois. — A *Veu-Chasseur*, hameau : à gauche route de la Longue-Queue et de la Houpe ; 2 lieues ½ de la forêt de Bruxelles à traverser, en passant à la Petite et à la Grande Epinette, fin du bois. — A *Waterloo*, célèbre par la victoire complète remportée le 18 juin 1815, sur Napoléon, par lord Wellington commandant l'armée réunie anglaise et prussienne. Cette défaite ouvrit de nouveau les portes de Paris aux alliés. — A *Jolybois*. — A *Mont-Saint-Jean* : à droite route de Bruxelles à Binch et à Nivelles. — A *Rosonne* . . . . On arrive à
Genappe. Cette petite ville, située sur la rive gauche de la *Dyle*, possède une fabrique de papier, une fonderie en fer et un moulin à huile.

En sortant de Genappe, on passe près du Vieux-Genappe et la *Thy*, rivière. — A *Bannier* ; on traverse la route de Nivelles à Namur. — A *Gemioncourt*, bois, côtes, vallon, prairie — A *Pont-à-Migneloup*, hameau. — A *Gosselies* on longe Lodelimart. à gauche route de Namur.

.... On arrive à

CHARLEROY. Cette ville, située sur la *Sambre* qui la traverse, fabrique une grande quantité de clous. Elle a une manufacture d'étoffes de laine, des moulins à scier le bois, des mines de charbon très-considérables, deux fonderies, des platineries et un marteau. Foire de 10 jours, le 5 août, bestiaux, quincaillerie, mercerie, coton, étoffes de soie et de laine. Population, 4,500 habitans.

En sortant de Charleroy, on traverse la *Sambre*, riv., on passe par plusieurs forêts. — A *Florenne* ; on traverse la rivière d'*Yves* et une forêt : on longe une chaîne de montagnes ; forêt. — A *Vaudezée*. . . . . On arrive à

PHILIPPEVILLE, place forte, cédée à l'Allemagne par la France, en 1815, par le dernier traité de Paris.

En sortant de Philippeville, on traverse une chaîne de montagnes. — A *Franchimont* . . . . On arrive à

GIVET. (*Voyez* l'Itinéraire de France.)

~~~~~~~~~~~~~~~~~~~~~~~~~~~~~~~~~~~~

N°. 10.

ROUTE DE PARIS A BRUGES, 73 l.

De Paris à Lille.	58 l.
Menin.	4
Thourout.	7
Bruges.	4

36 postes ½   73 l.

Topographie.

En sortant de Lille, on passe à la Madeleine. — A *Pont-à-Marque* : à dr. fourche de la chaussée de Tuicoin. — A *Quenville*. — A *Bonduet* ; pont et rivière de *Werwick* : à dr. route de Courtray ; côte. — A *Roussel*, hameau : à dr. route de Tournay. — A *Pont-à-Plume*. — A *Roncq*. — A *Hallun* côte, pont et rivière de la *Lys* . . . . On arrive à

MENIN, ville sur la *Lys*, qui communique avec l'Escaut; elle fabrique toiles, linge de table, dentelles, huile de lin et colza, savon noir et tabac. Il y a des filatures de laine et de blanchisseries. Les toiles et le linge de table forment le prix cipal commerce et le plus avantageux de Menin. Foires de neuf jours, les 24 juin et 17 octobre. Population, 5,000 habitans.

En sortant de Menin, on traverse le faubourg de Brugester-Beck; côte. — A *Keselberg*; pont et rivière d *Heule* : on longe le bois et le village de Tuymelaere, ensuite Weldt. — A *Iseghem*; pont et rivière de *Babille* — A *Rumbeke* : on passe près de Bergh-Molen, pont et rivière de *Mandelbecke*. — A *Roulers* : on longe la prairie ; pont de *Hoech*, barrière, côte de Ghnistbergh à g. chemin de Hooghlede, bois et côte de Huyswins, pont de Bictonbecke : à droite route de Lichtervelde — A *Schuddebeurse*; pont de Bruges-Beeke. — A *Thourout*; marais et bruyères à traverser. — A *Suytwegh*. — A *Masthoff*; demi-lieue de bois à traverser . . . . On arrive à

Bruges Cette ville est grande et célèbre, dans une belle plaine, sur un canal. Ses rues sont au nombre de 260 ; elles sont larges et spacieuses, et les maisons grandes. mais anciennes. Il y a sept portes et six grands marchés, mais il n'y a ni ruisseau ni fontaine : l'eau y est apportée de Gand, des rivières de la *Lys* et de l'*Escaut*, par des canaux Les principaux édifices sont : la maison commune, les halles, la monnaie Au bout du grand marché est un clocher, l'un des plus beaux qui soient en Europe. On y monte par 133 degrés · il renferme de belles cloches. On fabrique à Bruges des étoffes fines de coton, laine, basins, toiles à carreaux et dentelles. Il y a des fabriques de teinture en bleu fort estimées.

Principaux hôtels garnis La Fleur de Blé, l'hôtel du Commerce, l'hôtel d'Angleterre, le Lion d'Or, la Balance de Paris, le Singe d'Or Foires. Le premier jeudi après Pâques, un jour pour les chevaux ; le 4 mai, 15 jours ; le 25 juillet, fête de Saint-Jacques, 2 jours, pour les chevaux, le 1er. octobre, 15 jours : toutes sortes de marchandises pendant les deux grandes foires. Pop. 33,000 hab.

COMMUNICATIONS.
De Menin à Furnes.

Ypres. . . . . 4 ½ l.
Rousbrughe . . . . 5 ½
Furnes. . . . . 5 ½

7 postes ¼ 15 ½ l.

Topographie.

En sortant de Menin, on côtoie une rivière; peu après, côte : à gauche chemin de Werwick. — A *Gheluwe*, montagne a franchir, forêt d'une lieue à traverser, côte et descente rapide. . . . . On arrive à

YPRES, jolie ville située sur un canal, dans une plaine agréable. Elle fait un bon com. en grains, serge, siamoises, lin, chanvre, rubans et fils. L'ancien chapitre de Saint-Martin était le chef-lieu de la 3e cohorte de la Légion-d'Honneur. Cette ville a plusieurs édifices remarquables, la halle ou l'hôtel de ville, ouvrage colossal, la cathédrale, la châtellenie. Foires de 10 jours, le 2 mars et le 30 juillet : mercerie et marchandises diverses. Pop. 15,150 hab.

En quittant Ypres, on va à *Briclen* — A *Elverdinghe* : on longe Gestene, et l'on passe entre deux bois. — A *Oostvleteren*. — A *Crombeecke*. — A *Rousbrughe*.

Nota. De Rousbrughe à Furnes, il n'y a pas de grande route.

FURNES est une ville située sur le canal qui va de Bruges à Dunkerque. Elle commerce en grains, houblon, fromage et beurre; elle a le plus vaste marché de toile de toute la Belgique. Foires de huit jours, le 26 mars, le 5 mai et le 3 octobre : mercerie et marchandises diverses. Population, 3,000 habitans.

De Thourout à Ostende.

Ghistel. . . . . . . 4 l.
Ostende 2
_____
3 postes   6 l.

Topographie.

En sortant de Thourout, on passe entre deux bois, et ou traverse plusieurs rivières. — A *Ghistel*; passage du canal de Nieuport, qui va à Bruges et à Ostende. . . On arrive à

OSTENDE. Cette ville est très-commerçante et a un bon port sur la mer du Nord. Elle commerce en toiles, linon-batiste, basins, toiles peintes, huiles de lin et colza, sucre, café, savon, dentelles, linge de table de toute espèce. On s'embarque de cet endroit pour l'Angleterre.

Le canal d'Ostende est assez connu. Les Espagnols assiégèrent cette ville en 1601, et ne purent la prendre qu'après un siége de trois ans *Hôtel garni*, la Cour-royale. *Auberges*: le Grand Saint-Michel, la Belle-Vue, l'Ancien Saint-Michel. *Cafés*: le Grand et le Petit. Foires de 8 jours, les 27 juin et 23 novembre. Population, 10,800 habitans.

De Bruges à Lille.

Pithem.	.5	» l.
Courtray.	5	»
Menin.	2	½
Lille.	4	»

8 postes ¼ 16 ½ l.

Topographie.

En sortant de Bruges, on passe une rivière et le canal : bois à côtoyer. — A *Oostcamp*; côte, descente rapide et vallon. — A *Wardamme*; une lieue de bois à traverser — A *Pithem*, poste; rivière, bois à traverser. — A *Ingelmunster*; on passe plusieurs rivières, on longe une montagne........ .... On arrive à

Courtray. Cette ville est située sur la *Lys* qui la traverse. On y recueille le plus beau lin, dont on vient faire un enlèvement considérable pour les différens marchés de l'Europe. On y fabrique les plus belles toiles, du magnifique linge de table, des dentelles et des siamoises. Elle a beaucoup de filatures, des blanchisseries pour les toiles, amidonneries, raffineries de sucre, savonneries, et une manufacture de faience dans le genre de celles d'Angleterre. Foires très-renommées. Le mardi de Pâques, 15 jours, le 24 août, 15 jours : mercerie, quincaillerie, draperie et autres marchandises. Pop. 13,700 hab.

En sortant de Courtray, on passe à *Niderbecke*, hameau; pont et rivière. — A *Busseghem*. — A *Wevelghem*, on côtoie les moulins de Menin................. On arrive à
Menin. (*Voy.* page 40)

. . . . On arrive à
Lille. (*Voyez* l'Itinéraire de France).

De Bruges à Anvers.

Eecloo.	6	» l.
Gand.	5	»
Lokeren.	5	»

St.-Nicolas . . . 3 ½ l.
La Tête-de-
Flandre . . . 4 ½

12 postes 24 l.

Topographie.

En sortant de Bruges, bois à côtoyer. — A *Syssecle*, petit bois à traverser, — A *Maldeghem*; un peu après, on passe le canal de Damme à Gand : petit bois à côtoyer. — A *Eecloo*, une lieue de bois à traverser en passant une rivière, fin du bois. — A *Waerschoot* ; on traverse deux fois le canal de Damme; pont sur le canal de Bruges. — A *Maria-Kercke*; on passe encore le canal. . . . . On arrive à
GAND, capitale de la Flandre. C'est une ville très-grande et très-commerçante, située au confluent de l'*Escaut*, de la *Lys*, et des petites rivières de la *Lièvre* et de la *Moëre* qui la partagent en 26 îles, et dont le plus grand nombre est bordé de quais magnifiques, son étendue est très-grande, car elle a une lieue de traverse d'une porte à l'autre, mais aussi cette enceinte renferme une quantité de jardins et de vergers, même des terres labourables. Sa cathédrale est fort belle, on y admire le maître-autel, le chœur, une chaire de marbre blanc, dont le travail est parfait ; et des deux côtés de l'autel, deux magnifiques mausolées. Cette ville a donné naissance à l'empereur Charles-Quint. Elle a un siége épiscopal, un tribunal de commerce, des fabriques de toiles et de dentelles, de colle, d'indiennes, de basin, de papiers, d'amidon, de vinaigre, de savon noir, de tabac; des geniévreries, des raffineries de sucre et de sel, et des tanneries On remarque aussi l'église St.-Michel, la salle de spectacle, la belle promenade le long du canal dit de la *Coupure*. Cette ville est célèbre par le traité de paix conclu en 1814 entre les Américains et les Anglais, et par la résidence de Louis XVIII en 1815.

Principaux hôtels garnis l'Hôtel-Royal, ceux des Pays-Bas, de St.-Sébastien *Principales auberges* : le Paradis, l'hôtel d'Angleterre, le Cerf Foires : le 15 mars, 18 jours, 10 juillet, 17 jours, 9 août, 1 jour; 3 octobre, 2 jours chevaux, bestiaux ; meubles et marchandises diverses. Pop, 57,400 habitans

En sortant de Gand, on laisse à droite la route de Dendermonde on se trouve entre deux rivières. — A *Loochristi*. — A *Sevenaeche* ; pont et rivière. . . . On arrive à
LOKEREN. Bourg très-commerçant, situé sur la *Deurne*,

formant un canal qui se joint à l'Escaut Il a une imprimerie de toile de coton, de rubans, de chapeaux, de savon, de tabac, des raffineries de sel et des tanneries.

En sortant de Lokeren, on passe une rivière : on longe Dackenau : à gauche chemin de Sinay . on passe entre deux petits bois, pont et rivière. — *Elversele*, pont et rivière. — A *Saint-Nicolas*. — A *Beveren*. — A *Melsele*; à gauche Calloo. — A *Swyndrecht*. — A *la Tête-de-Flandre*, où l'on s'embarque sur l'Escaut, et. . . . . l'on arrive à ANVERS. (*Voyez* page 16)

De Bruges à Ghistel, 2 p. $\frac{3}{4}$, 5 l. $\frac{1}{2}$.

Topographie.

En sortant de Bruges, on laisse à gauche la route de Thourout. — A *Saint-Andries* : à gauche bois à côtoyer. — A *Varssenaie*. — A *Jabbeke*. — A *Westkercke*. — A *Ghistel*.

De St.-Amand à Courtray et à Bruges.

Tournay. . . . . 4 $\frac{1}{2}$ l.
Courtray. . . . . 7 »
Pithem . . . . . 5 » *
Bruges . . . . . 5 »
─────────
10 postes $\frac{1}{4}$ 21 $\frac{1}{2}$ l.

Topographie.

En sortant de St.-Amand, on va à *la Chaussée*. — A *Maulde*, on longe Bléharies. — A *Espain* : on côtoie l'Escaut, rivière. — A *Hollain* — A *Bruell*; vallon, côte. — A *Werdmont*, hameau; faubourg de Valenciennes . . . . On arrive à TOURNAY, sur l'*Escaut*. C'est une grande ville, qui a un siége épiscopal, un tribunal de commerce et des fabriques de porcelaine, de tapisseries, de tapis, de bonneterie et d'étoffes de laine ; de bronzes dorés, de fil à coudre, de basin, de porcelaine, de grès façon anglaise. Foires de dix jours, les 22 mai et 23 septembre : toiles, étoffes, quincaillerie, modes, comestibles. *Hôtels* : la Petite-Nève, l'Hôtel-Royal, le Singe-d'Or, l'Hôtel-de-l'Impératrice. Pop. 21,300 hab.

En sortant de Tournay, on va à *Sept-Fontaines*; côte.

— A *Noel-Nis*: on côtoie Esquelmes. — Aux *Calettes* — Au *Pecq-sur-l'Escaut* on longe Warcoing : à g. fourche de la route de Gand, on passe devant l'hôpital, et on traverse la rivière de *Turcoin*. — A *Cocyghem*, côte rapide et bois de la Ste-Trinité, vallon et route de Belleghem, côte, vallon. . . . . On arrive à
COURTRAY. (*Voyez* page 43.)

En sortant de Courtray, pont et rivière *d'Heule*, pont, barrière — A *Denbranbielk*, hameau, pont et rivière de *Mandel-Becke* — A *Ingelmunster*. — A *Stanberg* : on côtoie le bois de Welt-Molen, à gauche route d'Ostende ; on passe le bois de Luysembergh. — A *Denhulle*, une lieue du bois de Papenburge à traverser. — A *Wardamme* ; une lieue de bois à traverser — A *Oostcamp*. — A *Steenbrugge*, pont et canal de Bruges à Gand. . . . . On arrive à
BRUGES. (*Voyez* page 41.)

De Bruxelles à Mons.

Nivelles	7 ½ l.
Haine - Saint - Pierre	4 »
Mons	4 ½ l.

8 postes 16

Topographie.

En sortant de Bruxelles, on monte une côte. — A *Saint-Gillis* ; montagne à franchir. — A *Uchel*, vallon, côte : on longe la forêt de Soigne ; descente rapide. — A *Huyssenghen* ; trois quarts de lieue de la forêt de Soigne à traverser, fin de la forêt, côte. — A *Braine-la-Leud*, montagne à côtoyer : on longe un petit bois. — A *Lillois*. — A *Witterze*, pente rapide, vallon, côte, rivière à côtoyer. . . . . . . On arrive à

NIVELLES, ville située dans un pays très-agréable, au bord de la *Thienne* Jean de Nivelles, si connu du peuple, est un homme de fer, qui est placé au haut d'une tour près de l'horloge, et qui frappe les heures avec un marteau. Cette ville a des fabriques de dentelles, une manufacture d'étoffes de laine et une de siamoise, un moulin à huile et un de papier Foire de 10 jours, le 29 septembre : bêtes à cornes, cochons et diverses marchandises. Pop. 6,500 habitans.

En sortant de Nivelles, on voit à droite Monstreul ; on passe entre deux rivières, pente rapide, vallons : à droite Arquesnes ; pente rapide, vallon, côte. — A *Seneffe*, célèbre par la victoire remportée, en 1674, par le Grand-Condé, pente rapide : on se trouve entre une montagne et un petit bois. On côtoie Fay. côte et pente rapide , vallon : à droite chemin de Roeulx — A *Haine-Saint-Pierre* on côtoie Haine-Saint-Paul, montagne à franchir — A *Peronne*, pont et rivière, pente rapide , côte , pont et rivière. — A *Villers-Saint-Guislain*, côtes : on rase Saint-Symphorien ; pente rapide , vallon , côte. . . . . On arrive à Mons. (*Voyez* page 37.)

De Malines à Louvain, 5 l. ½.

Topographie.

On côtoie, à droite, le canal de Louvain ; on passe plusieurs rivières , et après le canal, qu'on a à gauche jusqu'à Louvain — A *Buchem* ; petit bois à passer, rivière. — A *Herent* ; côte et pente rapide. . . . . On arrive à Louvain. (*Voyez* page 60.)

De Nivelles à Sombref, 2 p. ¾, 5 l. ¼.

Topographie.

En sortant de Nivelles , on côtoie une rivière ; descente rapide , côte , pont et rivière ; petit bois à traverser, côte. — A *Hautain-le-Val* ; on longe Hautain-le-Mont ; pente rapide, vallon : à droite route de Charleroy : à gauche, celle de Genappe ; vallon , côte , pont et rivière ; montagne à franchir, pont et rivière ; côte, pont et rivière. — A *Sombref*.

De Nivelles à Genappe , 2 p. , 4 l.

Topographie.

De Nivelles à la route de Charleroy. (*Voyez* la communication ci-dessus.) Prenez à gauche la route de Genappe ; vallons , côte : à gauche Vieux-Genappe : à droite Wais-le-Hutte ; pont et rivière. — A *Genappe*.

De Maubeuge à Bruxelles.

Mons.	5 »	lieues.
Casteau.	2 »	
Braine-le-Comte.	3 ½	
Hall.	4 »	
Bruxelles.	4 »	

9 postes ¼ 18 ½ l.

Topographie.

En sortant de Maubeuge, côte et pente rapide. — a Bettignies — à Havay ; riv., plusieurs descentes rapides. — à Behan ; pente rapide . . . . On arrive à Mons. (*Voyez* page 37.)
En sortant de Mons, pente rapide. — à Nimy. On passe l'*Hausne*, riv. — à Maisières, ¼ de l de bois à passer; côte, riv. — à Casteau ; riv. : on passe entre un bois et une montagne ; côte, riv., et pente rapide ; à la fin du bois. — à Soignies, riv., bois — à Braine-le-Comte ; pente rapide — à Roquion ; côte, riv. ; on longe une montagne ; 1iv. — à Tubize : on côtoie la Senne, riv., jusqu'à Bruxelles — à Bembreck. — à Hall. — à Bussinghen — à Eyssinghen ; côte, 1iv., pente rapide. ; on passe plusieurs autres riv., côtes et pentes rapides. On arrive à
BRUXELLES. (*Voyez* le tableau des capitales, page 14.)

De Mons à Namur.

Haine-Saint-Pierre. . . . . . 4 ½ lieues.
Courcelle. . . . . 4 »
Sombref. . . . . 5 ½
Namur. . . . . 5 »

9 postes ½ 19 l.

Topographie.

En sortant de Mons, on descend une pente ; vallon, côte rapide : on rase Saint-Symphorien ; pente rapide. — à *Villers-Saint-Guislain* ; pont et riv., pente rapide, côte rude, pont et riv. — à *Péronne* ; montagne à franchir : on côtoie Haine-Saint-Paul. — à *Haine-Saint-Pierre* ; pont et riv. ; on traverse l'extrémité d'un bois ; montagne et riv. à passer : on longe Trazegnies ; vallée. — à *Courcelle* ; vallée, montagne. — à *Gosselies* ; on traverse la route de Charleroy à Bruxelles. — à *Wagnée* ; on côtoie une riv.. on longe Saint-Amand. — à *Sombref*, où l'on rejoint la grande route de Bruxelles à Namur ; on passe plusieurs ponts, rivières, pente rapide, côte. — à *Mazy* ; on longe Temploux ; vallée: on côtoie la *Sambre*, riv. . . . . On arrive à
NAMUR. (*Voyez* page 62.)

De Mons à Chimay.

Grandreng. . . . . 3 ½ lieues.
Beaumont. . . . . 3 »
Chimay. . . . . 7 »

6 postes ¼ 13 ½ l.

Topographie

En sortant de Mons, pente rapide à gauche, route de Charleroy, vallée, côte, pente rapide, vallée : on rase Harmignies qui est entre la route et une riv ; on passe devant Givry, pont et rivière, on traverse la route de Maubeuge à Bruxelles — à *Rouveroy*, pente rapide, vallée — à *Grandreng*, mont. à franchir, pont et ruisseau : on longe Erquelinne, on passe la *Sambre*, riv , on passe une autre riv auprès de l'endroit où elle se jette dans la Sambre, gorge ; on traverse une rivière : on rase Montignies ; pont et ruisseau route de Binch, qu'on laisse à gauche, montagne à franchir, vallée, côte, pente rapide. — à *Beaumont*, pont et riv. : à dr. route d'Avesnes, pont et rivière, pente rapide, vallée, côte ; on traverse une montagne en côtoyant des bois ; vallée, une lieue de bois à traverser, côte rude on longe Ransse ; deux lieues de bois à passer en traversant une montagne et une rivière, fin du bois, vallée, côte, pont et rivière — à *Chimay*, petite ville qui commerce en fers et en marbre, dont elle a des carrières

De Sombref à Charleroy. 3 p., 6 l.

Topographie.

En sortant de Sombref, on côtoie une rivière que l'on passe un peu après ; vallée, côte, pont et rivière, gorge, côte rude. — à *Fleurus*, célèbre par la victoire remportée sur les Autrichiens par les Français, en 1794 : on côtoie une rivière ; bois à traverser. on côtoie Soleilmont, pente rapide, vallée — à *Gilly*. . . . . On arrive à CHARLEROY. (*Voyez* page 40.)

De Liége à Bruxelles.

Oreye.	4	½ lieues.
Saint-Tron	4	½
Tillemont.	4	½
Louvain	4	½
Cortemberg.	3	»
Bruxelles.	3	½

12 postes ¼ 24 ½ l.

Topographie.

En sortant de Liége, vallées et prairies, pente ; à une lieue à droite est la plaine où s'est donnée la bataille de Rocourt, en 1745 : à dr. route d'Ans, ruisseau, traverse d'un bout de

Clèves; vallon. — à *Tombelle*, hameau; vallon: on passe la *Jaar*, riv. — à *Oreye*; route romaine de Vermant à Tongres; vallon, pente · on côtoie Gelinden et Manshoven : pente: à dr. chemin de Tongres a Saint-Tron : on passe devant Alst; vallon et pont de Brustem. — à *Saint-Tron*; pente, pont et ruisseau de *Stayen*; vallon et marais d'Asbrock, pente et plaine où s'est donnée la bataille de 1568 — à *Halle* : on longe Orsmael; pont et ruisseau, une demie-lieu de prairie à traverser, on passe la *Gette*, riv. — à *Gutsenhoven*, on est en face de Neerhespen et d'Overhespen, vallon et prairie de Boschellen · on passe près de Haeckendover. — à *Haed* ; pont et rivière. . . . . On arrive à

Tirlemont (*Voyez* page 61); vallon et barrière de Tirlemont, on longe Roosbeeck; on passe la *Velp*, riv. — A Bautersem, pente rapide : on côtoie un bois et Lovenjoul. — A *Corbeek-Overloo*. . . ♦ . . . . On arrive à

Louvain. (*Voyez* page 60.)

En sortant de Louvain, vallon, barrière. — A *Laesten-Stuyver*; on longe des bois. — A *Schoonaer*. — A *Saint-Stewens-Woluwe*, vallon, on passe à *Totneyveld*; on traverse le faubourg Saint-Jooster-ten-Noode : porte de Louvain . . . . On arrive à

Bruxelles. (*Voyez* le tableau des capitales, page 14).

N°. II.

ROUTE DE BRUXELLES A GAND, BRUGES ET OSTENDE.

Assche.	3	» l.
Alost	3	»
Quadrecht . . .	4	»
Gand	2	½
Eccloo	5	»
Bruges.	6	»
Ostende.	7	½

15 postes ½ 31 l.

Topographie.

En sortant de Bruxelles, on passe une rivière et une montagne. — A *Zellick* ; on passe entre deux montagnes. — A

Assche; pente rapide : fourche de la route de Dendermonde, qu'on laisse à droite : on côtoie un bois , passage de la *Dendre*, riv — A *Alost*; plaine à traverser, côte, pont et rivière ; autre pont et riv., montagne à traverser. — A *Oordeghem*, rivière et montagne à passer ; bois à côtoyer : un peu après on longe l'*Escaut*; pont et riv. à g. route de Gavre et d'Oosterzeele . on longe Peters-Ledeberg : pont et rivière.
. . . . On arrive à
GAND. (*Voyez* page 44).

En sortant de Gand, on passe le canal de Bruges. — A *Mariakerke*; on passe le canal une seconde fois, pont et rivière ; on passe le canal de Damme près de sa jonction avec celui de Bruges ; traverse du canal de Damme. — A *Waerschoot*; pont et rivière, bois ; une lieue de bois à traverser, en passant une rivière. — A *Eecloo*, petit bois à côtoyer, passage du canal de Damme à Gand ; pont et rivière ; on côtoie Adeghem. — A *Maldeghem* ; pont et rivière, petit bois. — A *Sysseele* ; bois à côtoyer : à droite Sainte Croix.
. . . . On arrive à
BRUGES. (*Voyez* page 41).

En sortant de Bruges, on laisse à gauche la route d'Ypres. — A *Saint-Andries* ; bois à côtoyer. — A *Varssenare* ; pont et rivière. — A *Jabeke* : on longe Westkercke. — A *Ghistel* : on laisse à gauche la route de Menin, passage du canal de Nieuport à Ostende et Bruges. . . . . On arrive à
OSTENDE. (*Voyez* page 42).

COMMUNICATIONS.

D'Ostende à Dunkerque.

Ghistel . . . . . 2 » l.
Furnes . . . . . 7 »
Dunkerque. . . 5 ½

6 postes 12 ½ l.

Topographie.

En sortant d'Ostende, on passe une rivière, et ensuite le canal de Nieuport à Ostende et Bruges : on laisse à droite la route de Menin. — A *Ghistel* — A *Sevecote*. — A *St.-Peters-Capelle* : on longe Schoore ; on passe plusieurs rivières. — A *Perwyse* : à gauche Stuvekenskercke. — A *Sainte-Catherine-Capelle*. . . . . On arrive à
FURNES. (*Voyez* page 42.)

De Furnes à Dunkerque on suit le canal : on longe Gyvelde.

On entre dans le département du NORD. On passe plusieurs rivières. . . . . On arrive à
DUNKERQUE. (*Voyez* l'Itinéraire de France.)

De Dunkerque à Menin.

Bergues	2 »	l.
Rousbrughe	3 ½	
Ypres	5 ½	
Menin	4 ½	

7 postes ¼ 15 ½ l.

Topographie.

En sortant de Dunkerque, on côtoie le canal jusqu'à Bergues : on passe devant le Fort-Louis, on longe le Fort-François : à droite Bierne. . . . . On arrive à
BERGUES. (*Voyez* l'Itinéraire de France.)

En sortant de Bergues, on longe le Fort-Suisse ; pont et rivière. — A *Respoede* : à droite, chemin de Bambecke ; on traverse la route de Hondtschoote à Herzeele. — A *Oost-Cappel*.

On entre dans la BELGIQUE. A *Rousbrughe* ; pont et rivière. — A *Crombeecke* ; pont et rivière — A *Oostvleteren*, on passe entre deux bois ; on longe Gestene ; pont et rivière. — A *Elverdinghe*. — A *Brielen*. . . . . On arrive à
YPRES. (*Voyez* page 42)

En sortant d'Ypres, on traverse une plaine ; montagne et rivière à passer ; une lieue et demie de bois à traverser, en passant près de Gheluwelt, fin du bois, vallon, côte : on longe Gheluwe : à dr. chemin de Werwick . . . On arrive à
MENIN. (*Voyez* page 40.)

De Gand à Enghien.

Peteghem	4 »	l.
Audenaerde	4 »	
Grammont	5 ½	
Enghien	3 ½	

8 postes ½ 17 l.

Topographie.

En sortant de Gand, on passe l'*Escaut* et plusieurs autres rivières ; petit bois, pont et rivière, bois à côtoyer : on longe

la *Lys* et on passe une petite riviere qui s'y jette. — A *Alsene*. — A *Peteghem* : on laisse à droite la route de Courtray ; pont et rivière : on passe entre deux bois, on traverse plusieurs rivières. — A *Auveghem* ; vallon, côte. — A *Eyne*. — A *Bevere*. On arrive à
AUDENAERDE (*Voyez* page 56)

En sortant d'Audenaerde, on va à Leupegem ; on se trouve entre deux montagnes, vallée. — A *Segelsem* ; vallée, montagne à traverser, pont et rivière ; passage de la rivière de *Swalme*, vallon, côte. — A *Parieke* ; on franchit une montagne, on passe la riv de *Dendre* — A *Grammont* ; on repasse la *Dendre* ; vallon, côte, pont et rivière. — A *Lessines* ; passage de la *Dendre* ; pente rapide, petit bois à passer ; montagne et bois à traverser : à dr. route de Soignies ; mont. et rivière à traverser. . . . . On arrive à
ENGHIEN. (*Voyez* page 39)

D'Audenaerde à Osterzeele, 2 p., 4 l.

Topographie.

En sortant d'Audenaerde, on passe entre Ecnaem et Saint-Denis, vallon, côte, pont et rivière : on longe Nider-Swalm ; on passe vis-à-vis de Maria-Lathem. — A *Heindelghem* ; on tourne à gauche en laissant à droite la route d'Alost ; montagne à franchir, pente rapide, côte. — A *Osterzeele*.

De Gand à Lille.

Peteghem. . . . 4 » l.
St.-Eloysvyfe. . 3 »
Courtray. . . . 3 »
Menin. . . . . . 2 ½
Lille . . . . . . 4 »

8 postes ¼ 16 ½ l.

Topographie.

En sortant de Gand, on passe un pont : à g. route d'Audenaerde. — A *Maelte* ; un quart de lieue des bois de Saint-Denis à traverser. — A *Hulle* ; pont et rivière de *Zeebeck*. — A *Nobel* : on longe le bois de Riep-Bosch. — A *Gravenestraete*, ham. : on côtoie la Lys — A *Aslene* : on passe vis-à-vis de Deynse. — A *Peteghem* — A *Saint-Hubert* : on longe le bois et le village de Zulte. — A *Capelle-Hoecke* ; on passe la *Gaverbecke*, riv. — A *Saint-Eloysvyfe* ;

5 *

pont et rivière — A *Haerlebeke*: on longe la Lys . . . .
. . . . On arrive à
Courtray. (*Voyez* page 43.)

En sortant de Courtray, on passe à Niderbecke, ham. — A *Bisseghem*: on se trouve entre les riv. de Niderbecke et de Lys. — A *Wevelghem* — A *Menin*; on passe la *Lys*.

De Menin à Lille (*Voyez* page 40, et lisez la route en sens inverse.)

De Saint-Tron à Maestricht.

Tongres. . . . . . . 5 l.
Maestricht. 4
_____
4 postes ½ 9 l.

Topographie.

En sortant de Saint-Tron, montagne à franchir, pont et rivière, un peu après on tourne à gauche, et on laisse à droite la route de Liége — A *Melshoven*; passage de la rivière d'*Herck*, montagne à franchir, pont et riv., côte rude à g chemin qui conduit à Looz; pente rapide, vallée: on côtoie Bomershoven, montagne à traverser, pont et rivière, côte, pente rapide, vallée. — A *Tongres*; vallée: on longe Melin. — A *Rymps*, vallée . . . . On arrive à Maestricht. (*Voyez* page 64.)

De Liége à Tongres, 1 p. ¾, 3 ½ l.

Topographie.

En sortant de Liége, on descend une pente; plusieurs montagnes à franchir: on longe Juprelle; montagne à passer, pont et rivière. — A *Tongres*.

De Menin à Bruges.

Thourout. . . . . . . 7 l.
Bruges. 4
_____
5 postes ½ 11 l.

Topographie.

En sortant de Menin, on traverse le faubourg de Brugester-Beek; côte. — A *Keselberg*; pont et rivière d'*Heule*: on longe le bois et le village de Tuymelaere, ensuite Weldt. — A *Iseghem*; pont et rivière de *Babille*. — A *Rumbeke*, on passe près de Bergh-Molen, pont et rivière de *Mandelbecke*. — A *Roulers* · on longe la prairie, pont de *Hoech*, bair; côte de Ghuistbergh : à g chemin de Hooghlede, bois et côte de Huyswins, pont de Bietonbecke · à droite, route de Lichtervelde. — A *Schuddebeurse*, pont de Bruges-Becke — A *Thourout*; marais et bruyères à traverser : on se trouve entre deux bois. — A *Suytwegh*. — A *Masthoff*; demi-lieue de bois à traverser. . . . . On arrive à BRUGES. (*Voyez* page 41.)

De Gand à Saint-Nicolas.

Lokeren . . . . 5 » 1
St.-Nicolas . . . . . 3 ½

4 postes ¼ 8 ½ l.

Topographie.

En sortant de Gand, on laisse à droite la route de Dendermonde : on se trouve entre deux rivières. — A *Loochristi* — A *Sevenaecke*, pont et rivière. . . . On arrive à LOKEREN. (*Voyez* page 45.)
En sortant de Lokeren, on passe une rivière : on longe Dackenau : à gauche chemin de Sinay : on passe entre deux petits bois, pont et rivière. — A *Elversele*. — A *Saint-Nicolas*.

De Bruges à Ghistel 2 p. ¾, 5 l. ½.

Topographie.

En sortant de Bruges, on laisse à gauche la route de *Thourout* — A *St.-Andries* : à gauche, bois à côtoyer, — A *Varssenare*. — A *Jabbeke*. — A *Werstkercke*, rivière. — A Ghistel.

De Condé à Gand.

Leuze . . . . 4 ½
Renaix . . . . 4 »
Audenaerde . . . 2 ½
Gand . . . . 6 »

8 postes ½ 17 » l.

Topographie.

En sortant de Condé, on monte une côte : à gauche, Vieux-Condé, plus loin Heramès; traverse de la forêt de

Condé. — A *Bon-Secours*. — A *Peruwels*. — A *Bury* ; on traverse la route de Mons à Tournay : on côtoie Villanpuis; pont et rivière — A *Leuze*; pont et rivière, descente rapide, vallée ; on passe plusieurs rivières, et ensuite entre Hacquignies et Moustiers ; montagne à traverser, pente rapide, vallée, pont et rivière, montagne à franchir. — A *Renaix* ; pont et rivière, bois à côtoyer : on se trouve entre deux rivières. — A *Sulficque* ; vallée, pont et rivière. — A *Leupeghem* . . . . On arrive à

AUDENAERDE. Cette ville, sur l'*Escaut*, a une manufacture de nankins et de tapisseries de haute lice. On remarque l'hôtel-de-ville d'un beau style gothique, et une jolie fontaine en face. Pop. 4,000 hab.

En sortant d'Audenaerde, on va à Bevere ; vallée, montagne à passer. — A *Eyne*, montagne à franchir, vallon ; on passe plusieurs rivières : à droite, chemin de Gavre; pont et rivière, plaine à passer, bois à côtoyer. . . . . . On arrive à GAND. (*Voyez* page 44.)

De Grammont à Gand.

Grotemberg. . . . 3 » l.
Osterzeele. . . . . 2 ½
Gand . . . . 3 ½
———
9 l.

Topographie.

En quittant Grammont, on repasse la *Dendre* ; montagne à franchir, vallée, côte, pont et riv^r ; autre riv. à passer, descente rapide, côte ; on passe plusieurs rivières; pente rapide, vallée, montagne à côtoyer : à gauche Sotteghem. — A *Grotemberg* : à g. fourche de la route d'Audenaerde ; vallée. — A *Leuwerghem* ; à gauche Elene : à droite Hillegem ; traverse de la route d'Audenaerde à Alost, montagne à passer : à droite St.-Livenshautem : à gauche Baeleghem, et un peu après Scheldewindicke. — A *Osterzeele*, pente rapide : à gauche Mortsecle et Lantscauter. — A *Gysenzeele* ; côte, pont et rivière : à gauche Lemberghen. — A *Gontrode* on côtoie une petite rivière, ensuite l'*Escaut* : à gauche Melle : bois à côtoyer : à droite Heusden : on longe Saint-Péters-Ledeberg ; pont et rivière : à droite Genbrugge. On arrive à GAND. (*Voyez* page 44.)

De Douay à Tournay.

Orchies.	4
Tournay.	4

4 postes 8 l

Topographie.

En sortant de Douay, on traverse une plaine et on côtoie la riviere de *Scarpe*, le fort de Scarpe, vallée, pont et rivière de *Scarpe*. — A *Saint-Leonard*, on laisse à gauche la route de Lille — A *Raches*; bois à côtoyer, à droite chemin de Marchiennes. — A *Flines*; côte, pont et rivière — A *Coutiche* . . . . On arrive à

ORCHIES Cette ville possède vingt-huit manufactures, usines et fabriques, il y a en outre des fabriques d'huile et de savon. Foire de 5 jours, le 8 septembre. Pop. 2,800 habitans

En sortant d'Orchies, on traverse une vallée; pont et rivière, montagne à franchir, bois à côtoyer, plaine, bois à traverser — A *Villemand*, pont et rivière. On arrive à TOURNAY (*Voyez* page 45)

N°. 12.
ROUTE DE BRUXELLES A LUXEMBOURG.

NOMS des relais.	MILLES.	NOMS des relais.	MILLES.
Genape.	7	Bellevue	4 ½
Sombref.	4	Hamisoul.	3
Namur	5	Malmaison.	4 ½
Vivier-l'Agneau.	3	Atlert	4 ½
Emptine.	3	Steinfort.	4
Marche.	5	Luxembourg.	4
		25 p. ½	51 ½

Topographie.

De Bruxelles à Genape. (*Voyez* page 39)

En sortant de Genape, on passe une rivière; pente rapide, vallée : on laisse à droite la route de Charleroy, on côtoie un étang ; pont et rivière — A *Sombref* ; pont , rivière et pente , côte , pont et rivière. — A *Mazy* · on longe Temploux ; vallée : on côtoie la *Sambre*. . . . . On arrive à Namur. (*Voyez* page 62.)

En quittant Namur , on passe la *Meuse* et on longe Sambes ; pente rapide , vallée, côte , pont et rivière : on côtoie St.-Bernard ; bois à traverser, pont et rivière. — A *Assese* ; pont et rivière, pente rapide. — A *Nattoie* ; pont et rivière, vallée. — A *Emptine* ; vallée , côte. — A *Pessoulx* ; vallée, bois à côtoyer, pont et rivière. — Au *Grand-Sensin*. — A *Hogne* ; une demi-lieue de bois à traverser, pont et rivière , côte. . . . . On arrive à

Marche. Cette ville , située sur le ruisseau de *Marchette*, possède des forges , fourneaux , marteaux et raffineries. Pop. 1,300 hab.

En quittant Marche, bois à traverser , dans lequel il y a une rivière ; autre petit bois à passer, petite rapide , vallée , une lieue et demie de bois à traverser. — A *Journal* ; passage de la rivière d'*Ourte*. — A *Roumont* ; bois d'Herbeumont à traverser — A *Fronte* ; pont et rivière. — A *Flamisoul* ; vallée , côte : on côtoie Villeroux ; pont et rivière : on longe Grandru. — A *Hollange* ; pont et rivière , bois à traverser. — A *Martelange* ; bois à côtoyer, un quart de l. de bois à passer ; fin du bois, pont et riv., bois à trav. — A *Arlon*, vallée, bois à côtoyer. — A *Steinfort* ; côte, pont et rivière · on longe Strassen, vallée et côte. . . . . On arrive à

Luxembourg. (*Voyez* page suivante.)

~~~~~~

N°. 13.

Route de PARIS a LUXEMBOURG, 42 p. ¾, 85 l. ½.

De Paris à Longwy . . . . 76 ½ l.
De Longwy à Luxembourg 9

Topographie.

De Paris à Longwy. (*Voyez* l'Itinéraire de France.)

En sortant de Longwy, on passe au Mont-Saint-Martin. — A *Aubange* : on longe le bois de Huberuisknop. — A *Messancy* : on côtoie la rivière de *Messancy* ; pont. — A *Ste.-Croix* et à *Veyer*. — A *Arlon*. — A la *Maladrie* : on passe près de Clairefontaine , le long du bois, et devant Sterpenic. — A *Steinfort*, une demi-lieue de bruyères à traverser. — A *Kaas* ; côte de Capellen , pont et rivière de *Mainer*. — A *Strassen* . . . . On arrive à

Luxembourg, capitale du duché du même nom, sur l'*Alzette*, qui fait partie de l'Allem. C'est une des villes les plus fortes de l'Europe : les Français la prirent par famine le 1er. janv. 1794 Elle a un tribunal de commerce, des fabriques de toiles, de draps communs, de tabac, de faïence, de papier, des tanneries et des chamoiseries. — Foires ; le premier mercredi de janvier, 1 jour ; le mercredi des cendres, 1 jour ; le premier mercredi de la 4e. semaine d'avril, 1 jour, le mercredi après la Saint-Jean-Baptiste, 1 jour ; le 24 août, 15 jours, le mercredi de la 4e. semaine d'octobre, 1 jour : chevaux, bestiaux, marchandises diverses. Pop. 10,000 hab.

COMMUNICATIONS.
De Philippeville à Rocroy.

Marienbourg..... 4 l.
Rocroy....... 5

4 postes ½ 9 l.

Topographie.

En sortant de Philippeville, on longe Samar. — A *Neufville-Saint-Hubert* ; un quart de lieue des bois de Sautour à passer. — A *Roly* ; une demi-lieue de bois à traverser. — A *Faignole* : on côtoie le Franc-Bois ; on passe la *Brousse*, riv. — A *Marienbourg*, place forte cédée aux alliés par la France en 1815, par le dernier traité de Paris ; pont et rivière d'*Eau-Blanche*. — A *Frasne*. — A *Couvin* ; trois lieues de la forêt des Ardennes à traverser, en passant l'étang. — Au gué d'*Houssus*................. On arrive à Rocroy. (*Voyez* l'Itinéraire de France.)

De Chimay à Rocroy, 2 p., 4 l.
Topographie.

En sortant de Chimay, on passe à Escourmont et à Bouviez ; deux lieues de la forêt de *Thierache* à traverser. — A *Rieges*. — A la *Loge-Rosette*. — A *Rigniowez*. — A la *Taillette*.................. On arrive à Rocroy.

De Thionville à Luxembourg.

Frisange...... 4 » l.
Luxembourg.... 3 ½

3 postes ¼ 7 ½ l.

Topographie.

En sortant de Thionville, on passe à *Malgrange*. — A la *Grange* ; côte rude : à droite, forêt à côtoyer. — A *Hettange*. — A *Zetrich*, vallon entre deux bois, pont et ruisseau ; on passe entre les bois de Roussy — A *Roussy* : on longe une forêt. — Au *Haut-Runtgen*: on côtoie les bois de Hon, ou passe entre les bois de Hon et Evrange. — A *Frisange*, côte, vallon, côte, vallée. — A *Alsingen*, pont et rivière d'*Alzette*. — A *Hesperange* ; vallon entre les bois d'Hespérange, côte . . . . On arrive à
LUXEMBOURG (*Voyez* page 59.)

N°. 14.

ROUTE DE BRUXELLES A AIX-LA-CHAPELLE.

NOMS des relais.	MILLES	NOMS des relais.	MILLES.
Cortemberg.	3 ½	Orcy.	4 ½
Louvain.	3	Liége	4 ½
Tirlemont.	4 ½	Battices (les).	5
S.-Tron.	4 ½	Aix-la Chapelle.	6
		17 p. ¼, 35 ½	

Topographie.

On sort de Bruxelles par la porte de Louvain ; on passe à Totneyveld, à St-Stewens Voluwe, à Schoonaer : on longe des bois. — A Laesten-Stuyver ; barrière, vallon. . . . . On arrive à
LOUVAIN sur la *Dyle*, ville grande, mais mal bâtie. Elle avait une université des plus célèbres de l'Europe. La maison commune est d'un beau gothique ; le séminaire, bâtiment magnifique, sert à présent de maison d'invalides. Elle a des raffineries de sucre, et fabrique eaux-de-vie de genièvre, huile de navette, colza, poteries de terre, amidon, verreries à bouteilles et à vitre. Sa bière est renommée. Elle communique avec Malines et Bruxelles, au moyen du canal

de son nom. Foire de 10 jours, le 1ᵉʳ. dimanche de septembre : marchandises de toute espèce. Pop. 18 600 habitans.

En sortant de Louvain, on passe à *Corbeck-Overloo*, côte rapide. — A *Bautersem* ; prairie, pont et rivière de *Velp* ; vallon et barrière de Tirlemont . . . . On arrive à

Tirlemont, jolie ville sur la *Gette*, avec un très-beau carillon. Près de là est le village de *Nerwinden*, si célèbre par la bataille de ce nom en 1693 On fabrique à Tirlemont quantité d'étoffes de laine, de flanelles, de bas Elle a des brasseries et des raffineries de sel. Foire de 10 jours, le dimanche avant la Saint-Jean : chevaux et marchandises de toutes espèces. Pop. 8,000 hab.

En sortant de Tirlemont, on passe à *Hued* ; vallon et prairie de Boschelle. — A *Gutsenhoven* ; on traverse la *Gette*, rivière, et une demi-lieue de prairie. A *Hall* ; côte et plaine où s'est donnée la bataille de 1568 ; vallon et marais d'Asbrock ; pont, moulin, ruisseau de *Stayen*, côte. — A *Saint-Tron* ; vallon et pont de Brustem ; on passe devant Alst : à g. route de Saint-Tron à Tongres ; côte : on côtoie Manshoven. — A *Gelinden* ; côte, vallon, route romaine de Vermant à Tongres. — A *Oreya*.

On passe la *Jaar*, rivière, vallon — A *Tombelle*, hameau ; vallon, ruisseau et traverse d'un bout de Clèves : à gauche, route d'Ans : à une lieue à gauche est la plaine, où s'est donnée la bataille de Rocourt en 1745 ; côte, vallée et prairie. . . . . On arrive à
Liége. (*Voyez* pag. 63.)

En sortant de Liége, on passe la *Meuse* : on laisse à droite la route de Spa. — A *Robermont*. — A *Beyne*. — A *Aigneux*. A *Soumagne* — A *Herve*. — Aux *Battices* : à droite chemin de Verviers — A *Henry-Chapelle* ; traverse de la forêt d'Aix. . . . . On arrive à
Aix-la-Chapelle. (*Voyez* pag. 63.)

~~~~~~

N°. 15.

ROUTE DE PARIS A AIX-LA-CHAPELLE.

De Paris à Givet. . . . . 67 l.
    Dinant. 5
    Namur. . . . . 6 ½
    Huy 7
    Choquier. 5
    Liége. 4

Les Battices . . . . . . 5 l.
Aix-la-Chapelle 6

52 p. ¾ 105 ½ l.

Topographie.

En sortant de Givet, à gauche chemin de traverse qui abrége d'une lieue et demie. Lorsque le chemin est trop mauvais, on peut prendre à droite la grande route, à une demi-lieue de Givet; par le premier chemin, on traverse des bois; on passe à *Feschaux*, *Notre-Dame-de-Bon-Secours*, *Maisnil-Saint-Blaise*. on côtoie la *Meuse* à gauche.— A *Saint-Roch*; montagnes le long de la *Meuse*, on passe deux ruisseaux. — A *Heer*: on suit toujours la *Meuse*, bois de Blaimont, on gagne la grande route. — A *Hastir* par delà, passage de la *Meuse*. — A *Hastir-Lavaux*; côte, petit bois à traverser, pente rapide; on est devant Onhaie, côte entre deux bois : longue montagne à côtoyer, côte et pente rapide ; on quitte la grande route pour prendre à droite un chemin qui conduit à Dinant; côte. — A *Saint-Médard*; passage de la *Sambre*. Par la grande route, en sortant de Givet, on passe à *Maisnil-St.-Blaise*, *Falmagne*. On traverse la *Lesse*. On arrive à

DINANT, cette ville, sur la *Meuse*, est très-renommée par sa chaudronnerie, dont on fait des envois très-considérables dans tous les pays, et surtout à Paris : ses tanneries ne le sont pas moins, et font passer beaucoup de cuirs à l'étranger. Elle a des fabriques de cartes fort recherchées. Ses environs renferment des mines de fer, des carrières de marbre noir, et d'autres pierres dont on fait toutes sortes d'ouvrages. Population 3,000 habitans.

En sortant de Dinant, côte. — A *Bouvignes*; la route suit entre la *Meuse* et une longue montagne — A *Anhée*. — A *Hun* : bois à côtoyer; pente rapide. — A *Rouillon*. — A *Profondeville*; on passe entre la *Meuse* et la forêt de la Basse-Marlagne, longue de 2 lieues —A *Folz* —A *Wepion*, avant la fin de la forêt ; côte. . . . . On arrive à

NAMUR. Cette ville, ci-devant chef-lieu de Sambre-et-Meuse, et capitale du comté de même nom, au confluent de la *Sambre* et de la *Meuse*, a un siége épiscopal et un tribunal de commerce. Elle possède des fabriques de coutellerie, de papier, de tabac, de faience, de colle-forte, de fer, de fil de laiton, de céruse, de clous ; une verrerie, des tanneries, des forges et des brasseries. Foires. Le lendemain de la deuxième semaine d'avril, 1 jour; 2 juillet, 15 jours;

le samedi de la deuxième semaine de juillet, 1 jour; le premier samedi d'octobre: quincaillerie, modes, et étoffes diverses. Popul. 16,000 hab.

En sortant de Namur, on passe la *Meuse*; côte.—A *Lives*: bois à côtoyer.—A *Mazeret*, pont et rivière, côté: on côtoie Flion.—A *Sclayn*, côte, pont et rivière: bois à droite à côtoyer.—A *Rein*, côte, pont et rivière.—A *Ahin*; pente rapide.

A *Huy*: passage de la *Meuse*—A *Aunay*.—A *Flaune*.—A *Engis*.—A *Cloquier*.—A *Flémalle*, pont et rivière: on passe devant Tilcur. . . . . On arrive à

Liège, cette ville, capitale du pays du même nom, sur la *Meuse*, est grande et riche par son commerce. Elle a un siège épiscopal, une académie et un lycée. Ses édifices remarquables et ses curiosités, sont la maison commune, les fontaines, surtout celle élevée à peu près au centre de la grande place, qui mérite une attention particulière; la belle vue du haut de la montagne des ci-devant Chartreux, où l'on voit presque toute la ville à ses pieds; le quai le long de la *Meuse*. Les églises et les bâtimens de Liège ont beaucoup souffert dans les premiers temps de la révolution. Elle possède des fabriques de fer, acier, ouvrages en cuivre et en laiton; d'armes de toute espèce, de serges, de tricots, de draps pour les troupes; d'alun, de tôle, de limes, de savon; des raffineries de sel et de sucre, des tanneries et des brasseries. Foire de 8 jours, le 2 novembre. Les bonnes auberges sont: l'Aigle-Noir, la Cour de Londres, la Pommelette, le Canal de Louvain. Pop. 50,000 habitans.

De Liège à Aix-la-Chapelle (*Voyez* pag. 61.)

Aix-la-Chapelle est située dans le duché de Juliers. Elle était impériale, c'est-à-dire, une des villes d'Allemagne qui se gouvernaient elles-mêmes, et qui députaient à la diète de l'Empire. Elle fut brûlée et pillée par les Huns en 451, et rétablie par Charlemagne, qui y fixa sa résidence. Avant la révolution, on y voyait encore son épée, son baudrier et le livre des évangiles, qui servait au couronnement des empereurs. Elle a cinq sources minérales, 7 maisons de bains, 32 bains ordinaires et 5 de vapeurs; une belle et grande salle de danse, d'assemblée et de bals masqués, une société d'émulation. On trouve des chambres garnies à louer dans les maisons des bains. Elle possède des fabriques d'épingles par des moyens mécaniques, de dés à coudre, de bleu de Prusse, de sel ammoniac, de savon blanc; des teintureries. On remarque la cathédrale bâtie par Charlemagne, dont il reste encore la nef du temps de ce monarque, et la chaise en bois sur laquelle les empereurs étaient couronnés; l'hôtel-de-ville dont une des tours a été bâtie par les Romains, la salle et le jardin de Getschembourg très-fréquentés, le parc de Drimbors, la promenade au Mont-Louis. Foires, le 2 mai, 1 jour; 8 jours après la Pentecôte, 20 jours; le 15 septembre, un jour; les 5, 13 et 23 octobre, 1 jour: draperies et marchandises de toute espèce.

Hôtels, auberges : l'Hôtel des Étrangers, l'Hôtel de la Cour Palatine; au Drapeau-d'Or, au Grand-Monarque, à la Cour de Hollande, à la Chaîne-d'Or, au Grand-Saint-Martin, à la Cour-Impériale. *Cafés* Celui Italien, de l'Amitié, à la salle de la Redoute et celui de la Comédie — *Bains thermaux*. Bains Saint-Charles, bains neufs de Saint-Corneille, de la Rose, de la Reine de Hongrie, de l'Empereur, de Saint-Quirin. Pop. 27,164 habitans.

COMMUNICATIONS.

D'*Aix-la-Chapelle à Maestricht*, 4 p., 8 l.

Topographie.

En sortant d'Aix-la-Chapelle, côte et pente rapide auprès d'une rivière. — A *Vaels*; petit bois à traverser. — A *Holset* ou *Helsart*: on longe Mechelen; côte et pente rapide. — A *Partey*; pont et rivière. — A *Wittem*, pente rapide, côte, pont et rivière de *Gulp*. — A *Gulpen*; bois à côtoyer, côte, pente rapide, côte. — A *Terbleyt*, pente rapide. — A *Amby*; pont et rivière. — A *Wick*; passage de la *Meuse*. . . . . .
. . . . On arrive à
Maestricht. Cette ville, située sur la rivière de ce nom, est grande et forte, avec un bel arsenal. Elle fabrique épingles, savon, eau-de-vie, amidon, garance, chicorée et tabac. Les Français la prirent le 14 brumaire an 3, après treize jours de tranchée. L'église de Saint-Servace, l'hôtel-de-ville, la verrerie de Wick, les fabriques de draps et d'armes à feu, les brasseries, la salle de spectacle, etc., méritent d'être vus. Une exploitation active de pierres de taille, durant une longue suite de siècles, a fait, de la montagne *Saint-Pierre*, un labyrinthe si inextricable et tellement étendu, qu'il n'en existe nulle part aucun qui puisse lui être comparé. Parmi les nombreux fossiles trouvés dans ces vastes souterrains, on distingue particulièrement deux têtes de crocodile, dont l'une est déposée au Muséum d'histoire naturelle, à Paris; l'autre, le squelette, se voit à la collection de l'école centrale de Maestricht. On a une belle vue du

jardin du ci-devant couvent de Slavante, situé sur cette montagne. On remarque le Veythof et le marché, belles places; les promenades à la place d'Armes, à la porte Notre-Dame, sur les remparts et le long de la Meuse Les auberges sont : aux Trois-Rois, au Moulin à Vent, sur le Veythof, au Lévrier, au Casque ou Heaume Tous les jours une barque part de Maëstricht pour Liége, et fait ce trajet en six heures. On paie deux escalins pour une place dans la cahute. Foires de quinze jours, le 13 mai et le deuxième dimanche de septembre. Pop. 18,400 habitans.

De Liége à Maestricht, 3 p. $\frac{1}{4}$, 6 l. $\frac{1}{2}$.

Topographie.

En sortant de Liége, on traverse environ une lieue entre la Meuse et une montagne; pont et rivière. — A *Herstal*, on longe Vivegnies; pont et rivière, pente rapide · on côtoie Oupeye; vallée, côte: on rase Haccourt; pont et rivière. — A *Liahe*; — A *Naye* : on côtoie Kanne, on longe Saint-Pierre; pont et rivière. . . . . On arrive à MAESTRICHT. (*Voy*. plus haut.)

De Liége à Spa, 5 p. $\frac{1}{2}$, 11 l.

Topographie.

En sortant de Liége, on traverse la *Meuse* sur plusieurs ponts. On laisse à gauche la route d'Aix-la-Chapelle : on longe la Meuse. — A *Grivegnée*; pente rapide et vallon : on rase Chencé; passage de la *Vesder* ; colline, vallées, montagne à côtoyer, montagne, descente rapide. — A *Louveigné*; côte et vallée à traverser, montagne. — A *Theux* : la route côtoie une rivière et une chaîne de collines. On traverse le bois de Royaimont ; passage de la rivière que l'on continue de suivre; on la passe de nouveau. . . . . . . On arrive à

SPA, ville très-renommée par ses eaux minérales. Son industrie consiste en toutes sortes de beaux ouvrages en bois et en fer-blanc peints On y fabrique surtout des toilettes carrées, très-recherchées des dames, et qui renferment tout ce dont elles peuvent avoir besoin. Il y en a depuis trois et quatre louis jusqu'à soixante. On y fait aussi des étuis et autres très-beaux ouvrages au tour, en ivoire. Population, 1500 habitans.

De Spa aux Baltices, 3 p. ½, 7 l.

Topographie.

En sortant de Spa, on va par Theux. (*Voyez* ci-dessus, en prenant l'inverse de la route). On descend dans une belle vallée; bois de Sohan à traverser : à gauche *Ensival*, célèbre par ses belles manufactures de draps. . . . . . On arrive à
VERVIERS Cette ville, située sur la rive gauche de la *Vesdre*, a des fabriques de draps très-renommés. Foires de trois jours, le 12 avril, le 19 août et le 7 novembre : marchandises de toute espèce Pop. 9,500 hab.

En sortant de Verviers, on passe près d'Hodimont à droite et au Petit Rechain à gauche; chaîne de montagnes : on rase Cheneux. — Aux *Baltices*.

N°. 16.

ROUTE DE **LUXEMBOURG** A **MAYENCE** par Trèves.

NOMS des relais.	LIEUES.	NOMS des endroits.	LIEUES.
Roodt.	3 ½	Simmern.	3
Grevenmacheren	2 ½	Sallershut.	4
Trèves.	4	Bingen.	4
Ietzenrath.	5	Nider-Ingelheim	3
Iontzelfeld.	6	Mayence.	3
Kirchberg.	7		
		22 p. ½, 45	

Topographie.

En sortant de Luxembourg, on passe une rivière et on monte une côte : à gauche, route d'Echternach, on côtoie Hamm: à dr. route de Remich; une lieue de bois à traverser. — A *Nider*; vallée, bois à côtoyer, côte. — A *Roodt*; pente rapide, vallée, montagne à franchir. — A *Beil*, pont et rivière, vallée, côte. — A *Grevenmacheren* : on côtoie la *Moselle*, riv. : on longe Tremmels; pont et rivière. — A

Mertert. — A *Wasserbillig* ; on passe la riv. de *Sure* à l'endroit où elle se jette dans la Moselle · on côtoie Lace ; vallée.
— A *Zewen*. — A *Euren*, passage de la *Moselle*. On arrive à
TRÈVES, sur la *Moselle*. Son origine se perd dans la nuit
des siècles, et c'est certes une des plus célèbres villes de
l'antiquité. Il faut y voir la *porte noire* et le tombeau des
secondeurs. Le monument le plus remarquable est l'église
actuelle de St-Siméon, bâtiment gaulois qui servait de comices sous les Gaules, et de capitole sous les Romains. On admire encore l'architecture gothique de l'église Notre-Dame,
infiniment légère; la cathédrale, avec ses autels, sa galerie
de marbre. L'église de Saint-Paul est ornée au plafond
d'une peinture a fresque estimée des amateurs. On a découvert et on découvre journellement des statues, inscriptions,
monnaies, vases, urnes, etc., et autres antiquités romaines.
Le jardin de *Noll* , la vallée et les rochers de *Polbin* méritent d'occuper l'attention du voyageur. On fabrique dans
cette ville, toiles, draperies et papiers peints Ses environs sont
riches en curiosités : il faut voir à six lieues de là le château de
Grimbourg , si célèbre et si redouté du temps de la chevalerie,
et qui étonne encore par sa solidité et la hauteur de ses
tours ; à huit lieues, *Dagstalit*, où l'on voit encore le château que Dagobert y bâtit en 622 ; à 14 lieues, *Oberstein*,
si renommé par les moulins qui y travaillent et polissent
non-seulement les agates du pays, mais encore les divers
jaspes, cailloux, etc., de la Russie, de la Suède, de la Turquie, etc., qui y affluent. Foires. Le 2 février, 1 jour ; 23
juin, 15 jours; 1ᵉʳ. septembre, 1 jour ; 3 novembre, 15
jours. A celle du 1ᵉʳ. septembre seulement, et aux autres,
toutes sortes de marchandises.

Principaux hôtels garnis : l'hôtel de Cologne, l'hôtel de
Venise. Auberges : la Maison-Rouge, la Fontaine. Cafés : à
l'hôtel de Venise, café de l'Aigle. Pop. 14,546 hab.

En sortant de Trèves, on passe une petite riv. ; pente rapide, vallon, mont. à trav., pont et riv — A *Rouver*; vallée. —
A *Kenn* ; passage de la *Moselle*. — A *Schweich*, côte, vallée.
— A *Heizenrath* : on laisse à gauche la route de Coblentz ;
on passe une rivière à Polbach ; forêt à traverser. A gauche,
route qui passe à Berncastel, Trarbach, et joint la grande
route à Irmenach ; passage de la *Moselle*. — A *Monzelfeld*;
rivière et montagne. — A *Irmenach* , montagne , vallée, pente rapide. — A *Ruchenbeuren* : on longe une montagne. — A *Nieder-Sohren*. — A *Kuschberg* ; côte, vallée,
pente rapide, rivière. — A *Simmern* ; montagne, vallée,
côte. — A *Argenthal* ; plaine ; on traverse deux lieues de la
forêt de Sohnwald. — A *Erlen*. — A *Rheinbellen* : à gauche

ALLEMAGNE. — RIVE GAUCHE DU RHIN.

route de Bacharach : la route côtoie une rivière qu'on passe plusieurs fois. — A *Seibersbach*, plaine à traverser. — A *Stromberg*. — A *Rummelsheim*, on rentre dans la forêt de Sohnwald.................... On arrive à
 BINGEN. (*Voyez* page 73.)
 En sortant de Bingen, on franchit une chaîne de collines. — A *Kempten*. — A *Gaulsheim* : on côtoie la rive gauche du Rhin, montagne ; on passe la *Selzbach*, rivière ; pente rapide. — A *Nider-Ingelheim* ; montagne : on rase Wackernheim : la route longe une chaîne de collines, vallon profond.................... On arrive à
 MAYENCE. (*Voyez* page 71.)

~~~~~~

N°. 17.

ROUTE DE LUXEMBOURG A COBLENTZ.

De Luxembourg à Hetzenrath..	15 l.	(*Voyez* p. 19)
Wittlich...	4	
Lutzerath..	7	
Kaisersesch.	4	
Polich.....	4	
Coblentz...	6	

   25 postes 40 l.

Topographie.

En sortant d'Hetzenrath, montagne à côtoyer. — A *Salmroth* ; une lieue et demie de bois à traverser, côte, pont et rivière de *Lisser*. — A *Wittlich* ; vallée. — A *Hasborn*, montagne à traverser, pont et rivière. — A *Oberscheidweiler* ; pont et rivière, petit bois à côtoyer, montagne à passer, pont et rivière. — A *Lutzerat* ; plaine : on passe entre deux petits bois ; côte : à gauche bois à côtoyer, pont et rivière, pente, côte. — A *Kaisersesch* ; montagne à franchir, pont et riv. — A *Kerich* : on côtoie Einig. — A *Polich* ; vallée. — A *Minkelfeld*, longue montagne à passer et bois à traverser. — A *Karlich* ; vallée. — A *Mulheim* ; pont et rivière — A *Bubenheim*................... On arrive à
 COBLENTZ, ci-devant chef-lieu de Rhin-et-Moselle, ville forte, située au confluent de la *Moselle* et du *Rhin*. L'électeur de Trèves y résidait. Le pont de pierre sur la Moselle,

et le fort Marceau, à une demi-lieue de la ville, sur le chemin d'Andernach, avec les tombeaux des généraux Marceau et Hoche, sont à présent ce qu'il y a plus de curieux à voir à Coblentz et dans ses environs. Un autre monument, en l'honneur du général Hoche, se voit non loin du *Weissenthœrne*, vis-à-vis de Neuwied. Les eaux minérales et ferrugineuses de *Tustin*, qui se conservent dix ans sans s'altérer, ne sont éloignées que de 4 à 5 lieues de Coblentz. Elle a des fabriques de fer battu. Elle est remarquable par ses places spacieuses, ses promenades charmantes, ses édifices publics, surtout le palais de l'électeur qui sert aujourd'hui de caserne à la garnison.

Hôtels garnis La Poste aux chevaux, l'Abbaye de Laach, les Trois-Suisses, la Pomme-d'Or, l'hôtel de Cologne, l'Ours-Noir. Foires de 15 jours, les 5 avril et 17 août : bestiaux et diverses marchandises. Pop. 10,500 habitans.

N°. 18.

ROUTE DE PARIS A MAYENCE
par Metz et Sarrebruck.

NOMS des relais.	LIEUES.	NOMS des relais.	LIEUES.
De Paris à St.-Avold (a).	90	Sombach	3
Forbach.	4 ½	Standenbulh.	4
Sarrebruck.	3	Kircheim - Bohland.	2 ½
Rohrback.	4	Alzey	3
Hombourg.	4	Wœrstadt.	3
Bruchmulbach.	4	Nider-Ulm.	2 ½
Landsthul.	2	Mayence.	3
Kaiserslautern.	4	68 p ¼ 136 ½	

Topographie.

(a) *Voy.* l'Itin. de France.

En sortant de St.-Avold, côte et pente rapide : à droite la

forêt de Steinberg : à gauche celles de Longueville et de St.-Avold : on rase *Freming*, pente rapide, pont et rivière : on côtoie *Merlebach*, côte. — A *Rosebrich* on longe Morsbach ; côte, pont et rivière................. On arrive à

FORBACH Ce bourg a des fabriques de draps.

En le quittant, on voit à droite la route de Sarguemines ; forêt de Forbach à passer, pente rapide : à gauche la forêt de Gueslauter................. On arrive à

SARREBRUCK, ville située sur la *Sarre*. On remarque le pont qui joint cette ville à celle de St.-Jean, la salle de spectacle. Sur le *Halberg*, où était l'emplacement de l'ancienne ville construite par les Romains, on admire encore une grotte taillée dans le roc, et qui servait autrefois au culte païen. Elle est encore appelée dans la langue du pays, *die alte Heiden-Capelle*. Cette ville est bien bâtie, a des rues larges, des édifices la plupart neufs et d'un bon goût. Elle possède des fabriques d'outils aratoires, d'ouvrages en fer et en acier. Foires de deux jours, le 11 août et le 26 novembre . mercerie, quincaillerie, bestiaux. Pop 2,700 hab.

Dans l'arrondissement de Sarrebruck, on fait un grand débit de tabatières de carton et de papier mâché, dont il existe plusieurs manufactures.

En sortant de Sarrebruck, on passe la *Sarre* et on se rend à *Saint-Jean* ; montagne à traverser : on côtoie un étang, vallée. à dr. route de Bliescatel : on se trouve entre un étang et une montagne — A *Scheul* : on longe une rivière. — A *Saint-Ingbert*. — A *Rohrbach* ; bois à traverser, vallée, plusieurs étangs à côtoyer, pont et rivière — A *Schwarzenbach*. — A *Hombourg* ; vallée, bois à traverser. — A *Wegelbach* ; côte. — A *Bruchmulbach* ; bois à côtoyer. — A *Houpstuhl* ; pont et rivière. — A *Landstuhl*. — A *Kiesbach* ; bois d'une lieue à traverser, en laissant à gauche le chemin de Rumstein, côte. .... On arrive à

KAISERSLAUTERN. Cette ville, située sur le *Lauter*, possède des fabriques de futaines et de siamoises, et la forge de Fitscherzet Pop 3,500 hab

En sortant de Kaiserslautern, on monte une côte : on longe une chaîne de mont et une forêt. — A *Enkenbach* — A *Alzenborn*, pente rap., côte, vallée, descente rap., vallée, pont et ruisseau. — A *Sombach* : on côtoie une chaîne de montagnes — A *Standenbuhl* : on rase le *Mont-Tonnerre*. — A *Kircheim-Bohland* — A *Morsheim* ; on suit une chaîne de montagnes qu'on traverse ensuite. — A *Alzey*, pont et rivière de *Selzbach*. — A *Albig* ; montagne rude à franchir, vallée, autre montagne longue — A *Bechtolsheim*, sur la côte, on traverse une belle plaine à Woerstadt : on suit un ruisseau et une chaîne de montagnes jusqu'à Nider-Ulm, où l'on passe : la route longe toujours la même chaîne. — A *Essenheim*, après ce lieu, plaine et groupe de montagnes que l'on traverse. — A *Marienborn* ; pont et ruisseau; à gauche *Zahlbach* . . . . On arrive à

MAYENCE. Cette ville, ci-devant chef-lieu du Mont-Tonnerre, est située au confluent du *Rhin* et du *Mein*. Les édifices remarquables et les principales curiosités de cette ville sont : la rue Grande-Grosse-Bleiche, le ci-devant palais de Stadion, la place Verte, la place du Marché : c'est ici que l'on voit la célèbre cathédrale et ses tours ruinées, l'église des Augustins, l'église de St.-Pierre, la place de la Liberté, ci-devant du Château Dès qu'on a passé le *Rhin* sur le pont de bateaux de Mayence, on est surpris par la vue la plus magnifique que l'on puisse imaginer. Le courant de ce fleuve rapide, qui vient d'engloutir les eaux du Mein, et qui, dans cet endroit, est large de 1,400 pieds, traverse une plaine dont les bornes, qui forment l'horizon, semblent se mêler à l'azur du ciel Plus bas, de hautes montagnes s'opposent à son cours et le forcent de se détourner vers l'ouest, après avoir coulé depuis Bâle ; vers le nord il y forme quelques îles agréables. Au bas et sur le penchant de ces montagnes, on voit briller quelques villages ; tous les environs forment un amphithéâtre nommé le *Rhintgau*, qu'on peut regarder comme le trône de Bacchus des Allemands. Le Rhin conserve toujours dans ces contrées, pendant un très-long cours, cette belle couleur verdâtre qui fait remarquer ses eaux en Suisse, et qui les distingue visiblement des eaux troubles du *Mein*.

Hockeim est un bourg sur la rive allemande, vis-à-vis de Mayence, non loin de Cassel ; il a une bonne auberge, à l'Ours-Noir. C'est de cet endroit que les Anglais ont donné au vin du Rhin le nom de *Hock* Dans les bonnes récoltes, la pièce de 600 pintes se vendait 900 jusqu'à 1,000 florins, prise au pressoir. Ce vin si rare peut donc être compté parmi les plus chers. Le meilleur vin de *Rudesheim* vient sur l'élévation de terre que le Rhin forme en tournant vers le nord, après avoir coulé de Mayence jusqu'à cet endroit : cette hauteur est un rocher perpendiculaire.

Mayence a un siége épiscopal, un consistoire général de protestans, un tribunal de commerce, une académie et un lycée. Son principal commerce consiste en vins, tabac, jambons renommés, draperie, soierie, toilerie, raffinerie de sucre

Les bonnes auberges sont : les Trois-Couronnes, la Haute-Bourg, la Bourg-Blanche, la Ville de Paris. Foires de 15 jours · trois semaines avant Pâques et le 15 août. — Pop. 25,672 hab.

COMMUNICATIONS.
De Manheim à Mayence.

Ogersheim	2 »	l.
Worms	4 »	
Oppenheim	6 »	
Mayence	4 ¼	

8 postes ¼ 16 ¼ l.

Topographie.

De Manheim à Ogersheim. (*Voyez* page 79, et lisez la route en sens inverse.)

En sortant d'Ogersheim, vaste plaine; le *Rhin* est à une lieue; pont et rivière. . . . . On arrive à

FRANKENTHAL. Cette ville, située sur un canal qui communique au Rhin, a des manufactures de draps, de serges, de panne, d'étoffes de soie, de fil d'or et d'argent, de bas de laine, de savon, d'amidon, de tabac, de porcelaine, de papiers peints. Pop. 3,600 hab.

En sortant de Frankental, pont et ruisseau : à gauche, route de Pfeddersheim et d'Alzey, montagne. — A *Bobenheim*, près d'un bras du Rhin, descente et vaste plaine, pont et rivière : on longe un bras du Rhin. . . . On arrive à

WORMS, ville ancienne, qui, de loin, se présente bien avec ses tours gothiques. On y voit la salle où Luther fit sa profession de foi. Il y a quelques antiquités romaines. La cathédrale date du douzième siècle. Cette ville fournit du vin et du tabac. Pop. 5,000 hab.

En sortant de Worms, on suit le Rhin : on passe près de Neuhausen, deux ponts et rivières à traverser : on côtoie le Rhin de plus près. — A *Rheindurkheim*, sur le *Rhin*, qui forme un coude à cet endroit, et qu'on quitte; pont et rivière que l'on suit : on côtoie un bois et un lac qui communique au *Rhin*. — A *Guntersblum*; pont et rivière. La route longe le Rhin qu'on a à sa droite : à gauche est une longue chaîne de montagnes très-escarpées. — A *Dienheim*; on traverse une partie de la chaîne . . . . On arrive à

OPPENHEIM. Cette ville, située sur le *Rhin*, est renommée par ses vins. On y reconnaît encore les traces des dévastations de Melac, sous Louis XIV. C'est près de cette ville que Gustave-Adolphe de Suède passa le Rhin, et vainquit les Espagnols retranchés. On voit, dans un bois de l'autre côté du Rhin, un obélisque érigé en sa mémoire.

DE MAYENCE A COBLENTZ.

En sortant de cette ville, descente rapide, vallée profonde : la route côtoie le Rhin et la même chaîne de montagnes, pont et rivière. — A *Nierstein*, sur le *Rhin*, qu'on côtoie de près; pont et rivière. — A *Nackenheim* sur le *Rhin*, dont on s'éloigne. — A *Bodenheim* ; pont et ruisseau : on longe toujours la même chaîne ; on voit à droite le *Rhin*. — A *Laubenheim :* la route suit le Rhin de très-près ainsi que les montagnes. — A *Weisenau* . . . . On arrive à MAYENCE. (*Voyez* page 71.)

De Mayence à Coblentz.

Nider-Ingelheim. .	3	» l.
Bingen	3	»
Baccharach.	3	½
Saint-Goard	3	½
Boppart.	3	½
Coblentz	5	»

10 postes ¾ 21 ½ l.

Topographie.

En sortant de Mayence, on monte une côte rude ; vallon profond. La route longe une chaîne de collines : on rase Wackernheim ; montagne à traverser. — A *Nider-Ingelheim*; côte, rivière de *Selzbach* à passer ; montagne : on suit la rive gauche du *Rhin*; pont et rivière. — A *Gaulsheim*. — A *Kempten :* on côtoie une chaîne de collines.
. . . . On arrive à
BINGEN, petite ville, agréablement située au confluent de la *Nahe* et du *Rhin*, qui fait, à peu de distance, un saut considérable dans les rochers. La route qu'on vient d'ouvrir depuis peu de temps, le long de la rive du fleuve jusqu'à Coblentz, et qui étoit interrompue par une chaîne de rochers, enrichit cette ville et fait fleurir son commerce.

En sortant de Bingen, on suit la rive gauche du Rhin e une chaîne de montagnes jusqu'à Coblentz ; on traverse une vaste forêt. . . . . On arrive à
BACCHARACH, ville au bord du *Rhin*. On y récolte des vins muscats très-estimés, dont on fait un grand commerce.

En sortant de cette ville, pont et rivière. — A *Oberwesel.* — A *St.-Goard* ; rivière à traverser. — A *Salzig* sur le *Rhin* : on côtoie une vaste forêt. . . . . On arrive à
BOPPARD, bourg situé sur la rive gauche du *Rhin :* on y fabrique des cotonnades. Pop. 2,600 hab.

7

En sortant de Boppard, longue chaîne de montagnes à franchir ; on longe une forêt. . . . . On arrive à COBLENTZ. (*Voyez* page 68.)

De Coblentz à Cologne.

Andernach.	4 l.
Remagen.	6
Bonn.	5
Cologne.	6

10 postes ½ 21 l.

Topographie.

En sortant de Coblentz, on descend une côte : on longe Bubenheim, rivière. — A *Mulheim.* — A *Kartich* : on longe Kettig ; bois à traverser. — A *Weisenthurn* ; on passe la *Nette*, rivière. . . . . On arrive à ANDERNACH, ville sur le *Rhin.* Tout son commerce est concentré dans son port, où l'on voit exposées les marchandises qu'on embarque sur le *Rhin.* Il y a dans son voisinage des eaux minérales qui le disputent à celles de Spa. Population, 2,000 hab.

Après Andernach, on passe plusieurs rivières — A *Bruhl.* — A *Nied.* — A *Ober-Breisich.* — A *Sinzig* ; pont et liv. — A *Remagen* ; pont et rivière. — A *Meklem.* — A *Godesberg*, pont et rivière. . . . . On arrive à BONN, ville sur la rive gauche du *Rhin*, avec un très-beau château, qui était autrefois la résidence de l'électeur de Trèves. Foires de deux jours, le 23 février, le 4 mai, le 26 juin, le 1er septembre et le 29 novembre : bestiaux et marchandises diverses. Pop. 9,000 hab.

En sortant de Bonn, pont et rivière. — Au *Grand-Weisling.* — A *Godorf :* on longe Rodenkirchen. . . . On arrive à COLOGNE. (*Voyez* page suivante.)

En quittant Cologne, on va à *Melaten* ; à gauche, Inngersdorff. — A *Mertheim :* à droite Niel : à gauche Widersdorff et Pulheim : à droite, Merkenich.

D'Aix-la-Chapelle à Cologne.

- Juliers	6 ¼ l.
Bergheim.	5 »
Cologne.	6 »

17 ¼ l.

Topographie.

En sortant d'Aix-la-Chapelle, on côtoie une rivière, et l'on passe celle de *Worm*. — A *Haaren*; bois à traverser. — A *Weyden*; pont et rivière, montagne à traverser. — A *Eschweiler*. — A *Prutzlhonn*. — A *Lohn*; montagne à franchir. . . . . On arrive à

JULIERS, ville très-forte, sur la *Roër*. *Auberge*, à la Cour Impériale. L'église collégiale est belle. La ci-devant Chartreuse, *Zum Voselsang*, n'est qu'à une demi-heure de la ville. *Aldenhofen*, à une lieue et demie de Juliers, est célèbre par une vierge miraculeuse, et par la victoire qu'y remportèrent les troupes impériales en 1793, sur les Français. Foires de trois jours : le 3 février, le lundi avant le dimanche des Rameaux; le lundi après la Trinité, le lundi après le 15 août, le 23 octobre et le 6 novembre. bestiaux, mercerie, quincaillerie, etc. Pop. 4,000 hab.

En sortant de Juliers, on traverse une plaine. — A *Stetternick*; bois à traverser. — A *Steinstrass*. — A *Elsdorf*. — A *Broich*; montagne à traverser. — A *Bergheim*. — A *Roth*. — A *Konigsdorf*; plaine à traverser : on côtoie Usdorff — A *Weyden*. — A *Inngersdorff*. . . . . On arrive à

COLOGNE, ville très-ancienne, sur la rive gauche du *Rhin*. Elle fut fondée par Marcus Agrippa, gendre d'Auguste. Son port est assez beau, et jouit aujourd'hui du droit d'entrepôt, notamment des marchandises du Nord Les édifices remarquables et les curiosités sont. l'église cathédrale de Saint-Pierre : le chœur et les peintures des vitraux sont d'un aspect imposant : cette église, monument de la belle architecture gothique, servant, en 1800, de grenier, mérite d'attirer dans sa ruine l'attention des voyageurs; l'église des onze mille Vierges, avec leurs ornemens, que l'on voit encore; d'anciens tableaux représentant le voyage de sainte Ursule, et, par un hasard des plus singuliers, le vaisseau porte le pavillon tricolore; le chapitre de Saint-Géréon, et sa coupole : l'église est l'une des plus belles; l'église des Minorites : la maison et le portail sont superbes; l'arsenal; les ci-devant palais des électeurs; douze hôpitaux. Ci-devant on comptait à Cologne 260 églises et chapelles, et 37 couvens; la révolution a considérablement diminué ce nombre. Il y a dans cette ville une société d'émulation et une bibliothèque, où l'on conserve des lettres originales de Turenne. On fabrique à Cologne des draps, des toiles de coton, des bas et du ruban Il y a des filatures de coton, des papeteries et des manufactures de tabac Les bonnes auberges de cette ville sont : au St.-Esprit, sur le Rhin; à la Cour Impériale, dans la ville, et à la Cour de Prague. Le pavé de cette ville est tout en basalte. A quatre lieues, aux environs de Bruhl et de Liblas, on trouve les mines de tuffa, connu sous le nom de *terre d'ombre*, ou *terre brune de Cologne*. On compte à Cologne 7,404 maisons; il faut trois heures de temps pour faire le tour de la ville ; ses murs sont garnis de quatre-vingt-trois tours et de treize grandes portes. Il y a sur la rive droite du Rhin, à *Deutz*, un bureau des postes impériales et une bonne auberge. Le pont volant, qui sert de communication entre Cologne et Deutz, est fort grand, et fait, d'une heure à l'autre, le trajet entre les deux rives. Cette ville est renommée par l'excellence de l'eau spiritueuse et aromatique que l'on y prépare sous le nom d'*eau de Cologne*. Foires : le 1er, lundi qui suit celui de Pâques, 20 jours : draperie, étoffes, mercerie, quincaillerie en gros et en détail. Pop. 40,000 hab.

De Juliers à Neuss.

Furth. . . . . . . 6 l.
Neuss. 4

5 postes 10 l.

Topographie.

En sortant de Juliers, à droite, Stetternich : à gauche Broich. — A *Titz*; côte, descente, vallon et ruisseau, montée rude, pente rapide : on côtoie Elsen et la rivière d'Errft. — A *Notthausen* : on rase Schaan : on longe Holzheim : à droite Erperath. — A *Neuss*.

De Gueldres à Wesel, 3 p. $\frac{1}{2}$, 7 l.
De Neuss à Dusseldorf, 1 p. $\frac{1}{2}$, 3 l.

De Clèves à Neuss.

Xanten. . . . . . . 8 l.
Hochstras. 6
Creveld. 4
Neuss. 2

10 postes 20 l.

Topographie.

En sortant de Clèves, à droite Qualbourg et Hasselt. — A *Till* : on longe la Meen, rivière. — A *Calcar* ; chaîne de montagnes à traverser; on est dans la forêt de Trèves.

— A *Marienbaum*, deux rivières à passer. — A *Wusterfeld*. — A *Xanten*, montagne à traverser, pont et ruisseau. — A *Burthen*, plaine : on côtoie une rivière. — A *Drup*. — A *Ossenberg*: on côtoie le Rhin — A *Rheinberg*, près le Rhin et le canal de la Fosse-Eugénienne ; on s'éloigne un peu du Rhin — A *Budberg* ; on prend à gauche : on laisse à droite le chemin qui rejoint la même route ; bois à traverser. — A *Hochstras* : on longe Altrop ; bois à traverser : on côtoie Rumelen. — A *Kaldenhausen*, point de réunion des deux bras de route : on est plus près du Rhin — A *Urdingen* : on rase le *Rhin*, qu'on quitte à cet endroit. — A *Bockum* ; pont et rivière, bois à traverser. . . . . On arrive à

CREVELD Cette ville doit sa splendeur et sa richesse aux protestans réfugiés, qui vinrent y établir des manufactures au 15e. siècle. Elle fabrique des étoffes de soie et de laine, des rubans de soie et de velours, des basins et toiles. Pop 8,000 h.

En sortant de cette ville, on passe à *Fischelen*, *Schweinen*, *Osterath*, *Duckoff*. . . . . On arrive à
NEUSS sur l'*Erfft*, elle fabrique cotonnades, draps, mousseline et huile.

De Xanten à *Wesel*. . . 1 p. $\frac{1}{2}$, 3 l.
De Hochtras à *Wesel*. . 3 p., 6 l.

De Maestricht à Gueldres.

Reckem	3 $\frac{1}{2}$	l.
Susteren	3 $\frac{1}{2}$	
Ruremonde	4 $\frac{1}{2}$	
Tegelen	4 $\frac{1}{2}$	
Gueldres	6	»

11 postes 22 » l.

Topographie.

En sortant de Maestricht ; mont. à côt., côte et riv. : on côt. Neerhasen, riv. — A *Reckem*; riv. — A *Mechelen*. — A *Wacht*. — A *Loedt* ; pont et rivière — A *Stockem*. — A *Dilsen* — A *Rothem* : on côtoie une rivière. — A *Eclen* ; pont et rivière. — A *Maseyck* ; on passe la *Meuse*. — A *Susteren* : on côtoie toujours la *Meuse* ; on passe la *Roer*. . . . . . . On arrive à

RUREMONDE. Cette ville, située au confluent de la *Meuse* et de la *Roer*, commerce en rubans de velours. Pop 4,000 hab.

En sortant de Ruremonde, on laisse à gauche la Meuse. — A *Schwalmen* ; pont et rivière — A *Tegelen*. On arrive à
VENLOO. Cette ville, située sur la *Meuse*, a des fabriques

d'épingles, de cire, de pains à cacheter, de pipes, de vinaigre; des raffineries de sucre. Pop. 4,000 hab.

En sortant de Venloo, on passe une rivière : on côtoie la Fosse-Eugénienne ou Fosse de Ste-Marie. On passe la *Niers*. . . . . On arrive à

GUELDRES, ville forte, entourée de marais, et située sur la rive droite de la *Niers*. Elle a des fabriques de draps, de toiles et de cuirs. Pop. 1,500 hab.

De Maestricht à Eyndhoven.

Winsterlag.	2 ¼ l.
Hechtel.	2 ½
Lommel.	1 ½
Eyndhoven.	8
	14 ¼ l.

De Dinant à Liége.

Emptine	6 ½ l.
Avelange.	3
Fraineux.	4
Liége.	6
	19 ½ l.

Topographie.

En sortant de Dinant, pente rapide. — A *Sorinne-sur-Dinant*; côte et pente rapide. — A *Achin*; riv. d'*Haljona* à passer. — A *Ciney*; côte, pente rapide, pont et riv. — A *Emptinalle*; côte et pente rapide. — A *Emptine*; pont et riv. — A *Hâche*; pont et riv., bois à traverser, côte et pente rapide. — A *Avelange*, pente rapide, côte, riv. à passer. — A *Avain*. — A *Terwagne*; descente rapide, vallée : on côtoie Soxhet ou Sohait; vallée, pente rapide, côte. — A *Neufville*; on passe entre deux bois, pont et riv., pente, côte; passage de la *Meuse* — Au *Val-Benoît*... On arrive à LIÉGE (*Voyez* pag. 63)

De Kaiserslautern à Manheim.

Frankenstein.	4 l.
Durckheim.	4
Ogersheim.	4
Manheim	2
	7 p. 14 l.

Topographie.

En quittant Kaiserslautern, on laisse à gauche la route de Mayence; montagne, bois — A *Hochspeyer*; riv., on passe entre deux bois. — A *Diemerstein*; riv — A *Frankenstein*, une lieue de bois à traverser, riv. : on passe près d'un étang.—A *Hardenbourg :* on longe Hausen —A *Gretten*.
. . . . On arrive à
Durckheim, jolie petite ville, située sur l'*Isenach*, près la saline de Philipshall.

En sortant de Durckheim, on côtoie une longue montagne; pont et riv. : à g. route de Worms. — A *Ogersheim*, pont et riv., passage du *Rhin*. . . . . On arrive à
Manheim, jolie ville au confluent du *Necker* et du *Rhin*. Les édifices remarquables et curiosités sont . le château, dévasté en partie par le bombardement de 1795; l'église de la Cour, bâtiment superbe ; la salle de spectacle et l'arsenal, la fonderie de canons, l'hôtel des monnaies, l'observatoire, qui mérite l'attention des curieux, et dont l'escalier fait avec beaucoup d'art, est élevé de 108 pieds; le jardin botanique. On remarque l'académie des sciences, la société de littérature allemande, la société météorologique.

Les promenades sont : le jardin du château, la promenade des ponts sur le Necker et sur le Rhin, la place de parade, les remparts, les *Planken*.

Auberges, à la Cour-Palatine (très-bonne). Les personnes qui voyagent avec le chariot de la poste ordinaire, logent communément au Paon, ou à la Charrue-d'Or, où se trouvent les bureaux de postes aux chariots, au Bouc-d'Or (bonne), etc.

Les fabriques et manufactures consistent en tabac, rubans, chapeaux, toiles, blanchisseries. cartes à jouer, ouvrages en similor ou en or de Manheim, tanneries, etc. Popul. 23,002 habitans.

Dans les environs, on remarque à *Heidelberg*, qui a une bonne auberge, au Brochet-d'Or, le pont sur le Necker : les frais de construction montèrent à 170,000 florins, la belle statue du grand duc; l'église de St.-Pierre, avec l'inscription sépulcrale de la célèbre *Olympia Fulvia Morata*; l'université, la société économique, ci-devant à Lautern, la bibliothèque de l'université et de la société; les cabinets de physique, de minéraux, de modèles, de chimie ; la promenade au Wolfsbrunnen. on y mange d'excellentes truites ; mais malheureusement on a privé ce site charmant de son ombrage, en coupant les vieux arbres respectables qui y formaient un berceau. Le chemin qui y mène le long du Necker est très-romantique. La vue des ruines du château et des jardins de Heidelberg excite des sentimens de tristesse: les souterrains s'étendent jusque sous la grande place de la ville. Le génie tutélaire qui préside à la conservation de ces restes vénérables, a détourné, en 1803, la démolition projetée de la salle des chevaliers. Cette grande beauté de la nature au milieu des restes de magnificence des anciens princes allemands; cette partie d'une tour détruite et renversée dans les fossés, qui donne encore dans ses débris une idée de puissance, et qui inspire du respect pour son architecte; ce silence noble et profond dans les cours du château, ces statues des anciens électeurs et comtes palatins sur les côtés antérieurs du château, les unes encore entières, et les autres mutilées; ces restes de la salle des chevaliers, consumée par la foudre; ces colonnes de granit qui soutenaient autrefois une partie du palais impérial à Ingelheim, près de Mayence, et qui portent à présent le chétif toit de la fontaine du château de Heidelberg; tout, jusqu'à la place où était autrefois l'orangerie, pour laquelle on a fait les premières serres qu'il y ait eu en Europe, tout donne à l'observateur des idées de l'inconstance de la fortune et de la mutabilité de la magnificence et des entreprises des hommes. Voyez les bosquets turcs, la mosquée, le tombeau de Ninus, le temple d'Apollon, les bains, la peinture à fresque sur un mur, faisant l'illusion la plus complète, la statue d'un faune à sa grotte, l'obélisque, le temple dédié à la botanique. Pop 20,000 hab.

De Worms à Sallershut.

Alzey.	61.
Creutznach (a) .	6
Sallershut.	4

8 p. 16 l.

Topographie.

En sortant de Worms, on franchit une montagne et une vallée, côte. — A *Pfeddersheim* : on laisse à droite la route qui conduit à Merstadt; pente rapide, vallée . on côtoie une montagne. — A *Niederfloersheim*; côte, pont et rivière. — A *Alzey*; pente rapide, vallée à traverser, côte. — A *Heimersheim*; montagne, pente rapide. — A *Flonheim*; pont et riv., pente rapide, vallée à traverser, côte; pente rapide, vallée, côte. — A *Woellstein*; pente rapide, côte, pont et riv. —

A *Wolxheim* : à droite Bossnheim : on côtoie une rivière, et un peu après on passe à Hachenheim, pente rapide. vallée, côte . . . . On arrive à

(a) CREUTZNACH, cette petite ville est située sur la rive droite de la *Nahe*. Il y a des salines d'un fort bon produit : on y trouve du porphyre rougeâtre, susceptible d'un beau poli, exploité. Cette ville fut prise par les Français en 1794, après un combat très-opiniâtre. Elle commerce en vins, épicerie, grains, graines de trèfle. Elle a des tanneries. Popul. 5,000 habitans.

En sortant de Creutznach, on traverse une plaine On passe une rivière avant d'arriver à Wildesheim.—A *Stromberg*. — A *Salleishut*.

De Hombourg aux Deux-Ponts, 1 ½, 3 l.

Topographie.

En sortant de Hombourg, on traverse une montagne. — A *Schwarzenbach*. — A *Echoed*, pont et riv — A *Einesweiler*. — Aux *Deux-Ponts*. (*Voyez* pag. ci-dessous.)

De Frankenstein à Neustadt, 3 p., 6 l.

Topographie.

En sortant de Frankenstein, on côtoie une riv. que l'on passe ensuite. Pendant cette route, on longe continuellement des bois à droite et à gauche. — A *Weidenthal*; un peu après on passe à *Neidenfels* : on rase Frankenek. — A *Greven-hausen* : on passe près de Saint-Lambrecht, pont et rivière; vallée, montagne à côtoyer, pont et rivière. . . . . On arrive à

NEUSTADT, jolie petite ville, située sur la *Spirbach*, elle a deux fabriques d'armes. Ses environs renferment des carrières immenses de grès rougeâtre très-dur. Pop. 4,300 hab.

En sortant d'Eschweiler, on va à *Lutzweiler*; côte. — A *Neu Hornbach*; pont et riv.—A *Alt-Hornbach* : pont et riv. — A *Ixheim* . . . . On arrive aux

DEUX-PONTS. Cette ville, sur la rive droite du *Klein-Erlach*, possède un très-beau château. Ses environs renferment plusieurs fabriques de mousseline, de lainerie et teinture ; des usines d'acier et de fer, et une de poudre et d'amidon, des mines de charbon de terre, de fer, d'argent, de vif-argent, de cuivre, et une mine d'agate, tant jaspée qu'arborisée :

elle est la seule, dit-on, qui existe en Europe. Les agates en sont aussi belles que celles qui viennent des Indes, et à meilleur marché. Foires de deux jours : les 1ᵉʳ et 14 mai; le 15 septembre (grande foire aux chevaux); le 30 novembre et le 13 décembre. Popul. 5,600 habitans.

De Sedan à Liége.

Bouillon	3 l.
Palizeul	3
Tellin	5 ½
Marche	5
Bonsaint	5
Fraisneux	4 ½
Liége	6

16 p. 32 l.

Topographie.

En sortant de Sedan, on laisse à droite la route de Mouzon; pente rapide. — A *Givonne*; pont et rivière. côte, une lieue de la forêt des Ardennes à traverser. — A *Bouillon*; passage de la rivière de *Semoy*. — A *Calsbourg* et devant *Mergny*. — A *Palizeul*. — A *Framont*; on passe la *Lesse*, rivière. — A *Transsine*; pente rapide, plaine. — A *Tellin*; pont et rivière. — A *Marche*; côte, pente rapide; plusieurs rivières à traverser : on passe entre deux bois; pont et rivière. — A *Baillonville*; côte, pont et rivière; petit bois à traverser. — A *Bonsaint*; côte, pente rapide, pont et rivière. — A *Bois*, côte. — A *Terwagne*; pente rapide : on passe devant Soxhet ou Sohait; côte et pente rapide, bois de Brion à côtoyer. — A *Neufville* : à droite les bois de l'abbaye : belle vue sur la *Meuse*; pont et rivière. — A *Val-Saint-Lambert*; pont et rivière, pente rapide; on passe la *Meuse*. — Au *Val-Benoît*. . . . . On arrive à Liége. (*Voyez* pag. 63.)

De Wissembourg à Manheim.

Barbelroth	3 l.
Landau	3
Neustadt	4
Ogersheim	6
Manheim	2

9 p. 18 l.

Topographie.

En sortant de Wissembourg, pont et rivière.—A *Schweigshoffen*. — A *Cappweyher*, on longe Steinfeld ; pente rapide, vallée, côte, pont et rivière. — A *Nider-Otterbach* ; pente rapide, pont et rivière, on traverse la route de Kandel à Dorrenbach : on longe Barbelroth ; on passe plusieurs rivières : on laisse à droite la route de Lauterbourg, pont et rivière.
. . . . On arrive à

Landau, sur la *Queich*. C'est une des plus fortes villes de l'Europe : elle fut bombardée par les Prussiens en 1793, et cédée par la France à l'Allemagne en 1815. Il y a des filatures de chanvre et de lin, laine et coton ; deux ateliers d'armes ; des fabriques de bas au métier, de brosses en crin, de poix noire, résine et goudron ; des fonderies en cuivre et fer, des savonneries et des manufactures de tabac. Pop. 5,100 hab.

En sortant de Landau, on longe une montagne, et ensuite Damheim : bois à côtoyer ; rivière, vallée, côte, pont et rivière, montagne à franchir. — A *Edesheim* ; pont et riv., montagne à côtoyer ; pont et riv., pente rapide, pont et riv. . . . . On arrive à
Neustadt (*Voyez* pag. 81.)

En sortant de cette ville, on va à Winzingen ; plaine à traverser, pont et riv. — A *Musbach* : montagne à côtoyer. — A *Nider-Kinchen*. — A *Hochdorf* : on longe Dannstadt ; bois à côtoyer, pont et riv. — A *Mutterstadt* ; plaine à traverser. — A *Ogersheim* ; pont et riv., passage du *Rhin*.
. . . . On arrive à
Manheim. (*Voyez* pag. 79.)

De Lauterbourg à Manheim.

Rhinzabern.	4 l.
Germersheim.	4
Spire.	4
Ogersheim.	5
Manheim.	2

19 l.

Topographie.

En sortant de Lauterbourg, on passe la *Lauter*, rivière. A gauche, la route de Lauterbourg à Landau ; trois lieues de la forêt de Bienwald à traverser en laissant à droite Hagenbach ; passage de la riv. de *Holbach*, fin du bois ; riv. de

Otterbach et un quart de lieue de bois à passer. — A *Rhinzabern - sur - l'Erlebach*, riv. ; côte : on longe les bois de Rhinzabern ; côte , et un quart de lieue de bois à passer — A *Rilsheim*, plaine à traverser, belle vue ; une demi-lieue de bois à traverser ; vallée, ruisseau à passer ; trois quarts de lieue de bois en passant près de Soutern ; pont et riv. de *Queich*, côte. — A *Germesheim* sur le Rhin : belle vue sur les montagnes noires. . . . . On arrive à
MANHEIM. (*Voyez* pag. 79)

De Landau à Lauterbourg.

Kandel. . . . . . . 3 l.
Lauterbourg. . . . 3
─────────
3 p. 6 l.

Topographie.

En sortant de Landau, on passe une riv. : on laisse à droite la route de Wissembourg et le chemin de Billigheim ; pont et riv. : à g. chemin de Herxenheim : on passe la *Klingbach*, riv ; ensuite petit bois, montagne et riv. d'*Erlebach*.—A Menderschlag ; pente rapide, côte : à dr. Dorrenbach . . . . , ... On arrive à
KANDEL, gros bourg sur la rive gauche de l'*Otterbach* ; on y fabrique beaucoup de cordes, de poterie et de chaudronnerie.

En sortant de Kandel, pente, riv. à passer. On traverse trois lieues de la forêt de Bienvalt, ensuite les forêts de Holbach, de Wielbach et plusieurs autres. Fin de la forêt : à g. route de Gemersheim ; riv. . . . . On arrive à
LAUTERBOURG , en France.

De Lauterbourg à Wissembourg, 2 p. , 4 l.

Topographie.

En sortant de Lauterbourg, on côtoie une riv. et la forêt de Bienwald. — A *Scheinhenhard* ; vallée. — A *Nider-Lauterbach* ; pente rapide. — A *Salbach*. — A *Schleithal* ; montagne à côtoyer. On arrive à
WISSEMBOURG, place forte, dernière ville de la France.

De Barbelroth à Rhinzabern.

Kandel. . . . . 3 l.
Rhinzabern. 2
_____
5 l.

De Forbach à Sarrelouis, 4 l.

Cartes itinéraires, Manuels, Relations de voyages, de fraîche date.

Cartes. — Nieuwe-Zack'en Reis-Atlas der Bataafsche Republick, door *Covens* en *Baarsel.* Amsterdam, 1800.
Charte von der batavischen Republik, nach den neuesten constitutionellen Eintheilung : *dressée à l'obs. de Seeburg*, par *M. Stieler*. A Weimar, au bureau d'industrie, 1801.
Grande carte de la Hollande, en 12 feuilles, gravée par le dépôt de la guerre, Amsterdam.
Nouvelle carte des Pays-Bas, en 3 feuilles, 1816.
Livres français. — Itinéraire des Pays-Bas, La Haye, 1781, 2 vol. Statistique des 8 départemens qui composent le royaume de Hollande, par M *Etienne*. Paris, 1800.
Livres allemands. — Ueber die vereinigten Niederlande, briefe von *Grubner*. Gotha, 1792. (Ce livre a été traduit en langue hollandaise. L'auteur fut tué en 1799, à la bataille de Bergen.)

FIN DE L'ITINÉRAIRE DES PAYS-BAS.

TABLE DES MATIÈRES
CONTENUES DANS CET OUVRAGE.

Manière de voyager. . . . . Page 1
État des postes, voituriers, treckschuytes, notes instructives, remarques qui intéressent les voyageurs dans leur tournée, poids, mesures et monnaies . . . . . . ib.
Voyage de Naardem à Amsterdam par terre 6
Idem par eau . . . . ib.
Tableau des poids, mesures et monnaies. 5
Poids. . . . . ib.
Mesures 7
Monnaies. . . . . ib.
Tableau des capitales 9

Nos. des routes.

ITINÉRAIRE.

1. 1re. Route de Bruxelles à Amsterdam par Anvers et Rotterdam 15
2e. Route de Bruxelles à Amsterdam par Breda et Utrecht. 21
Communications. D'Anvers à Berg-op-Zoom. . ib.
D'Utrecht à Bentheim. . . . 22
D'Utrecht à Bois-le-Duc. . . ib.
D'Utrecht a Rotterdam . . . ib.
3e. Route de Bruxelles à Amsterdam par Dordrecht et Alphen 23
Communications. De Rotterdam à Gorcum. . . 24
De Rotterdam a Stryensaas . ib.
De La Haye à Utrecht. . . . ib.
De Leyde à Utrecht . . . ib.
De Harlem au Helder. . . . ib.
D'Utrecht à Arnheim par Amersfort 25
D'Utrecht à Arnheim par Amerongen. . . . . ib.
De Breda à Arnheim. . . . . ib.

N^{os}. des routes.		pages.
	COMMUNICATIONS D'Arnheim à Deventer	26
	D'Arnheim à Wesel	ib.
	D'Arnheim à Zwool	ib.
2.	Route d'Amsterdam à Aurich	27
	COMMUNICATIONS. De Groningue à Emden	ib.
3.	Route d'Amsterdam à Clèves	28
4.	Route de Clèves à La Haye, à Rotterdam et à Helvoetsluys	29
5.	Route d'Amsterdam à Munster	31
6.	Route d'Amsterdam à Emden	ib.
7.	Route d'Amsterdam à Utrecht, Bois-le-Duc et Maestricht	32
	COMMUNICATIONS. De Nimègue à Rotterdam et à Helvoetsluys	33
	De Nimègue à Bois-le-Duc et Breda	34
	De Bois-le-Duc à Anvers	ib.
	De Berg-op-Zoom à Anvers	ib.
	D'Amsterdam à Lingen	ib.
8.	Route d'Amsterdam à Hambourg par Leuwarden et Groningue	35
9.	Routes de Paris à Bruxelles	36
	1re Route par Mons	ib.
	2°. Route par Condé	38
	COMMUNICATION de Bruxelles à Givet	39
10.	Route de Paris à Bruges	40
	COMMUNICATIONS. De Menin à Furnes	41
	De Thourout à Ostende	42
	De Bruges à Lille	43
	De Bruges à Anvers	ib.
	De Bruges à Ghistel	45
	De St-Amand à Courtray et à Bruges	ib.
	De Bruxelles à Mons	46
	De Malines à Louvain	47
	De Nivelles à Sombref	ib.
	De Nivelles à Genappe	ib.
	De Maubeuge à Bruxelles	ib.
	De Mons à Namur	48

Nos.
des routes.

		pages.
	COMMUNICATIONS. De Mons à Chimay......	48
	De Sombret à Charleroy ..	49
	De Liége à Bruxelles	ib.
11.	Route de Bruxelles à Gand, Bruges et Ostende	50
	COMMUNICATIONS. D'Ostende à Dunkerque ...	51
	De Dunkerque à Menin....	52
	De Gand à Enghien	ib.
	D'Audenaerde à Osterzeele..	53
	De Gand à Lille	id.
	De S.-Tron à Maestricht...	54
	De Liége à Tongres......	ib.
	De Menin à Bruges......	ib.
	De Gand à St.-Nicolas	55
	De Bruges à Ghistel	ib.
	De Condé à Gand.......	ib.
	De Grammont à Gand....	56
	De Douay à Tournay.....	57
12.	Route de Bruxelles à Luxembourg	ib.
13.	Route de Paris à Luxembourg..........	58
	COMMUNICATIONS. De Philippeville à Rocroy ..	59
	De Chimay à Rocroy.....	ib.
	De Thionville à Luxembourg.	ib.
14.	Route de Bruxelles à Aix-la-Chapelle......	60
15.	Route de Paris à Aix-la-Chapelle	61
	COMMUNICATIONS. D'Aix-la-Chap. à Maestricht.	64
	De Liége à Maestricht	65
	De Liége a Spa.........	ib.
	De Spa aux Battices......	66
16.	Route de Luxembourg à Mayence par Trèves .	ib.
17.	Route de Luxembourg à Coblentz.........	68
18.	Route de Paris à Mayence par Metz et Sarrebruck	69
	COMMUNICATIONS. De Manheim à Mayence ..	72
	De Mayence à Coblentz...	73
	De Coblentz à Cologne ...	74
	D'Aix-la-Chapelle à Cologne.	ib.
	De Juliers à Neuss.......	76

Nos.
des routes.

		pages.
COMMUNICATIONS.	De Gueldres à Wésel....	76
	De Neuss à Dusseldorf....	ib.
	De Clèves à Neuss......	ib.
	De Xanten à Wésel.....	77
	De Hochtas à Wésel....	ib.
	De Maestricht à Gueldres.	ib.
	De Maestricht à Fyndhoven.	78
	De Dinant à Liége......	ib.
	De Kaïserslautern à Manheim	ib.
	De Worms à Sallershut...	80
	De Hombourg aux Deux-Ponts............	81
	De Frankenstein à Neustadt.	ib.
	De Sedan à Liége......	82
	De Wissembourg à Manheim.	ib.
	De Lauterbourg à Manheim.	83
	De Landau à Lauterbourg.	84
	De Lauterbourg à Wissembourg............	ib.
	De Barbelroth à Rhinzabern.	85
	De Forbach à Sarrelouis..	ib.

Cartes itinéraires, manuels, relations de voyages de fraîche date................................... ib.

FIN DE LA TABLE DES MATIÈRES.

8*

TABLE ALPHABÉTIQUE

DES RELAIS DE POSTE

Et autres lieux décrits dans l'Itinéraire des Pays-Bas et de la Rive gauche du Rhin.

A.

Achelen, 32.
Aix-la-Chapelle, 60, 62, 63, 64.
Alckmaar, 24, 25.
Aldenhofen, 75.
Almelo, 34.
Alost, 50.
Alphen, 23, 24, 29.
Alzey, 69, 80.
Amerongem, 25
Amersfort, 22, 25, 26, 27, 28, 31, 34.
Amsterdam, 9, 15, 21, 23.
Andernach, 74.
Anvers, 15, 16, 21, 34.
Ape, 35.
Appeldoorn, 22, 26.
Arnheim, 25, 27, 31.
Asch, 32.
Assche, 50.
Ath, 38
Attert, 57.
Audenaerde, 52, 53, 55, 56.
Avelange, 78
Avold (Saint-), 69.

B.

Baccarach, 73.
Barbelroth, 82, 85.
Barnhost, 35.
Battices (les), 60, 62, 66.
Beaumont, 43.
Bellevue, 57.
Bentheim, 22.
Bergheim, 74.
Berg-op-Zoom, 21, 23, 24.
Bergues, 52.
Beureln, 33.
Beuseckum, 22.
Bewerwick, 24.
Bingen, 66, 73.
Bochold, 26.
Bockhold, 31.
Bois-le-Duc, 22, 23, 25, 26, 32, 34.
Bonn, 74.
Bonsaint, 82.
Boppart, 73.
Borcken, 26.
Borken, 31.
Bouillon, 82.
Boussu, 36.
Braine le-Comte, 47.
Breda, 21, 22, 23, 26, 34.
Brée, 32.
Bremervoerde, 35.
Bruchmulhack, 69.
Bruges, 40, 41, 45, 50, 54, 55.
Bruxelles, 36, 38, 47, 49.
Buiton-Sluis, 24.

C.

Casteau, 47.
Charleroy, 39, 40, 49.
Chimay, 48, 49, 59.
Choquier, 61.
Clemenswerth, 34.
Clèves, 26, 28, 29.
Coblentz, 68, 73.
Coesfeld, 31.
Coin-d'Argent (le), 15.

Cologne, 74, 75.
Condé, 38.
Cortemberg, 49, 60.
Courcelles, 48.
Courtray, 43, 45, 53.
Creutznach, 80, 81.
Creveld, 76.
Cruystaert, 15.
Cygnes (île des), 19.

D.

Dagstaht, 67.
Delden, 22.
Delft, 18.
Delfzyl, 27.
Detron, 35.
Deux-Ponts (les), 81.
Deventer, 22, 23, 26, 34.
Dievenbrug, 27.

Dinant, 61, 62.
Dockum, 35, 36.
Doesbourg, 31.
Dordrecht, 23, 24.
Druynem, 34.
Dunkerque, 51.
Durckheim, 78, 79.
Dusseldorf, 76.

E.

Eecloo, 43, 50.
Éloysvyfe (Saint-), 53.
Elsfleth, 35.
Elten, 26.
Emden, 27, 31, 32.

Emptine, 57, 78.
Enghien, 38, 39, 52.
Essens, 27.
Eyland, 19.
Eyndhoven, 32, 34, 78.

F.

Flamisoul, 57.
Forbach, 69, 70, 85.
Fraineux, 78, 82.
Francker, 35.
Frankenstein, 78, 81.

Frankenthal, 72.
Frisange, 59.
Furnes, 41, 42, 51.
Furth, 76.

G.

Gand, 43, 44, 50, 55, 56.
Genappe, 39, 47, 57.
Genette (la), 36.
Germersheim, 83.
Ghistel, 42, 45, 51, 55.
Givet, 39, 40, 61.
Goard (Saint-), 73.
Gooring, 21.

Gorcum, 22, 24, 26, 33.
Goude ou Gouda, 18, 22, 23, 24.
Grammont, 52.
Grandreng, 48.
Grave, 25, 34.
Grevenmacheren, 66.
Grimbourg, 67.

Groningue, 35, 36.
Grotemberg, 56.
Grotzundert, 21.
Gueldres, 76, 77, 78.

H.

Haine-Saint-Pierre, 46, 48.
Halberg, 70.
Hall, 36, 38, 47.
Hambourg, 35.
Hardenberg, 31, 34.
Harlem, 15, 20.
Harlemmer-Busch, 21.
Harlingen, 35.
Haye (La), 15, 29.
Hechtel, 78.
Heesel, 25.
Helder (le), 24
Helvoetsluys, 29, 30, 33.
Hetzenrath, 66, 68.
Hocheim, 71
Hochstras, 76, 77.
Holten, 22.
Hombourg, 69, 81.
Hornbourg, 35.
Huy, 61.

J.

Jemmapes, 37.
Jever, 27.
Juliers, 74, 75.

K.

Kaisersech, 68.
Kaiserslautern, 69, 70.
Kandel, 84, 85.
Kievrain, 36, 37.
Kirchberg, 66.
Kircheim-Bolıland, 69.
Kruympen, 33.

L.

Lacken (château), 15.
Lage-Zwaluw, 23.
Landau, 82, 83.
Landsthul, 69
Lanuvcert, 31.
Lauterbourg, 84.
Leer, 27.
Leimuiden, 23.
Leuvenum, 22, 26, 27.
Leuwarden, 35.
Leuze, 38, 55.
Lexmond, 21.
Leyde, 19, 29.
Liége, 54, 60, 61, 63, 65, 78, 82.
Lille, 40, 43, 53.
Lingen, 34.
Loenem, 21.
Lokeren, 43, 44, 55.
Lommel, 78.
Longwy, 58.
Loo, 34
Louvain, 47, 49, 60.
Lunteren, 25
Lutzerath, 68
Luxembourg, 57, 58, 59.

M.

Maëstricht, 32, 54, 64, 65, 77.
Malines, 15, 16, 47.
Malmaison, 57
Manheim, 78, 79, 82, 83.
Marche, 57, 58, 82.
Marienbourg, 59.
Mark, 30.
Mayence, 66, 69, 71, 72.
Menin, 40, 43, 52, 53.
Meppel, 27.
Mœrdich, 15, 17.

Mons, 36, 37, 46, 47.
Mont-Saint-Jean, 39.

Naarden, 27, 28, 34.
Namur, 61, 62, 48, 57.
Neuenbourg, 27.
Neuschanz, 35.
Neuss, 76.
Neustadt, 81, 82.
Neustadt-Godens, 27.
Nicolas (Saint-), 44, 55.
Nider-Ingelheim, 66, 73.

Oberstein, 67.
Ogersheim, 72, 78, 82, 83.
Oppenheim, 72.
Orchies, 57.

Palizeul, 82.
Paylen, 31
Peteghem, 52, 53.
Philippeville, 39, 40.

Quadrecht, 50.

Reckem, 77.
Rées, 26.
Remagen, 74.
Renaix, 55.
Rhintgau, 71.
Rhinzabern, 83, 85.
Riswick, 19.
Rocroy, 59.

Sallershut, 66, 80.
Sardam, 12.
Sarrebruck, 69, 70.
Sarrelouis, 85.
Sassenheim, 15.
Scheveling, 19.
Schwetz, 31.
S'gravesande, 30.

Montzelfeld, 66.
Munster, 31.

N.

Nider-Ulm, 69.
Nienhaus, 34
Nienschanz, 31, 34.
Nieuwesluis, 33.
Nimègue, 25, 26, 28, 29.
Nivelles, 46, 47.
Norden, 27
Northorn, 34.

O.

Oreye, 49, 60.
Ostende, 42, 50.
Osterzéele, 53, 56.
Otmarsum, 34.

P.

Pithem, 43, 45.
Polich, 68.
Putten, 21, 34.

Q.

R.

Rohrback, 69.
Roodt, 66.
Rotterdam, 15, 17, 22, 27, 33.
Rousbrughe, 41, 52.
Rudesheim, 71.
Ruremonde, 77.

S.

Simmern, 66.
Soignies, 36.
Sombach, 69.
Sombref, 47, 48, 49, 57.
Spa, 65, 66.
Spire, 83.
Standenbulh, 69.
Steinfort, 57.

Strohbuck, 35.
Stryensaas, 23, 24.

Sudlar. 31.
Susteren, 77.

T.

Tegelen, 77.
Tête de Flandre (la), 44.
Tetlin, 82.
Texel (le), 25.
Thourout, 40, 54.
Thuil, 22, 24, 25.
Tiel, 25, 33.
Tilbourg, 25.

Tirlemont, 49, 60, 61.
Tongres, 54.
Tournay, 45, 57.
Tournhout, 34.
Trèves, 66, 67.
Tron (Saint-), 49, 60.
Tustin, 69.

U.

Utrecht, 21, 24, 29, 32.

V.

Varel, 27.
Vanloo, 77.
Verviers, 66.
Vilvorde, 15.

Vissembourg, 84.
Vivier-l'Agneau, 57.
Voorthuisen, 22, 31, 34.

W.

Wageningen, 29.
Waterloo, 39.
Weissenthierne, 69.
Wésel, 26, 76, 77.
Westmaa, 34.
Wierstadt, 69.
Willemstadt, 23.

Winschoten, 35.
Winsterlag, 78.
Wittlich, 68.
Wittmund, 27.
Woerden, 22, 24.
Worms, 72.

X.

Xanten, 76, 77.

Y.

Ypres, 41, 42, 52.

Z.

Zaandam (Oost-), 13.
Zaandam (West-), 13.
Zand, 24.
Zum-Volselsang, 75.

Zutphen, 26.
Zwaanem-Eylomd, 21.
Zwoll, 26, 27, 31, 32, 34.

FIN DE LA TABLE ALPHABÉTIQUE.

www.ingramcontent.com/pod-product-compliance
Lightning Source LLC
Chambersburg PA
CBHW060635170426
43199CB00012B/1563